근대문화사

서양편 · 747

근대문화사

흑사병에서 1차 세계대전에 이르기까지
유럽 영혼이 직면한 위기

제국주의와 인상주의:
프로이센 · 프랑스 전쟁에서 세계대전까지

에곤 프리델(Egon Friedell) 지음
변상출 옮김

한국문화사

한국연구재단 학술명저번역총서 서양편·747

근대문화사
: 흑사병에서 1차 세계대전에 이르기까지 유럽 영혼이 직면한 위기

제5권 제국주의와 인상주의: 프로이센·프랑스 전쟁에서 세계대전까지

1판 1쇄	2015년 7월 20일	
원 제	Kulturgeschichte der Neuzeit:	
	Die Krisis der Europäischen Seele von	
	der Schwarzen Pest bis zum Ersten Weltkrieg	
지 은 이	에곤 프리델(Egon Friedell)	
옮 긴 이	변 상 출	
책임편집	이 지 은	
펴 낸 이	김 진 수	
펴 낸 곳	**한국문화사**	
등 록	1991년 11월 9일 제2-1276호	
주 소	서울특별시 성동구 광나루로 130 서울숲IT캐슬 1310호	
전 화	(02)464-7708 / 3409-4488	
전 송	(02)499-0846	
이 메 일	hkm7708@hanmail.net	
홈페이지	www.hankookmunhwasa.co.kr	
블 로 그	http://blog.naver.com/hkm2012	

ISBN 978-89-6817-249-6 94920
(세트) 978-89-6817-244-1 94920

이 도서의 국립중앙도서관 출판시도서목록(CIP)은
서지정보유통지원시스템 홈페이지(http://seoji.nl.go.kr)와
국가자료공동목록시스템(http://www.nl.go.kr/kolisnet)에서
이용하실 수 있습니다.(CIP제어번호: CIP2015018647)

'한국연구재단 학술명저번역총서'는 우리 시대 기초학문의 부흥을 위해
한국연구재단과 한국문화사가 공동으로 펼치는 서양고전 번역간행사업입니다.

문화사에 딜레탕트인 내가 프로페셔널리즘보다 딜레탕티즘을 선호하는 에곤 프리델의 이 유명한 책, 『근대문화사』를 처음 접한 것은 2003년 4월 즈음이었다. 그 무렵은 내가 악셀 브라이히(Axel Braig)와 울리히 렌츠(Ulrich Renz)의 공저인 『일 덜 하는 기술(Die Kunst, weniger zu arbeiten)』을 막 번역 출간한 때이다. 〈일은 적게 하면서 인생은 자유롭게 사는 법〉이라는 부제를 달고 있는 『일 덜 하는 기술』은 책 끝머리에 부록으로 〈권하고 싶은 책〉 여남은 권을 소개하고 있었는데, 그중에 "우리의 주제를 훨씬 넘어서서 도전적이고 흥미로운 읽을거리를 제공한다"고 소개한 책이 바로 에곤 프리델의 『근대문화사』였다.

그 후 얼마 뒤 이 책을 직접 손에 들고 읽기 시작했을 때, '도전적이고 흥미로운 읽을거리'라는 소개말은 의례적으로 하는 빈말이 아니었다. 세계에서 가장 오래된 신문 중 하나인 『노이에 취리히 차이퉁(Neue Züricher Zeitung)』이 일찌감치 "프리델의 『근대문화사』는 그 문학적 형상화의 힘 덕분에 흥미진진한 소설처럼 읽힌다"고 평가한 말 역시 이 책 서문 첫머리를 읽으면 이내 이해될뿐더러 참으로 '도전적이고 흥미로운 읽을거리'임을 확인하게 된다.

무한히 깊은 우주 공간에는 신의 반짝이는 사유이자 축복받은 도구이기도 한 수많은 별이 운행하고 있다. 창조주가 그 별들을 작동시키고 있는 것이다. 이 모든 별은 행복하다. 신이 세계를 행복하게 하려 하기 때문이다. 이 별들 가운데 이 운명을 공유하지 않는 별이 딱 하나 있다. 이 별에는 인간만이 서 있을 따름이다.

어떻게 이런 일이 발생했던가? 신이 이 별을 망각했던가? 아니면 신은 이 별에 본래의 힘을 벗어나 스스로 축복을 쟁취할 자유를 주었던가? 그것을 우리는 알 수 없다. 우리는 이 작은 별의 역사가 만들어낸 자그마한 파편 하나에 관해 이야기를 풀어나가 보고자 한다.

언뜻 봐도 통념적으로 알고 있는 건조한 '문화사'에 관한 말투로 느껴지지 않는다. '존재론'에 관한 명상록 같기도 하고, 마르크스가 말한 '물신숭배(Fetishism)'의 세계에 대한 우울한 철학적 반성의 글 같기도 하다. 그러나 이야기 전체를 풀어가는 서술방식, 이를테면 세계 전체가 시인을 위해 창조되었다, 세계사는 작품이나 말의 시인을 위한 소재를 갖고 있다, 세계사가 새로운 행위와 꿈을 꾸도록 부채를 건네는 그 시인은 누구일까? 그 시인은 바로 다름 아닌 후대 세계 전체일 뿐이다, 천재는 시대의 산물이다, 시대는 천재의 산물이다, 천재와 시대는 공약수가 없다는 등과 같은 변증법적 표현에서 보면 그의 이 책은 허무주의적 반성의 '존재론적' 명상록의 차원을 넘어 창조적인 '시학' 내지는 문화적 '미학서'와 같은 인상을 강하게 풍긴다. 사실 저자 에곤 프리델도 자신의 『근대문화사』 서술형식의 골간을 받치고 있는 관점은 과학적 성격보다 미학적·도덕적 성격이 강하다고 서문 앞쪽에서 미리 고백하고 있다.

이 책의 첫머리를 읽는 순간 이 글은 지금까지의 문화사(文化史) 책이 대개 보여주듯 사실관계를 단순히 나열하는 백화점식 보고 형식과도 다르며, 인과관계를 추적하는 기존의 논리적 역사기술의 문화사 연구방식과도 확연히 다른 미학적 성격이 짙다는 점을 금세 알아볼 수 있다. 그래서 '소설 같다'는 평가를 내리는 문화사 '전문가'도 있지만 대단히 유명한 오스트리아 작가 힐데 슈필(Hilde Spiel)과 같은 이는 프리델이 "믿을 수 없을 정도의 박식함과 매혹적인 유머, 정확한 학술적 이해와 대단히 섬세한 예술취향을 겸비하고서" 그 "시기의 인간을 각 시기마다 그 시기의 외부적 환경과 정신적 환경 속에 세우고서 그런 인간의 일상과 복장, 관습을 그 시대의 거대한 이데올로기적 조류와 함께 신선하게 환기시킨다"는 말로써 사람들을 『근대문화사』속으로 끌어들이기도 한다. 오스트리아의 저명한 저널리스트 울리히 바인치를(Ulrich Weinzierl)은 독일의 유력 일간지 『프랑크푸르트 알게마이네 차이퉁(Frankfurter Allgemeine Zeitung)』에서 프리델의 『근대문화사』를 두고 "그 표현력이 경쾌하고도 흥미로워 수십 년 동안 독자를 사로잡는 매력을 담고 있다"고 말한 바 있다. 물론 이런 '경쾌함'과 '흥미로움'의 참맛은 『근대문화사』속으로 직접 걸어 들어가 볼 때만 생생하게 경험할 수 있을 것이다.

그러나 이 글을 옮긴 나로서는 바인치를의 주장이 틀림없다고 확신한다. 물론 이 확신을 얻기까지 많은 인내가 필요했다. 2003년 4월 이 책을 처음 읽기 시작해서 2015년 7월 지금 번역서로 이렇게 내놓기까지 꼬박 12년 3개월이 걸린 셈이다. 미적 표현과 그 예술적 서술방식에 매료되어, '이런 식의 문화사 기술도 가능하구나!'하는 느낌으로 간간이 읽고 우리말로 옮겨오다가 한국연구재단 '2011년 명저번역지원 사업'에 선정되어 본격적으로 번역해온 일도 벌써 만 4년이 다 되었다. 표현력의 '경쾌함'과 소설 같은 '흥미로움' 때문에 밤을 꼬박 새우면서 '새로운 시대의 문화 이야기(Kulturgeschichte der Neuzeit)', 즉 『근대문화사』에 빠져든 적이 한두 번이 아니었다. 그러나 집중된 4년과 전체 12년은 결코 인내하기 쉽지 않은 시간이었다. 그 시간은 나의 '몸'에 불균형만 초래한 것이 아니라 가족의 일상적 바이오리듬도 깨는 용감한 '반가족주의'의 길이기도 했다. 이 자리를 빌려 '그래도 정신 건강에는 도움이 되지 않았을까(?!)' 하고, 동의 얻기 쉽지 않은 말로나마 함께 위로하고 싶다.

　이 책이 아무리 '흥미진진한 소설' 같아도 번역하기에는 절대적 시간이 필요했다. 그도 그럴 것이 이 책은 저자 에곤 프리델이 쓰기에도 5년 이상 걸릴 만큼 긴 시간이 요구된 독일어판 1,600쪽 분량에 가까웠기 때문이다. 프리델은 처음 이 책을 3부작으로 출간했다(여기서 번역 텍스트로 사용한 것은 베크(C. H. Beck) 출판사가 3부 5권으로 나눈 것을 2008년 한 권으로 묶어 내놓은 특별판이다). 1927년 7월에 완성된 1부에는 〈문화사란 무엇이며, 문화사를 왜 공부하는가?〉라는 서문과 〈르네상스와 종교: 흑사병에서 30년 전쟁까지〉라는 제목의 1권이 포함된다. 1928년 12월에 나온 2부는 〈바로크와 로코코: 30년 전쟁에서 7년 전쟁까지〉의 2권과 〈계몽과 혁명: 7년 전쟁에서 빈 회의까지〉의 3권을 포함하며, 3부는 1931년 말에 완성된 것으로서 〈낭만주의와 자유주의: 빈 회의에서 프로이센·프랑스 전쟁까지〉의 4권과 마지막 5권 〈제국주의와 인상주의: 프로이센·프랑스 전쟁에서 세계대전까지〉를 포함한다. 흑사병 발병 시기인 1340년대부터 1914년 1차 세계대전이 터지기까지의 기간을 보면 에곤 프리델의 『근대문화사』는 〈르네상스와 종교〉에서 〈제국주의와 인상주의〉에 이르기까지 근 600여 년의 유럽 문화를 관통하고 있다.

　한 권의 특별판으로 묶은 이 기념비적인 작품은 이탈리아 르네상스의 발흥으로부터 1차 세계대전에 이르기까지 600여 년간 서구인이 겪은 문화적 부침의 역사를 섬세한 예술적·철학적 문화프리즘으로 그려내고 있다. 이 부침의 역사 속에는 예술과 종교, 정치와 혁명, 과학과 기술, 전쟁과 억압 등속의 거시적 문화 조류뿐만 아니라 음식·놀이·문학·철학·음악·춤·미술·의상·가발 등과 같은 미시적인 일상생활의 문화 조류도 포함된다. 그런데 에곤 프리델의 『근대문화사』의 강점은 무엇보다 이 미시적 문화 조류에 대한 탐색이 섬세하게 이루어진다는 점에 있다. 예컨대 큰 종 모양의 치마, 일명 '정절지킴이'로 불렸던 의상 라이프로크는 바로크의 형식적 화려함 속에 가려진 몰락의 추태를 나타내주기도 하지만 이 의상의 출현으로 파리와 같은 도시의 골목길이 넓혀지는 문화적 변화를 보여주기도 한다. 말하자면 미시적 문화와 거시적 문화의 변증법적 통일을 드러내주는 것이다. 에곤 프리델은 이 책에서 근대를 규정하는 수세기에 걸친 다양한 조류를 추적하며, 가장 중대한 정신적·정치적·사회적 발전 면모를 설명하면서 그때마다 결정적인 인물들을 뚜렷한 초상으로 그려낸다. 프리델의 문화프리즘을 통해 보면 위대한 인물과 시대정신은 상호 연관성을 지니면서도 마치 독립적인 듯한 변증법적 모순을 함축한다. 이의 압축된 표현이 바로 "천재는 시대의 산물이다", "시대는 천재의 산물이다", "천재와 시대는 공약수가 없다"는 식의 테제일 것이다. 이 테제의 핵심을 가로지르는 것이 그가 만든 개념인 '정신적 의상의 역사(Eine seelische Kostümgeschichte)'라고 할 수 있다. 말하자면 의상 하나에도 정신이 깃들어 있고, 정신 하나도 어떤 문화로든 표현된다는 것이다.

에곤 프리델이 『근대문화사』로 우리에게 들려주려는 '새로운 문화 이야기'는 인간에게서 공포를 몰아내고 인간을 세계의 주인으로 세우겠다는 근대 계몽의 당찬 계획을 실패로 보았던 1940년대 프랑크푸르트학파의 『계몽의 변증법』의 관점을 선취한 듯하다. 이는 『근대문화사』의 부제로 달려 있는 〈흑사병에서 1차 세계대전에 이르기까지 유럽 영혼이 직면한 위기〉라는 소제목에서 확인할 수 있을 법하다. 이 위기의 근대화 과정을 프리델은 '**실재론**(Realismus)'에 대한 '**유명론**(Nominalismus)'의 승리에서 찾고 있다. 그것은 곧 신에 대한 이성의 승리이고, '**귀납적 인간**(induktiver Mensch)'에 대한 '**연역적 인간**(deduktiver Mensch)'의 승리를 함의한다. '연역적 인간'의 승리는 다양한 경험을 허용하지 않고 대전제가 되는 '이성'에 복종하지 않는 모든 것을 단박에 '**불량종자**(mauvis genre)'로 취급하는 데카르트적 이성의 패권을 의미하기도 한다. 여기서 이성은 '형제가 없는 정신'이 될 수밖에 없고, 중세적 공동체는 해체될 수밖에 없다고 보는 것이 바로 에곤 프리델의 『근대문화사』를 관통하는 문화프리즘이다. '형제가 없는 정신'을 『계몽의 변증법』의 저자 아도르노와 호르크하이머의 말로 표현하면 '도구적 이성'이 될 것이다. 이런 이성의 궁극적 표현이 세계대전으로 귀결된다고 보는 것에서도 『근대문화사』와 『계몽의 변증법』은 서로 닮았다. 다만 차이가 있다면 후자는 '이성'에 내재하는 억압적 요소를 '계몽을 넘어서는 계몽'과 같은 반성적 계몽을 통해 극복하려고 하는 반면에 전자는 지금까지의 세계를 구성해온 이분법적 체계, 즉 정신과 물질의 세계와는 다른 곳에서 오는 제3의 불빛에서 찾고 있다는 점이다.

경험 심리학과 경험 물리학이 동일한 결과에 다다랐다. 즉 정신은 현실 너머에 서 있고, 물질은 현실 아래에 있다는 것이 그것이다. 그러나 이와 동시에 다른 쪽에서부터 비쳐오는 흐릿한 불빛이 하나 반짝이고 있다.
유럽 문화사의 다음 장은 바로 이 불빛의 역사가 될 것이다.

에곤 프리델은 '유럽 문화사의 이 새로운 불빛'을 보지 않고 1938년 3월, 밤 10시경에 향년 60세의 나이로 생을 마감했다. 그는 삶의 '유쾌함'을 인정하지 않고 오로지 군사적 '진지함'으로 '삶'을 억압하는 히틀러의 폭압적 군대가 오스트리아에 진입했을 때 4층 창밖으로 몸을 날려 죽음으로 저항했던 것이다. 그런데 그가 사망한 지 77년이 지났지만 아직 '다른 쪽에서 비쳐오는 흐릿한 불빛 하나' 볼 수 없다. 오히려 지금은 '유럽'이 직면했던 그 '영혼의 위기'뿐 아니라 '지구' 전체가 칠흑같이 어두운 밤을 맞아 지구적 '삶 자체'가 위기에 봉착한 듯하다. 그것도 인간의 삶과 직접 관련된 '경제적 위기'뿐만 아니라 글로벌 차원의 '생태학적 위기'에 직면해 있다고 해도 과언이 아닐 만큼 불길한 여러 징후가 지구촌 곳곳에서 감지된다. 에곤 프리델의 말대로 왜 지구는 행복의 운명을 공유하지 못하고 있는지 근본적으로 반성할 필요가 바로 여기에 있지 않을까 싶다. 어쩌면 그가 말하는 그 '흐릿한 불빛'은 이 반성에서 반짝이기 시작할지도 모른다.

1931년, 『근대문화사』가 출간되고 현지의 뜨거운 반응을 넘어 수십 개 언어로 번역된 지도 한참 되었지만 우리는 이제야 그 빛을 보게 되었다. 아주 때늦게 빛을 보게 되었지만 이 빛의 탄생과정에 실로 도움을 주신 분들에게 감사의 마음을 전하고 싶다. 독일어판 원서 1,600여 쪽이나 해당하는 분량의 책을 오늘 5권의 번역본으로 내기까지 한국연구재단의 지원이 없었다면 이 책은 국내에서 빛을 보기가 거의 불가능했을 것이다. 재단에 감사를 드린다. 무엇보다 사실 수차례에 걸쳐 곤혹스러울 정도로 집요하고도 날카롭게 교정을 봐준 '한국문화사'의 이지은 팀장께 이 자리를 빌려 특별한 감사의 마음을 전하고자 한다. 그리고 생활박자를 초스피드로 다그치는 신자유주의의 무서운 속도감을 고려치 않고, 각 권 평균 400쪽 이상 되는 5권의 책을 무심코 읽어달라고 용감하게 부탁해야 할 잠재적 인 독자들에게도 미리 감사의 인사를 드린다.

이 책이 오늘 우리 시대의 '고단한 영혼'을 달래주는 하나의 꿈목 이 될 수 있다면 역자로서는 더 바랄 것이 없다고 생각한다.

2015년 7월
옮긴이 변 상 출

▌차례▐

• 일러두기 •

1. 번역 텍스트로는 2008년에 베크(C. H. Beck) 출판사가 한 권으로 묶어 내놓은 특별판을 사용했다.
2. 고딕체로 쓴 부분은 원저자가 이탤릭체로 강조한 부분이다.
3. 각주는 모두 옮긴이 주이다.
4. 인명·지명 등의 로마자 철자는 일부는 원어를 찾아내어 쓰고 그 외에는 모두 독일어판을 따랐다.

각 권 차례

01
검은 금요일

어떤 방식으로든 늘 있는 무조건적인 활동이
결국 파탄을 불러온다.

− 괴테

누가 실재(Realität)를 만드는가? '현실의 인간(Wirklichkeitsmensch)'인
가? 현실의 인간은 늘 실재를 뒤쫓는다. 분명 천재도 무의 상태에서
창조하는 것이 아니라 그에 앞서 누구도 보지 못했고, 그래서 그에
앞서 아직 나타나지 않은 하나의 새로운 현실을 그저 발견할 뿐이
다. 리얼리스트가 염두에 둔 **현전하는**(vorhanden) 현실은 늘 이미 단말
마의 상태에 처해있다. 비스마르크는 중부유럽의 모습을 예감과 뢴
트겐의 시선과 추정을 통해, 말하자면 공상을 통해 바꾼다. 이런 공
상은 단테와 셰익스피어와 마찬가지로 케사르와 나폴레옹도 필요
로 하면서 그것을 이용했다. 그런데 또 다른 면이 있다. 즉 실천하는
사람과 실증하는 사람들, 그리고 '사실'을 추구하는 사람들은 좀 더
자세히 들여다보면, 전혀 실재 속에서 살고 활동하는 것이 아니다.
그들은 더 이상 진짜가 아닌 세계에서 움직이고 있는 셈이다. 말하
자면 이들은 태양의 빛이 하루나 이틀 걸려 자신에게 비치는 정도

로 태양에서 떨어진 거리에서 살고 있는 어떤 별의 주민과 비슷한 기묘한 상황에 처해 있는 것이다. 요컨대 그 별의 피조물들이 바라보는 낮의 빛은 이른바 **때가 지난**(nachdatiert) 것이다. 눈에 비친 그 가짜 빛을 대부분의 사람은 낮이라고 생각한다. 그들이 현재라고 부르는 그것은 그들 감각의 불완전성과 통각의 느림에서 야기된 광학적 착각에 따른 것일 뿐이다. 세계는 항상 어제인 셈이다.

천재는 이런 감각적 착각과 동떨어져 산다. 그래서 그는 세상물정을 모르는 사람으로 취급받는다. 이런 운명은 관찰의 천재들과 실천의 천재들이 모두 같은 정도로 겪는다. 괴테와 칸트뿐만 아니라 알렉산더 대왕과 프리드리히 대왕, 마호메트와 루터, 크롬웰과 비스마르크가 그들의 이력 초기에 공상가들로 취급받았다. 그리고 "세상물정을 모른다"는 말은 결코 나쁜 의미로 쓰이는 것이 아니다. 왜냐하면 석회로 굳어진 현재의 세상이 실로 그들에게는 낯설기 때문이다. 그러므로 모든 인간은 원칙적으로 상상과 환상의 세계, 비합리적인 시적 세계, 심하게 말하면 어떤 시인의 머릿속 세계에 살고 있다는 얘기가 떠도는 법이다.

위대한 사람들은 삶에 첨가된 일종의 침전물인 셈이다. 그들은 현존재와 관계를 거의 맺지 않은 채, 그것에 침전하여 분해하며, 정화하고 용해하며, 순화하여 투명하게 만들기 시작한다. 그들의 **해맑은 망아상태**(klare Ekstasen) 앞에서 삶은 베일을 벗게 되고 모든 어둠은 바닥으로 무겁게 내려앉는다.

비스마르크
의 시대

근대의 끝자락 직전의 시기, 즉 1870년에서 1890년까지의 20년 시기는 비스마르크의 시대다. 니체는 자신의 처녀작에 해당하는 『때늦은 고찰(Unzeitgemäße Betrachtungen)』의 서두에 나오는 너무나 유명한 문장에서 보여주듯, 그 시대를 열었던 독일 승리의 원천을, 대단히 높이 평가할만하지만 전혀 정신적이지 못한 일련의 속성에서 찾았다. "엄격한 전투훈련, 타고난 용맹과 끈기, 지도자의 우수성, 군사들의 일사불란과 복종, 간단히 말해 문화와는 아무 관계도 없는 환경이, 이런 환경을 구성하는 결정적 요소들이 결핍된 적들에게 우리가 승리하게 도운 것이다." 무엇보다 관념이 승리했다고 말해도 될 법하다. 자기 억제와 전문 지식 숙지와 같은 새로운 독일뿐만 아니라 창작과 사변의 낡은 독일도 승리에 한몫했다. 독일식 단일화라는 예술작품을 창조한 그 사람의 두뇌와 심장에는 당시 독일이라는 이름을 영예롭게 하는 모든 것이 생생하게 집합되어 있었다. 그것은 루터처럼 교회를 건립하는 힘, 레싱[1]같이 정신적 투쟁을 일삼는 힘, 헤겔같이 역사적 체계를 세우는 힘이다. 몰트케도 스스로를 독일 고전철학의 정신으로 관장했다. 예리한 개념형성, 탁월한 방법론, 대상에 파고드는 지식이 그런 것이다. 백과사전과 같은 그의 머리에는 프랑스의 모든 군사도로뿐만 아니라 인간 사유와 행동의 온갖 길마저 포함하는 정확한 지형도가 들어 있었다. 그것은 일종의 칸트의 사유와 같은 것이었다. 요컨대 이 전쟁에서 승리를 거머쥐게 한 그 민족성에도 정언명령, 경험적 실재론, 선험적 관념론이 들어 있었던 셈이다. 이 국민군은 세계대전에서도 그 같은 규율과 정확성, 지식과 학식을 겸비하고 있었다. 그러나 서구의 물질주의에 감염된 이래로 더는 그런 정신으로 무장하진 못한다. 그렇지 않았다면 무적의 군대가 되었을 법하다.

그런데 비스마르크도 금전에 목말라 하고 권세에 허기를 느끼는

---

[1] G. E. Lessing(1729~1781): 독일 계몽주의 시대의 극작가이자 평론가. 시와 회화의 차이를 말하는 평론 『라오콘』과 연극론 『함부르크 희곡론』이 유명하다.

독일, 말하자면 통일성에서 태어나는 독재와 이기, 천박한 전면과 그릇된 구조를 취하는 그런 독일을 건설하는 데 일조한 것이 아닐까? 이에 대해선 게오르크 짐멜의 다음과 같은 주장으로 응수할 수 있을 것 같다. "세상일이란 예언자들과 지도자들이 염두에 두고 의도한 대로 꼭 그렇게 되는 법이 아니다. 그렇지만 예언자들과 지도자들 없이는 세상이 돌아가지도 않는다." 이와 관련해서는 이 책의 서문에서, 시대는 천재의 산물이지만 천재 역시 시대의 산물이라고 말한 바를 상기하면 될 것이다. 시대는 천재의 공기이고, 천재의 생물학적 조건 요소들의 집합이다. 천재는 이런 매개물에서 해방될 수가 없다. 그는 모든 생물이 자신의 종에 속하듯 그의 시대에 속한다. 그 시대의 정신해부학적 단면, 정신적인 신진대사도 그의 시대가 만들어낸 것이다. 그토록 깊은 미덕과 지혜를 담은 소크라테스의 철학도 궤변 시대의 작물이다. 셰익스피어는 엘리자베스 시대 야인으로서 불후의 귀감으로 통하고, 루터는 위대한 평민으로서 종교개혁 세계의 아들로 통하며, 니체는 다윈주의자와 반기독교도이지 않을 재간이 없다.

프랑스의 행군　독일의 군사체계를 작동시키는 일사불란함과 정확성은 전 유럽을 깜짝 놀라게 했다. 이에 못지않게 프랑스 군사체계의 완전한 고장도 유럽을 깜짝 놀라게 했다. 이런 상황도 사실은 국민심리학적 패러독스와 관련 있다. 그도 그럴 것이 그때까지 이루어진 독일 역사의 전체 과정에서 형성된 독일인의 영혼에는 발효와 모호함, 지상에서 먼 것과 무형, 즉 구름과 같은 것에 대한 경향이 지배한 반면에, 프랑스 정신의 이상은 예부터 엄격한 구심적 성격, 이를테면 **질서**(ordre), **명쾌함**(clarté), **논리**(logique)였기 때문이다. 그런데 바로 이렇듯 집요하게 오랫동안 고착되어온 어떤 특수한 기질이 현실과 부딪

히면서 그 성격이 정반대로 급변하는 일이 가끔 일어날 수 있다. 우리는 이 책 2권에서 프랑스 예술과 문학이 그 절정의 시기에 놀라울 정도의 성과를 낼 수 있도록 했던 규범성과 명료성이라는 합리주의적 특성이 아둔함의 친척이라고 할 수 있는, 현실을 불구대천의 원수로 보는 편협함에 쉽게 이끌린다는 점을 이미 지적한 바 있다. 다른 한편, 세계를 사변적으로 포착하려는 독일식 충동이 한때 그 대상을 실제로 지배하는 형식으로 표출된 것도 불가피한 적이 있었다. 에드몽 드 공쿠르[2]는 자신의 전쟁 일지에서 (화학, 특히 알코올 분야에서 신기원을 이루는 위대한 학자) 베르틀로[3]가 자신에게 들려준 얘기를 다음과 같이 설명한다. "아닙니다, 그건 대포의 우위성 문제와 같은 것이 아니에요. 완전히 다른 문제랍니다. 제가 선생님께 설명해 드리고 싶은 것은 바로 이 점입니다. 사정이 이렇습니다. 프로이센 참모부의 지휘관은 특정한 시간에 특정한 장소에까지 군단을 전진·배치하라는 명령을 받으면, 지도를 꺼내 국도와 지형을 숙지하고, 정해진 장소로 전진하기 위해 각 군단이 필요로 하는 시간을 계산했던 것이죠. (…) **우리** 참모부의 장교는 그런 일이라고는 도무지 모릅니다. 저녁에는 즐기러 나가고, 다음 날 아침에 전장에 가서 군대가 도착했는지, 공격하기에 가장 좋은 위치가 어디쯤인지 묻죠. 출정의 시작이 이런 식이었죠. 제가 여러 번 한 말이지만, 이게 우리 패배의 원인입니다."

프랑스가 가장 큰 희망을 걸었던 일종의 자동 기관총 직전 단계의 기관총이나 경기관총이 효력이 없음이 드러났다. 반면에 나선형

---

[2] Edmond de Goncourt(1822~1896): 프랑스의 작가이자 문학 평론가.
[3] M. P. Berthelot(1827~1907): 프랑스의 화학자이자 정치가.

의 총신을 겸비한 후장총 샤스포총은 전쟁이 터졌을 때야 막 개량 작업에 돌입한 독일의 격침발사 총보다 월등히 먼 유효사거리와 장 전속도 덕분에 특히 평균거리와 원거리를 참작할 때 탄알의 속도와 관통력 측면에서 결정적으로 뛰어났다. 그러나 독일의 군 지휘부는 중대별로 종대행진을 하게 하는 신속한 산개전술을 택하여 집중사 격을 피함으로써 그 엄청난 약점에 대처할 줄 알았다. 이로써 샤스 포총의 우월성이 대규모 전투에서 위력을 발휘하지 못한 것이다.

프랑스에서는 마크마옹[4] 사령관이 이끄는 부대가 스트라스부르 에, 그리고 바젠[5] 사령관 휘하의 제2군이 메츠(Metz)에 집결했다. 프 랑스군의 전시작전에 따라 이 두 부대는 '라인 강 부대'로 통합하여 강을 건너 슈바르츠발트(Schwarzwald)를 불시에 습격함으로써 남부독 일에게 중립을, 가능하다면 동맹을 강요하기 위해 남부독일을 프로 이센에서 떼어놓는다는 전략을 세웠다. 동시에 북해에서는 프랑스 전함이, 발트 해에서는 제2함대가 출몰하여 상륙작전을 펼침으로 써 프로이센의 전투력을 상당할 정도로 묶어 놓는 계획도 세웠다. 초기 성과 끝에 오스트리아 침략까지도 계산에 넣을 수 있었다. 덧 붙이면 나폴레옹은 짤막한 캠페인을 염두에 두고 마크마옹 장군에 게 자신은 단지 알제리 총독으로서 땅을 밟고 싶고, 전쟁은 그저 그에게 사소한 오락거리여야 한다고 편지를 썼다. 그의 의도가 십중 팔구 성취되는 듯했다. 초기 전투에서 승승장구함으로써 프로이센 에게 남부독일에 대한 패권을 내놓고 그 보상으로 라인 강과 벨기 에를 양보하라고 요구했다. 이는 그가 벨기에의 국경에서 별로 멀리

---

[4] MacMahon(1808~1893): 프랑스의 장군. 제3공화국의 초대 대통령.
[5] F. A. Bazaine(1811~1888): 프랑스의 장군.

떨어지지 않은 곳인 샬롱 쉬르 마른(Châlons sur Marne)에 막강한 예비군을 배치한 점이 말해준다.

이런 전제들로 군사적·정치적 계획을 수립했지만, 그 가운데 어느 하나도 맞아떨어지지 않았다. 우선 남부독일이 즉각 프로이센과 함께했다. 7월 18일에 오스트리아 추밀원 회의가 소집되어, 알브레히트 대공은 프랑스의 입장에서 전쟁을 적극 지지했지만 안드라시[6]도 그 못지않게 강렬하게 반대했다. 참모총장 욘이 군대가 전투력이 없다는 강력한 설명으로 결정타를 날렸다. 프랑스군의 상륙은 경계에 민첩한 북독일 해군에 의해 저지당했다. 9월, 프랑스의 두 함대가 물러날 수밖에 없었다. 계획한 라인 강 출정은 가장 비참하게 실패했다. 결과적으로 프랑스의 철도망은 국경 지역으로 신속히 행군하기에 아주 미흡했다. 역마다 금세 만원을 이뤘고, 철길이 꽉 막혔다. 군대의 절반이 도보 행군을 할 수밖에 없는 노릇이었다. 국방부 장관 르뵈프[7]는 이렇게 말한다. "최악의 경우 우리는 마지막 각반의 단추가 떨어질 때까지를 각오해야 할 것이오." 그러나 부족한 것은 각반 단추만이 아니었다. 모든 게 부족했다. 반합과 식기, 텐트와 안장, 의약품과 들것, 식량과 탄약도 부족했다. 병참부는 완전히 무용지물로서 대혼란이 지배했다. 수많은 병사가 병참 간부 없이 지냈으며, 대부분의 사단은 병참부대를 두지 않았다. 보병은 짊어져야 할 짐은 너무 많았고 금속화폐는 너무 적었다. 포병대의 사정도 좋지 않았으며 적합한 진지도 확보하지 못했다. 전쟁이 독일 땅에서 벌어지는 만큼 프랑스의 지도가 군 간부들에게 나눠졌을 리

---

[6] G. Andrássy(1823~1890): 헝가리의 정치가.
[7] E. Leboeuf(1809~1888): 프랑스의 군인이자 정치가.

가 없고, 요새의 사정도 열악할 수밖에 없는 것은 자명할 수밖에 없었다. 그라몽[8]의 선임자인 다루[9] 백작은 나중에 진짜 프랑스풍의 궤변을 섞어 이렇게 말한다. "당시 프랑스가 품었던 평화 정서에 대한 가장 명백한 증거는 우리 입장에서 취한 준비 작업이 하나도 없었다는 점, 어떤 예방조치, 이를테면 가장 기본적이고 가장 필수적인 예방조치도 하나 없었다는 점이다. 실로 그와 같은 것을 목격한 바가 있었던가?"

독일의
군사행동

독일의 전쟁 계획은 어떤 고정관념에 매달린 것이 아니라 모든 가능성을 열어놓은 점에서 프랑스의 그것을 능가했다. 무엇보다 강점은 실제로 그것을 실행에 옮긴 점에 있다. 프로이센의 군사동원은 우발적 사건으로 진행되지 않고 세밀하게 준비한 군사 이동작전에 근거해서 이뤄졌다. 행군 일정표에는 각 예하부대를 위한 탑승 장소, 출발 날짜와 시간, 수송 거리, 휴식을 취할 역과 하차 장소 등을 미리 정확히 예정해 뒀다. 몰트케[10]가 7월 15일 저녁에 그의 서명만을 기다리고 있던 동원계획 문서가 준비된 베를린 사령부 건물에 들어설 때 차단기가 열리는 순간 "역시 계획한 대로군!" 하고 말하고는 같은 날 한 동료에게 이렇게 설명한다. "나는 지금만큼 더 할 일이 없었던 적이 없었네." 론[11]도 자신의 회상록에서 7월 중순은 지금까지 자신의 공직생활 가운데서 "아무 생각 없이 할 일 없이 마냥 빈둥거린" 시간이었다고 보고한다. 그러나 그럼에도 몰트케는

---

[8] Antoine A. Agénor de Gramont(1819~1880) 공작. 프랑스의 외교관이자 정치가.

[9] P. A. Daru(1768~1829): 프랑스의 군인·외교관·역사가.

[10] H. von Moltke(1800~1891): 독일의 군인.

[11] A. von Roon(1803~1879): 프로이센의 군인이자 정치가.

적이 행군에서 돌진할 수 있는 우발적 사건까지 계산하고 있었다. 그는 전쟁이 터졌을 때 이렇게 말한 바 있다. "적이 7월 25일 이전에 라인 강을 건너면 우리는 적을 저지할 수 없을 것이어서 나중에 밀어내려고 애를 써야 할 것이며, 적이 8월 1일까지 미룬다면 우리는 라인 강 좌측 해안에서 적을 맞이할 것이고, 적이 8월 4일까지 우리 땅을 침략하지 않으면 우리는 그날 국경을 넘을 것이다." 마지막 예측이 맞아떨어졌다. 8월 3일 프로이센의 세 부대가 모젤(Mosel) 강과 라인 강 사이에 집결했다. 제1군은 슈타인메츠[12] 장군, 제2군은 프리드리히 카를 왕자, 제3군은 황태자가 이끌었다. 몰트케의 목표는 파리를 정복하고, 적을 프랑스의 풍요로운 남부에서 북부로 밀어내는 지극히 일반적인 일이었다. 덧붙이면 그는 자신의 『보불전쟁의 역사(Geschichte des deutsch-französischen Krieges)』에서 이렇게까지 강조한다. "만일 출정 계획을 요지부동으로 확정해서 끝까지 밀고 나갈 수 있다고 믿는다면 그건 착각이다. 적의 주력군과의 첫 충돌은 적의 공격에 따라 새로운 국면을 만들어내기 마련이다. 의도하고자 한 일 가운데 많은 것이 수행할 수 없게 되기도 하고, 예상하지 못한 많은 일이 가능하기도 한 법이다. 변화된 상황을 제대로 파악하는 것, 이에 근거하여 가까운 기간 안에 목표한 바를 정비하고 단호히 실행하는 것, 이 모든 것이야말로 군의 지휘부가 할 수 있는 일이다." 이 같은 유연성 덕분에 전쟁 기간 내내 그는 주도권을 확보할 수 있었다. 8월 2일, 프랑스군은 황제가 보는 자리에서 자르브뤼켄(Saarbrücken)을 점령하여 빛나는 승전보를 파리로 띄울 수 있었다. 공식 보고서가 알려주는 바대로 하면, "우리의 군은 프로이센의 영토

---

[12] Stefan Steinmetz(1796~1877): 프로이센의 장군.

를 집어삼켰다." 그러나 그것이 한갓 돌풍에 불과한 것으로 금세 드러난다. 그도 그럴 것이 오히려 그 일로 세 부대를 상대로 맞서야 했기 때문이다. 8월 4일, 제3군의 전위대가 정확히 몰트케의 프로그램에 따라 국경을 넘어 바이센부르크(Weißenburg)를 장악한다. 8월 5일, 이 부대는 마크마옹을 상대로 뵈르트(Wörth) 전투에서 승리를 거뒀으며, 이로써 마크마옹은 요새화한 샬롱 진영으로 철수할 수밖에 없다. 8월 6일, 제1군과 제2군 병력 일부가 바젠을 상대로 전투를 벌이면서 거의 난공불락의 요새로 통한 스피체렌(Spicheren) 고지를 습격한다. 베르더[13] 장군이 이끌었던 제3군의 일부 병력이 스트라스부르를 봉쇄했다. 결국 바젠 역시 샬롱으로 행군하여 마크마옹과 연합하기로 결심한다. 그러나 그의 철군은 8월 16일에 벌어진 비온빌르-마르 라 투르(Vionville-Mars la Tour) 대전투와 8월 18일의 그라블로트-생 프리바(Gravellotte-Saint Privat) 전투 때문에 수포로 돌아가고, 그의 휘하 전 부대가 메츠 요새로 내몰려 그곳에 고립된다. 이제 마크마옹은 메츠의 포위망을 뚫기 위해 자신의 작전 지역인 샬롱에서 철군하려 한다. 이를 저지하려고 몰트케는 마스(Maas) 강줄기를 따라 돌아가는 그 유명한 우회행군을 지시했다. 이 행군은 서부전선에서 북부전선으로 선회하는 작전으로서 한 부대가 떠맡기에는 가장 어려운 임무에 속한 일이었다. 8월 30일 보몽(Beaumont) 전투는 마크마옹을 마스 강 건너편으로 내몰았다. 마크마옹은 독일의 두 부대(즉, 신설된 제4군, 일명 마스 강 부대와 제3군 사이)에 둘러싸여 전선과 후방에서 동시에 곤욕을 치르면서 북부도시 스당(Sedan)으로 쫓겨났다. 이 도시도 독일군의 살인적인 사격을 받고서는 9월 2일 황제와

---

[13] A. von Werder(1808~1888): 프로이센의 장군.

여러 장군을 포함하여 전체 전투력과 수많은 전투 요새를 포기하는 항복을 할 수밖에 없게 된다. 바젠이 메츠 전투에서 패배함으로써 프랑스는 정규군을 거의 모두 잃어버렸다. 그러나 프랑스 사람들은 헤르만 그림[14]이 그때의 일지에서 쓰고 있듯, "정신적으로 스스로 패배했다고 생각할 준비가 되어 있지 않았다." 포로로 잡힌 황제를 즉각 폐위했고, '민족방위를 위한 임시정부'가 구성되어 '최후까지의 전쟁'을 선포했다. 비스마르크와 새로 임명된 외무부 장관 파브르[15] 사이의 평화협상도 "우리의 요새에서 돌 하나도, 우리의 나라에서 땅 한 뙈기도 양보할 수 없다"는 구호 때문에 좌절된다. 지극히 열정적이고 활동적인 유대인 변호사 출신 내무부 장관 강베타[16]는 풍선기구를 타고 파리를 빠져나가 투르(Tours)에서 국민총동원령을 발동하여 실제로 단기간에 약 80만 명을 조직한다. 물론 이 조직의 투쟁력은 독일 정규군의 그것에 한참 못 미쳤다. 평화조약에 이르기까지는 12고비의 큰 전투가 아직 기다리고 있었다. 서부에서는 갓 형성된 루아르(Loire) 강 부대가 파리 군대의 대규모 출격 지원을 받으면서 그 사이에 형성된 수도의 포위망을 뚫기 위해 공격을 감행한다. 실제로 이 부대는 탄[17] 장군 휘하의 바이에른 부대를 쿠르미에(Coulmiers) 전투에서 퇴각시켜 오를레앙에서 철군하게 만들기도 했다. 그러나 본 라 롤랑(Beaune la Rolande) 전투에서 패배하고 파리의 출격도 좌절된다. 오를레앙이 다시 점령당하며, 르망(Le Mans) 입구에서 벌어진 겨울 전투에서 루아르 강 부대는 거의 전멸하고 만

---

[14] Herman Grimm(1828~1901): 독일의 예술사가.
[15] J. Favre(1809~1880): 프랑스의 정치가.
[16] Léon Gambetta(1838~1882): 프랑스의 정치가.
[17] L. F. von der Tann(1815~1881): 바이에른의 장군.

다. 북부에서는 프랑스 제2민병대가 알뤼에(Hallue)에 인접한 아미앵(Amiens) 전투에서 승리를 거두지만 바폼(Bapaume)과 생 캉텡(Saint Quentin) 전투에서 전투력을 상실하고 만다. 동부에서는 부르바키[18] 장군이 최고사령관직을 맡아 베르더 장군의 군단을 압박하려 했지만, 3일간 벌어진 리센(Lisaine) 협곡 전투에서 격퇴당하고, 그의 군대는 와해되어 스위스의 경계를 넘을 수밖에 없는 지경에 이른다. 중요한 요새 가운데 하나인 스트라스부르가 9월 27일 항복했고, 정확히 한 달 뒤 메츠가 항복한다. 역시 12월의 불길한 27일에 수도 공격이 개시되었고, 1월에 항복 협정이 맺어졌다. 독일 본부는 두 입장으로 갈라졌다. 요컨대 한쪽은 아사 작전에, 다른 한쪽은 사격 공격에 동의했다. 비스마르크는 후자에 속했다. 그는 독일 여론의 지지를 받았다. 전자의 대표자로는 몰트케와 황태자, 그리고 그의 참모장 블루멘탈이 포함된다. 비스마르크도 론도 그들의 회상록을 통해 이들의 입장에는 여성의 영향이 작용했다고 주장한다. 요컨대 '문명의 메카'를 일반 요새를 다루듯 사격을 가해서는 안 될 일이라는 견해가 영국에서 (왕세자비도 그렇고 몰트케와 블루멘탈의 아내도 영국 출신 여인들인데) 독일 본부로 날아들었던 것이다. 사정이 실제로 그랬다 해도 이번에는 여성들의 관점이 십중팔구 옳았던 셈이다. 포격이 실제 요새는 거의 타격하지 못하고 고작 파리의 외곽 요새만 파괴할 수 있을 따름이었기 때문이다. 반면 1월 7일엔 이미 파리에는 공쿠르가 앞서 언급한 바 있는 '일기'에서 보고하는 바대로 고기라고는 없었지만, "채소로도 버텨낼 수 없을 정도여서 더 이상 버터를 말하지 않는 것은 말할 것도 없고, 수지(獸脂)와 윤활유

---

[18] C. Bourbaki(1816~1897): 프랑스의 장군.

가 없었던 사정에 미루어보면 기름이라고는 사라진 것처럼 보인다. (…) 치즈는 기억 속에나 가물거리고, 감자를 원하는 사람은 후원자를 두어야만 했다." 등유와 양초, 석탄과 목재도 부족했다. 파리 식물원에서 구한 낙타 내장과 코끼리 순대는 진미로 먹었다. 어떤 보석상인은 갓 나온 알을 보석 상자에 담아 자신의 진열장에 진열하기도 했다. 통통한 쥐 한 마리 가격이 1.5프랑이나 나갔다.

중립국들

그 사이에 중립국들도 나름의 방식으로 이 전쟁에 관여하기 시작했다. 프랑스가 로마 교황령에 주둔한 식민지 군대를 철수시켜 본토에서 활용해야 한다고 보았을 때, 로마 교황령은 9월 20일 이탈리아 군대가 점령하여 로마를 이탈리아의 수도로 선언한다. **"이탈리아는 오직 혼자서 어려운 고비를 넘길 것이다**(*Italia farà da se*)"라는 도도한 슬로건은 이 민족의 지금까지의 역사에서 실로 사실이 아님을 증명해 보였던 바다. 이를테면 이탈리아가 얻은 영토 중, 롬바르디아는 프랑스가 솔페리노(Solferino) 전투에서 승리한 덕분에, 베네치아는 프로이센이 쾨니히그레츠(Königgrätz) 전투에서 승리한 덕분에, 로마는 독일이 스당 전투에서 승리한 덕분에, 트리에스테(Trieste)와 트리엔트(Trient)는 양해각서를 체결한 덕분에 얻어낸 영토였다. 이탈리아도 전투에 참여는 했지만, 이손초(Isonzo) 강과 피아베(Piave) 강 어귀에서 벌어진 산 마르티노(San Martino) 전투와 쿠스토차(Custozza) 전투에서 늘 패배만을 겪었을 뿐이다. 이탈리아 대표가 베를린 회의에서 보스니아 점령에 대한 보상을 요구했을 때, 러시아의 한 외교관이 비스마르크에게 이렇게 묻는다. "이탈리아가 어떻게 영토 점유를 요구할 수 있습니까? 도대체 한 번이라도 승리한 적이 있던가요?" 러시아를 두고 말하자면, 10월 31일 제정 수상 고르차코프[19] 영주는 한 회람문서에서 파리 평화조약은 이미 여러 번 깨졌으며, 러시아는 흑해를 중립 지역으로 규정하고 있는 조약의 조항이 더 이상 구속력 있다고 보지 않는다고 선언한다. 이 문제를 다루기 위해 비스마르크의 발의로 런던 회의가 열렸고, 이 회의에서 러시아는 흑해 해협이 자국 무역상선에 개방되어야 하며, 러시아 전함을 폰투스(Pontus)에 정박할 수 있고 기지를 건설할 수 있어야 한다고 주장한다. 이는 전쟁이 터졌을 때 러시아가 오스트리아에 가한 외교적 압력에 대해서 러시아가 프로이센에 내민 일종의 청구서였던 셈이다. 영국의 경우 처음에는 독일 편에 섰다. 왜냐하면 무엇보다 비스마르크는 베네데티[20]가 벨기에 합병을 두고 자신과 1866년에 이미 벌인 협상을 영국에 제때 알리도록 사정을 배려했기 때문이다. 그러나 계속된 패배로 알자스-로렌(Elsaß-Lothringen) 합병이 확실시되었을 때, 패자 편에 서서 개입해야 한다는 목소리가 점점 더 커졌다. 그러나 칼라일[21]이 11월 18일 자『타임스』지에 기고한 편지가 여론 정서가 갑자기 뒤바뀌는 일을 어느 정도 늦추었다. 거기서 그는 독일인들은 한때 음흉한 습격으로 강탈당한 것을 단지 회수하려고만 했을 뿐이며, "고상하고 경건하며, 인내심이 있는 견실한 독일"은 "경박하고 명예욕이 많으며, 논쟁을 좋아하고 몸짓으로 말하는 프랑스"와는 달리 대륙의 여왕이 될 힘뿐만 아니라 신성한 권리까지 겸비하고 있다고 말한다. 스당 전투에서의 패전 직후 티에르[22]는 유럽의 여러 주요 도시를 돌아보는 일주여행을 했다. 이는 유럽 정부의 개입을

---

19   A. M. Gortschakow(1798~1883): 제정 러시아의 정치가.
20   V. Benedetti(1817~1900): 프랑스의 외교관.
21   Th. Carlyle(1795~1881): 영국의 역사가이자 수필가.
22   Thiers(1797~1877): 프랑스의 정치가이자 역사가. 1871년 프랑스 대통령에 취임.

사주하려는 것이었지만 어디서든 그런 개입에 대해 퇴짜를 놓았다. 그에게 글래드스턴[23]은 각료란 고작 매개자에 불과할 따름이라고 설명한다. 보이스트[24]는 오스트리아는 러시아가 하려는 바가 무엇인지 간파할 때야 비로소 결의할 수 있을 것이라고 말한다. 고르차코프는 예상 가능한 평화를 이끌어낼 수 있는 일이면 자신의 능력 범위 안에서 무엇이든 하겠다고 말로만 약속했을 뿐이다. 비토리오 에마누엘레[25]는 자신의 내각을 들먹였다. 이는 의회 없이는 아무 일도 할 수 없다는 것을 암시했다. 그러나 의회는 부재한 형편이었다. 개인적으로는 언제나 프로이센에 반대하는 측에 섰던 보이스트가 이러한 상황을 체념하는 듯한 말투로 간추려줬다. "더 이상 유럽은 없는 셈이에요." 그러나 그럼에도 비스마르크는 근심이 가득했다. "자극은 어떤 각료가 다른 각료에게 일으킬 법한 극미한 자극이면 충분하다. (…) 유럽이 간섭할 어떤 위험조차도 나를 매일 불안하게 했다." 사실 러시아나 영국 정도면 회의를 소집할 법도 했으며, 모든 것이 문제가 될 만도 했다.

독일 제국의 제후들을 단합시키는 일도 비스마르크에겐 큰 걱정거리였다. 결국 그가 취한 행태는 독일 군주 서열상 가장 고관인 바이에른 왕이 프로이센 왕에게 독일의 제후들과 자유도시들의 이름으로 황제 등극을 문서로 제청하는 형식이었다. 루트비히 2세는 한동안 못마땅해했다. 처음에 그는 중세에 대한 낭만적인 회상에 젖은 듯 비텔스바흐(Wittelsbach)가가 호엔촐레른가로 선위하는 형식을 원했다. 그러나 그는 작센 왕이나 바덴의 대공이 편지를 쓸 낌새

---

[23] W. E. Gladstone(1809~1898): 영국의 자유당 정치가.
[24] F. F. von Beust(1809~1886): 오스트리아의 정치가.
[25] Vittorio Emanuele(1820~1878): 사르데냐 왕이자 초대 이탈리아 왕.

를 알아차리자 먼저 편지를 써 보냈다. 그리고 황제 선포식에는 참석하지 않고 그 직후 상복을 입었다. 빌헬름 1세도 사태 전개과정이 못마땅했다. 첫 토론이 열렸을 때 그는 이렇게 말한다. "대대장 노릇이 내게 무슨 소용이랍니까?" 이에 비스마르크가 이렇게 응수한다. "폐하께서 영원히 중간 좌석에 앉아 계실 수는 없는 노릇이죠. 의장석에 앉으셔야 하겠지요?" 결국 빌헬름 1세는 '독일 황제'라는 칭호를 얻고서야 이 새로운 지위에 동의한다는 의사를. 표명했다. 비스마르크는 국법상의 이유와 여타 이유에서 '독일 황제'라는 칭호가 유일하게 가능한 명칭인 것으로 이해한다. 이것이 내심 못마땅했던 터라 빌헬름 1세는 황제 선포식이 열린 공개석상에서 비스마르크를 '못 본 체했던' 것이다.

평화 　 요새 대부분과 국토의 1/3이 독일에 점령되고서야 전쟁의 손실이 크다는 점이 더 이상 의심의 여지가 없게 되었다. 이에 대해 빅토르 위고는 다음과 같은 말로 정리했다. "전쟁에서 프로이센은 승리를 취했고 프랑스는 명성을 가져갔다." 티에르가 비스마르크와 평화협상에 들어갔다. 프로이센 참모부가 마무리한 지도를 보면 애초 요구한 것보다 훨씬 늘어난 것이 확인된다. 말하자면 여기에는 롱귀용(Longuyon), 브리이(Briey), 낭시(Nancy), 뤼네빌(Lunéville)을 비롯해서 벨포르(Belfort)와 몽벨리아르(Montbéliard)로 마무리되는 남쪽을 포함하는 로렌의 주요지역이 많이 들어가 있었다. 마침내 벨포르를 제외한 알자스와 로렌의 옛 공국 지역의 1/5 정도로 해서 합의에 이른다. 그런데 이 가운데 메츠를 포함한 대략 1/4 정도가 프랑스어권에 속한다. 이 지역이 독일에 양도된 것은 단지 전략적 이유일 뿐이다. 그것은 이른바 '분쟁의 방위선(Glacisargument)'을 고려한 것이다. 그래서 이러한 조건이 합당한 것으로 규정될 수밖에 없었다. 그 유명한

'벨포르의 소굴(Loch von Belfort)'을 포기한 것은 군사적 관점에서만 본다면 부적절한 조치였다. 비스마르크가 애초 요구한 60억의 전쟁배상금조차도 전혀 과도하지 않았다는 것은 프랑스 국민이 나중에 50억으로 내려 신속히 갚은 사실이 말해준다. 당시 러시아와 우호적인 관계를 맺고 있던 독일의 상황, 그리고 영국이 무관심하고 오스트리아와 이탈리아가 무기력한 상태에 있던 상황에서 독일이 전쟁 경험이 있는 민첩한 90만 군대를 동원해 천연자원이 많은 브리이와 중요한 교차 지역인 낭시를 보유했다면 유럽의 누가 저지할 수 있었겠는가? 한편 늘 되풀이해서 주장되곤 하는 일은 프랑크푸르트 평화조약이 프랑스를 급진적인 보복정책으로 내몰았다는 것이다. 그러나 다음과 같은 물음을 제기할 수 있다. 도대체 그 같은 평화의 분위기를 조성하지 **못했다**면 어떻게 그런 평화조약이 이루어질 수 있었겠는가? 합병을 순전히 독일 지역에 국한한다거나 알자스에만 국한하는 것도 사태의 본질에서 달라질 것은 아무것도 없었을 듯하다. 정복을 완전히 포기하는 것 자체는 민족의 자존심에 패배의 바늘을 꽂은 채 남겨두는 꼴로 비칠 법했다. 쾨니히그레츠에 대한 보복을 요구하는 민족이라면 분명 오로지 자신의 힘으로 얻은 승리를 통해서만 화해할 수 있다고 생각했을 터이다.

보르도(Bordeaux)에서 평화조약의 조건을 논의한 국민의회에서 빅토르 위고는 이렇게 말한다. "의원 여러분, 스트라스부르에는 두 개의 동상이 세워져 있습니다. 하나는 구텐베르크 동상이며, 다른 하나는 클레베르[26]의 동상입니다. 구텐베르크가 문명이 질식되도록 내버려두지 않을 것이라고 맹세하면서 내뱉은 그 목소리, 그리고

---

[26] J. B. Klèber(1753~1800): 이집트의 총사령관을 지낸 프랑스의 군인.

클레베르가 공화정이 질식되도록 내버려두지 않을 것이라고 맹세하면서 내뱉은 그 목소리가 우리 안에서 불끈 솟아오르고 있다는 느낌을 지금 우리가 받고 있습니다." 루이 블랑[27]은 또 이렇게 외친다. "알자스 지역 사람들을 마치 노예 다루듯 하고 있습니다. 그들은 바로 우리의 형제들 아닌가요! 그들은 동맥 속에 피 한 방울 갖고 있지 않은 가축 떼를 다루듯 그들을 짓밟고 있습니다. 그들이 우리에게 그 피 한 방울을 제공하지도 않았고 열렬히 우리에게 쏟아 붓지도 않았지요! 그러니 안 되죠, 안 되고 말고요! 절대로 그럴 수 없는 일 아니겠습니까!" 그러나 그럼에도 잠정적인 평화조약이 압도적인 다수에 의해 조인되었다.

코뮌   비스마르크는 파리를 무장해제하려 했지만 파브르는 이에 완강히 반대했다. 결국 자치위원회 정부, 즉 **파리 코뮌**(Commune de Paris)이 공표되었다. 파리 코뮌은 1793년의 자코뱅파의 공리를 고백했으며, 유산계급 주민을 억압하고 그들의 재산을 강제처분했으며, 여러 '인질' 가운데 특히 대주교를 총살했고, 교회 약탈을 조장하고 공공건물 일부를 약탈했다. 튈르리궁·법원·재무부·의회·경찰서가 화염에 휩싸였다. 두 달간의 전투 끝에서야 마크마옹은 정규군을 이끌고 시내로 진입하는 데 성공했다. '피의 주간(blutige Woche)'에 벌어진 야수적인 바리케이드 전투, 근대 역사에서 가장 흉측한 시민학살을 겪고서야 봉기를 진압할 수 있었던 것이다. 바로 그런 싸움이 전개되던 그 주간에 중국의 공사관 일행이 파리에 등장했다. 프랑스 정부가 그들에게 유감을 표시했을 때, 중국 공사는 이렇게 대꾸했다. "천만의 말씀입니다! 귀하께서는 젊으십니다. 귀하 서양인들께

---

[27]   Louis Blanc(1811~1882): 프랑스의 공상적 사회주의자.

서는 아직 역사를 거의 가져본 적이 없는 셈이지요. 역사란 늘 이런 형편이랍니다. 말하자면 포위와 코뮌, 이게 인류의 보편 역사인 것입니다."

반면 독일은 당시 돈의 개념으로는 상상하기 어려운 거액인 50억을 전쟁 배상금으로 거머쥐었으니, 검소한 소시민과 장교들의 나라이자 환상을 먹고 사는 교수들과 음악가의 나라인 독일로서는 대박을 맞은 셈 아니겠는가! 그러나 그 결과 어마어마한 주식 공황이 발생한다. 이 공황을 촉발시킨 1873년 5월 9일은, 마치 세르비아인들이 암젤펠트(Amselfeld) 전투를, 로마인들이 칸나이(Cannä) 전투를 떠올릴 때와 흡사한 그런 기념비적인 악몽 같은 시간으로서 금융계가 '검은 금요일'이라는 이름을 단 날이 되었다. 이날 앞뒤의 해(1873년)를 '포말회사 범람시대'[28]라고 부른다. 그도 그럴 것이 당시는 너도나도 회사설립에 몰두했기 때문이다. 한 주가 다르게 새로운 기업, 새로운 회사, 새로운 신디케이트, 새로운 주식회사가 생겨났다. 사람들이 부른 식으로 하면 '부재하는 고용주'인 주식은 자본주의의 가장 현대적이고 가장 막강한 형식이다. 니벨룽겐의 반지에 관한 쇼[29]의 예리한 해석에 따르면 그것은 '자본주의의 창조자'인 알베리히[30]의 요술투구(Tarnhelm)이다. 이 요술투구는 "우리가 길거리에서 흔히 볼 수 있는 실린더 모양의 실크해트이다. 그것은 그것을

---

[28] Gründerjahre: 포말회사(bubble company)란 갑자기 생겼다가 내일 곧 없어지는 회사를 물거품(포말, 泡沫)에 비유하여 이르는 말로써 프로이센·프랑스 전쟁 직후에 널리 유행함.

[29] B. Shaw(1856~1950): 아일랜드 희극작가·문학비평가. 사회 비판적인 풍자극을 많이 썼음.

[30] Alberich: 중세 독일의 서사시, '니벨룽겐의 노래(Nibelungenlied)'에 등장하는 주인공.

쓰고 있는 사람, 즉 주주를 보이지 않게 하거나 그를 여러 모습으로 변신시킨다. 말하자면 때로는 기독교인으로, 때로는 양로원의 기부자로, 때로는 가난한자를 위한 자선가로, 때로는 모범적인 남편과 아버지로 둔갑시키는 것이다. 그러나 보편적으로 말하면 그는 기식자일 뿐이다." 그러나 가끔 이 기식자는 알베리히의 황금보석도 보이지 않게도 한다.

성실한 상인과 꼼꼼한 공무원, 배타적인 귀족과 골방의 학자들, 심지어 군인과 성직자들까지 포함해서 이들 모두가 투기열풍에 감염되어 있었다. 그 결과는 과잉생산, 산업공황, 대규모 파산, 지폐 가치의 종잇값으로의 하락, 수많은 사유재산의 붕괴, 수많은 기업의 휴업 또는 기업 규모 감축, 임금하락과 해고였다. 이는 또다시 데모와 파업, 폭동과 반자본주의 선동 및 집회로 이어졌다. 1878년 5월, 함석장이 협회의 회원인 회델[31]이 여든한 살의 황제를 두고 권총암살을 기도했으나 실패했다. 곧바로 비스마르크가 의회에 제출한 형법 강화 법안은 거부되었다. 몇 주 뒤, 노빌링[32] 박사가 황제를 향해 산탄 두 발을 쐈다. 황제는 중상을 입었지만 투구 덕분에 겨우 생명을 건졌다. 이제 비스마르크는 "공안을 위해하는 사회민주주의자들의 기도를 저지하는 법안"을 통과시킨다. 이 법안은 좌파 성향의 회합과 신문 일체를 금지하고, 수많은 가택수색과 체포 및 추방을 가능하게 했으며, 야비한 끄나풀제도와 잔혹한 자의성을 갖고 혐오스러운 농간을 획책할 수 있게 하여 사회주의적 순교를 만들어냈다. 물론 이 순교는 청년 당에 새로운 많은 친구를 가입하게 했다. 비스

---

[31] Max Hödel(1857~1878): 독일 라이프치히 출신 배관공. '라이프치히 사회민주주의 연합'의 초기 구성원.
[32] K. E. Nobiling(1848~1878): 독일의 암살자.

마르크 자신은 어떤 정신적인 운동도 거친 폭력으로 진압할 수 없다는 사실을 모르지 않을 만큼 대단히 현명했다. 그래서 그의 독특한 계획은 노동자 후생복지사업을 직접 챙겨 어떠한 운동도 국가사업으로 확실히 전환하는 방향으로 나아갔다. 이 목표에는 1883년에 도입된 의료보험, 1884년의 재해보험, 1889년의 상해 및 노령 보험 제도가 기여했다. 그러나 사회민주주의자들은 이 제도를 '적선정책(Almosenpolitik)'으로 이해하여 거부한다.

　비스마르크가 적색 인터내셔널(die rote Internationale)에 대해 절반의 승리만을 거뒀다면, 그가 흑색 인터내셔널(die schwarze Internationale)을 상대로 펼친 '문화투쟁'의 결과는 거의 패배라고 부를 수도 있다. 훌륭한 학자이지만 소심한 정치가였던 비르초프[33]가 만들어낸 이 특별한 명칭은 오도될 여지가 있다. 왜냐하면 실제로 문화의 힘, 이를테면 종교·전통·영성은 교회가 대변한 반면에 문명의 경향들, 즉 교양·국가이성·물질적 진보는 교회의 관점에서 보면 적의 입장에 서 있기 때문이다. 이 갈등의 뿌리는 교황 비오 9세(Pius der Neunte)가 프로이센을 상대로 한 프랑스의 선전 포고가 있기 하루 전인 1870년 7월 18일에 설파한 무오류의 교리에서 찾을 수 있다. 여기에서 확정된 것은 교황이 **성좌 선언**(ex cathedra)을 하고 신앙 혹은 풍습과 관련된 교훈을 들려줄 때 오류가 없는 것으로 봐야 한다는 것이었다. 이로써 교황주의자들 사이에서 갈등이 일어난다. 요컨대 '관료 가톨릭 신자들'은 신앙의 영역에 국한해서 교황의 무오류성을 인정하지만, 국가의 문제와 관련해서는 교황의 능력을 불신한 것이다. '구 가톨릭 신자들'은 교회 장로들과 공의회가 확정한 광범

---

[33] Rudolf Virchow(1821~1902): 독일의 인류학자이자 병리학자.

위한 영역에 교황의 수위권이 통용되는 것을 묵인하지 않으려 했다. 그중 일부는 독일식 예배의식을 도입하여 독신 제도를 철폐하고 자체 주교를 선발하는 유형의 종파와 결합했으며, 다른 일부는 이 새로운 교리를 일단 기피하려 했다. 이 대립은 로마 교황청이 프로이센 정부를 상대로 실효성 없게도 구 가톨릭 신도들을 교직에서 배제할 것을 요구했을 때 더욱 첨예해졌다. 비스마르크는 의회에서 자유주의자들을 지지한다. 그런데 그에게 가톨릭 중앙당이 맞섰다. 이 중앙당은 보수주의자들뿐만 아니라 복음주의자들의 지지도 받고 있었으며 폴란드 사람들과 벨프 당원들[34], 그리고 알자스 사람들에게도 찬사를 받고 있었다. 정부가 취한 일련의 조치, 이를테면 강단을 정치선동 장소로 사용하는 것을 금지하는 '강단 조항', 법률상의 혼인제도와 세속적인 학교 관리제도, 성직자들이 치러야 할 독일어 · 역사 · 철학 · 고전어로 구성된 '문화시험' 제도 등의 도입, 예수회를 포함한 여타 연합회의 폐지와 같은 조치들은 엄청난 분노를 샀다. 이를 두고 성직계급은 네로와 디오클레티아누스[35] 방식의 기독교도 박해라고 했지만, 비스마르크는 자신의 그 유명한 카노사 담화를 발표한다. 1873년, 가톨릭 신자로서 통장이 협회(Böttchergeselle)의 회원인 쿨만이 그를 암살하려 했다. 이 문화투쟁이 정점에 이른 때는 이른바 '금지령(Sperrgesetz)'에 의해 정부에 대한 복종 의무를 분명히 이행하지 않은 목사와 주교에게는 어떠한 공직 업무도 중지시키는 명령이 공포되었던 1875년이었다.

교황 비오 9세 피오 노노(Pio Nono)는 비스마르크를 두고 프로테스

---

[34] Welfe: 교황당원으로 불리기도 하는 12~15세기의 이탈리아 민중파에서 유래함.
[35] G. A. V. Diocletianus(245~316): 로마의 황제.

탄트의 펠리페라고 불렸다. 그러나 이 수상은 시대 물정을 모르는 합스부르크가 사람도 아닐뿐더러 외골수의 스페인 사람도 아니었다. 그는 나중에 밝혔듯이 중앙당은 '극복할 수 없는 탑'이지만 주민 2/5의 양심을 거역할 수 없다는 사실의 힘에 자신을 맡긴 것이다. 1878년에 이루어진 교황 교체는 그에게 화해의 부담을 덜어주었다. 반가톨릭적 입법이 하나하나 폐지되었다. 본질적인 규정에서 변하지 않고 보존된 것은 국가의 학교 감독과 의무적인 법률상의 결혼 제도뿐이었다.

비스마르크가 결정적인 국내 정책 문제에서 양보할 수밖에 없었던 그해는 외교정책 분야에서 그에게 위대한 승리를 안겨다 주었다. 그를 의장으로 한 열강 회의가 1878년 6월에 베를린에서 개최되었다. 이 회의는 러시아와 터키 간의 6차 전쟁에 종지부를 찍었다. 1875년 헤르체고비나(Herzegowina)에서 봉기가 일어났다. 반란군이 열강에 호소하면서, 오스만투르크 제국의 기독교도인 '라자(Raja) 주민들'은 지금까지 "말 못하는 벙어리"로 살아왔고 "영원한 노예로 태어나 짐승보다 더 하찮은 것으로 취급받아 왔지만", 이제 그들은 자신들의 자유를 위해 투쟁하면서 최후의 1인까지 싸울 각오가 되어 있다고 선언했다. 그들은 완전한 종교적 자유와 법정에서 증언할 권리, 정확한 세액 결정, 꼭 혁명 이전 프랑스에서처럼 엄청난 부담으로 작용한 소작료 제도의 폐지, 부동산을 사적으로 취득할 자격을 요구했다. 불가리아 사람들도 들고일어났다. 술탄의 비정규군이 그들에게 행사한 가공할만한 잔혹성에 대해 글래드스턴은 불을 토하는 듯한 연설과 글로써 탄핵한다. 여기에는 영국식 선의의 전통에 따른 기독교적 인간애와 정치적 수완이 경쟁의 계기로 작동하고 있다. 말하자면 영국의 동양 정책은 매우 의미 있는 전환을 이룬 셈이다. 이는 적어도 지금까지 무조건적 원칙으로 삼았던 터키에 대한 불가침 원칙을 포기했음을 의미한다. 그도 그럴 것이 이미 오래전부터 이집트 합병을 안중에 두었기 때문이다. 이집트는 영국이 수에즈 운하를 회복한 이후 세계 지배에 있어 헤아릴 수 없을 만큼 가치가 있었던 것이다. 그러나 불가리아의 봉기가 세르비아와 몬테네그로(Montenegro)로부터 지원을 받았음에도 질식하기 직전에 몰리고, 그 사이에 러시아가 우선 1876년 가을에 여섯 군단을 동원하고 그다음 1877년 봄에 터키 정부에 선전포고를 하자, 영국에서는 콘스탄티노플에 대한 노파심이 깨어났고, 다수의 공공연한 목소리는 크림 전쟁 때 실현된 것과 유사한 합병과 같이 서유럽 강국이 터키와 합병할 것을 추천했다. 이런 두 가지 위기를 계기로 칼라일이 또다시 『타임스』지에 투고했다. 그는 터키를 유럽을 무정부 상태로 만들 환경으로 규정한다. 이 환경은 "그 모습이 곧바로 동양을 향하라는" 강렬한 요청으로 비칠 따름이다. 러시아에 대한 언론의 분노는 철두철미한 무지와 비열한 민족적 질투의 결과와 다름없으며, "귀를 멍하게 만드는 정신병원의 소란 정도로 주목을 끌 뿐이다." 그가 보낸 두 통의 편지 가운데 하나에는 이후 확산된 '**입에 담을 수 없는 터키인**(unspeakable Turk)'에 대한 말도 담겨 있지만 이는 대체로 글래드스턴이 그런 말을 했다는 식으로 왜곡됐다. 러시아는 적대적인 공격을 감행하기 전에 오스트리아의 중립을 확인했다. 대신 보스니아와 헤르체고비나 점령을 유보했다. 다른 모든 열강이 중립적인 자세를 취한 것도 주로 비스마르크의 공적이었다. 이는 그의 노력으로 차르가 콘스탄티노플을 공략하지 않을 것이고 평화조약 조건에 대한 결정을 유럽 회의에 위임할 것이라고 천명한 것에 근거했다. 루마니아와 군사조약을 체결한 뒤 러시아의 한 군단이 도나우(Donau) 강을 건너 도브루자(Dobrudscha)를 점령한다. 본대는 시스토바(Sistova) 전투를 통해 도나우 강을 건너 발칸반도를 내려다보다 쉬프카파스(Schipkapaß) 고지를 정복하고서 계속 진군했다. 그러나 반전이 시작된다. 열정적인 오스만 파샤[36]가 플레브나(Plewna) 전투에서 보루를 사수하고, 러시아의 반격을 혈전으로 되받아치면서 러시아군의 우측면을 위협했다. 러시아군은 이 전투에서 병력의 1/3 이상이 사망하거나 부상을 당했으므로 세바스토폴(Sewastopol) 요새의 방어로 명성이 자자했던 토트레벤[37] 장군이 이끄는 정규 포위작전을 수행할 수밖에 없었다. 만일 터키가 선제공격을 했더라면 러시아군을 발칸반도 너머로 내칠 수 있었을 것이다. 그도 그럴 것이 러시아군은 열등한 소총과 화포로만 무장했고, 수적으로 우세하지도 못했기 때문이다. 러시아군은 루마니아의 지원군이 개입했을 때에야 겨우 수적 우세를 보일 수 있었을 뿐이다. 그러나 그럼에도 플레브나 지역은 굶주림으로 압박을 받았다. 이로써 전쟁은 결판난 것이나 다름없었다. 러시아군은 거명할만한 더 이상의 저항도 받지 않은 채 필리포플(Philippopel)과 아드리아노플(Adrianopel)을 인수하고서 콘스탄티노플 입구까지 밀고 나갔다. 그때 산스테파노(San Stefano) 평화조약을 위한 예비협상안이 체결되었다. 이 조약을 통해 보스니아와 헤르체고비나가 독립을 선언하게 되고, 터키는 러시아에 아르메니아의 상당 부분을, 세르비아와 몬테네그로와 불가리아에는 점령한 유럽 지역 대부분을 내주었다. 무엇보다 불가리아는 루멜리아(Rumelien) 동부와 마케도니아 전체를 거의 포함할 정도로 확장되어 에게(Ägäis) 해까지

---

[36] Osman Pascha(1832~1900): 오스만투르크의 야전사령관.
[37] F. E. I. Totleben(1818~1884): 러시아 제국의 장군.

뻗침으로써 발칸반도의 지배세력으로 부상했다. 본질적으로 유럽에서 터키 정부에 남은 것이라고는 알바니아, 콘스탄티노플, 아드리아노플과 살로니키(Saloniki)를 포함한 칼키디케(Chalkidike)뿐이었다. 그러나 이에 대해 오스트리아는 말할 것도 없고 영국도 이의를 제기하면서 또 한 번 유럽의 전쟁이 지평선에 떠올랐다. 그러나 베를린 회의가 이 전쟁의 기운을 내쫓았다. 이 회의에서 행한 발언 이후 비스마르크는 '믿을만한 중개인' 역할을 했지만, 이에 대해 틀림없이 알았을 법한 블라이히뢰더[38]는 이렇게 논평한다. "믿을만한 중개인은 없다." 오랜 협상 끝에 터키의 양도 범위가 크게 완화되었지만, 진행상황은 점점 더 확연히 눈에 띄었다. 러시아는 아시아에서 카르스(Kars)와 아르다한(Ardahan), 그리고 바투미(Batum)를 얻었다. 원조의 대가로 루마니아는 파리 평화조약에서 넘겨받은 베사라비아(Bessarabien)의 일부를 러시아에 반환해야 했지만, 대신 늪지 도브루자를 받았다. 몬테네그로는 두 배 이상 커졌으며, 세르비아는 옛 세르비아만큼 확장되었고, 불가리아는 술탄에 형식적으로만 종속된 독립적인 공국이 되긴 했지만 도나우와 발칸반도 사이의 지역에 국한되었다. 반면 동부 루멜리아는 터키에 예속되어 고작 자체 관리만 두었을 뿐이다. 테살리아(Thessalien)와 동부 이피로스(Epirus)는 그리스에 양도하라고 열강이 터키에 권유했고, 1881년에 실제로 양도되었다. 영국은 중요한 해군 기지 키프로스를 얻었고, 오스트리아는 보스니아와 헤르체고비나를 점유할 권리를 획득했지만, 이는 내륙을 포함해 아드리아 해를 **우리의 바다**(*mare nostro*)로서 자기 것으로 선언하고

---

[38] G. von Bleichröder(1822~1893): 유대계 독일 금융가. 비스마르크의 재정 고문.

배상금으로 트리엔트를 요구한 이탈리아인들을 몹시 분개하게 만들었다. 이에 비스마르크가 알바니아를 제안했다. 기독교도 민족들에게 자치권을 부여함으로써 발칸반도를 자신의 보호령에 두고자 했던 러시아의 희망은 실현되지 않았다. 베를린 회의 이후 곧바로 왕국으로 승격된 루마니아와 세르비아는 오스트리아에 기댔다. 불가리아는 독자적인 정치를 펼쳤다. 불가리아 의회는, 1885년 필리포플에서 일어난 봉기를 '두 불가리아의 영주'로서 동부 루멜리아를 자신의 왕국으로 편입할 계기로 삼은 바텐베르크(Battenberg)의 왕자 알렉산두르(Alexander)를 군주로 선택했다. 이 독단적 행태는 상트페테르부르크로부터 엄청난 반감을 샀다. 세르비아는 발칸반도의 균형을 핑계 삼아 전쟁을 선포하기까지 했지만, 슬리브니차(Sliwnitza)와 피로트(Pirot) 전투에서 완전히 격퇴되어 오스트리아의 개입을 통해서 가까스로 구제된다. 이어서 곧바로 한 무리의 러시아 장교단이 알렉산두르를 밤사이에 기습 체포하여 국경 너머로 데려가고는 그의 폐위를 선언했다. 얼마 뒤 그는 또다시 국민들의 환호를 사지만, 이제는 정말 퇴위한다. 왜냐하면 자신의 관점에서 보더라도 러시아의 압력으로 자기 왕국이 번영할 길이 막혔기 때문이었다. 1887년 불가리아 의회는 작센-코부르크(Sachsen-Koburg)의 왕자 페르디난트를 영주로 선택했다. 그는 그의 장관 슈탐불로프[39]와 공히 불가리아 성향이 강한 정치, 당시 말한 식으로 하면 반러시아적인 정치를 추구했다. 보다시피 러시아는 나폴레옹 3세가 이탈리아와 독일에 대해 그랬던 것과 마찬가지로 발칸반도에서 비논리적인 체계를 가동시켰던 것이다. 요컨대 제 민족들의 '해방'을 러시아의 관리 아래 두

---

[39] S. Stambulow(1854~1895): 불가리아의 정치인.

려 했던 것이다.

그러나 서구 유럽도 계속 새로운 분쟁 위기에 직면했다. 1871년
에 거행된 프랑스 선거는 군주정체주의가 다수파를 형성하는 결과
를 낳았다. 이 가운데 3/4이 오를레앙가를 지지했고, 그 나머지는
'정통주의', 즉 부르봉 왕가 편이었다. 1873년, 스스로를 왕정의 자
리를 지켜주는 사람이라고 공개적으로 밝혀온 마크마옹이 대통령
에 선출되었다. 그해 나폴레옹 3세가 사망했다. 이 기회가 정통파의
후보자인 샤를 10세의 손자, 샹보르 백작 앙리[40]에게 아주 유리했
다. 무엇보다 오를레앙가 사람들과의 제휴가 실현되었다. 그도 그럴
것이 백작은 아이가 없었고, 자신의 경쟁 후보자인 루이 필립(Louis
Philippe)의 손자 파리 백작 필립(Philippe von Paris)을 후계자로 인정했기
때문이다. 그러나 '앙리 5세'의 등극은 그가 삼색기를 용인하는 것
을 주저했다는 이유만으로 수포로 돌아가고 만다. 말하자면 그는
그의 당원들도 전혀 눈치채지 못한 실제 정통파였던 셈이다. 그가
알자스-로렌 회복을 모색하려 했을 때처럼 그저 자신의 입장을 주
장만 했을 따름이었더라면, 역사의 유사 법칙상 자리는 보장받았을
것이다. 그러나 그가 밀려난 공화정에서도 전쟁은 늘 가까이에 도사
리고 있었다. 1875년 4월, 베를린 『포스트(Post)』지(誌)가 프랑스군의
증원을 두고서 경고성 제목, 즉 "전쟁 임박!"이라는 제목을 단 사설
을 내보냈다. 사람들은 독일 참모부가 전쟁을 고무하고 있다고 대체
로 믿었다. 참모부가 선제공격이 합당한 것으로 취급했을 개연성이
없진 않았다. 반대로 비스마르크가 그 같은 선제공격을 꺼렸다는
사실은 확실히 입증된 것으로 여길만하다. 그 다음 달, 차르는 고르

---

[40] Henri von Chambord(1820~1883): 부르봉 왕조 장손 계열의 마지막 후계자.

차코프를 대동하고 베를린으로 갔으며, 고르차코프는 비스마르크와 회담을 한 뒤에 다음과 같은 말로 시작하는 회람문서 한 통을 러시아 공사에 건넸다. **"평화의 지속이 보장되다**(*maintenant la paix est assurée*)." 그런데 그 문건에는 비스마르크의 비위를 심하게 거스른 독일에 대한 이중적인 불신이 담겨 있었다. 요컨대 첫째로 독일이 전쟁을 실제로 진지하게 고민했다는 것이며, 둘째로 독일이 막강한 러시아의 외교적 압력에 그저 굴복했을 따름이라는 것이었다. 전쟁에서 나폴레옹 시대의 경력을 기대한 국방 장관 불랑제[41] 장군이 대대적인 동원령을 내렸고, 프랑스 언론들이 지나치게 선정적인 분위기를 엮어냈던 1866년 말엽에는 전쟁이 초읽기에 들어간 셈이었다. 1887년 1월, 비스마르크는 의회에서 이렇게 연설한다. "프랑스의 어떤 각료도 우리가 알자스-로렌 수복을 포기했다고 감히 말해서는 안 될 일입니다. 매순간 그곳에서는 전쟁을 시작할 정권이 방향타를 잡을 수 있습니다. 전쟁은 10일 안에 터질 수도 있고, 10년 안에 터질 수도 있습니다. 이에 대해 우리 가운데 누구도 그 날짜를 장담할 수가 없습니다. 이 전쟁에 비하면 1870년의 전쟁은 애들 장난에 불과할 것입니다."

비스마르크의 외교정책은 사실 이 끔찍한 충돌을 예방하는 일을 거의 유일한 목표로 삼고 여기에 20년 동안 기여해왔다. 이미 1872년에 제1차 3국 황제회담이 열렸는데, 이 회담에서 군주들은 자신들의 점령지를 서로 보증하기로 한다. 이때 체결된 협정은 독일이 가장 유리했다. 왜냐하면 알자스-로렌만 심각하게 위협받았을 뿐이기 때문이다. 1879년 독일과 오스트리아 사이에 2국 동맹이 맺어졌

[41] G. Boulanger(1837~1891): 프랑스의 장군이자 정치가.

다. 그 제1조항은 양 당사국이 어느 한쪽이라도 러시아에게 공격을 받으면 서로 지원할 의무가 있다고 규정한다. 제2조항은 조약국 가운데 하나가 러시아 이외 다른 강국의 침략을 받으면, 다른 한쪽은 호혜의 중립적인 태도를 준수할 의무를 지닌다는 내용을 하고 있다. 그러나 러시아가 침략국을 지원할 때, 비록 그것이 동조 형태를 빌린 것이지만 침략당하는 국가를 적극적으로 위협하는 군사적 조치인 경우 제1조항은 효력을 발생한다. 두 번째 협약은 비록 명확히 명시된 것은 아니지만 프랑스를 염두에 둔 것이 확연했다. 이 협약은 1888년 2월에 이르러서야 공개되었는데, 이때는 긴장이 다시 한 번 정점에 이른 시기였다. 그 협약은 러시아가 독일 제국에 제안한 오스트리아 분할에 관한 내용을 비스마르크가 빈 정부에 알려줬을 때에야 비로소 체결되었다. 비스마르크는 그 협약을 확실한 평화를 보장할 도구로 생각했다. 그래서 그는 한편으로는 프랑스를 위협하여 독일에 대한 공격을 감행하지 못하게 했고, 다른 한편으로는 러시아로 하여금 오스트리아를 침략할 엄두를 내지 못하게 했으며, 결국 오스트리아에 대해서도 반러시아 정책을 적극적으로 펼치지 못하게 한 셈이다. 그도 그럴 것이 조약의 발동사유(casus foederis)는 오직 방어를 목적으로 할 뿐이기 때문이다.

2국 동맹에서 3국 동맹으로의 확대 편성의 원인은 유럽의 외부적 상황과 관계가 있었다. 당시는 식민지 확장이 보편적으로 이루어지던 시기였다. 1881년, 러시아의 장군 스코벨레프[42]가 투르키스탄(Turkestan)을 완전히 정복했다. 같은 해에 영국은 법조문상에서는 아니지만 사실상 합병한 이집트에 주둔군을 뒀다. 80년대 중엽, 벨기

---

[42] M. D. Skobelew(1843~1882): 러시아의 육군 장성.

에의 레오폴트 2세는 아프리카 중앙에 위치하는 콩고를 일종의 사적인 식민지로 소유했으며, 독일은 점차 국가의 보호를 받는 무역상사를 통해 토고(Togo)와 카메룬(Kamerun), 독일계-남서아프리카, 독일계-동부아프리카, 뉴기니(Neuguinea)와 비스마르크 군도(Bismarckarchipel)를 취했다. 프랑스는 1880년 직후에 인도차이나의 거대한 안남(Annam) 제국에 대한 지배권을 인준받았으며, 그리고 프랑스의 대륙 지배 욕망에 대한 견제를 내심 반겼던 비스마르크의 동의와 이집트에 대한 자유로운 간섭을 배제하는 조건으로 튀니스(Tunis)에 대한 보호령도 인준받았다. 이에 대해 이탈리아는 극도로 분개했다. 그도 그럴 것이 이탈리아는 수많은 분쟁을 일으켰던 지역인 옛 카르타고와 이후 로마의 보호령이었던 아프리카, 말하자면 고대 로마 시절에 가장 번영한 나라 가운데 하나인 아프리카를 이미 오래전부터 갈망해왔으며, 시칠리아를 마주하는 해안으로서 그곳을 실제로 살아가기에 가장 중요한 땅으로 간주한 것이 틀림없기 때문이다. 그러나 이탈리아는 정치적으로 고립됨으로써 이웃한 트리폴리(Tripolis)마저 잃을 가능성이 농후하며, 중앙아프리카의 북부 언저리가 아펜니노(Apennino) 산맥과 그 반도의 일부로 이어지고 있는 바로 그 아프리카에서 완전히 밀려날 수도 있겠다는 고민 끝에 3국 동맹을 체결할 수밖에 없는 노릇이었다. 새로운 로마제국이 산업과 농업의 번영 덕분에, 그리고 그 정치와 사회의 자유로운 민주주의적 형태들 덕분에 문명의 모든 부문에서 의심의 여지 없이 솟구쳐 올랐다. 물론 그 같은 발전과 민주주의의 형태들은 그 민족의 정치적 체계에서 비롯된 것이 아니라 그 토양과 인종의 자연적 성과물이다. 이때도 해묵은 두 가지 근본적 해악은 있었다. 그러나 도적질과 문맹 상태는 소멸하는 중이었다. '문화투쟁'에서 이탈리아 정부는 독일 정부보다 이미 훨씬 더 멀리까지 나아간 상태였다. 이탈리아 정부는 법률상의 혼인제도뿐만 아니라 법률상의 서약제도도 도입했으며, 학교를 교회의 감독에서 벗어나게 했을 뿐만 아니라 심지어 종교 수업을 자율에 맡기고, 신학부를 없애기까지도 했다. 반면에 '사회주의자 보호법'에 대해선 한마디도 없었고, 오히려 언론과 연설의 완전한 자유가 유행했다.

비스마르크가 자신의 80회 생일날 기념 사절단을 향해 이렇게 말한다. "3국 동맹은 그 시작에서 이미 전설적인 시절로 되돌아간 것과 거의 같습니다. 신성로마제국 옛 황제의 지배는 북해에서 아폴리아(Apulien)까지 뻗쳤지요." 그의 명확한 발언을 들어보면 3국 동맹은 항상 순전히 방어적인 성격을 지닐 뿐이다. 이를테면 그는 세 제국 각국에 그 주둔지의 소유권을 보증했으며 (특히 보게센(Vogesen)은 독일 영토로, 그리고 프랑스 성직자계급이 수복을 늘 안중에 둔 지역인 로마 교황령은 이탈리아 영토라고 보증한 것인데) 이탈리아의 입장을 배려해서 영국을 명확히 지목하진 않았다. 이로써 1882년에 관계가 다소 소원해진 데서 비롯된 독일-영국 사이 대립의 경우 현존하지 않게 된 셈이다. 그 외에도 비스마르크는 동맹의 가치에 대해 어떤 환상도 품지 않았다. 그는 알프스를 넘는 도중에 이탈리아의 한 고수(鼓手)가 전쟁이 터지면 프랑스군 일부를 동부 국경에서 멀어지도록 만들겠다는 식으로 자신을 위로하려 했다고 말했다. 1883년 루마니아가 3국 동맹에 가입했다. 1887년 비스마르크는 '재보장조약'을 통해 이 3국 동맹이라는 건물을 더욱 공고하게 만들었다. 이 조약에서 독일과 러시아는 다른 어떤 강국에게 공격을 받으면 서로 우호적인 중립을 지키기로 약정했다. 이로써 러시아는 독일의 원조 없이는 어떤 침략 정책도 가능하지 않은 오스트리아에 대해 방어벽을 구축한 셈이고, 독일은 러시아 없이는 역시 시비를 걸 엄두를 낼 수 없는 프랑스에 대해 방호벽을 마련한 셈이었다. 그러나 러시아가 공격하면 3국 동맹이 효력을 발동시킨다. 그러나 여기서 보듯, 이때 문제는 그것이 언제나 선견지명의 안목을 갖고서 신중하게 말의 위치를 바꿈으로써만 유지될 수 있는 극히 복잡한 구조이고, 그래서 천재적인 게이머가 없으면 그 순간 붕괴할 수밖에 없다는 점이다. 불행한 일은 독일 제국이 맹방으로 활용할 수 있는 나라라고는 러시아와 오스트리아밖에 없다는 사실에 있었다. 그래서 독일 제국이 오스트리아에 기댈 경우 러시아를 프랑스와 동맹 맺게 할 여지가 있었고, 러시아에 기댈 경우 이의 영향권 아래 들어가 열강으로서의 자립성을 잃어버릴 위험이 도사리고 있었다. 독일 제국은 겉으로 드러내진 않았지만 정치적인 이해관계의 모든 부분에서 거의 공통점을 나누고 있었던, 독일 외부의 가장 막강한 군사 대국이었던 러시아를 선택하는 쪽으로 점차 기울어졌다. 독일-러시아 블록은 유럽 평화에서 가장 확실한 담보 역할을 했다. 그러나 여기서도 중대한 문제가 발생한다. 이를테면 차르 제국과의 편협한 동맹관계는 시간이 문제일 뿐 오스트리아를 붕괴시키는 결과를 초래할 수 있었고, 그렇게 되면 유럽 코앞으로 밀고 들어온 러시아와 프랑스 사이에서 독일이 완전히 고립되어, 절망적인 양대 전선의 전쟁을 치를 위험에 상시로 노출될 판이었다.

　과장할 것도 없이 독일 제국이 그 출현 20년 사이에 정치적으로 유럽에서 선두에 섰다고 말할 수 있다. 그러나 그 주민들의 정신적 상황과 관련해서 니체는 이미 1873년에 "독일 제국을 위해 독일의 정신이 박멸되었다"고 발언한 바 있다. 정서 상태를 두고서 1881년에 라가르데[43]는 이렇게 말한다. "새로운 제국의 독일인들은 전혀 믿어지지 않게도 그 수상이 보편적 무관심의 감정이라고 규정하는 그런 감정에 점점 더 친숙해지고 있었다. 이런 감정이 성격발달에 도움이 된다고 누구도 쉽게 장담하진 못할 것이다." 도덕적 구조를 두고 말하자면, 자본주의의 특색이 넘쳐난다고 말해도 될 법하다. 자본주의의 심리학적 본질이 어떤 것인지 프리드리히 알베르트 랑게[44]는 독일 고전철학의 가장 빼어난 전통을 자양분으로 삼고 있으면서 시대의 틀에서 벗어난 훌륭한 저작인 『유물론의 역사와 그 현재적 의미에 대한 비판(*Geschichte des Materialismus und Kritik seiner Bedeutung in der Gegenwart*)』에서 벌써 1875년에 완전히 간파했다. 그 작품에서 그는 이렇게 말한다. "이 시대의 중요한 관심거리는 더 이상 고대처럼 직접적인 향유가 아니라 **자본교육**(*Kapitalbildung*)이다. 온통 욕을 먹고 있는 우리 시대의 향락 욕망은 문화사를 비교해서 보면 우리의 산업 기업가들이 지닌 일에 대한 의욕이나 우리 산업 노예들이 찾는 일자리의 필요와 그 어떤 특별한 차이도 없다. (…) 향락의 수단들을 낚아채고 나면 이 수단들을 향락에 이용하는 것이 아니라 대부분 또다시 벌이에 이용하게 된다. 이것이 우리 시대에 널리 행해지는 특성이다." 사실 자본은 이제 비로소 자체 목적이 되었으며, 승승장구하면서 자기 자식을 집어삼키는 야수가 된 것이다. 유일무이할 정도로 끔찍하고 기괴한 이 무정한 역설적인 발전과정은 이전에 존재한 적이 없었으며 아무리 예측해 봐도 거기서 기대할 것은 아무것도 없어 보인다. 그것은 이른바 '근대인'이 행여 미친 것이 아닐까 (이는 그 극단적인, 말하자면 병적인 합리주의와 당연히 상관

---

43 P. A. Lagarde(1827~1891): 독일의 프로테스탄트 신학자.
44 Friedrich Albert Lange(1828~1875): 독일의 철학자・경제학자.

있는 일일지도 모르지만) 묻게 할 만큼 세계사 전체에서 그야말로
헤아릴 길 없이 공포스러운 수수께끼 같은 일이다. 분명 그 같은
합리주의는 이후 언젠가 또 한 번 이런 식으로 나타날 것이다.

　같은 그 10년 사이에 나온 또 다른 책, 요컨대 세계적으로 유명한
역사법학자인 루돌프 예링[45]의 『권리 투쟁(*Kampf ums Recht*)』에도 시대
의 특색을 말해주는 구절이 있다. 물론 그것은 시대 비판으로서의
특색이 아니라 그 시대 자체를 표현하는 특색이다. 예링은 불의에
맞서는 저항은 의무라고 말하는데, 이는 그의 해설 전체를 관통하는
기본사상이 되기도 한다. 그 저항은 곧 "유권자가 자신의 의무를
이행하는 것이다. 왜냐하면 그것은 도덕적인 자기보존 계율이기 때
문이다." "정의를 손상시키는 일에 실제로 맞설 때 정의감이 휘두르
는 폭력은 건강함의 시금석이다." "순전히 사물의 영역을 다루는
산문(prosa)도 인격을 지키려는 권리 투쟁에서는 인격 영역에 속하는
권리를 의미한다. 즉 그것은 시학이 된다. 요컨대 권리 투쟁은 인품
의 시학인 셈이다." 예링의 이러한 관점이 깊고 예리하게 성찰된
관점일 뿐만 아니라 고상하고도 순수한 관점이기도 하다는 사실을
인정할 수밖에 없다. 물론 그는 독일의 에토스를 이루는 것이 무엇
인지도 보여준다. 그러나 추상적 연구의 전문가가 이런 식으로 승화
된 폭력의 '실용적 철학' 혹은 간단히 말해 앵글로색슨계의 정신으
로 개종함으로써, 이 책 2권에서 밀턴과 크롬웰을 두고 이미 언급했
듯이, 그의 종교는 기독교의 가면을 쓰고 구약성서로 되돌아간 것,
즉 반기독교적인 이교도로의 회귀인 셈이다. 그도 그럴 것이 결코

---

[45] Rudolf von Jhehring(1818~1892): 법의 사회적 실용성을 중시한 목적법학을
　　설파한 독일의 법학자.

부정할 수 없는 바처럼 '인품의 시학(Poesie des Charakters)'으로까지 고양된 권리 투쟁은 만일 이것이 역사를 움직이는 핵심 추동력이라면 인간의 역사를 잘 하면 인디언 소설로 만들 법하기 때문이다.[46] 이렇듯 달라진 세계감정에 대한 표현은 당시 나타난 새로운 음색을 보여준 것이다. 니체는 『즐거운 학문(Fröhliche Wissenschaft)』에서 그 특색의 성격을 다음과 같은 말로 규정한다. "그 같은 목소리에는 다소 비꼬고 차갑고 무관심하며 태만한 음색이 묻어 있다. 그게 지금 독일 사람들에겐 '고상한 것'으로 통한다. (…) 심지어 젊은 아가씨들조차도 장교가 하는 그런 말투를 흉내 내고 있는 마당이다. 그도 그럴 것이 장교, 특히 프로이센의 장교가 바로 그런 음색을 만들어 낸 장본인이기 때문이다." 이런 음색 변형의 하나가 시류를 좇는 '철학자'의 문투이다. 이의 대표적인 전형으로는 다비드 프리드리히 슈트라우스[47]를 지목해도 될 법하다. 그의 노년의 작품에 해당하는 『옛 신앙과 새 신앙(Der alte und der neue Glaube)』에는 답답할 정도의 고루함과 학자연하는 거만한 풍이 강의하는 투의 냉담한 회색빛에 가끔 섬뜩하게까지 하는 문투와 놀라운 방식으로 결합되어 있다. 이 책의 성공은 스트린드베리[48]의 『망망대해 앞에서(Am offenen Meer)』에 등장하는 감독관이 재정고문관의 부인과 그 딸이 나눈 대화를 듣고 뭔가 눈치챘을 때 일어나는 작용과 아주 유사한 작용으로 설명할 수 있을 듯하다. "그 느낌은 모든 물건이 부드러운 반백의 밀가루 톤으로 덮여 있어 어떤 안락함을 제공하는 제분소를 찾아갔을

---

46 역사를 허무맹랑한 소설로 만드는 꼴이라는 뜻.
47 David Friedrich Strauß(1808~1874): 독일의 프로테스탄트 철학자이자 전기 작가.
48 J. A. Strindberg(1849~1912): 스웨덴의 극작가·소설가·평론가.

때 받는 그런 느낌"이다. 그의 작품은 창세기에 대해 이렇게 적고 있다. "나흘째 되던 날에야 비로소 해가 창조된다. 그렇다면 해가 없이는 생각할 수 없는 밤낮이 벌써 3일 동안 바뀌었다는 말이 되지 않는가. 게다가 지구가 태양보다 며칠 앞서 창조되고, 태양도 달도 오로지 지구와 관계를 맺기 위해 주어질 뿐이다. 그리고 별은 한갓 장식으로만 취급된다. 천체의 진정한 순차 관계가 전도된 꼴이다. 계시록에는 어울리지 않는 일이다. (…) 셋째 날 하루 만에 바다와 육지가 구분될뿐더러 온갖 종류의 모든 식물이 창조된다. 그런데 우리 시대의 지질학자는 그와 같은 것이 형성되는 과정에 필요한 시간은 수천 년뿐만 아니라 수십만 년이나 된다고 말한다." 이 같은 초등학교 수준의 따분한 논박 행태는 거의 모든 측면에서 목격된다. 기도를 두고서도 그는 이렇게 말한다. "진정한 참된 기도는 기도하는 사람이 기도 이외로는 일어나지 않을 법한 그런 것을 일으킬 수 있다고 희망을 품고서 하는 기도밖에 없다." 덧붙이면 흡사 그 형식이 멋지게 양식화한 법전구문의 교과서와 같은 이 문장은 이 작가가 종교 분야에 생짜배기 딜레탕트와 문외한임을, 혹은 이를 결국 솔직히 고백이라도 할 요량인 듯 지성적 멍청이의 온전한 전형임을 드러내주는 그런 문장 중 하나일 뿐이다.

에두아르트 폰 하르트만[49]의 『무의식의 철학(*Philosophie des Unbewußten*)』은 적지 않은 반향을 불러일으켰다. 이 작품은 풍조에 대한 염세주의와 다윈주의, '심층심리학'과 자연과학이 교묘하게 뒤섞여 있으며, 동시에 그것은 일종의 쇼펜하우어와 헤겔의 종합이기도 하

---

[49] Eduard von Hartmann(1842~1906): 독일의 존재론 철학자. 생철학과 신칸트 학파에 영향을 줌.

다. 이는 니체의 다음과 같은 말이 어울릴 법하다. "결연한 두 사상가를 중재하려 하는 사람은 중용으로 그려진다." 하르트만의 종말론은 인류 사이에는 쾌감보다 불쾌감이 늘 다반사로 있는 일이기 때문에 이런 통찰을 하는 인류의 의회는 만장일치의 결의를 통해 의지와 세계를 폐기하는 날이 언젠가 올 것이라고 가르친다. 쇼펜하우어는 헤겔을 셸링[50]의 어릿광대라고 불렀다. 이보다 훨씬 더 타당할지도 모르지만 하르트만을 쇼펜하우어식 염세주의의 광대로 부를 수도 있다. 좀 더 심하게 말하면 그는 슈트라우스식 어릿광대였다. 왜냐하면 그가 구세주에 관해 쓴 글은 슈트라우스를 훨씬 넘어서며, 가장 꼴사나운 패러디 작가라도 창작할 법하지 않기 때문이다. "노동에 대한 경멸, 재산에 대한 경멸, 가족에 대한 의무의 경멸, 이는 어떤 다른 민족보다 바로 유대인의 의식에 더 큰 반감을 살 것이 틀림없는 세 가지 지점이다. 예수는 목수의 수공업 기술을 배웠지만, 바로 이 기술을 어디서든 활용할 수 있었음에도 우리는 어디에서도 그가 그 같은 일을 했다는 소리를 듣지 못한다. 노동의 명예에 대해서도 아무튼 그는 전혀 이해를 못한 셈이다. (…) 재산 부문과 관련하여 우리의 어떤 관습적 개념도 그에게는 낯설 따름이다. 그도 그럴 것이 그에겐 어떠한 소유도 불의의 재물로 통하며, 어떤 저축도 어리석은 짓이자 범죄로 통하기 때문이다. (…) 유대인 민족 성격에서 가장 아름다운 특성 가운데 하나인 가족에 대한 감정과 헌신이라고는 그에게 전혀 없다. 그는 시종일관 모든 자연적인 의무를 해체하는 길을 계속 갔다. 이 점에서 그는 결코 모범을 보일 수 없었다. (…) 이제 우리가 예수의 성품 전체를 다시 한 번 간추린

---

[50] F. W. Schelling(1775~1854): 독일 고전주의 시대 철학자.

다면, 다음과 같은 결론을 끌어낼 수 있다. 요컨대 그는 천재가 아니었으며, 평균적인 건실한 문화가 결핍되어 있었지만 평범한 일만큼은 만들어낼 재능이 있었다." 매우 유능한 비평가, 이를테면 리하르트 뮐러-프라이엔펠스[51]와 같은 비평가들은 하르트만의 처녀작에만 근거해서 하르트만을 평가하는 것은 온당하지 못한 일이라고 설명한다. 왜냐하면 하르트만은 그 후에 의미 있는 여러 책을 썼기 때문이라는 것이다. 그러나 유감스럽지만 나는 이런 관점을 취할 수가 없다. 왜냐하면 방금 말한 그런 문장을 쓴 사람에게서 나는 다른 빼어난 문장을 읽어낼 수 있을 것이라는 생각을 추호도 하지 않기 때문이다.

알려지지도 않고 영예를 누리지도 못했지만, 당시 철학의 진정한 왕은 오이겐 뒤링[52]이었다. 그는 (그의 최고의 작품에 해당하는) 역학의 일반원리에 대한 비판적 역사를, 비판적인 철학사를, 국민경제학과 사회주의에 대한 비판적 역사를 썼다. 이때 그는 지금까지의 거의 모든 성과에 대해 적의를 갖고 거부하는 것을 비판으로 이해한다. 방금 거명한 분야의 전문지식을 놀라울 정도로 다채롭고도 정확히 다룬 반면에 '근대문학의 위대성(Größe der modernen Literatur)'을 다룬 두 권짜리 그의 책에서는 문학창작의 본질에 대한 기본 지식이 결여된 문맹자임을 드러냈다. 가장 중요하지만 가장 읽히지 않은 자신의 철학 작품에서 그는 '생명의 가치'를 신중히 다루면서 쇼펜하우어와는 반대로 얼음같이 차갑고 납덩이같이 무거운 요지부동의 낙관주의에 이른다. 말하자면 세계를 부정하는 다채로운 쇼펜하

---

51 Richard Müller-Freienfels(1882~1949): 독일의 철학자이자 심리학자.
52 Eugen Dühring(1833~1921): 독일의 철학자·정치가·작가. 실증주의 철학을 지지한 독일의 대표적인 인물.

우어식 사상계는 생명을 무조건 긍정하는 원천에서나 끌어낼 수 있는 일이라는 것이다. 역시 쇼펜하우어의 설교와는 반대로, 그러나 유감스럽게도 홍소를 머금을만한 것이라고는 찾아볼 수 없는 자신의 설교를 통해 그는 부처에서 아인슈타인에 이르는 정신사 전체를 따분하기 짝이 없는 방식으로 소개한다. 단테와 괴테, 셰익스피어와 입센, 플라톤과 칸트, 이들 모두는 비도덕적이며, 기껏 어설픈 인재에 불과하다. 근대의 가장 위대한 수학적 천재로 통하는 가우스(Gauß)로부터 출발하는 비유클리트 기하학 분야에서 성취된 발견들을 두고 그는 "그저 단순히 엉터리 기하학이 아니라 바로 우둔함의 기하학"이라고 부른다. 독일 문학이 보유한 가장 명확하고 가장 고무적이며 가장 영민한 자연과학적 저술가인 헬름홀츠[53]를 두고서는 "무미건조하고 뒤죽박죽인 꼴로 철학을 하는 자"라고 비난한다. 이미 우리가 알아본 바처럼 신기원을 이루는 키르히호프[54]의 과학적 업적을 두고서 그는 (역시 스타일의 실험으로 통할 법도 한 태도로) 이렇게 말한다. "물리학적인 샐러드, 아니면 이 비슷한 것으로 내놓은 것이 사실은 심리학·생리학·철학의 오일로 버무려 놓은 것인데, 이것을 소위 철학의 오일이라고 떠들고 있는 것이다." 그 앞에 선 모든 종교가 "요람에서 하는 망상"으로 통한다. 모든 철학, 특히 근세 철학은 "사기와 결합된" 헛소리가 된다. 그러면서도 그는 콩트[55]와 포이어바흐 경향의 '현실철학'을 가르친다. 이에 따르면, 우리의 오성은 현실을 오롯이 개념파악할 수 있게 하고, 우리의 생각

---

[53] H. L. F. von Helmholtz(1821~1894): 독일의 생리학·물리학자.

[54] G. R. Kirchhoff(1824~1887): 독일의 물리학자. 분젠과 함께 분광 분석의 기초를 다짐.

[55] A. Comte(1798~1857): 프랑스 철학자. 사회학과 실증주의 철학의 창시자.

과 감정은 객관적 진리를 매개한다. "우리 사유의 관념적 체계는 객관적 현실의 실제 체계의 모습이다. 완전한 지식은 사유의 형식을 빌려 현실적 존재 형태를 띤 사물들이 취하는 그 같은 형상을 얻게 되는 것이다." 그런데 이 '완전한 지식'은 우리가 조야하기 짝이 없는 뒤링의 '관념적 체계(ideelles System)'를 현실의 실제 모사로 받아들일 때에나 성취될 수 있을 따름이다. 늘 그렇듯 뒤링은 또다시 진정한 철학자란 오직 자신의 철학만을 실제로 먹고 사는 그런 철학자일 뿐이라고 강변한다. 이런 철학자의 경우 철학과 그 자신 사이에는 어떤 간극도 존재하지 않고, 그래서 누구도 그에게 항변할 수가 없다는 것이다. 뒤링은 자신의 글로 표현한 그대로 사생활에서도 정확히 꼭 그렇게 하층민같이 투박하게 살았다. 그가 인정하는 몇 안 되는 역사적 인물 가운데 한 사람은 루소이다. 그리고 실제로 그가 르상티망에 가까운 추적망상과 독살스러운 오만함을 지닌 점에서 루소와 상당한 친화성을 가진 셈이다. 반면에 그가 루소와 구분되는 것은 자신도 참아내기 어렵게 할 뿐인 완전무결한 처신 때문이다. 그도 그럴 것이 도덕과 음흉함을 엮어놓은 태도보다 도덕적으로 더 꼴불견인 것도 그에겐 없기 때문이다. 그런데 지적인 부분에서도 사정은 마찬가지다. 위조화폐와 같은 모방의 재주를 부리는 듯한 루소의 열정적 궤변은 뒤링의 신중한 강단 변증법으로는 여전히 따라갈 재간이 없을 마천루를 형성하고 있다. 뒤링의 강단 변증법은 그럴싸한 거짓이 아니라 별것 아닌 사유의 근거들, 말하자면 반쪽짜리 진리들로 이루어져 있기 때문에 재미라고는 없는 것이다. 그 반쪽짜리 진리들은 성가신 반복과 따분한 의역들을 동원하기 때문에 꼭 그게 그 소리인 단조로운 북소리처럼 지칠 줄 모르고 독자들의 귀를 후벼 판다. 물론 뒤링의 스타일에도 청명함과 상당한 간결성이 있음을 부인할 수는 없다. 그러나 이 간결성은 조야한 힘에서 나오는 것이고 청명함은 뉘앙스가 빈곤한 단조로움에서 흘러나오는 것이다. 이 점에서도 그는 쇼펜하우어의 완전한 상대역인 셈이다. 그는 또렷하고 힘이 들어가 있지만 늘 동일한 부호로 작업하는 모르스 키를 두드리는 사람처럼 글을 쓴다. 그러나 그의 표현은 대개 정신박약과 경계에 서 있는 듯하다. 시골의 저속한 만화잡지 수준에서 활자를 찍어내는 병적인 몰취미 덕분에 그것은 논박의 여지만큼은 전혀 없어 보인다. 거의 매 쪽마다, 특히 혹평하는 글마다 오페레타 희극배우나 포도주 도매상인이 내뱉는 식의 어설픈 유머 형식과 같은 조잡한 익살로 반응을 보인다. 뒤링이 공공연히 이 같은 형식을 택한 것은 거기엔 유머 같은 것이 없기 (그는 여태까지 창조된 사람 가운데 유머감각이라고는 전혀 없는 그런 인물 중 한 사람임이 분명한데) 때문이었다. 그는 '철학노가리(Philosofaseln)', '철학대거리(Philosophatsch)'와 같은 말을 만들어냈고, '뻥땅예술가(Stiehl-künstler)'와 '개똥학(Mistik)'을 입에 담았으며, 자신의 문학 적수, 가령 이름이 뵈르너(Boerner)인 작가를 비난할 때는 '뵈르너스럽다(Boeniert-heit)'라는 식으로 말한다. 에너지 원리의 발명가인 이 에르 마이어(I. R. Mayer)가 과학을 혼란스럽게 했다(irremachen)고 해서 이제부턴 그를 이르마이어(Irmayer)로 부를 것을 권유한다. 그에게 괴테는 '쾨티헨(Köthchen)', 실러는 실러러(Schillerer), 니체는 니히체(Nichts'sche), 비스마르크는 비스쿼바르크(Bisquark), 헬름홀츠는 헬름클로츠(Helmklotz)로 통한다. 그는 톨스토이(Tolstoi)를 토올스토이(Tollstoi), 스트린드베리(Strindberg)를 린드베리(Rindberg) 또는 도도한 그린드베리(Grindberg)[56]로

---

[56] 모두 발음에 따라 만든 별명인데, **Köthchen**: 허풍선이, **Schillerer**: 각색꾼,

표기한다.

뒤링은 눈에 전혀 띄지 않는 형태로 그의 시대에 지대한 영향을 미쳤다. 쇼펜하우어의 경우 철학 교수들이 (그를 제대로 이해할 수 없었던 관계로) 결탁해서 그에 대해 쉬쉬 하려 했던 고정관념이 작용한 반면에, 뒤링을 두고서는 이유 있는 의심을 품고 있었다. 전문적인 학문에 대한 그의 거침없는 공격과 베를린 대학에서 교직생활을 하던 기간에 그가 선보인 안하무인격 행동은 거의 모든 학술논문에서 그가 전혀 언급되지 않거나 그냥 형식적으로만 슬쩍 언급되기만 하는 결과를 초래했다. 다른 한편 그는 지나친 반유대주의로 모든 자유주의 언론과도 소원한 관계에 있었고, 사회주의에 대한 노골적인 거부로 급진 부류의 선전책자에서도 빠질 수밖에 없었다. 이런 개인적인 모든 계기를 인정한다 해도 그는 자신의 모난 성격과 지루한 강의방식 때문에도 합당한 대접을 받을 수 없는 형편이었다. 그래서 인간 지식의 광범위한 영역을 비록 비딱하긴 해도 예리하게 간파하는 의심할 바 없는 그의 재능은 응당 받아야 할 인정을 받지 못했던 것이다. 인류는 자신의 영광을 공로에 따라서가 아니라 공감이 일어날 때에만 비로소 나누는 법이다. 이 점에서 인류는 완전히 타당하다고 할 수 있다.

뒤링은 (온갖 의미로 쓰이고 있는 어휘인) 양식이 극도로 결핍되어 있었다는 점에서 당대를 대단히 함축적으로 대변한 셈이다. 그런데 이때부터 아주 특별한 일이 벌어진다. 말하자면 그 시대는 동시대인들에게는 물론이고 바로 그다음 세대에게도 아무런 특색을 지

양식 없는
양식

Nichts'sche: 무용지물, Bisquark: '잡동사니까지', Toll: '광분한', Rindberg: Rind(소)에 빗댄 말, Grind: 비듬딱지, Helmklotz: Helmholtz의 holtz가 나무나 목재라는 뜻이므로, 나무토막이나 그루터기를 뜻하는 klotz로 바꾸어 씀.

니지 못한 것으로 비쳤다. 그런데 불현듯 특징이 수집되고 예리하게 다듬어져 확산되면서 통일성을 획득하기 시작한다. 그 시대의 풍습·의상·용모·태도를 대규모의 사회적 차원에서 드러내기 시작했으며, 당대 사람들이 그 시대의 모습을 갖추고, 대상들은 그 시대를 상징하는 형태로 변하기 시작한 것이다. 흡사 마술에 사로잡힌 듯 역사를 회고하는 힘 덕분에 그 시대를 형상화한 상형문자가 가시권에 들어왔다. 이는 곧 양식 없음(Stilosigkeit)도 하나의 양식이 된다는 사실을 보여줬다.

이는 아마 이처럼 눈여겨볼만한 사실에 대해 한 순간이라도 골똘히 생각한 덕분인지 모른다. 우리가 '람세스 왕조', '포에니 전쟁', '십자군원정', '종교개혁'이라는 말을 들을 때면 꼬리를 문 다채로운 연상 작용이 우리 내면의 눈앞에 펼쳐지지 않는가! 당시 사람들은 이 모든 것을 알았을까? 아마 전혀 몰랐을 것이다. 그런데 그들은 '거기에' 있었고 우리는 없었다. 그럼 우리 눈앞의 형상은 환상인가? 그렇다. 그러나 바로 그렇기 때문에 더 참된 셈이다. 모든 현세적인 것은 정신으로 승화되고 압축될 운명에 처해 있다. 그렇게 된 후에야 좀 더 고차적인 의미에서 현실적이게 되는 법이다. 그러나 이 과정도 시간이 필요하다. 시간의 우위에 있어서 우리는 '동시대인'보다 앞서 가는 편이다.

마카르트
부케

1870년대와 1880년대 사람들은 어떤 관점에서는 매력적인 면을 갖고 있었다. 그들은 실재에 대한 갈망으로 들끓었으나 이 실재를 속 빈 기망적인 현실의 포장에 불과한 물질로 바꿔야 하는 불운을 겪었다. 그래서 그들은 대팻밥과 마분지와 박엽지로 두툼하게 채워진 가련한 세계에 계속 살았던 것이다. 그들의 모든 창작물에는 **광택을 내는 예술**(putzende Künste)의 환상이 지배했다. 그것은 도배공·건설업자 · 미장이의 환상이고 가장 미세한 콤비네이션의 환상이다.

실내장식은 우선 극히 당혹스럽고 성가실 정도로 지나치게 채우고 쌓고 해서 가구를 가득 들여놓는 모양새를 취했다. 실내는 거실이 아니라 전당포이고 골동품 상점 같다. 동시에 광택 나는 것이면 무엇에든 내보이는 편애가 강렬하다. 여기에는 비단 · 공단 · 에나멜가죽 · 금빛 액자 · 금화 · 금박제본 · 별갑(鱉甲) · 상아 · 나전(螺鈿) 등이 포함된다. 그리고 아무 의미도 없는 장식 소품들에 대한 편애도 아주 심했다. 여러 부분으로 나뉜 로코코풍 거울, 다채로운 무늬가 들어간 베네치아풍 유리컵, 중세 독일풍의 두툼한 장식 그릇 따위가 그것들이다. 실내 바닥은 아가리를 벌린 모양을 살린 맹수 가죽으로 깔았고, 곁방에는 사람 실물 크기의 목재 무어인 조각품이 세워졌다. 이런 식으로 모든 것이 뒤죽박죽이다. 부인의 방에는 상감세공이 들어간 가구세트가 놓였으며, 객실에는 제정시대풍의 집기들이 구비되었고, 그 옆의 큼직한 식당은 친퀘첸토[57] 양식으로 둘러싸여 있다. 그 옆의 침실은 고딕풍이다. 이 방에서는 온갖 장식과 다채로운 색채가 허용된다. 나사 모양으로 비틀린 아라베스크 모양을 내면 낼수록, 그리고 그 색채가 아메리카 인디언풍으로 반점이 많이 들어가고 자극적이면 자극적일수록 인기가 더 좋았다. 이런 맥락에서 보면 실용과 목적에 대한 감각이 눈에 띌 만큼 부족하다는 점이 드러난다. 모든 것이 그저 전시용일 뿐이다. 놀랍게도 우리가 알게 되는 사실은 최고의 가구를 갖춘 아늑하고 편안한 거실, 일명 '훌륭한 방'으로 불리는 실내가 주거용이 아니라 그저 외부인들에게 보여주려는 것일 뿐이라는 점이다. 우리가 보는 물건들은

---

[57] Cinquecento: 16세기 이탈리아 르네상스 예술을 일컬음.

값비싼 것임에도 전혀 편리하지는 않은 것들이다. 문 앞에 드리우는 가리개용 커튼은 먼지가 잘 타는 가로로 골이 파진 무명천이나 벨벳 혹은 우단 따위와 같이 육중한 물건으로 만들어졌다. 멋지게 꽃무늬를 넣은 깔개는 덧문을 여는 데 방해가 되었다. 그림으로 장식한 창문의 판지는 빛을 차단했다. 그러나 '낭만'을 연출하긴 한다. 손수건은 손의 물기를 닦아내기엔 어울리지 않았다. 재킹엔의 나팔수[58]가 수놓여 있기 때문이다. 고급스러운 안락의자는 1년 내내 보기 민망한 싸구려 시트가 덮고 있다. 가녀린 다리에 흔들거리는 장식장은 언제나 쓰러질 듯 넘치는 물건으로 가득하다. 화려한 표지의 큼직한 책들은 읽을 수가 없다. 왜냐하면 책을 잡은 손이 5분도 채 지나지 않아 잠에 빠져들기 때문이다. 그리고 내용이 너무 뻔한 삽화로 채워져 있어서 읽고 싶어 하지도 않는다. 아주 도도하지만 별로 성공적이지는 못한 꽃다발 역할을 하는 눈속임의 씁쓸한 마카르트 부케[59]가 모든 장식품에서 영예와 상징으로 작용한다.

그것은 그 시대의 핵심 특징 중 하나로 우리를 안내한다. 곧 그것은 모조품에 대한 쾌감이다. 사용되는 물질은 저마다 실제 사정 그 이상으로 표상되기 마련이다. 때는 물질이 일반에 기본적으로 현기증을 일으키는 시대다. 회색 칠을 한 양철은 대리석으로, 아교로 뭉친 종이 다발은 자단(紫檀)으로, 석고는 반짝이는 설화석고로, 유리는 값비싼 줄마노(Onyx)로 둔갑한다. 돌출창문에 내놓은 이국적인 야자수는 방수처리 되었거나 종이로 만든 것이고, 식탁 중앙 장식

---

58 Trompeter von Säckingen: 독일의 작곡가 네슬러(V. Neßler:1841~1890)의 작품명.
59 Makartbukett: 오스트리아의 사실주의 역사화가 한스 마카르트(Hans Makart)의 이름에서 따온 것으로 굳이 번역하면 '마른 화초다발'이 됨.

대에 담긴 먹음직한 과일은 왁스나 비누로 만든 것이다. 침대 머리맡에 놓인 짙은 분홍빛 등은 벽난로 옆에 쌓아둔 정겨운 통나무들이 그렇듯 역시 모조품이다. 그도 그럴 것이 둘 다 실제로 사용한 적이 없기 때문이다. 그런데 아궁이에서 활활 타오르는 듯 착각을 일으키는 불길은 붉게 달아오른 알루미늄 관을 타고 당장이라도 치솟아오를 것만 같다. 장식장에는 요리에 한 번도 사용한 적이 없는 속이 깊은 구리 쟁반과 역시 한 번도 따라 마셔본 적이 없는 묵직한 주석 술잔이 놓여 있다. 벽에는 사용한 흔적이 없는 무딘 칼들과 상품으로 받은 것이 아닌 사냥 상패가 폼 재듯 걸려 있다. 소도구 하나쯤은 특정한 기능을 발휘했겠지만, 이 기능이 아무튼 그 형식에 맞게 사용된 흔적이 보이지 않는다. 화려한 구텐베르크 성서는 항상 몸에 지니고 다니는 장신구일 뿐이고 목재로 짠 벽장은 오케스트리온[60] 모양을 하고 있다. 버터용 칼은 터키산 단검이고 재떨이는 프로이센의 투구이며, 우산 보관대는 기사의 투구이고 온도계는 피스톨이다. 기압계는 콘트라베이스를, 탈화기(脫靴器)는 하늘가재를, 타구(唾具)는 거북이를, 여송연 절단기는 에펠탑 모양이다. 맥주잔은 줄을 당길 때마다 단두대에서 사라지게 되는 모양의 탁탁거리는 타인기(打印器)이고, 스탠드 시계는 많은 교육적인 의미를 담은 고속기관차 모형이다. 통구이는 소금으로 양념할 때 톡톡 튀지만 유리 뚜껑으로 덮었으며, 리큐르 술은 앙증맞은 당나귀 문양을 새긴 점토의 작은 항아리에서 떠내어 마신다. 판지로 만든 사슴뿔과 박제된 새는 숲 속의 집을, 매달려 있는 작은 돛단배는 선원 술집을, 기수 두건의 정물화와 안장, 그리고 말채찍은 외양간을 상기시킨다.

---

[60] Orchestrion: 1791년에 등장한 것으로서 오르간과 피아노를 배합한 악기.

소위 이처럼 리얼리스틱한 시대는 자신의 현재를 넘어서진 못한다. 유명한 건축가이자 건축기술의 교사인 고트프리트 젬퍼[61]는 건축이 지닌 저마다의 양식은 역사적 연상을 통해 규정된다는 프로그램을 내세웠다. 이에 따르면 법원은 도제궁전[62]을, 극장은 로마의 경기장을, 군 막사는 중세의 요새를 연상시키기 마련이다. 이런 원리를 빌려서 사람들은 흡사 아이들의 종이놀이 착상에 따라 지어진 듯한 인상을 불러일으키는 의회를 빈에 건설했다. 봉헌교회는 설탕을 녹여 만든 커다란 장난감처럼 보이며, 의회 앞에 서 있는 거대한 아테네 궁전을 보면 누구나 그것이 스테아린[63]으로 지어진 것으로 확신한다. 실제로 런던에서는 한 사원을 증권사로 (아주 당연하다는 듯이) 지정하기도 했다. 중세와 도시를 (그릇되게) 연상함으로써 관공서는 언제나 고딕양식이고, 고대와 대의제도를 (역시 그릇되게) 연상하여 의사당은 늘 고대양식이며, 부르주아의 호화저택은 바로크풍이다. 왜냐하면 이처럼 (왜곡된) 양식을 빌어 공공연히 화려하게 장식할 수 있기 때문이다. 은행은 피렌체풍이다. 이는 (아마도 무의식중에) 느낀 바대로 근대 증권계의 대부를 르네상스 인간의 부도덕성과 연관 짓기 때문일 것이다.

그러나 가장 좋게 평가받은 양식은 이탈리아 르네상스가 아니라 독일 르네상스다. 문을 달고 창문을 냈으며, 중간 기둥과 횡목이 들어간 자그마한 장식장을 들여놨으며, 이미 16세기에 다양하게 이용되었던 구리와 주석의 합금을 선호했다. 역시 선호했던 것으로, 가

---

[61] Gottfried Semper(1803~1879): 독일의 건축가.
[62] Dogenpalast: 도제궁전은 옛날 베네치아(Venice)와 제노바(Genoa)의 총독이었던 도제(Doge)가 살았던 궁전을 말함.
[63] Stearin: 화학물질로서 주로 양초 제조의 원료로 사용됨.

운데가 불룩 나온 둥근 테의 유리창과 루터의자(Lutherstühle), 받침대가 딸린 궤와 시골풍 화덕, 주춧돌과 층계참, 창살과 쇠테, 목판화와 격언, 우물물을 나르는 총각과 촛대를 든 아가씨가 그 시대에 다시 등장했다. 가장무도회 땐 용병과 기사의 연인들이 북적된다. 우리는 이 책 1권에서 종교개혁의 시대를 폭음·폭식의 시대로 규정한 바 있는데, 이 시대의 10년간도 비슷하게 규정할 수 있을 것 같다. 그 두 시대의 대표적인 주인공, 이를테면 비스마르크와 루터는 엄청난 대식가이자 술고래였다. 포말회사 범람시대의 빈틈없는 향락욕구는 음식과 음료의 양 조절에서 에테르처럼 가벼운 인간이라는 낭만주의적 이상에 대해선 전혀 아랑곳하지 않았다. 이 같은 낭만주의적 이상은 3월 혁명기에 나타난 지배적인 현상으로서 루벤스[64]의 경향을 좇던 성애 감정에 이미 오래전에 굴복했다. 점심식사가 네 코스인 것은 잘 사는 부르주아 가정에서는 일상적인 일이다. 그래서 축제와 같은 날을 맞이하면 8시부터 12시까지 진행된다. 예컨대 1884년 어느 연회장의 메뉴는 잡다한 오르되브르, 진한 고기 수프, 가자미, 찜닭, 훈제한 쇠고기 넓적다리, (식욕을 새로 돋우기 위한) 큐멜[65]을 곁들인 아이스크림, 구운 꿩고기, 요크셔산 돼지고기, 파인애플, 스위스산 케이크, 디저트, 커피 등을 포함한다. '함장 오찬(Kapitäns-Diner)'은 랍스터 칵테일, 신선한 완두콩 수프, 라인 강 연어, 다진 송아지 콩팥고기를 양념한 파이, 굴 파이, 딸기 서벗, 러시아산 샐러드에 도요새 요리, 아스파라거스를 곁들인 소의 혀 요리, 콤포트[66]에 노루 등심, 우유 아이스크림, 치즈 한 접시, 과일, 커피 등으

---

[64] P. P. Rubens(1577~1640): 벨기에의 화가. 그는 바로크 미술의 대표적인 작가로서 생동적이고 관능적인 표현의 대가였다.
[65] Kümmel: 무색의 단 음료를 가리키는 독일 조리용어.

로 이루어진다. 실제로 루터와 비스마르크 시대 사이에는 내밀한 친화성이 지배한다. 이 친화성은 공통된 일련의 정신적 특색을 말해준다. 그것은 속물적인 시민근성과 둔중한 활동성, 고수머리에 나들이 복장을 한 풍조와 작은 것과 장식에 이끌리는 경향, 절제와 소박함을 포함한 리듬과 조화의 결핍과 같은 것이다. 포말회사 범람시대에는, 한스 작스[67]와 뒤러[68]의 세계가 아주 매력적이게 보였으며, 부질없지만 동경을 부여할 수 있어서 『직장가인(Meistersinger)』을 통해 기념비적인 힘을 얻게 한 그런 축복의 순박함, 시취(詩趣)가 넘치는 친근함과 손으로 뭔가를 만들면서 시간을 보내는 놀이와 같은 것이 전혀 없었다.

에펠탑　　골동품 전시의 원칙, 말하자면 조달할 수 있는 온갖 진귀품을 한자리에 끌고 나와 압도적인 물량공세를 펼친다는 세계박람회도 그 시대를 휩쓸고 지나간다. 그 박람회에서 아주 독특한 건축술을 발휘한 몇몇 창작품이 생겨났다. 1873년 빈에서 원형의 건물이 세워졌다. (그러나 이 전시는 비참하게도 실패하고 말았다. 그 이유는 공황이나 콜레라 때문이 아니라 그 도시가 수많은 방문객을 맞이해 그들의 호주머니를 털려는 확고한 의지만 있었지 다른 준비는 하나도 되어 있지 않았기 때문이다.) 복제 열풍이 이미 서양을 넘어 뻗어가기 시작한 1878년, 파리에는 이른바 '동양적인' 양식의 트로카데로(Trocadéro) 궁전이 세워졌다. 1889년, 또다시 파리에 거대한 건축물이 세워진다. 높이가 300m 이상이나 되고 무게가 900만kg이나 나가는

---

[66] Kompott: 설탕에 절인 과일.
[67] Hans Sachs(1494~1576): 독일의 시인 · 작곡가.
[68] Albrecht Dürer(1471~1528): 독일의 화가 · 조각가. 종교적인 주제를 많이 다룸.

철골구조물 에펠탑이 그것이다. 그 첫 플랫폼에는 레스토랑과 카페가 있고, 탁 트인 최고층 전망대에는 800여 명을 상시 수용할 수 있는 공간이 있으며 그 위쪽에는 기상학과 천문학 실험실도 있다. 덧붙이면, 본래 군사적 목적의 감시 신호를 보낼 용도로 지어졌지만, 그 사이에 무선전신의 성공적인 개발로 그런 용도는 불필요하게 된 셈이다. 그 시대 가장 유명한 이 건축물의 특색은 그 규모가 어마어마하게 거대함에도 꼭 작은 장난감 같은 인상을 불러일으킨다는 점에 있다. 그래서 그 시대의 저급한 예술 감성이라고는 기껏 풍속 정신과 금은세공 기술뿐이라는 생각이 들 법도 하다. 또 그래서 실제로 거대하게 구상한 대형 구조물을 염두에 둘 땐 도무지 상상할 수 없을 정도로 소형화하여 사실상 자그마한 장식품으로 이용될 수도 있었던 것이다. 그렇지 않았더라면 스핑크스를 호두까기 인형으로, 쿠푸[69] 왕의 피라미드를 바늘꽂이로 이용하겠다는 생각은 터무니없는 일이었을 터이다.

70년대 말 렘브란트 모자가 등장했고, 80년대 초엔 불룩한 짧은 소매와 그레티헨 가방(Gretchentasche)이 선을 보인 점에서 부인들의 복장에는 '독일 중세풍'의 성향이 유행한 것으로 볼 수 있다. 남성들은 집에서 지내듯 편한 복장으로 다니길 좋아했다. 자신이 예술가라고 생각하는 경우에는 외출할 때도 우단의 납작모자를 썼다. 80년대에 크게 유행하고 1890년까지 유행한 일명 **파리의 엉덩이**(*cul de Paris*)로 통한 기괴한 옷맵시의 속을 부풀린 크리놀린은 프랑스 제2제정이 붕괴된 이후 사라졌다. 물론 한참 뜸을 둔 후에 보편적으로

복장

---

[69] 그리스어로 Cheops로 표기되는 쿠푸(Khufu)는 이집트 제4왕조의 왕임. 대형 피라미드를 건설한 왕으로 유명함.

수용된 소시민적인 공주 복장이 출현한다. 이 시대 전 기간에, 스커트가 너무 조이거나 딱 맞아 걷기가 불편할 정도였다. 심하게 높은 장화의 뒤창도 똑같은 효과를 냈다. 1885년 이후로 불룩한 짧은 소매는 보기 흉한 넓적한 소매나 삼각 소매로 품이 넓어지기 시작한다. 리본이 달린 작은 모자도 이미 이 시기에 선을 보였다. 머리카락은 이마 언저리에서 양쪽으로 갈랐으며, 술 모양의 '짧은 이마머리' 스타일로 앞쪽으로 빗질했다. 기형적이게 발달한 모양의 엉덩이와 깡충 올라간 어깨, 뒤뚱뒤뚱 걷는 중국식 걸음걸이, 할머니 두건, 양털머리 스타일도 유행했다. 당시 유행은 여자들이 외모를 믿게 보이기 위해서라면 무슨 짓이든 다한 꼴이라고 말할 수밖에 없다. 동시에 지금까지 아마 어느 시대도 선보인 적이 없을 법한 유형의 내숭 떨기도 시작됐다. 가슴에서도 팔에서도 한 치의 속살도 내보이게 하지 않았다. 장딴지는 말할 것도 없고 복사뼈를 보이는 것조차도 '정숙한 여인'에겐 엄격한 금기였다. 해수욕할 때도 머리부터 발끝까지 옷을 입은 채 물속에 들어갔다. 한 명의 신사와 단둘이 방에 머무는 것이나 수종을 드는 여자 없이 길을 걷는 일은 어떠한 상황에서도 용납되지 않았다. '성(性)'이니 '바지'니 하는 말 따위는 그들이 사용하는 어휘에 아예 존재할 수가 없었다.

남성 복장은 시대 정서의 표현이고자 하는 일을 포기한 지 이미 오래됐다. 다만 변동이 있다는 점만 아주 비본질적인 형태로 보여줄 따름이었다. 70년대 말엔 바지가 무릎 아래서부터 통이 아주 넓어져, 깔때기 모양으로 장화를 덮쳐 코끼리 다리 모양새를 했다. 나중에는 바지가 다시 좁아져 트리코트처럼 몸에 달라붙었다. 멋쟁이가 판탈롱[70]을 입는다는 것은 쉬운 일이 아니었다. 장교단은 이 유행을 성실히 따랐다. 눈에 띄는 현상은 이 장교단까지도 그 시대의 위조화폐와 같은 꼴에 감염되었다는 사실이다. 코르셋을 착용하고 솜 패드를 가슴과 어깨에 넣었으며, 장화의 뒷굽을 높이고 가발을 쓴 것이다. 시민들의 살림살이 가구가 그렇듯, 꾸밈새 용품도 거의 하나같이 대용품들이었다. 사냥복 위에 걸치는 돌릴 수 있는 '커프스' 와 교체 가능한 '가슴받이'는 빳빳하게 풀을 먹여 새하얗게 만들었 다. 박음질한 넥타이는 매듭진 넥타이를 모방한 셈이다. 반장화는 모조 단추를 달고 있었다. '투페'[71]는 옷을 맵시 나게 입는 노신사들 에겐 거의 당연한 일상이었다. 대범한 목사, 배우, 마부들 사이에서 만 통용되었던 수염 염색도 널리 확산되었다. 천재들만큼은 이런 일반적인 속임수에서 벗어날 수 있었다. 몰트케가 (그 역시 자발적 으로 면도를 하고 돌아다닌 당시 보기 드문 인물 가운데 한 사람인 데) 그의 전용 미용사였던 궁정 이발사에게서 고급 투페를 하나 받 았을 때, 화를 내면서 이렇게 말한다. "댁이 내게 가져다준 것이 도 대체 뭐요? 누구나 진짜라고 여기는 그것을 내가 이고 다닐 수는 없는 노릇이오."

이 같은 몰트케는 '저명한' 렌바흐[72]의 기만적인 테크닉을 두고 다음과 같은 말로 거부했다. "그는 늘 나를 영웅으로 만들려 한다." 렌바흐는 〈살롱에 앉아있는 티롤 사람(Der Salontiroler)〉을 그린 데프레 거[73]와 당시 역시 유명했던 신비주의 극장 화가 가브리엘 막스[74]와

마이닝겐 극단

---

[70] Pantalons: 프랑스 혁명 중에 유행한 아래쪽이 나팔모양으로 벌어진 긴 남성 용 바지.

[71] Toupet: 원래는 자연적인 것과 모조 둘 다 일컫는 말이었으나 요즈음에는 머리칼이 없는 부분을 가리는 작은 가발을 말함. 18세기에 앞머리 선을 자연 스럽게 보이게 하려고 머리장식 위로 앞머리를 빗어 넘기는 것이 유행하면 서 발달함.

[72] F. von Lenbach(1836~1904): 독일의 절충주의 화가. 뛰어난 성격묘사로 19 세기 후반 독일에서 널리 사랑받은 초상화가.

마찬가지로 필로티[75]의 문하생이었다. 그러나 그 시대를 실제로 장악한 인물은 필로티의 네 번째 제자 한스 마카르트[76]다. 물론 화가로서의 그의 명성은 그의 색채만큼이나 빠르게 바래지고 만다. 그 색채란 그가 물감의 특수한 조제비법을 통해 3류급으로 처리될 법한 일시적인 특수 광도를 그의 예술작품에 투입한 것을 말한다. 구도를 잘 잡은 축제 행렬 그림에서 (그의 유명한 그림『오감(Die Fünf Sinne)』은 그림이라기보다 욕실 타일의 장식에 가까운 듯한데) 그는 좋고 비싼 것이면 무엇이든 다 모았다. 여기에는 벽옥과 대리석, 공단과 금란, 반짝이는 보석, 여성의 장밋빛 살색이 포함된다. 그 외에도 그는 형태와 양식에서 그 시대를 잘 드러낸 대형 발레단을 이끈 저명한 연출가이자 바로크 시대의 이탈리아에서 베르니니[77]가 발휘한 것과 유사한 권력을 행사한 취향의 독재자이기도 했다. 마카르트 부케만 아니라 마카르트 무도회도 있고 마카르트 방도 있으며 마카르트 극장도 있다. 빈의 비평가 루트비히 헤베지[78]는 볼터[79]의 60회 생일을 기념하면서 이렇게 회고한다. "마카르트는 무엇보다 부르크 극장의 감독이 되기도 했다. (…) 극장 전체가 생기발랄한 다채로움의 불덩이인 샤를로테 볼터의 감정에 맞추었다." 이는 눈여겨볼 대목이다. 왜냐하면 후대에 태어난 사람들에게 그녀는 대리석의 차가

---

[73] F. von Defregger(1835~1921): 독일 화가. 서민들의 일상생활 모습을 따뜻한 시선으로 그려냄.
[74] Gabriel Max(1840~1915): 오스트리아 화가.
[75] K. von Piloty(1826~1886): 독일의 사실주의 화가.
[76] Hans Makart(1840~1884): 오스트리아의 역사화가이자 무대 감독.
[77] G. L. Bernini(1598~1680): 이탈리아의 화가·건축가·조각가.
[78] Ludwig Hevesi(1843~1910): 헝가리 출신 오스트리아 작가이자 언론인.
[79] Ch. Wolter(1834~1897): 오스트리아의 여성 배우.

움과 창백함의 정수로 비쳤기 때문이다. 이는 그녀를 잘못 본 것일까? 아니면 실제로 그녀가 생기 없이 밋밋했음에도 불구하고 마카르트의 시대 내내 그녀를 두고 불같은 다채로움을 상상했을 뿐인 것인가? 그 답은 명확히 객관적으로 단정 지을 수 없는 일이다.

당시 역시 찬사를 받은 또 다른 비극 여배우 클라라 치글러[80]를 보고서 테오도르 폰타네[81]는 그녀가 카울바흐[82] 역을 맡은 것을 알아차렸다. 루트비히 슈파이델[83]은 마이닝겐 극단[84] 배우들을 두고 이렇게 말한다. "그들 대다수는 거의 필로티가 그려준 대로 연출한다." 1874년 5월 1일 베를린에서 그들이 열었던 공연의 객원 연출은 화려하게 꾸민 무대장치가 작가와 배우의 말이 아니라 다른 곳에 시선을 두게 하므로 무대장치에는 거의 투자를 하지 않고 소도구를 쓸 경우 사건줄거리에 꼭 필요한 것만 무대에 허용하려는 라우베[85]의 절약 정신의 발로에서(이 점에서 그가 전혀 부당하지 않은 것은 연극에서 모든 것은 상징이기 때문인데, 그래서 연극의 대상이라면 어떤 의미를 지닐 때에만 존재의 타당성을 인정받을 수 있는 셈이어서) 비롯된 것이다. 마이닝겐 극단의 배우들은 풍부하고도 다채로울 뿐만 아니라 거의 고고학적인 정확성을 기해 정확히 시대에 부합하게 형태화하는 무대 이미지에 심혈을 기울였다. 간혹 '역사

---

80 Klara Ziegler(1844~1909): 오스트리아 여성 배우이자 연극박물관 설립자.
81 Theodor Fontane(1819~1898): 독일 근대 사실주의 소설에서 대가로 꼽히는 독일의 작가.
82 W. von Kaulbach(1804~1874): 독일의 화가.
83 Ludwig Speidel(1830~1906): 독일의 작가. 음악·연극·문학 평론가.
84 Meininger: 19세기 말에 유행한 독일의 극단.
85 H. Laube(1806~1884): 독일의 극작가 및 연출가. 질풍노도 시기 '청년독일'의 일원.

적인 진정성'은 난간, 고블랭직, 궤, 문고리 등이 그 작품이 연출하는 시대에서 실제로 나온 것을 사용할 정도로까지 추구되기도 한다. 그들은 연극의 기법을 강화하기 위해 생각할 수 있는 모든 효과를 총동원했다. 말하자면 시각적인 효과뿐만 아니라 '배경의 소리'까지 활용한 것이다. 우르릉대는 천둥, 바삭대는 나뭇잎 소리와 댕댕 울리는 종소리, 후드득 떨어지는 빗소리까지 살려냈다. 단역을 배정할 때도 그들은 진정성의 원칙을 적용했다. 그들은 단역을 실제 배우들로 구성했는데, 이는 지금까지 들어본 바가 없는 일이었다. 궁정극장에서는 당시 병사가 출연하도록 지시를 받기도 했고, 이를테면 『뮐러 씨와 그 자식(Der Müller und sein Kind)』에서 연출되는 유령의 행진은 근위기병에 의해 감쪽같이 연기되기도 했다. 그런데 여기서는 『제노바에서 일어난 피에스코의 모반(Die Verschwörung des Fiesko zu Genua)』[86]을 공연할 때 한번은 로마 사람이 갑옷기병 역할로 발탁되었다. 가장 강렬한 효과는 주요 장면에 배우들이 무리로 출연해야 했을 때 일어났다. 『발렌슈타인(Wallenstein)』에서 만나게 되는 떼강도의 앙상블 장면, 양떼 장면, 고대 로마의 광장 장면, 연회 장면 등이 그것이다. 이 연극은 평소 같았으면 2부로 나눠 연출되는데, 그들은 중간 휴식을 길게 가진 다음 한 번에 끝까지 다 소화했다. 그러나 이런 독주는 평균을 넘어서진 못했다. 이는 그때만 해도 아직 미숙했던 열혈청년 카인츠[87]와 이른바 '멋진 소질'을 겸비한 속없는 궁정배우 이상이 아니었던 루트비히 바르나이[88]의 경우에도 해당한다. 마이닝겐 극단이 행한 가장 중요한 업적 가운데 하나를 꼽는다

---

[86] 독일의 유명한 극작가 실러(F. Schiller)의 희곡.
[87] J. Kainz(1858~1910): 헝가리 태생의 오스트리아 배우.
[88] Ludwig Barnay(1842~1924): 독일의 연극배우.

면, 그것은 그때까지 무대에 거의 올린 적이 없었던 클라이스트[89]를 발굴한 점이다. 물론 이 극단의 연출기법은 곳곳에서 모방했다. 결국 모든 지방의 연극이 마이닝겐화했다. 그러나 1890년에 이르면 그 기법은 자연주의로 대체된다.

포말회사 범람시대의 대표적인 무대예술가는 부르크 극장의 배우 아돌프 존넨탈[90]이었다. 그는 황제-국왕의 지령으로 기사 작위를 받았으며, 실제로 그의 인품은 비록 다듬어진 것이긴 해도 훌륭한 기사로서 손색이 없었다. 동시에 그는 시민적 이상의 가장 완벽한 표현이었다. 그는 해맑고 성실하며 감성적이었으며, 예술에서 방물(方物)을 찾고 눈물처럼 반짝이는 유리 방울을 좋아하는 시대의 동경을 충족시켰다. 당시 온 세상이 인간성과 자유주의를 연출했는데, 존넨탈은 이 연기를 무대에서 다시 선보인 것이다. 민주적인 대공들, 고상한 벼락부자들, 인류의 현명한 사도들 등의 역할을 선보이면서 그는 이중극을 했다. 그러나 이는 각광을 받는 자의 역설인 것이다. 그는 자신의 눈물에 진정성을 담았으며, 능변을 터득하여 자신의 몸짓을 자연스럽게 만들었다. 그럴 수밖에 없는 것은 그 몸짓이 자신의 안목을 통해 실제가 되었기 때문이다.

연극에서 가장 막강한 군주인 동시에 다른 모든 시대의 경향을 압도하는 압축판은 바로 리하르트 바그너[91]였다. 불트하우프트[92]는 자신의 『오페라 연극론(Dramaturgie der Oper)』에서 이렇게 말한다. "문

'종합예술'

---

[89] H. von Kleist(1777~1811): 독일의 위대한 극작가 가운데 한 사람. 대표적인 작품으로는 『깨어진 항아리(Der zerbrochene Krug)』가 있음.

[90] A. von Sonnenthal(1834~1909): 오스트리아 배우 겸 작가.

[91] Richard Wagner(1813~1883): 독일의 작곡가·지휘자·연극 감독·에세이스트.

[92] H. Bulthaupt(1849~1905): 독일의 시인이자 희곡 작가.

화사에서 제국과 바그너는 아이스킬로스와 소포클레스의 비극이 아테네의 전성기와 떼려야 뗄 수 없듯이 불가분의 하나인 셈이다." 그의 '종합예술'은 모든 예술, 이를테면 시·회화·음악·팬터마임 등의 공동작용을 통해 진정한 드라마, 요컨대 "의도적으로 형성된 음악활동"이라고 그가 멋지게 이름을 붙인 이른바 '음악극 (Musikdrama)'가 형성되도록 한다. 이때 주안점은 음악의 과제를 희곡의 과제 아래에 두는 데에 있다. "오페라에 대한 착각은 표현의 수단(음악)이 목적이 되고, 표현의 목적(희곡)이 수단으로 된 점이다." 이는 숭배할만한 연극 전통, 즉 대단히 간소한 오케스트라 반주를 곁들인 무대배경, 텍스트, 몸짓, 노래와 춤으로 구성된 종합예술을 이상으로 아른거리게 했던 그리스의 연극 전통으로 손을 뻗는다는 것을 의미한다. 동시에 그것은 거의 오로지 음향예술만을 고려한 일반적인 오페라 전통과의 가파른 단절을 의미한다. 우리는 이미 글루크[93]가 지나치게 기교를 부린 탈정신화한 음악의 개입에서 텍스트를 해방시키고 희곡에 전통적 권리를 회복시키는 것을 혁신의 핵심 과제로 삼은 일을 기억한다. 다만 그가 그 과제를 완벽하게 수행하지 못한 것은 당대의 의고전주의적 편견으로 그가 방해를 받았기 때문일 뿐이다. 실러도 자신의 후기 희곡에서 눈에 뗄 정도로 확연하게 종합예술을 추구하는 방향으로 나아갔다. 다만 그는 앙상블을 추구하는 자신의 연극, 극적인 정점, 서정적 간주곡, 모두가 음악을 주문하면서 마음에 흡족한 곡을 작곡하라고 외치게 하는 마지막 막 등을 이해할 줄 아는 작곡가를 만나지 못했을 따름이다. 드물지 않게 그는 작품의 연출방식에 대해 직접 규정하기까지 했다.

---

[93] Ch. W. Gluck(1714~1787): 독일의 오페라 작곡가.

『빌헬름 텔』의 시작은 모두 오페라로 채웠고, 『오를레앙의 처녀』에서 즉위 행렬은 간주곡을 곁들였다. 목장 장면의 끝에는 이렇게 적혀 있다. "오케스트라가 웅장하고도 화려하게 시작한다." 글루크는 『알체스테(*Alceste*)』 서문에서 "나는 스케치한 것을 바꾸지 않고도 인물을 생동감 있게 해주는 명암의 적절한 조화와 살아 있는 색채가, 구도가 잘 잡힌 그림을 더욱 돋보이게 하듯, 음악이 바로 그렇게 시문학을 지원토록 해야 한다고 생각한다." 꼭 빙켈만[94]이 말하고 있는 것 같다. 바그너는 계속 이 길을 걸으면서 엄청나게 많은 일을 한다. 그는 그림을 돋보이게 하는 데 채색을 통해서만이 아니라 온통 무지갯빛으로 반짝이는 은은한 값비싼 물감으로 그림을 감싸기도 했다. 시문학은 음악을 통해서만 보강될 뿐만 아니라 진정 황홀한 음향으로 마술을 걸어, 어휘만으로는 성취할 수 없는 영역으로까지 끌어올려진다. '음향을 통한 막의 구분(Tonvorhang)'은 언젠가 사용될 가장 풍요롭고 가장 화려한 연극 소품이다. 글루크도 이미 훌륭한 예술로 기여한 바 있는 300년 이상 된 고안물인 그 같은 주도동기는 바그너가 넘칠 정도로 풍성하게 착안하고 남용할 정도로 멋지게 활용함으로써 극도의 효과를 내게 만들었다. 확실한 직감력을 발동해서 그는 그 같은 표현수단이 무대에서 탁월한 가치를 지닌다는 것을 (왜냐하면 연극에서 '의미 있는' 상징적 기억만큼 강한 영향력을 미치는 것이 없기 때문에) 당장 간파했지만, 이로써 음악에는 낯선 역사적·변증법적 요소도 음악에 끌어들였다. 음악이 절정에 이르면 이 같은 기교는 마침내 '무한선율(unendliche Melodie)'

---

[94] J. J. Winckelmann(1717~1768): 독일의 고고학자 겸 미술사가. 『고대 예술사』(1764)로 유명함.

로 이어지게 된다. 이에 대해 바그너는 이렇게 말한다. "숲을 찾은 사람이 일반적인 인상에 압도되어 마음이 평정될 때까지 차분히 앉아 있으면 (…) 내면의 소리에 점점 더 귀 기울이게 되는 것처럼 숲속에서 무한히 다양하게 깨어나는 소리를 점점 더 명확히 듣게 되는 법이다. (…) 이 선율은 그의 마음속에서 영원히 여운으로 남게 되지만 그 여운을 따라 부를 수는 없다."

주지하다시피 바그너는 자신의 음악이론을 쇼펜하우어에게서 전수받았다. 쇼펜하우어에 따르면 여타 예술은 의지의 단순한 현상인 이념의 모사이지만 음악의 현시는 의지 자체의 모사이다. 그래서 음악의 영향은 훨씬 더 포괄적이고 심오하며, 더 명료하면서도 훨씬 더 신비롭다. 쇼펜하우어가 예술을 이처럼 높이 (완전히 타당한 일로서) 평가한 점이 바그너의 정신을 빼놓았던 것이다. 그러나 바그너는 쇼펜하우어가 이때 오페라를 염두에 두지 않았고, 심지어 오페라를 고차원적인 음악과는 분명하게 구분하여 군악을 포함한 무도곡과 함께 동급에 위치시켰으며, 오페라의 예술적 가치를 실용건축에 비교했다는 점을 간과한다. 바그너는 모차르트와 로시니가 진정 음악적이었을 법한 자신들의 텍스트를 냉소적인 경멸을 품고 다뤘으며, 음악을 조잡한 시문학의 몸종으로 삼고 싶어 한 글루크는 잘못된 길을 헤매고 있다는 식으로 말한다. 이런 관점은 논리상 완전히 쇼펜하우어의 이론에서나 흘러나올 법하다. 바로 음악은 의지를 직접 표현하는 것이기 때문에 의지의 현상, 즉 지성을 표현하고 싶어 할 까닭이 없다는 것이다. 이에 따르면 음악이 그려내는 것은 "확실히 추상적 형태로" 표현되는 우리의 정서운동이지, "다양한 계기와 상황을 동반하고, 다양한 인물의 옷을 걸치고 분장한 것처럼 보이는 그런 것이" 아니다. "이렇듯 확실히 음악은 시문학의 단순한 보조물과는 거리가 멀고, 자립적인 예술일뿐더러 모든 예술 가운데 가장 강력한 예술이어서 그 목적은 고유한 수단을 통해서만 성취할 수 있다. 이렇듯 확실히 음악은 어떤 오페라의 노랫말이나 사건줄거리 같은 것이 필요 없다. 이 같은 음악은 오직 울림만을 알 뿐이며, 그 울림을 일으킨 원인에 대해선 모른다. 따라서 음악에 있어 복스 후마나[95]도 원천적으로나 본질적으로 어떤 악기의 톤이 그렇듯 변형된 톤일 뿐이다. (…) 음악에 있어 말이란 낯선 첨가물이고, 그래서 부차적인 가치로 남는다. 왜냐하면 울림의 작용이 말의 작용보다 비교가 안 될 만큼 더 강력하고 더 오류가 없고 더 신속하기 때문이다." 쇼펜하우어의 주요 저작에 나오는 한 구절은 마치 바그너를 겨냥한 것처럼 들린다. 물론 바그너는 이런 구절을 작성할 때도 아이나 다름없다. 그 구절이 경고하는 바는 오페라에서 텍스트가 "중심이 되게 하고 음악을 대단한 실수와 형편없는 부조리함인 양 (…) 단순한 수단으로 삼으려면" 그 종속적인 지위를 버려야 한다는 점이다. "음악을 말에 결부시켜 사건에 따라 바꿔나가려면, 음악이 아닌 언어로 말하려고 노력해야 할 것이다." 그러나 바로 다음 쪽에 '무한선율'을 예감한 듯한 구절이 나온다. "음악이 모든 사물의 진정한 본질과 맺는 그 내밀한 관계를 생각해보면, 어떤 장면과 사건줄거리, 사건의 경과와 환경에 어울리는 음악이 울려나올 때, 그리고 가장 정확하고 명확한 주해를 거기에 곁들일 때 이 음악은 우리에게 가장 비밀스러운 의미 자체를 해명해주는 것처럼 비치게 된다는 말도 납득할 수 있다." 그리고 『성애의 형이상학(*Metaphysik der Geschlechtsliebe*)』에 등장하는 한 문장은 쇼펜하우어의 트리스탄 이

---

[95] vox humana: 사람 목소리 비슷한 음을 내는 오르간 음전.

념[96]을 거의 그대로 옮겨 써놓은 것처럼 보인다. "오직 이 장르만이 무한한 생명을 지니고 있어서 무한한 소망과 무한한 만족, 그리고 무한한 고통을 감당할 수 있다. 그러나 이 무한 소망과 만족과 고통은 죽을 운명을 지닌 인간의 비좁은 가슴에 갇혀 있다. 따라서 그 가슴이 파열되기를 원하는 듯하지만, 그것을 채울 무한한 쾌감이나 무한한 고통에 대한 예감을 표현할 길이 없다면 기적을 기대할 수 없는 일이다." 이와 반대로 바그너는 쇼펜하우어의 구원 사상을 연극화했다고 생각했을 때 착각에 빠져 있었다. 오히려 쇼펜하우어에게 이 구원 사상은 그것이 자주 강력하게 등장하는 만큼 늘 성적으로 추잡한 모양새를 취하는 것처럼 비쳤고, 그래서 그것은 형이상학적이고 희극적인 것에서 경험적이고 개인적인, 이른바 사적인 것으로 접어들어 있었다. "여성을 통한 구원"은 쇼펜하우어가 자신의 의견에 조언을 구할 때 끔찍한 모욕으로 생각하고 거절한 사상이다.

최고의 연극　　생각이 많은 문화철학자 휴스턴 스튜어트 체임벌린[97]은 바그너와는 실제로는 상관이 없고 단지 바그너에게서 멀어지게 하기에만 적합할 따름인 (바그너의 결정적인 결함은 대개 늘 그의 추종자들에게 있었던 것인데) 무익한 아첨 일색으로 그려진 그의 두터운 바그너 책을 통해 이렇게 말한다. "그는 단순히 오페라 작곡가가 아니라 타고난 시인이었다. 이 작곡가가 '손수 자신의 텍스트를 썼다'는 사실을 두고 놀라는 것은 적어도 순진하긴 하지만, 이 시인이 직접 자신의 음악을 작곡했다는 사실에 사람들이 놀라는 것이 논리상 훨씬 더 설득력이 있는 형편일 수 있다." 누구에게나 공공연한 것이지

96　Tristanidee: 끊임없는 고통의 연속을 나타내는 염세주의적 세계관을 뜻함.
97　Houston Steward Chamberlain(1855~1927): 영국 태생의 독일 작가. 인종주의에 입각하여 히틀러 국가사회주의 운동에 중대한 영향을 끼침.

만 바그너 추종자인 체임벌린만 모르는 진실은 바그너가 시를 지은 음악가도 음악을 만든 시인도 아니라 자신이 필요하다고 생각할 때마다 그 둘을 다 행한 연극 문사였다는 점이다. 그가 추구한 종합예술이란 아주 간단한 점에 입각해 있다. 요컨대 모든 예술은 연극, 즉 때로는 현실을 고양시키고 때로는 사그라지게 만들면서 늘 압도하는 매력적인 환영에 대한 의지, 그렸지만 매력적인 풍경과 인위적으로 배열했지만 효과 만점인 장식음에 대한 의지, 그리고 정서라는 얇은 베일에 대한 의지와 바로 진정한 것이 아니기에 자연적인 번뜩임보다 훨씬 더 암시적인 열정적인 콜로포늄[98]에 따른 번뜩임에 대한 의지에 종속된다는 것이다. 바그너는 언제나 최초로 그리고 가장 신중히 판단하는 무대 감독이다. 그의 산문은 눈에 확연히 띌 만큼 음악적이지 않다. 그가 공연을 허용하지 않을 땐 물에 잘 뜨게 하는 반짝이는 속성을 버린 거북이처럼 마냥 둔중하고 속절없다. 자신의 오페라 텍스트가 지리멸렬하다는 생각이 들면 그것을 없애도록 했다. 물론 바그너 추종자들은 허락받지도 않고 음악성이라는 고차원적 의미에서 일을 도모한다. 그러나 그들의 음향효과는 완전히 피상적으로 운율과 리듬과 두운법에 따라서만 만들어지고 드물지 않게는 거슬리는 불협화음, 삐걱대는 어휘배치, 매끄럽지 않은 문장구조 때문에 손상을 입기도 한다. 이로써 바그너 자신은, 말을 내뱉는 것은 바로 진정한 음악가에겐 낯설뿐더러 적대적이기까지 하다는 쇼펜하우어 이론의 타당성에 대한 증거를 마련한 셈이었다. 이를 그는 적어도 자신의 후기 작품들에서 암울하게 느꼈던 것으로

---

[98] Kolophonium: 바이올린 활줄에 바르는 일명 로진(Rosin)이라고도 하는 정제수지.

보인다. 그래서 팬터마임에 아주 넓은 자리를 내주었던 모양이다. 그의 음악극은 노래이고 반주일 뿐만 아니라 율동이기도 했으며, 이로써 마침내 진정한 종합예술에 이르게 된다. 그는 걸음걸이·몸짓·시선을 우연이나 자의에 맡기지 않고 정확히 음악에 따르도록 했다. 이는 심지어 말 못하는 자연의 움직임에도 적용된다. 이를테면 『라인 강의 황금(Das Rheingold)』에서 물결과 『지그프리트의 목가(Siegfried Idyll)』에 등장하는 숲은 오케스트라가 그 생명의 표현을 세밀하게 반주해주는 생기 넘치는 존재이다. 여기서 또다시 바그너는 웅대한 감독의 모습으로 나타난다. 그에게서 모든 시대 중 가장 위대한 연극 천재를 읽어내는 것은 그럴싸한 일 그 이상을 의미한다. 로엔그린(Lohengrin)과 같은 연극적 계기, 트리스탄의 콘월(Cornwall) 상륙, 직장가인(Meistersinger)의 2막 끝 장면, 그리고 여타 수많은 대본은 무대예술의 절대적 정점을 가리킨다. 그의 적수들이 이 같은 연극 장면들의 효과가 대개 음악 덕분이라고 지적한다면, 모든 진정한 조각에 색채가 포함되듯이 음악은 불가결한 구성성분으로서 모든 진정한 드라마에 포함되며, 순수 언어로만 구성된 연극작품은 근대적 퇴화의 산물을 의미한다고 응수할 수 있다. 바그너는 그의 작품마다 연극적으로 결정적인 것을 각각 제시한다. 논쟁의 여지 없이 『리엔치(Rienzi)』에서는 스폰티니식 화려한 오페라가, 『네덜란드인(Holländer)』에서는 행진하는 악마의 오페라가, 『트리스탄(Tristan)』에서는 사랑의 오페라가, 『직장가인(Die Meistersinger)』에서는 음악적인 희극이, 『로엔그린(Lohengrin)』과 『탄호이저(Tannhäuser)』에서는 전체의 낭만성이 그 지고한 완결성을 성취한다. 특히 마지막 작품은 과장할 것도 없이 세계사에서 가장 위대한 공연 작품으로 취급될 수 있다. 그렇다. 바그너는 생각해낼 수 있는 최고의 연극을 만들었다. 그 연극이 최고의 작품인지는 여전히 물을 수 있는 문제이긴 하다.

온통 무대 꼴이고 모방인 세계에서만큼은 아마도 비길 바 없는 유일무이한 현상이 생길 법도 하다. 여기서도 바그너는 그의 시대의 의미심장한 표현인 셈이다. 그가 예술의 과학화를 극단으로 밀어붙였기 때문이다. 쇼펜하우어가 음악은 의지의 직접적인 언어로서 누구에게든 이해되는 것이라고 말했지만, 이는 바그너의 음향문학에는 더 이상 맞지 않는 일이다. 이미 강조했듯이 르네상스와 더불어 시작됐던 근대문화의 일반적 경향은 음악과 함께 고양되고 충만해졌다. 당시 '정교한' 기술이 등장했고, 이와 관련 있는 일로서 '조건'을 갖춘 감정 전문가도 출현했다. 이런 전문적인 경향은 근대가 진행되는 과정에서 점차 배타적이고 독재적이게 되어 카스트처럼 교만해지다가 급기야 지식을 겸비한 미식가에 어울리는 조직된 능력자라는 전문성으로 하나같이 변한다. 여기에는 회화와 시문학, 자연과학과 신학, 정치와 군사학, 심지어 교역과 범죄도 해당한다. 수학적 계산과 같은 극도의 미세함과 인상주의 회화에서 볼 수 있는 극도의 섬세한 예술작품을 연상시키는 바그너의 화성학과 반음계법은 과도한 음영처리로 엮은 풍자, 회상과 예견을 담고 있는 음악적 테크닉과 관계하며, 이 테크닉은 빼어난 공학건축과 전기역학적인 기묘한 기계장치들의 시대, 그리고 비스마르크와 같은 인물의 외교적 적분학의 시대에 부합했다. 그래서 바로 바그너 하면 **주도동기의 계보학**(Genealogie der Leitmotive)을 떠올릴 수 있는 것이다. 이 계보학에 대한 온전한 인식이 하나의 인생 공부인 셈이다. 그러나 그의 신화학적 장치를 단순히 숙달하는 것만 해도, 그가 영향을 입은 다윈의 혈통체계를 파악할 때 들여야 할 수고 못지않은 노력을 적어도 기울여야 하는, 그런 까다로운 과제다.

그런데 물론 바그너를 아주 간략하게나마 간추려서 장대한 역사적 예술 범주 가운데 하나로 편성해보려 한다면, 아마 우선 가장 손쉬운 방법으로는 그를 바로크 예술가로 규정할 수 있을 것 같다. 그가 바로크 문화를 연상시키는 것은 상세하게 말해주는 그의 다변적인 행위에 담긴 화려함과 차가움, 그리고 수수께끼 같은 그림과 박명에 대한 그의 신비주의적인 성향 때문만 아니라 유향이 아편으로, 교회가 뻔뻔함으로 비치는 영성에 대한 그의 감각주의적인 의지, 그리고 발작을 일으키는 듯하지만 매혹적인 그의 예술성 때문이기도 하나, 가장 결정적인 것은 그가 성애와 금욕, 사랑의 욕망과 죽음의 동경을 세련되게 혼합하고 있는 것, 말하자면 어떤 (당연히 지고한) 의미에서 보면 기독교를 거스르는 듯한 외설적인 색정의 형이상학 때문이다. 그도 그럴 것이 여기서 현세적 존재의 중요한 두 가지 계기, 즉 탄생과 죽음의 은밀한 동일화가 숭고한 방식으로 표현되고 있는 것이 분명하기 때문이다. 인간의 시작과 끝은 초시대적인 사건이다. 인간의 탄생을 생명 번식 현상과 결부시키는 것은 생명의 신비를 생물학적으로 본다는 것을 의미한다. 그것은 한마디로 **또다시 다윈의 방식**(wiederum darwinistisch)으로 이해한다는 뜻이다.

바그너의 결점과 위험에 대해 니체만큼 명확히 간파한 사람은 없다. 바그너 추종자이든 적대자이든 대개 잊곤 하는 그의 독보적인 의미와 은총에 대해 역시 니체만큼 깊이 이해하는 사람도 없다. 니체는 그를 칭찬할 때도 그에 대해 그때까지 얘기된 논점 가운데서 가장 특색 있고 가장 민감하고 가장 설득력이 있는 부분에 대해 말했다. 이렇게 말해도 무방하다면, 니체를 제외한 어떤 사람도 이 천재의 정신과 관련된 가족 이상의 친밀한 정보를 가진 적이 없었다. 그런 정보는 흔히 그렇듯 좋은 것이든 나쁜 것이든 아주 가까운 친척들이나 가질 법한 것이다. 예컨대 "꼭 오르페우스가 다른 누구보다 더 큰 비참한 참상을 겪었듯이" 바그너는 유럽의 데카당스를 경험했다는 사실을 당시 니체를 제외하고 누가 간파했던가? 그리고 바그너의 문화사적 의미는 『바그너의 경우(*Fall Wagner*)』 서문 말미에 붙은 다음과 같은 말 이상으로는 간명하고도 적실하게 공식화할 수 없을 것이다. "바그너는 근대성을 **요약해서**(resümiert) 보여주는 셈이다. 어쩔 수 없는 노릇이다. 우선은 바그너 추종자가 되는 수밖에. (…)" 또 다른 구절에서 니체는 진정 의미 있는 음악이면 모두 백조의 노래일 것이라고 말한다. 이 말은 바그너에게 가장 어울릴 법하다. '음악극'은 마음을 홀리는 장송곡이고 19세기의 무덤, 심하게 얘기하면 근세 전체의 무덤 앞에 바치는 화려한 장례식이다.

덧붙이면 바그너는 모든 위대한 연극작가와 같은 운명을 맞이했다. 그 운명은 규칙적인 파도를 그려낸다. 위대한 작가들은 우선 밑도 끝도 없는 적의를 사면서, 정신적으로 혼란스럽고 예절도 없으며, 예술에 살인적인 인물로 지목받는다. 이어서 그들로부터 지금까지의 창작에서 최고봉을 읽어내는 열광적인 인정의 파도가 뒤따른다. 그러다가 다시 반동의 물결이 이어진다. 이 반동의 파도는 앞선 과대평가의 파도만큼 부당하다. 그들의 방식이 낡았고 공허하며 기만적이기까지 하다고 보는 것이다. 그리고 이어서 종종 그렇듯 또다시 르네상스가 찾아온다. 예컨대 이런 식으로 에우리피데스[99]가 자신의 동시대 사람들에게 몰락의 현상으로 취급되었던 것이다. 그러나 헬레니즘 시대에 그는 그를 제외하고는 그 어떤 극작가도 거명

---

[99] Euripides(B.C. 484~406): 아이스킬로스와 소포클레스를 포함한 고대 아테네의 3대 비극작가 가운데 한 사람.

될 수 없을 정도였고, 비극이든 희극이든 모든 장르를 망라해서 오로지 그의 경향을 추구하는 그런 명예를 누렸다. 하지만 또다시 의고전주의 시대에는 그를 아이스킬로스나 소포클레스와 대등한 위치에 두는 것이 불경스러운 일로 비친다. 몸젠[100]까지도 그를 두고 수준이 상당히 낮은 것으로 평가한다. 그러나 변증법과 반어, 그리고 복잡한 심리학이 무대를 장악하기 시작한 이후로 그의 명성은 또다시 공공연하게 상승하기 시작했다. 셰익스피어는 연극에서 탁월한 재능을 발휘했지만 생전에 위대한 작가로 평가받지 못했을뿐더러 16세기 중후반과 18세기 초엽에는 가장 심한 경멸을 받았으나, 그때 이후로 논란의 여지 없이 세계에서 가장 위대한 극작가로 꼽히고 있다. 대략 1830년부터 1890년까지 실러는 수준 높은 양식을 드러냈던 독일의 모든 연극문학이 잣대로 삼은 자명한 모범으로 통했다. 당시 운율의 형식을 다뤘던 저명한 모든 극작가, 이를테면 구츠코[101]와 라우베[102], 헤벨[103]과 루트비히[104], 할름[105]과 빌덴브루흐[106]와 같은 이들은 실러에서 출발한다. 그러나 자연주의와 더불어 하룻밤 사이에 실러를 비웃는 투의 극심한 과소평가가 시작된다.

---

[100] Th. Mommsen(1817~1903): 독일의 고전학자. 그는 현대 '로마 역사 연구'에 지대한 영향을 끼쳐 19세기 최고의 고전학자 중 한 사람으로 알려져 있음.

[101] K. Gutzkow(1811~1878): 독일의 소설가이자 극작가. 독일 현대 사회소설의 선구자.

[102] H. Laube(1806~1884): 독일의 극작가 및 연출가. 질풍노도 시기 '청년독일'의 일원.

[103] F. Hebbel(1813~1863): 독일의 시인이자 극작가. 연극에 새로운 심리학적 요소를 가미한 것으로 유명함.

[104] O. Ludwig(1813~1865): 독일의 소설가·극작가·비평가.

[105] F. Halm(1806~1871): 오스트리아의 극작가이자 시인.

[106] Ernst von Wildenbruch(1845~1909): 독일의 시인이자 극작가.

그의 이름은 거의 비방의 대명사로 통한다. 그러나 표현주의는 또다시 그의 글쓰기 방식으로 되돌아간다. 처음부터 악한과 미치광이가 교묘히 뒤섞인 인물로 정평 나 있던 입센도, 세기 전환기에는 세계 문학에서 가장 강력한 영향력을 발휘하는 현상 가운데 하나임을 정신이 말짱한 사람이면 누구도 부인하지 않는다. 다만 오늘날의 젊은 이들은 그를 두고 잔소리 많은 늙은 숙모쯤으로 취급한다. 실러와도 입센과도 친화성이 있는 (물론 후자와 더 은밀한 친화성이 있지만) 바그너의 곡선은, 여전히 실러가 지배하고 입센은 겨우 여명으로만 비치고 있을 때 정점에 도달했다가 실러가 다시 부상하고 입센이 색바래지기 시작했을 때 내리막길을 걸었다. 그러니까 그의 곡선은 역설적이게도 실러의 세계가 여전히 지배하고 입센의 세계는 아직 등장하지 않았을 때 올라갔고, 실러가 다시 등장하고 입센이 더 이상 보이지 않았을 때 내려간 것이다. 이는 곧 실러가 극도로 비장했지만 전혀 시민적이지 않은 작가였던 반면에 입센은 전혀 비장하지 않았지만 매우 시민적인 작가였다는 점을 말해주는 듯하다. 그래서 비장한 바그너는 실러의 면모를 취한 상태서 파토스의 분쇄기 역할을 한 입센이 등극하기 전에 상승한 반면에 실러가 아니라 입센과 함께 시민적인 세계상의 나락으로 떨어지고 말았다. 이 시민적인 세계상은 입센의 모든 문학의 배경을 이루는 것이다. 그러나 입센의 경우에서 보듯 그도 언젠가는 비록 전혀 다른 계기와 전혀 다른 정신적 환경에 힘입을지라도 다시 군림할 날이 올 것이라는 점에서는 의심의 여지가 없다. 그도 그럴 것이 인류가 두고 있는 진짜 몇 안 되는 연극 천재는 결코 사멸할 수 없기 때문이다.

가장 고매한 방식으로 음악극의 승리에 가장 소중한 공로를 세운 인물은 프란츠 리스트[107]이다. 그는 백과전서파의 지성으로서 바그너와 베르디, 바흐와 베를리오즈[108], 슈만과 쇼팽, 모차르트와 마이어베어[109]를 동일한 애틋한 감정으로 감싸 안았다. 그는 이들을 번역대본으로 삼아 구성한 자신의 피아노포르테와 이의 예민한 변이 형태, 그리고 불같은 상상력을 통해 이상의 대가들을 광범위한 부류에 소개했고, 피아노 마술사로서 전 유럽을 여행하는 동안 여성들과 영주들에게 총애를 받았다. 그러나 이런 행운이 그를 망친 것이 아니라 고귀하게 만들었다. 이에 반해 요하네스 브람스[110]는 일명 반바그너파(Gegen-Wagner)로서 1868년 「독일 레퀴엠(Ein deutsches Requiem)」으로 최초의 성공을 거뒀지만 자신의 예술을 통해 오랫동안 소수의 부류에게만 국한되어 있었다. 그러나 그의 예술도 일종의 그리스 정신으로 회귀하려는 시도일 뿐 디오니소스적인 측면을 추구하는 음악극과는 반대로 아폴론적인 측면을 지향한다. 달리 표현하면 프로테스탄트적인 측면, 이를테면 엄격하고도 삼가는 태도와 겸양과 청교도적 자세를 견지하고 있다고 할 수 있다. 특히 그리스인들의 경우와 꼭 마찬가지로 고전주의를 표방하는 그의 자체 한계 설정과 형식의 엄격함은 잠복하는 낭만주의에 대한 예술적 진통제와 같은 것이다. 그것은 의지에 따른 자기치유 노력의 반응, 요컨대 금단요법으로서의 음악이다.

「카르멘(Carmen)」[111]도 바그너에 대항하는 뜻으로 종종 연출되기도 한다. 주지하다시피 이와 관련하여 최초로 니체가 이렇게 발언한

---

[107] Franz Liszt(1811~1886): 헝가리 태생의 독일 작곡가이자 피아니스트. 19세기 피아노 음악의 거장으로 통함.

[108] L. H. Berlioz(1803~1869): 프랑스의 후기 낭만파 작곡가.

[109] G. Meyerbeer(1791~1864): 독일의 작곡가.

[110] Johannes Brahms(1833~1897): 독일의 작곡가이자 피아니스트.

[111] 프랑스의 작곡가 비제(G. Bizet: 1838~1875)가 1875년에 작곡한 오페라.

다. "이렇게 말해도 될 것 같다. 요컨대 비제의 오케스트라 음반은 내가 지금도 간직하고 있는 거의 유일한 것이다. (…) 이 음악은 내게 완벽한 것처럼 보인다. 경쾌하고 부드러워서 정중한 느낌이 든다. **열 받도록**(schwitzt) 하지 않아 사랑할만하다. (…) 결국 그건 사랑이다. 그것도 **자연**(Natur)으로 재번역된 사랑 아니겠는가! 그건 '고상한 아가씨'의 사랑이 아니다! 중년의 감수성 같은 것도 아니다! 천명으로서, **운명**(Fatalität)으로서의 사랑이다. (…) 나는 사랑의 본질을 구성하는 비극적인 위트가 이토록 엄중하게 표현되고 경악을 감추지 못하게 하는 형식으로 변하는 경우를 이외에선 보진 못했다."

이처럼 대중성이 세련미와, 스페인의 정열이 프랑스식 전아함과, 근본적 활력이 놀이를 하고 있는 듯한 경쾌함과 결합되어 있는 이런 작품이야말로 사실 이상적인 오페레타라고 할 수 있다. 이 장르는, 독일 풍토에서 매우 훌륭한 교본으로서 매력적인 음악적 착상으로 넘쳐나게 하지만 오펜바흐[112]와 네스트로이[113]와는 먼 거리를 취하게 하는 그런 분위기와 세계관을 담고 있지는 않은, 「박쥐(Die Fledermaus)」[114]로 정상에 이르렀다. 그 등장인물들은 (음악적으로도) 공통의 공간을 배경으로 하고 있지 않지만, 그 매력적인 선율은 겹칠한 금화 같다. 그런데 심하게 할 경우, 독창성과 거품 섞인 풍요성에서 당연히 「박쥐」와는 비교할 수가 없는 콘라딘 크로이처[115]의 순수 음악, 「낭비가(Die Verschwender)」는 온전한 정취에서 길어진 것이

---

[112] J. Offenbach(1819~1880): 수많은 오페레타와 오페라를 남긴 프랑스의 작곡가.

[113] J. Nestroy(1801~1862): 오스트리아의 희극작가이자 배우.

[114] 오스트리아의 작곡가 요한 슈트라우스(Johann Strauß: 1825~1899)의 오페레타.

[115] Konradin Kreutzer(1780~1849): 19세기 독일의 민족가극의 작곡가.

며, 따라서 종합예술의 관점에서 보면 슈트라우스의 음악보다 훨씬 높은 수준에 있다고까지 말할 수밖에 없다. 슈트라우스 음악을 두고 제기되는 핵심 항변은 그것이 너무 온순하게 다듬어져 있어 문제도 없고 혁명적이지도 않다는 것이다. 그의 음악은 네스트로이가 가장 암울했던 3월 혁명 이후에, 그리고 오펜바흐가 나폴레옹의 무력통치하에서 만개한 것과는 정반대가 되는 셈이다. 요컨대 좌파로든 우파로든 받는 압력이 없다면 자유주의의 미지근한 실내온도만큼이나 예술에는 해로운 일이다. 따라서 아직도 여전히 '오펜바흐와 슈트라우스'하는 식으로 말한다면, 이는 어리석은 짓일 따름이다. 그들은 들라크루아[116]와 들라로슈[117], 쇼펜하우어와 하르트만, 부슈[118]와 오버랜더[119], 입센과 비외른손[120]이 그렇듯이 '단짝'이 아닌 것이다. 그런데 최근까지도 사람들은 그들을 부를 때 으레 함께 거명했다. 이 모든 경우에서 보듯 일회성을 지닌 천재성은 시민적 재능으로 노련하게 재현되지만, 판단력이 없는 화랑에서 순간적 성공을 거뒀다간 곧 낡은 꼴을 당하고 만다.

문학　　프랑스 혁명 시기에 괴테는 중요한 민족작가는 오직 그 민족으로부터만 출현할 수 있다고 썼다. 독일 민족을 위해 그는 고전주의 작품을 예비할 수 있는 혁명이 일어나기를 바라야 할 것인가를 두고 망설였다. 그러나 이 같은 언사가 보여주는 바는 괴테 자신조차

---

[116] E. Delacroix(1798~1863): 프랑스 낭만주의 미술의 시대를 연 프랑스의 대표적인 화가.

[117] P. Delaroche(1797~1856): 프랑스의 화가.

[118] W. Busch(1832~1908): 독일의 화가 겸 시인. 재치 있고 풍자적인 압운시가 딸린 드로잉으로 유명함.

[119] Adolf Oberländer(1845~1923): 독일의 풍자만화가.

[120] B. Björnson(1832~1910): 노르웨이의 극작가.

도 역사를 예정할 수 없었다는 섬이다. 그도 그럴 것이 혁명 없이 고전주의 작품이 출현했기 때문이다. 그리고 혁명이 도래했을 땐 고전주의 작품은 없었다. 『발렌슈타인』과 『빌헬름 마이스터(*Wilhelm Meister*)』의 시대, 그리고 『현상학(*Die Phänomenologie*)』과 『색채론(*Die Farbenlehre*)』의 시대에는 독일인들이 아직 하나의 국가를 형성하지 못한 상태였다. 바움바흐[121]와 브라흐포겔[122]의 시대에는 하나의 국가를 형성한 상태에 있었다. 고딕양식과 스콜라철학의 번영은 십자군원정의 비참한 패배에 뿌리를 내리고 있었다. 이탈리아 르네상스는 최악의 절망적인 정치적 상황 한가운데서 화려하게 번성했다. 칼데론[123]과 엘 그레코[124]는 스페인의 세계지배 체제가 완전히 몰락하는 시대의 인물들이다. 로마가 세계를 지배했지만 건축의 모든 동기, 드라마의 모든 목록, 모든 철학사상은 그리스에서 취할 수밖에 없었다. 카를 대제가 로마의 세계제국을 혁파했을 때 그 역시 먼저 정신적 부흥을 꾀했다. 그러나 완전히 실패했다. 한 민족의 정치적 도약과 문화적 도약 사이에는 길항작용의 관계가 있는 것일까? 확실히 페리클레스 시대는 페르시아 전쟁의 결과물이다. 영국의 르네상스는 무적함대에 대한 승리의 시대와 맞물려 있다. 데카르트와 파스칼, 그리고 몰리에르[125]는 리슐리외[126]와 마자랭[127]과 루이

---

[121] R. Baumbach(1840~1905): 독일의 음유시인.

[122] A. E. Brachvogel(1824~1878): 독일의 작가.

[123] P. Calderon(1600~1681): 17세기 스페인 연극을 대표하는 극작가.

[124] E. Greco(1541~1614): 그리스 태생의 스페인 화가. 그의 이름 '엘 그레코'는 '그리스인'과 같다는 스페인어 '그레코'에서 유래함. 어두운 배경에 선명한 색을 바탕으로 한 종교적인 인물화를 주로 그렸음.

[125] Molière(1622~1673): 프랑스 희극작가 겸 배우. 대표작으로는 『인간혐오가』가 있음.

[126] J. du P. Richelieu(1585~1642): 프랑스의 추기경·정치가.

14세의 신하들이다. 역사는 자신의 법칙들을 가지고 있다는 것은 의심의 여지가 없지만, 이 법칙들이 비밀을 가득 채운 채 너무 복잡하게 얽혀 있어서 우리로서는 가늠할 길이 없다. 그래서 독일이 전쟁에서 승리를 거두어 통일을 성사시켜 놓고도 어째서 고도의 자기 문화 전통을 대부분 잃어버리게 되었으며, 프랑스가 가공할만한 패배를 겪고도 어떻게 자신의 역사에서 완전히 새로운 예술세계의 매혹적인 꽃을 싹 틔우게 되었는지 어림잡아서라도 설명할 수가 없다.

전쟁이 독일 시문학에 끼친 직접적 영향은 곧바로 승리를 노래하는 서정시로 표현된다. 그런데 이 서정시는 2~3류급에 해당한다. 상투적이고 무정할 만큼 비장해서 가슴에 와닿지 않는다. 이 시대 가장 저명한 두 서정시인 가이벨[128]과 프라일리그라트[129]조차도 도무지 막무가내다. 프라일리그라트는 극도의 상투적인 이미지로 시를 짓는다. "이제 과부의 베일을 벗어던져 버리자, 그대 이제 피로연에 들어갈 준비를 할지니, 오 독일이여, 고귀한 승리자여!" 그리고 가이벨은 싸구려 금속 악기로 시를 만든다. "그대 도도하게 아름다운 여인이여 영광이 있으라, 게르마니아여 영광을 받을지니, 라인 강 어귀에 몸을 구부린 채 용맹하게 그대 거기 서 있도다!" 극장은 『나르시스(*Narziß*)』 유형의 위선적인 강탈자들이나 빌브란트[130]의 『아리아와 메살리나(*Arria und Messalina*)』 유형에 따른 광고용 역사 이야기, 이외에도 『난봉꾼(*Der Veilchenfresser*)』과 『평화 속의 전쟁(*Krieg im Frieden*)』과 같은 '팸플릿' 스타일로 된 귀여운 아둔함이 지배했다.

---

[127] J. Mazarin(1602~1661): 이탈리아 태생의 프랑스의 추기경이자 정치가.
[128] E. Geibel(1815~1884): 독일의 시인이자 극작가.
[129] F. Freiligrath(1810~1876): 독일의 혁명적인 시인.
[130] Adolf Wilbrandt(1837~1911): 독일의 소설가이자 극작가.

할름의 변질된 케이크도 여전히 시세가 좋았으며, 얌전한 기능장 라롱즈[131]는 진실로 시인으로 받아들여졌다. 그러나 인기를 끈 연극으로 지정된 수입 작품은 대개 프랑스를 원조로 삼았다. 이는 눈 밝은 탐색자이자 사르두[132] 세계의 발 빠른 순응자이기도 한 파울 린다우[133]의 연극에도 해당한다. 한동안 그는 독일의 가족 관객을 고려해서 자신이 모범으로 삼은 원형들을 앞질렀다. 요컨대 현명한 소심함을 동원해서 그 작품들에서 애정행각 장면을 뺐던 것이다. 하이제[134] 부류의 소설적 재능을 지닌 사람들은 열심히 계속 써나갔다. 당시 설화문학 가운데 가장 소중한 생산물은 율리우스 슈틴데[135]가 쓴 부흐홀츠 부인(Frau Buchholz)의 비망록이라고 단정할 수밖에 없다. 슈틴데는 그의 등장인물들만큼이나 심한 속물이지만, 생활을 유머가 넘치게 관찰하여 참신하고도 성실한 80년대의 문화상(文化象)을 빚어냈다. 이런 까닭에 어떤 분야에든 빠지지 않는 본능을 갖고 있어서 포도주를 마실 때도 '농도'를 알아맞출 정도의 본능을 겸비한 비스마르크가 빌헬르미넨(Wilhelminen) 부인의 심정 토로를 자신이 총애하는 읽을거리에 포함시킨 것도 놀랄 일이 아닌 셈이다.

10년 동안 에른스트 폰 빌덴브루흐는 어떤 사소한 이목조차도 끌지 못한 채 작품을 창작했다. 1881년에 이르러서야 마이닝겐 극단 사람들이 『카롤링거 가문 사람들(Die Karolinger)』을 공연해 그에게 무대의 문을 열어줬다. 그의 작품들에는 아류 드라마의 온갖 도구가

---

[131] A. L'Arronge(1838~1908): 독일의 극작가이자 연극 비평가.
[132] V. Sardou(1831~1908): 프랑스 통속사극 작가.
[133] Paul Lindau(1839~1919): 독일의 극작가이자 소설가.
[134] P. Heyse(1830~1914): 독일의 작가.
[135] Julius Stinde(1841~1905): 독일의 언론인이자 작가.

달그락거린다. 거구의 악한, 악마 같은 여걸, 허약한 왕의 꼭두각시들, 관객에게 미주알고주알 일러대는 독백, 폭로하면서 엿듣기, 바로 필요한 인물의 즉흥적 투입, 흡사 호텔 로비에서처럼 무대 전체에 등장인물 모두가 한꺼번에 만나는 장면 따위가 있기 때문이다. 그는 아주 근사하게 연출해낸다. 이 일로 그는 기진맥진하여 암울하게 느낄 정도로 지쳐 있었다. 대개 그는 확실히 목적의식적으로 나팔을 불어 중간 막을 내리게 하는 장면 연출을 펼쳐보였다. 이는 막을 내릴 때 가끔 순간적으로 제대로 작동하지 않을 때가 있다는 점을 고려한 것이다. 모든 점에서도 그렇지만 여기서도 그는 여지없는 실러의 문하생인 셈이다. (막을 내리는 방식은 3가지로 구분될 수 있다. 실러의 방식으로 감탄부호를 넣어 내리는 방식이 있고, 특히 헤벨이 탁월한 면모를 드러내는 의문부호로 내리는 방식이 있으며, 마지막으로 입센이 고안한 방식으로서 작가와 청중의 시선을 집중시키는 집약적인 부호, 즉 대시 부호를 넣어 막을 내리는 방식이 있다.) 연극무대에 대한 빌덴브루흐의 확신은 전문성과는 아무 관계가 없고 학창시절에나 지님 직한 본능에서 비롯된다. 그래서 그의 연극작품은 고유한 장르를 형성하며 그의 양식에서 다른 장르의 작품들과는 비교할 수가 없다. 빌덴브루흐는 취한 듯한 자신의 장황한 대사와 명암대비 기술, 그리고 자신의 심리학적인 불가사의를 **신봉한다**. 요컨대 그는 재지도 않고 책임지지도 않는, 말하자면 자기 자신과 놀이를 하고 있는 어린애와 같은 아마추어다. 그래서 그는 어떤 비판도 모면하고 있는 셈이다.

벵골 조명[136]에 대한 이처럼 순수한 열정을 전혀 다른 방식으로

---

[136] bengalische Beleuchtung: 극장에서 많이 쓰는 선명한 청색 조명등.

보여준 이가 있었는데, 그는 바로 1870년에 자신의 작품 『키르히펠트의 목사(Der Pfarrer von Kirchfeld)』로 빈의 한 극장에서 최초의 대성공을 거둔 바 있는 루트비히 안첸그루버[137]였다. 그의 대부분의 작품은 반교회적인 성격으로 채워진 일종의 연극화한 문화투쟁인 셈이다. 그의 작품은 독신제도, 가톨릭식 결혼생활, 무오류성의 교리, 교회에 유리한 증언서 등을 상대로 생동감 있는 색채에 종종 다양한 유머를 동원해서 싸움을 걸었다. 개별 장면과 과장된 연기, 번쩍이는 경구와 이색적인 특색으로 문학성을 채색한 것이다. 본질적으로 보면 그는 멜로 작가이다. 시민사회의 환경을 그는 도시를 헤매는 촌부의 시선으로 묘사한다. 말하자면 이방인으로서 데프레거의 필치로 투박하게 그린 것이다.

빌헬름 부슈

19세기 후반에 독일 시민이 보여준 바처럼 이후의 시대는 자신의 방식으로 역시 일종의 '종합예술'을 창조한 **한** 대가에게만 믿을만한 것으로 경험될 따름이다. 그가 바로 빌헬름 부슈다. 그런데 그는 뭐라고 말하기가 쉽지 않은 인물이다. 한번은 루트비히 슈파이델이 배우 피히트너(Fichtner)를 두고 이렇게 논평했다. "보통 혹평은 근본적으로 **빼어난** 것을 붙잡게 하곤 하는 계기가 되기도 한다. 그러나 피히트너는 너무 원만한 현상이라서 공만큼이나 붙잡기가 어렵다. 가장 간단한 일은 그를 뭉뚱그려 칭송하면서 최상급으로 떠벌리고 감탄부호를 아끼지 않으면 된다." 부슈의 경우도 마찬가지다. 그는 인격적으로 완전하며, 그래서 실제로 간단히 확언할 수 없다.

10여 년 동안 그의 전 예술작품은 아이들 방에서 봐도 걱정 없고 정오의 커피를 마시면서 즐겨도 무난할 정도로 해롭지 않은 인형

---

[137] Ludwig Anzengruber(1839~1889): 오스트리아의 극작가이자 소설가.

익살극으로 평가받아왔지만, 최근 그를 악마 같은 염세주의자와 허무주의자로 간주하는 일이 또다시 유행하고 있다. 그러나 이 두 가지 관점 역시 틀린 것이다. 빌헬름 부슈에게서 발동하는 비교할 수 없고 규정할 수 없는 영향력은 그가 직접 뭔가를 만들어서가 아니라 삶이 그렇게 하도록 한다는 사실과 관련 있다. 요컨대 삶만이 실제의 유머를 담고 있으며, 익살꾼들이 할 수 있는 유일한 것이라고는 그런 유머를 고작 베껴 쓰는 일뿐이다. 그런데도 그들은 거의 이렇게 하지 않고 진정한 쾌감이라고는 찾아볼 수 없는 얽히고설킨 온갖 상황과 갈등을 쥐어짜낸다. 이로써 그들은 생생해서 수긍이 가는 것과는 아무런 관계도 없는, 고작 모방 형태로 짜 맞추고 접합시킨 쾌감, 즉 전시실을 둘러보는 쾌감을 얻을 따름이다. 상대적으로 거의 알려지지 않았지만 추측컨대 부슈의 최상의 작품일 법한 시를 예로 들어보자. 그것은 곧 시의 전설로 칠만한 『올림머리 가발(Der Haarbeutel)』이다. 이 시에서 부슈는 일련의 명정상태(Betrunkenheit)의 전형적 형태를 그려낸다. 그것은 전형적인 연구를 곁들여 극히 미세한 세부사항까지 파고들어 현실을 생짜배기로 복사해놓은 것 같다. 이때 부슈는 더하지도 빼지도 않고 단순히 베껴 옮겨놓을 뿐이다. 사람이 취하면 어떤 복잡미묘한 일이 일어나는지를 보여주는 셈이다. 그는 인생의 유머를 자기 자신의 자아에서 흘러나오게 하는 것이 아니라 그 자신에게 흘러들게 만든다. 왜냐하면 인생이란 취약할 뿐이기 때문이다. 그는 인생이 스스로 즐기기로 결심할 때까지 저만치 물러앉아 기다린다. 즐기는 일이 일어나면 그때 그는 그 쾌감을 그저 안으로 끌어안아 들일 따름이다.

다른 한편 아무리 세련되고 민감한 사람일지라도 자신도 모르게 웃을 수밖에 없는 일련의 전형적인 어투와 상황 같은 것이 있다.

이때는 그것이 익살스럽고 재미가 넘친다고 털어놓지 않을 재간이 없는 노릇이다. 누군가가 의자 옆 바닥에 털썩 주저앉게 되면 분명 웃음을 유발한다. 그러나 더 우스울 때는 그런 일이 일어나는 순간 바지까지 찢어질 때이다. 어떤 사람이 다른 사람의 뺨을 세게 후려 치면 아주 후련한 느낌이 들 때도 있다는 것도 부정할 수 없는 일이다. 그것은 꾸민 일이어도 그렇다! 무대에서 보헤미아 말투로 혹은 유대인 말투로 또는 작센지방 말투로 더듬거리는 사람은 그가 말할 때마다 배꼽 잡는 즐거움을 준다고 확신할 수 있다. 그러나 극장을 찾는 극도로 평범한 사람들을 제외하면 이제는 전 세계의 어떤 사람도 그런 허무맹랑한 일로는 웃지 않는다. 이런 일은 격세유전이라는 말로 설명이 가능할 법하다. 투박했던 우리의 선조들은 그런 장면을 보고 실로 곧이곧대로 웃었지만, 이제 우리의 횡격막은 이런 자극의 원인에 대해 이미 감을 잡고 있는 모양새다. 그러나 여기서 우리의 소화활동처럼 우리의 자의(恣意)에서 벗어나 있는 일정한 말초적인 무의식적 웃음이 문제라면 우리는 심히 창피하고 화날 수도 있는 일이다. 그래서 횡설수설하는 장면을 볼 때는 심하게 웃긴 하지만 많은 박수를 보내지는 않곤 하는 일을 목격할 수 있는 것이다.

모든 위대한 예술가와 마찬가지로 부슈의 경우에도 그를 등급에 따라 실제로 분류하려 하는 황당한 일이 있기도 하다. 그의 예술의 제1원소는 "**최소 노력과 최대 효과**(*le minimum d'effort et le maximum d'effet*)"라는 지고한 예술법칙에 따라 완전히 새로운 풍자만화 기법을 창조한 탁월한 스케치 재능일까? 그는 6개의 연필 터치로 생활유형과 사회영역, 그리고 인간의 운명을 온전하게 스케치한다. 입모양으로 그린 이등변 삼각형의 꼭대기를 아래쪽으로 향하게 하여 기쁜 황홀한 감정을 표현하고, 위쪽으로 향하게 해선 심중의 유감을 드러내며, 눈 위에 빗금친 두 사선은 심각한 고민에 빠진 모습을 나타내며, 얼굴 한가운데 찍은 점 하나는 쓰라린 정신적 고통에 시달리고 있음을 알려준다. 그렇지 않다면 처음부터 그가 가장 단순하고 가장 자연적인 문장구조를 통해 전혀 예측하지 못한 언어의 효과를 취할 줄 아는 그런 이해할 수 없는 능력을 겸비하고 있었을까? 순박한 보고 형식의 시가 들려주는 식으로 하면 이렇다. "오늘 또다시 그 양반은 머물고 있네, 오래(lang). 조용히 기다리고 있지, 그의 아뫼블레망(Amöblemang)은. 그때 마침내 그가 나타난다네, 황망한(angestoppelt) 듯. 뫼벨(Möbel)[138]은 두 배로 늘어났지(verdoppelt)." 그는 이름을 지을 때도 음성을 다루는 데서 극도의 명인다움을 보여준다. 이 분야에서 지금까지 우스꽝스러움은 그저 **재치**(witzig)를 발휘하는 **개념**의 연상 (Begriffsassoziation)에서 구해왔다. 이를테면 네스트로이만 해도 여전히 이런 방식을 따랐다. 예컨대 그는 하숙집 주인을 판취[139], 도둑을 그랍스[140]라고 불렀다. 반면에 부슈가 붙인 이름은 **느낌**의 서술 (gefühlsdeskriptiv), 즉 의성어에 의존한 것이다. 그것은 암시가 아니라 위대한 서정시인과 어린아이들이 하는 식의 울림으로 그려낸다. 온화하고 엄숙한 교장은 데비쉬(Debisch)[141]로, 퉁명스러운 평발의 산지기는 크나르트예(Knarrtje)로, 오싹하게 하는 늙은 은둔자는 크뢰켈 (Krökel)로, 수의과 개업의는 주티트(Sutitt)로, 자유분방한 기사는 헤르 폰 그나첼(Herr von Gnatzel)로 불렸다. 단지 놀테(Nolte)라는 말만 들어도

---

[138] Möbel: 독일어로 가구를 뜻하며, 가구상표로 유명하기도 하다. 아뫼블레망은 이를 의성어처럼 이용한 말이다.
[139] Pantsch: 포도주에 물을 타는 부정한 상인이라는 연상을 지님.
[140] Graps: 그랍스는 낚아챈다는 뜻의 영어 grab을 연상시킴.
[141] Debisch: 당시 유행하던 소설의 주인공으로, 딱딱한 교장을 비유하기 위해 쓰였다.

무뚝뚝하게 느껴지지만, 고향냄새를 물씬 풍기는 독일의 한 작은 산간벽지가 떠오른다.

부슈를 위대한 철학자라고 부르면 아마 제대로 대접하는 가장 손쉬운 방법이 될지도 모른다. 그가 선보이는 자연에 가까운 경건한 범심론(汎心論: Panpsychismus)은 안데르센[142]을 연상시킨다. 그는 모든 생물과 사물에 영혼을 집어넣는 극단에까지 나아간다.『한스 후케바인(*Hans Huckebein*)』이나『원숭이의 변덕(*Fips der Affe*)』만큼 감동적이고 친밀한 동물 전기(傳記)가 있을까? 이에 비하면 거구의 브렘[143]은 삭막한 편람으로 오그라드는 편이다. 그 시 운의 첫 구절을 방금 위에서 인용한 바 있는 시,「근심스러운 밤(Die änstliche Nacht)」에서는 가구집기들이 형태를 갖춘 조직화된 반대 당파를 구성한다. 무정부 주의적인 당파이기까지 하다. 옷걸이, 벽시계, 장화 신발장이 혁명의 소용돌이 한가운데 있다. 간교한 악한 피조물들과의 투쟁에 대한 공명정대한 보고가 심장을 고동치게 만든다. 덧붙이면, 이미 말했듯이 부슈가 그려낸 초상(肖像)은 문화사적으로도 특별한 가치가 있다. 그도 그럴 것이 그는 우리 앞에 관행과 변덕, 일상적 소망과 억견들을 품고서 자신의 방식대로 가고, 서고, 먹고, 마시고, 사랑하고, 살고, 죽는 독일식 속물로 서 있기 때문이다. 그는 이것을 풍자 만화로, 그것도 놀라운 방식으로 그려놓았다. 이는 전혀 왜곡되지 않은 전체상을 보여주는 셈이다. 이 전체상에는 예리한 비판과 마찬가지로 납득할만한 선의가 동시에 새겨져 있다. 그도 그럴 것이 이 예술가는 논박을 하면서 적개심을 불러일으키는 것이 아니라 현존

---

[142] H. Ch. Andersen(1805~1875): 덴마크의 세계적인 동화작가.
[143] A. E. Brehm(1829~1884): 독일의 동물학자이자 자연사 삽화가.

재를 밝게 하고 변호하는 자이기 때문이다. 인간과 사물들이 그의 가슴을 통과하면 그들은 그 이전까지 존재해온 것보다 훨씬 더 아름다운 모습으로 등장한다. 괴테는 자신의 여타 형상물에서 그렇듯 늘 자신의 삶을 정당한 것으로 간주하므로 오직 그 자신을 통해서만 완전한 예술작품을 만들 수 있었다. 그래서 그는 자신의 삶을 지배할 수 있었다. 셰익스피어 역시 인간의 정열 일체에 합당함을 부여했기에 그 정열을 그렇게 매력적이게 형상화할 수 있었던 셈이다. 만일 그가 위선적이고 교만하게 폴스타프[144]라는 인물 위에 군림하고서 그를 인류의 폐물로 취급했다면 그를 제대로 묘사할 수가 없었을 것이다. 그러나 그는 온갖 비열함과 천박함에 타락하기까지 한 그를 사랑했고, 이로써 이 비참하기 짝이 없는 친구도 전 인류의 총애를 받는 몸이 되었다. 그리고 셰익스피어는 맥베스도 이아고(Jago)도 리처드 글로스터(Richard Gloster)도 사랑했다. 이 엉큼한 악한 모두는 그의 마음의 한 부분인 셈이다. 그러나 반면에 프란츠 모어[145]는 어디서든 정신병자로 등장하기에 우리는 그를 제대로 신뢰하지 않는다. 왜 그럴까? 그를 등장시킨 이조차 그를 신뢰하지 않기 때문이다. 동물학자가 두더지를 미워하는가? 아니다. 그는 정원사에게 두더지를 맡겨놓는다. 부슈는 독일 시민을 끊임없이 비웃음거리로 삼는다. 그러나 이 모든 사람을 사람들이 좋아한다. 여기에는 토비아스 크놉프(Tobias Knopp), 사촌 프란츠, 발두인 벨람(Balduin Bählamm), 신부 필루시우스(Filucius)까지 포함된다. 그 상대배역은 괴테의 메피스토에서 착안한 것이다. 메피스토의 반어(Ironie)는 악의에

---

[144] Falstaff: 셰익스피어의 희곡, 「헨리 4세」에 등장하는 큰소리 잘 치는 비만의 노기사. 흔히 세르반테스의 돈키호테와 유사한 인물로 통하기도 함.
[145] Franz Moor: 실러의 작품, 『군도』에 등장하는 악한.

그 뿌리를 두고 있는 진짜 사탄의 반어이다. 그래서 이 반어는 웃음을 자아낼 수도 없다. 그도 그럴 것이 그런 악의는 세상에 존재하는 가장 심각하고 가장 우울한 것이기 때문이다. 그리고 바로 그래서 메피스토는 매번 굴복할 수밖에 없는 사정이다. 그는 영원한 불모의 땅에 살도록 판정을 받았다. 왜냐하면 증오는 결코 생산적일 수 없고 오직 언제나 사랑만이 생산적일 수 있기 때문이다.

만일 우리가 신기원적인 두 현상인 바그너와 부슈를, 요컨대 한참 이전 시기, 즉 한 사람은 프랑스 낭만주의에, 또 다른 한 사람은 비더마이어 시대[146]에 (니체에 대해서는 당시 몇몇 바그너 추종자를 제외하고는 사람들이 그 이름조차도 몰랐으므로) 뿌리를 둔 바로 그 바그너와 부슈를 고려하지 않는다면, 그 시기 유럽적 의미에서 거둔 독일의 업적은 자연과학, 그것도 응용된 자연과학 분야에서만 그려볼 수 있다. 말하자면 중요한 새로운 진테제(Synthese)에 이른 분야는 화학과 전기공학이었다. 게이뤼삭[147]은 전류가 강철에 자기를 띠게 한다는 사실을 이미 증명했고, 패러데이[148]는 거꾸로 자석이 전류를 만들어낼 수 있다는 사실도 증명했다. 베르너 지멘스[149]가 고안해서 발전시킨 역학 원리는 전자자기와 자기유도의 결합에 기초해 있다. 요컨대 지멘스는 에너지의 원천을 지속적으로 보존하려

전화기
백열등
자전거

---

[146] Biedermeier: 19세기 독일에서 유행한 시골 풍경과 같이 단순 소박한 삶의 방식을 일컬어서 하는 말임.

[147] J. L. Gay-Lussac(1778~1850): 프랑스의 물리학자이자 화학자. 기체반응의 법칙을 발견함.

[148] M. Faraday(1791~1867): 전자기 유도법칙을 발견한 영국의 물리학자이자 화학자.

[149] Werner von Siemens(1816~1892): 전신산업의 발전에 중요한 역할을 한 독일의 전기공학자.

면 전기와 자기가 상호작용할 수 있게 해야 할 것 같다는 예리하면서도 단순한 생각을 했다. 전류는 자기를 강화하고, 이 자기가 다시 전류를 강화하는 식의 상호작용을 통해 자기전력은 고도 에너지로 더욱 상승하게 된다고 본 것이다. 이런 기초 위에서 지구의 모습을 변화시킨 완전히 새로운 유형의 기계장치가 생겨난다. 이미 1870년에 최초의 중대한 교환전류장치가 개발되기 시작한 것이다. 1879년 지멘스는 전기모터의 가장 중요한 응용형태인 전기전철을 베를린에서 최초로 시운전했고, 1880년에는 전기 휠체어를 개발하기까지 한다.

전화의 원리도 한 독일인이 착안한다. 겔른하우젠(Gelnhausen) 출신 교사 필립 라이스(Philipp Reis)가 그랬다. 그가 '텔레폰(Telephon)'이라고 명명한 이 장치는 비록 불규칙한 음색이긴 하나 '송신기'에서 울리는 소리를 들을 수 있게 한다. 그러나 **발화된**(gesprochen) 말의 전달은 아직은 불완전하게 이루어졌다. 이 발명품이 상용화된 것은 1876년 최초로 열린 필라델피아(Philadelphia) 세계박람회에서 전시된 그레이엄 벨[150]이 조립한 '수화기'가 나오고 나서였다. 수화기는 본질적으로 막대자석과 유도 코일과 얇은 철판으로 구성된다. 이 철판은 음파 때문에 진동하게 되며, 이때 막대자석은 진동 파장이 가까울 때 강해지고 진동 파장이 멀 때 약해진다. 이 같은 자력의 변동을 통해 유도 코일에서 교류 전류가 발생한다. 이 교류 전류는 전선을 따라 **수신전화기**(Empfangstelephone)의 유도 코일로 흘러 그곳 철심에서 자력 변화를 일으켜 아날로그 방식으로 바뀐다. 이로써 철판이 끄는 자력과 미는 자력의 동시작용을 통해, 송신전화기의 철판의 경우와 동일

---

[150] Graham Bell(1847~1922): 스코틀랜드 출신 미국의 과학자이자 발명가.

한 진동이 일어나게 된다. 이 진동이 공기를 타고 옮겨가면서 소리를 귀로 들을 수 있게 되는 것이다. 그러나 이런 전이과정을 거치는 동안 음파는 그 운동에너지의 상당 부분을 손실하게 된다. 이 때문에 음파의 강세가 수신국에서 상당히 약화된 상태로 접수되기 마련이다. 하지만 이런 힘의 손실도 2년 뒤 휴스[151]가 고안한 **마이크로폰**(Mikrophon)으로 해결된다. 벨의 장치 덕분에 음향진동이 전류를 **산출한다**(erzeugen). 그런데 이를 위해서는 음향진동이 **이미 현존하는**(bereits vorhanden) 전류를 통해 그 세기가 강해진 주기적인 진동을 일으키는 것만으로도 충분하다. 이런 목표는 마이크로폰에서 두 개의 탄소막대의 가변적인 접촉을 통해 실현된다. 이때 전류의 변화가 탄소 양도체의 저항에서 뚜렷이 느껴진다. 최초의 전화망은 1881년 베를린에서 개통되었다.

백열 가스등의 발명도 한 명의 독일인, 좀 더 정확히 하면 한 명의 오스트리아인 덕분으로 돌릴 수 있다. 그 가스등은 발명가의 이름을 본떠 아우어맨틀(Auerstrumpf)이라고 불린다. 그러나 좀 더 중요한 의미를 갖는 일은 이미 6년 전, 즉 1879년에 에디슨[152]이 구성한 백열등이다. 백열등의 원리는 전류가 흐르는 모든 양도체에는 열이 발생하며, 전류가 오래 흐르면 흐를수록 열이 더 많이 발생한다는 사실에 근거한다. 이 원리에 따라 탄소선에 전기를 통하게 함으로써 열을 가할 수 있다. 열을 받은 탄소선이 공기 중의 산소와 결합하면 곧바로 불이 붙는다. 그러나 이 과정은 탄소선을 공기가 희박한 전구로 폐쇄했을 때 방해를 받았다. 같은 해에 최초의 아크등도 불빛

---

151 D. E. Hughes(1831~1900): 영국의 과학자이자 음악가.
152 Th. Edison(1847~1931): 미국의 발명가이자 사업가.

을 밝혔다. 그 구성의 핵심 요소는 특수한 물질 덩어리로 만든 두 개의 탄소막대, 이른바 심지곤봉(Dochtkolben)으로 이루어져 있다. 이 두 개의 탄소막대가 일정한 거리에 서로 다가서면 화려한 청백색의 불빛이 발생한다. 이것이 곧 전기 발염아크이다. 19세기 중후반은 이중의 의미에서 탄소의 시대라고 할 수 있다. 그도 그럴 것이 수송과 재화생산의 새로운 형태뿐만 아니라 전화 설비와 근대적인 조명도 다름 아니라 탄소의 작품이기 때문이다.

도시 모습의 본질적인 변화 가운데 하나를 일으킨 것도 70년대 초에 벌써 대량생산되기 시작한 자전거이다. 물론 처음의 모양은 사람들에게서 별로 인기를 끌지 못했다. 영국에서는 그 생김새를 빗대 '뼈다귀털털이(Knochenschüttler)'라고 불렀다. 1880년 무렵에는 큼직한 목재 바퀴로 만든 '벨로치페트(Veloziped)'라는 자전거를 이용했다. 그러나 불편하기 짝이 없었다. 1885년 공기타이어와 철사 살을 이용하여 편리한 작은 바퀴를 만들고 나서야 새로운 이동수단의 승리가 확실해진 셈이다.

입체화학   1874년 반트 호프[153]가 입체화학(Stereochemie)을 개발했다. 이미 언급한 바 있지만, 베르첼리우스[154]는 동일한 화학적 성분으로 이루어진 물체들이 전혀 다른 성질을 지닐 수 있는 동분이성체(同分異性體: Isomerie) 현상을 두고, 그것은 자신이 부르는 식으로 하면 이성체(異性體: Metamerie)로서 원소들이 상이하게 층위를 짓고 있기 때문이라는 말로 설명하려 했다. 예컨대 에틸알코올과 목재에테르(Holzäther)는 같은 화합물로 이루어져 있다. 요컨대 둘 다 탄소 원소 2개와

---

[153] J. H. van't Hoff(1852~1911): 네덜란드의 화학자.
[154] J. J. Berzelius(1779~1848): 스위스의 화학자.

수소 원소 6개 및 산소 원소 1개를 함유하고 있다. 그런데 에틸알코올은 2개의 탄소 원소가 직접 결합되어 있는 상태(C-C)이고 목재에 테르는 산소 원소를 매개로 한 상태(C-O-C)다. 이런 가정을 통해 수많은 물질을 두고 그 '구조' 혹은 화학적 구성의 모양을 그려내는 공식을 세울 수 있기에 이른다. 그러나 원소들이 동일하게 결합해도 상이성을 보여주는 수많은 물질이 있다는 사실도 드러난다. 이 같은 현상을 사람들은 이제 원소를 더 이상 한 점으로서가 아니라 3차원의 형태, 즉 물체로서 간주하여 그것에 특정한 형식, 예컨대 탄소 원소에 4면체의 형식을 부여하는 새로운 관찰방식을 통해 이해하려 했다. 이로써 입체화학은 그 공식을 알릴 공간을 확보한 셈이다.

화성운하

1877년 홀[155]이 화성의 위성 두 개, 즉 데이모스(Deimos)와 포보스(Phobos)를 발견했다. 이 위성들은 그 크기가 서로 거의 비슷하고 지구에 가장 근접해 있는 동안만 목격되며, 지름이 8~9km 정도다. 안쪽에 위치한 포보스의 공전주기는 약 7시간 30분이고 바깥쪽 데이모스는 대략 그 네 배에 해당한다. 1년 뒤 문명화된 세계 전체가 화성운하(Marskanäle)의 발견으로 요동쳤다. 이는 밀라노의 천문학자 조반니 스키아파렐리[156] 덕분으로 돌릴 수 있다. 1882년 그는 또 한 번 깜짝 놀랄 현상을 관찰한다. 그것은 곧 운하가 수수께끼처럼 이중으로 되어 있다는 사실이다. 그 자신도 화성의 수로를 자연적으로 생긴 산맥 형태로 이해했으나 놀라울 정도의 그 규칙성 때문에 그럴만한 개연성을 찾을 수 없는 일이었다. 그래서 화성의 표면을 두고서는 한때 지구에서 목격되었던 것과는 전혀 다른 법칙을 가정할

---

[155] Asaph Hall(1829~1907): 미국의 천문학자.
[156] Giovanni Schiaparelli(1835~1910): 이탈리아의 천문학자이자 과학 역사학자.

수밖에 없는 노릇이었다. 그리고 역시 당시 천문학자들이 제시한 설명, 즉 이중 운하는 빛의 이중 굴절이 빚어낸 광학적 착각이라는 설명도 억지처럼 들린다. 카미유 플라마리옹[157]의 가설이 훨씬 더 설득력이 있다. 말하자면 화성에는 비라고는 거의 오지 않으며, 남쪽에 별로 깊지 않은 단 하나의 바다가 있다는 것이다. 그래서 화성은 물 부족으로 어려움을 겪는다는 식이다. 여기서 플라마리옹은 육지 표면 위로 뻗어 있는 직선의 거대한 수로는 지능 생물이 여름에 얼음이 녹을 때 극의 꼭지에서 물을 끌어들일 목적으로 파놓은 것이라고 가정한다. 운하가 이중으로 보이는 인상은 매년 물이 급물살을 타고 흐를 때 수로의 가장자리에 울창한 숲이 형성된 데서 비롯되었다는 것이다. 그러나 이런 해석도 늘 지나칠 정도로 인간 형태화[158]하는 꼴이다. 이 형태화는 화성의 주민들이 체격 · 신체물질 · 감각기관에서 우리와 유사한 점이라고는 전혀 없고, 그래서 자신들이 만족하려면 우리와는 전혀 다른 생필품과 전혀 다른 도구를 갖추었을 것이라는 가정을 할 수 없게 만든다. 어쩌면 그들은 세계를 전자적 감각을 통해 계획할지도 모르고, 또 어쩌면 빛을 영양으로 섭취할지도 모른다. 어쩌면 그들은 가스(Gas)로 구성되어 있을지도 모르는 일이다. 화성에는 공기가 빈약하고 우리보다 물이 많이 모자라므로 생물이 없을 것이라고 말하는 수많은 연구자의 가정은 비난받기 좋을 만큼 촌티 나는 시각에서 흘러나온 것이다. 아마도 우리는 화성운하의 의미를 전혀 이해하지 못할지도 모른다. 그러나 그 실존에 대해선 전혀 의심할 여지가 없다. 퍼시벌 로웰[159]은 화성

---

[157] Camille Flammarion(1842~1925): 프랑스의 천문학자 겸 작가.
[158] Anthropomorphismus: 의인화, 의인관, 신인동형론이라고도 함.
[159] Percival Lowell(1855~1916): 미국의 천문학자.

운하의 사진을 찍기까지 했다.

텔레타이프와 전화기, 증기수레와 자전거, 사진과 아크, 그리고
실용적인 자연과학의 여타 성과가 없었더라면 인상주의의 생성과
발전을 제대로 생각할 수 없을 것이다. 이때 자명한 것은 새로운
발명이 새로운 회화의 계기였다는 것이 아니라 오히려 이 두 가지
현상이 새로운 시선을 갖는 데 두 가지 상이한, 그러나 서로 내밀한
연관 작용을 일으켰다는 점이다. 인상주의의 시작은 바로크 시대로
거슬러 올라간다. 당시는 르네상스 예술에 대해 의식적으로 뚜렷이
반대하면서 명확한 윤곽에 맞서 전쟁을 선포하는 '분위기'를 엮어
냈던 규정지을 수 없는 아우라(Aura)의 시대였다. 그 같은 아우라는
대상들을 베일로 감싸고 붓의 언어를 이른바 불명료하게 드러나게
했다. 그러나 바로 이로써 붓의 언어에 신비스러운 암시적인 매력과
고상한 자연성을 부여한 것이다. 바로크 양식은 단지 윤곽을 흐리게
만 했을 뿐 완전히 사라지게 한 것은 아니라는 점에 대해선 이미
지적한 바 있다. 빛이 아직은 자립적인 생명을 구현하진 못하고 여
전히 대상과 늘 결부되어 있었다. 말하자면 빛은 반짝이는 원뿔형의
별빛이자 채광용 빛으로서 대상의 주변을 맴돈 셈이다. 인상주의의
새로운 맹아는 로코코 양식에서 목격된다. 그것은 희박하고 묽은
혼합된 색채를 선호하고 중국풍과 외광을 애호하는 태도, 그리고
점묘파와 분석파의 경향을 곁들인 '질풍노도'에서도 볼 수 있다. 그
러나 이 두 화파의 발전은 갑자기 밀고 들어온 의고전주의에 의해
차단되고 만다. 19세기 초 인상주의는 거의 완전히 예감된 듯 고
야[160]의 경우에는 실천적인 형태로, 룽게[161]의 경우 이론적인 형태

---

[160] F. H. de Goya(1746~1828): 스페인의 화가이자 판화가.

로 비친다. 그러나 대개 새로운 화풍의 원조로는 1776년에서 1837
년까지 살았던 존 컨스터블[162]을 꼽는다. 그는 공기가 무색이 아니
라는 것, 그리고 완전히 투명하지도 않을뿐더러 오히려 마음먹으면
그려낼 수 있는 실제의 물질이라는 사실을 이미 간파했다. 그는 하
늘을 팔레트에 풀려 번지는 물감처럼 분광의 모든 색조로 반짝이는
모양 그대로 그렸고, 번개를 풍경 위로 현란한 레이저빔을 쏘는 듯
그렸다. 화가란 자연 앞에서 형상이 있다는 사실을 잊어야 한다고
그는 말한다. 그리고 또 한 번은 화가에게 회화와 감성은 동일한
사물에 대한 두 가지 말일 뿐이라고 표현한다. 사실 이 문장에는
인상주의의 완전한 프로그램이 담겨 있는 셈이다. 컨스터블보다 한
살 위면서 1851년까지 살았던 윌리엄 터너[163]는 더 멀리까지 나아간
다. 그는 눈에 보이는 세계를 색채의 불빛이 번쩍이는 욕조와 새로
운 색조를 내뿜는 불덩이 속에 담았다. 그는 물길에 휩싸인 증기선,
납빛을 발산하는 안개, 화재 광경과 눈 속에 잠긴 탑을 그렸으며,
「험한 날씨 속의 일출(Sonnenaufgang im Unwetter)」과 「전투중인 테메레
르 전함(Der kämpfende Téméraire)」과 같이 빛을 이중으로 처리해야 하는
문제에도 도전하고, 증기선과 기관차가 부라린 눈으로 작열하는 불
빛을 토해내고 입으로는 뻐끔뻐끔 연기를 내뿜으며 눅눅한 안개를
쏜살같이 뚫고 나가는 늠름한 광경까지 이미 보여주고 있었다. 이
그림의 제목은 「비, 연무, 그리고 속도(Regen, Rauch und Schnelligkeit)」다.
사실 이 세 가지 현상은 지금까지 그릴 수 없는 것으로 취급되어온
것인데, 바로 이 그림은 이 현상들로만 구성됐던 것이다. 이와 비슷

---

[161] P. O. Runge(1777~1810): 독일의 낭만파 화가.
[162] John Constable(1776~1837): 영국의 풍경화가.
[163] William Turner(1775~1851): 19세기 영국의 대표적인 풍경화가의 한 사람.

한 또 다른 그림으로는 「여명 속의 베네치아(Venedig in der Dämmerung)」
가 있다. 그리고 실제로 그는 여명만을 그린다. 그의 동시대인들이
그를 이해하지 못한 것도 놀랄 일이 아니다. 사람들은 그가 눈병에
걸렸다고 말한다.

대략 1830년 무렵부터 퐁텐블로(Fontainebleau) 숲 근처 마을 바르비
종(Barbizon)에서 카미유 코로[164]와 테오도르 루소[165]가 이끌었던 젊은
예술가 그룹이 그림을 그렸다. 이들의 힘은 '**친밀한 풍경**(le paysage
intime)'에 있었다. 루소는 나무 그림의 대가이지만, 그 골격만을 포착
하여 그렸기 때문에 그 색조는 강하고 어둡다. 그래서 무터[166]는 그
를 푸생[167]과 비교하기도 한다. 코로는 떨리는 듯 흐릿한 빛, 이를테
면 물, 안개, 회색빛 하늘, 새벽 연무, 황혼이 빚어내는 빛에 대해
이미 알고 있다. 이들 둘은 아직 실제 인상주의자는 아니고 단지
그림에 면사포처럼 비쳐 보이는 색을 덧칠한 '톤의 화가들(Tonmaler)'
이다. 바르비종파는 전대미문의 일로써 그들의 그림을 먼저 야외에
서 1차로 그린 다음 아틀리에에서는 마무리 작업만을 했다. 자연을
관찰한 다음 마지막에 붓으로 터치해서 그린 최초의 화가는 샤를
프랑수아 도비니[168]였다. 특히 그는 계절의 정취를 아주 섬세하게
포착할 줄 알았다. 바르비종파에서 인상주의적인 특징은 무엇보다

---

[164] Camille Corot(1796~1875): 프랑스의 풍경화가.
[165] Théodore Rousseau(1812~1867): 카미유 코로 등과 함께 바르비종파를 형성
한 프랑스의 풍경화가.
[166] R. Muther(1860~1909): 독일의 비평가이자 예술사학자.
[167] N. Poussin(1594~1665): 프랑스의 화가. 프랑스 근대회화의 시조로 통하기
도 함.
[168] Charles François Daubigny(1817~1878): 프랑스의 풍경화가. 19세기의 바르
비종(Barbizon) 마을을 배경으로 풍경화를 그린 유파를 두고 바르비종파라
고 부르기도 함.

(그리고 실제로 오직) 그 강하고도 섬세한 자연감각에서 찾을 수 있다. 1849년 장 프랑수아 밀레가 이 화파에 합류했다. 그는 '**농지의 소리**(le cri de la terre)'를 그렸다. 요컨대 갈색의 농지와 거기서 자라나는 식물을 그렸으며, 이때 특히 특색적인 일로는 농부를 그린 점이다. 그는 농부를 처음으로 도시의 시각에서가 아니라 그의 고유한 생활환경에 근거해서 그린다. 농부는 감성적이지도 않고 일화성도 없어서 사회적으로 고발할 것도 없고 그저 자연사적일 뿐이며, 그가 어떤 사람일까 하는 것쯤은 알고자만 한다면 얼마든지 형이상학적으로 확언할 수 있을 정도다. 그러나 그는 농부를 원초적 존재와 시간을 넘어서 있는 종으로, 인류의 위대한 범주 가운데 하나로, 말하자면 두더지가 땅의 무덤으로 형성된 유기체이고 물고기가 수중의 나그네로 형성된 유기체이듯, 이른바 땅의 작품으로 형성된 유기체로 그려냈다. 그는 늘 그렇게 양식화했으며, 그래서 그는 단적으로 말해 화가 그 이상의 조각가였던 셈이다.

전(前)인상주의자(Vorimpressionisten) 가운데 가장 강렬한 인물은 구스타프 쿠르베[169]였다. 1855년 그의 그림들을 두고 파리 세계박람회가 전시를 거절했을 때, 그는 〈**리얼리즘. G. 쿠르베**〉라는 간판을 내건 가건물을 설치했다. 그의 구호는 이랬다. "**빈민가의 예술을 찾아주세요!**(il faut encanailler l'art!)" 그는 대담하고 양보를 모르지만, 광신적인 우상 파괴자이기도 했다. 이는 말 그대로 사실로 받아들일 수 있다. 그도 그럴 것이 파리 **코뮌**(Pariser Commune) 기간에 그는 방돔[170]의 입상을 파괴하는 일에 가담했기 때문이다. 이 사건으로 나중에

---

[169] Gustave Courbet(1819~1877): 프랑스의 화가.
[170] L. J. de Vendôme(1654~1712): 프랑스 루이 14세 시대의 군인. 스페인 계승 전쟁에서 활약한 장군.

그는 손해배상 소송에 걸려 엄청난 어려움을 겪었다. 그런데 그를 이끌어간 것은 정치적 급진주의보다 예술적 동기였을 개연성이 더 큰 것은 사실이다. 그가 조형물을 유감으로 생각하지는 않은 것은 공공연한 일이다. 그는 특히 독일 자연주의에 지대한 영향을 미쳤다. 이 같은 맥락에서는 여전히 멘첼[171]도 거명할 수 있을 법하다. 멘첼은 그의 유명한 역사 풍경화 외에도 정원과 군중 무리를 이미 외광파[172]의 양식으로 그리고 있었다. 이 양식을 관장하는 것은 고상한 냉정함과 사실에 대한 애정, 재치 있지만 요란하지 않은 정신의 예리함과 만족할 줄 모르는 천재적인 부지런함이다. 항상 그가 다시 프리드리히 2세 시대로 이끌리고 있다고 느낀 데에는 좀 더 심층적인 이유가 있었다. 요컨대 멘첼의 화법 일체가 프로이센의 로코코에서 연원하기 때문이다. 그의 「짐나즈 극장(Théâtre Gymnase)」과 「압연 공장(Eisenwalzwerk)」은 이미 본격 인상주의(Vollimpressionismus)의 고도에 올라선 셈이었다.

인상주의란 무엇인가?

이 같은 인상주의에는 1867년에 열린 제2차 파리 세계박람회에서 다양한 부류에 널리 알려지게 된 일본 회화가 의미 없지 않다. **일본풍**(*japonisme*)이 유행한 것이다. 무엇보다 일본풍에서 배운 것은 의도적으로 단편만을 형상화하는 생략 기법이었다. 이를 통해 전체를 훨씬 더 암시적으로 예감할 수 있게 했다. 그 기법은 대상에 도해와 암호, 속기사의 기호 같은 것만을 부여한다. 요컨대 대상 가운데서 정취를 물씬 풍기는 핵심, 영양가 높은 원액, 말하자면 현실의 요점만을 드러내는 것이다. 이 그룹의 명칭은 처음에는 놀림감으로

---

[171] A. von Menzel(1815~1905): 독일의 화가이자 판화가.

[172] Freilichtstil: 外光派. 햇빛에 비친 자연의 색채를 묘사하고자 옥외에서 활동한 화파를 지칭함. 인상파도 여기에 포함됨.

붙여진 것이며, 나중에 가서야 명예로운 이름으로 승격되는 모양새를 취했다. 이는 고답파와 나자렛파, 고이센[173]과 퀘이커 교단의 경우와 유사한 것이다. 이렇듯 그 명칭은 모네[174]가 1874년 그림 한 점을 두고 단순히 '**인상**(*Impression*)'이라고 부름으로써 생겨났다. 웃겨 죽을 노릇이다. 말하자면 그 그림은 한갓 '인상' 이외 아무것도 전해주는 것이 없었던 셈이다. 어떤 일화를 말해주는 것도 아니고, 역사수업을 들려주는 것도 아니며, 어떤 사상을 전파하는 것도 아니었으니, 한마디로 아무 의미 없는 일 아닌가? 그렇다. 이 새로운 바보들은 실제로 그렇게 생각했다. 그러나 지금은 당장 다음과 같이 물어볼 수 있다. '인상'은 가장 객관적인 것인가 아니면 가장 주관적인 것인가? 가장 관습적인 것인가 아니면 가장 자율적인 것인가? 가장 실재적인 것인가 아니면 가장 관념적인 것인가? 이는 분명 아무리 해도 결정지을 수 없는 문제이다. 그 문제를 어떻게 결정하는가 하는 것은 세계관의 문제이기 때문이다. 우선 현상학적으로 답할 수가 있다. 요컨대 인간의 눈과 두뇌가 있듯이 수많은 인상도 있기 마련이고, 각 인상은 그것을 포착한 사람에게만 유효할 따름이다. 실증주의적으로 답변할 수도 있겠다. 이 경우 왜곡되지 않고 그려내는 적나라한 지각이라면 그것은 현실의 정확한 기록일 터이고, 모든 이에게 구속력 있는 진실을 말하는 자연과학의 일부일 수 있다. 낭만주의적으로 해석할 수도 있다. 이때는 예술가의 인상이란 세계에 관한 그의 개성적인 노래인 셈이다. 자연주의적으로 해석도 가능하다. 이 경우 바로 예술가의 성실한 징후 기록은 가장 충실한 현존

---

[173] Geusen: 16세기 네덜란드 독립 전쟁 때, 스페인 국왕 펠리페 2세에 대항하여 싸우던 네덜란드의 신교도 및 그 동맹의 명칭을 말함.
[174] Claude Monet(1840~1926): 프랑스의 화가. 인상주의의 선구자로 통함.

재의 반영이 된다. 그리고 인상에 집단주의적인 요지를 부여할 수도 있다. 이때 인상주의는 유(類)의 의지를 전달하는 '사회적' 예술, 즉 모두에게 공통적인 것으로서 위대한 인류의 관습을 의미한다. 그러나 그 반대로 말할 수도 있다. 요컨대 인상은 극도의 개인주의(Individualismus)를 의미하고, 자신의 시선을 법칙으로 고양시키는 천재적인 자아의 활동일 뿐이다. 가장 간단한 공식으로 간추리면, 이렇게 물을 수 있을 것 같다. 즉, 예술가의 그림은 **봄**(Sicht)일까 아니면 **보임**(Gesicht)일까? 전망(Vista)일까 아니면 환영(Vision)일까?

페터 알텐베르크[175]는 자신의 처녀작 『내가 보는 대로(*Wie ich es sehe*)』라는 책의 제목에서 '나'에 강조점을 둠으로써 적잖은 분노를 사곤 한다. 그가 **스스로**(sich) 모사하려는 것은 특별하거나 고유한 것이 아니라 사물이다. 그는 그 사물을 본 대로가 아니라 **그가 보려 한 대로**(wie er sie sah) 옮겨 놓으려 한다. 그의 책은 단순히 이른바 망막의 피사체를 담은 것이다. 그가 그려내고 싶었던 것은 바로 이 광학적인 현실 이외 다른 무엇도 아니었다. 인상주의의 초기 세대의 화가들도 이런 식으로 생각했을 것이라는 점은 의심의 여지가 없다. 그들은 무엇보다 순수한 표정을 재현하려고 애썼다. 주로 이런 까닭에 그들은 외광파 화가가 된 것이다. 그도 그럴 것이 실내조명은 왜곡시키고 조작이 가능하기 때문이다. 그들은 자신들의 눈을 체계적으로 민감한 광도 뉘앙스의 차이에 적응시키고, 빛의 인상들을 좀 더 끈기 있고 지구력 있게 받아들일뿐더러 그 인상들을 좀 더 오래 중지시켜놓을 수 있게 하는 일종의 건판으로 삼으려고 애를 썼다. 이 과정에서 '**가시적인 미세한 것들**(*des riens visibles*)'이 실제로 그들 앞에

---

[175] Peter Altenberg(1859~1919): 오스트리아의 작가이자 시인.

현시한다. 이는 프랑스의 어떤 천문학자가 일주일간 빛을 발산한 끝에서야 겨우 자신의 실존을 천체사진 작가에게 알리는 그런 별의 이름을 지을 때 아득히 먼 곳에서 온 별이라고 할 때와 유사하다. 이런 식으로 그들은 '**소중한 것들**(valeurs)'로 규정한 것을 발굴했다. 이 세계에서는 모든 빛이 자신의 역사가 있으며, 그늘도 색채의 운명에 가담하며 태양이 군림하면서, '취향이 넘치지만' 둔탁한 화랑의 붓과는 전혀 다르게 부드러우면서도 냉정하게 모형을 잡아내고 색조를 풍긴다. 그들은 풍경을 '가져다 세운' 것이 아니라 그들이 만나는 형태 그대로 화포(畫布)에 투영한 인물들이다. 그들이 투영한 것은 자신의 법칙을 자체에 지니고 있는 신비로 가득 찬 자연의 일부이다. 그들은 틀에서 스스로를 해방시켰으며, '중첩(Überschneidung)' 앞에서 주눅 들지 않고서 언제나 진리를 위해 미를 기꺼이 희생할 각오가 되어 있었다. 그런데 바로 이를 통해 그들은 새로운 미를 발굴한 셈이다. 그들은 회화를 통해 레스토랑과 카페, 극장과 버라이어티쇼 무대, 역과 운하, 시장과 경마장, 무도회 홀과 기계 전시 홀을 겸비한 마법의 세계와 같은 대도시를 정복했다. 이 세계는 아무래도 채울 수 없는 욕망의 운동으로 가득 찬 수백의 촉수에 현란한 빛을 발산하는 해파리와 같은 모습을 취하고 있다. 이 대도시와 꼭 마찬가지로 이때의 그림은 강요하는 리듬과 폭압적인 숨결을 지니고 있지만 조화와 영혼은 담고 있지 못하다. 인상주의의 이 같은 국면은 그 선창자, 즉 색깔을 더 이상 팔레트 위에서 섞는 것이 아니라 '콤마(Kommata)'로 나열하듯 차례차례 화포 위에 얹어놓는 천재적인 창의력을 발휘한 클로드 모네와 자신의 모든 작품의 성격을 다음과 같은 경이로운 발언으로 장식하는 에두아르 마네[176]에게서 절정에 이른다. "진정한 것은 단 하나뿐, 자신이 본 것을 곧바로 그리는 일이다. 잘 그려지면 좋고, 잘 그려지지 않으면 다시 그리면 된다. 나머지는 다 쓸데없는 짓이다." 모네의 작품에서는 모든 것이 반사로 용해된다. 그는 빛 운동의 탁월한 화가였다. 반면에 마네를 두고서는, 전혀 모순투성이로 들리지 않는다고 한다면, 인상주의의 고전으로 부를 수 있다. 그도 그럴 것이 그는 어디서든 모든 현상의 플라톤적 이데아에 주문을 걸어 그것을 가시화의 영역으로 끌어들이는 결정적 공식을 제시하려 하기 때문이다. 이들 두 사람 사이에 에드가르 드가[177]가 서 있다. 그는 색의 불협화를 추구한 빼어난 명장이자 전등이 야기한 새로운 회화의 문제를 기발하게 극복한 화가이다. 이들과 함께 회화는 색채의 심포니 이외 아무것도 아니고자 하는 절대적 회화의 시대를 열려는 움직임이 이미 선보이기 시작한다. 그 대표자는 미국에서 태어난 아일랜드인 휘슬러[178]다. 그는 작가로서도 매혹적일 정도로 여러 방면에서 다채로운 재능을 발휘했으며, 기괴하고 혁명적이면서도 대단히 영민한 예술방식을 통해 와일드[179]와 쇼[180]와 같이 존경받는 인물들과 동향인임을 입증해 보였다. 그의 그림 제목들, 이를테면 「멜로디의 체계(Melodiensystem)」, 「검은색과 회색의 하모니(Harmonie in Schwarz und Grau)」, 「푸른색과 분홍색의 배열(Arrangement in Blau und Rosa)」, 「갈색과 금색의 판타지(Phantasie in

---

[176] Edouard Manet(1832~1883): 프랑스의 화가. 인상주의의 아버지로 불리기도 함.

[177] Edgar Degas(1834~1917): 프랑스 인상주의 화가.

[178] M. N. Whistler(1834~1903): 미국의 화가.

[179] O. Wilde(1854~1900): 아일랜드의 민족주의자로서 극작가·시인·소설가. 대표적인 희곡으로서는 『진지함의 중요성』(1895)이 있다.

[180] B. Shaw(1856~1950): 아일랜드 희극작가·문학비평가. 사회 비판적인 풍자극을 많이 썼음.

Braun und Gold)」, 「푸른색과 은색의 야상곡(Nocturno in Blau und Silber)」 등은
그의 경향을 이미 암시해 준다.

노동자　가까이서 살펴보면 인상주의는 프랑스 감각주의와 그리고 이의
반대 측면, 즉 데카르트적 합리주의의 또 다른 승리인 셈이다. 인상
주의는 데카르트가 철학사상에 요구한 것과 정확히 동일한 것을 극
도로 노련하게 요구했던 것이다. 주어진 현실을 그 요소들로, 객체
를 그 최종성분으로 분해했다가는 다시 '정확한' 방식으로 조합했
다. 말하자면 분석하고 구성하는 것이다. 이 두 가지 일은 기계적인
활동이다. 데카르트의 경우와 마찬가지로 이 같은 활동을 작동하게
하는 면밀함과 정확, 역동과 충만은 하나의 정신적 과정의 반열에까
지 오른다. 동시에 인상주의에서 승승장구한 것은 '**노동자**(ouvrier)'의
새로운 이상인데, 그 재능의 절반을 이루는 것은 그의 노동이 발휘
하는 깜짝 놀랄 정확성과 집요함이다. 이는 이미 발자크[181]와 플로
베르[182]가 모범적으로 선보인 바 있다. 이로써 인상주의는 산업과
기술 시대의 합법적인 자식임을 입증한 셈이다. 졸라[183]는 90년대에
행한 〈청년에게 고함(Rede an die Jugend)〉이라는 한 연설에서 이렇게 말
한다. "나는 단 하나의 신앙만을 갖고 있습니다. 그것은 힘, 곧 노동

---

[181] H. de Balzac(1799~1850): 프랑스의 대표적인 리얼리즘 작가. 『인간희극(La
Comédie humaine)』이라는 대작으로 유명함.

[182] G. Flaubert(1821~1880): 프랑스의 소설가. 적확하고 치밀한 표현으로 프랑
스 사실주의 문학의 창시자로 통함. 동의어는 존재하지 않으며 어떤 사물이
나 현상을 정확히 표현하는 말은 오직 하나밖에 없다고 봄. 대표작으로 당대
부르주아 계층의 생활을 사실주의적으로 묘사한 『보바리 부인』이 유명함.

[183] E. F. Zola(1840~1093): 프랑스의 소설가·비평가. 유대인 출신 장교 드레퓌
스가 인종차별에 따른 간첩혐의를 받고 유죄선고를 받았을 때 그의 무죄를
증명하기 위해 백방으로 노력한 이른바 '드레퓌스 사건'에서 지식인의 현실
참여의 모범을 보였다.

을 말합니다. 내게 부과된 어마어마한 그 일거리만이 나를 붙잡아 주고 있습니다. (…) 내가 여러분에게 말하고 있는 노동이란 규칙적인 일이자 학습이고, 내가 걸머진 하나의 의무이며, 그것은 단 한 걸음이라 할지라도 내 작업에서 매일 전진하기 위해서 해야 하는 (…) 바로 일이랍니다! 여러분, 일이 세상의 유일한 법칙을 이룬다는 사실을 유념하시기 바랍니다. 인생은 이외 다른 목적과 다른 실존적 근거가 없습니다. 우리는 모두 우리에게 할당된 노동의 몫을 채운 다음 사라지려고 여기 왔을 따름입니다." 즉 지구는 거대한 공장이고 영혼은 증기터빈이라는 것이다. 에너지 보존의 원리는 마지막 남은 영역인 예술마저도 이제 점령한 꼴이다.

　흔히 인상주의와 사진술은 서로 관계가 있다고 말한다. 그러나 이는 아주 피상적인 이야기일 뿐이다. 인상주의는 자연주의적 성분과만 관계할 뿐이다. 자연주의적 성분은 실제로 인상주의에 있어 본질적 요소가 된다. 그러나 자연주의의 경우 사진의 발명이 꼭 필요한 것은 아니다. 고대 이집트 제국의 초상화는 꼭 실물 크기였으며, 헬레니즘 시대에는 정확히 80년대와 마찬가지로 격분한 시민들이 '음담예술(Schmutzkunst)'로 고발한 리얼리스틱한 화풍이 있었다. 좀 더 밀접한 관계는 인상주의와 **스냅**사진술(Momentphotograpie) 사이에만 존재한다. 공통점은 둘 다, 시간의 미세한 절연, 단편적인 순간 포착, 생략법을 어떤 의미에서 보면 **가짜**(falsch)인 현실에 적용하는 일에 있다. 이는 왜 스냅사진들이 거의 닮은 것이 없게 되는지에 대한 이유가 되기도 한다. 인상주의와 발전기(Dynamomaschine) 사이에는 훨씬 더 많은 친화성이 있다. 발전기는 극히 미세한 활동이 집합됨으로써 강력한 효과를 발휘하게 된다. 인상주의도 이와 꼭 유사한 효과를 낸다. 곧 그것은 전기역학의 교류 방식대로 계속 "간헐적으로 중단되지만" 바로 이를 통해 지속적인, 그러나 점점 더 강해지는 유도 작용이 일어난다. 그런데 백열등과 아크등을 두고 말하자면 나는 그것들이 인상주의의 원인이 아니라 결과라고 어쨌든 주장하고 싶은 것이다. 새로운 회화가 백열과 빛의 번쩍이는 광택 외투를 세계에 입힘으로써 인류는 이제 가스와 석유 불빛으로는 더 이상 간단히 견딜 수 없게 된 지경에 이르렀다.

예술가들이 인상주의자들처럼 그토록 열을 받으면서 거의 절망한 채 그들의 새로운 복음을 위해 이처럼 싸워야만 했던 때도 거의 없었다. 자신들이 그린 그림이라고는 팔 재간이 없었다. 모든 그림이 공공 전시장에서 전시되는 일이 거절당했기 때문이다. 게다가 속물의 둔감보다 확실히 더 위험한 적으로서 아군 진영에 **가짜** 인상주의가 생겨난 것이다. 이에 대해 쇼는 절묘하게 말한다. "잘 소묘하고 잘 그리는 일은 특별히 어렵지만 그림처럼 뭔가 암시하는 듯이 종이나 화포 위에 마구잡이로 갈겨대는 것은 특별히 쉽다. 이런 식으로 수많은 잡동사니가 생산되고 전시되어 참고 봐줘야 했던 한 때가 있었다. 그때는 사람들이 아닐린 색조를 띤 엉터리 그림과 모네의 풍경을 구분할 줄 몰랐다. 그들은 엉터리 그림을 모네 작품만큼 훌륭한 것으로 여긴 것이 아니라 모네의 작품을 엉터리 그림처럼 우스꽝스러운 것으로 취급한 것이다. 그런데 그들은 사실을 말하기를 두려워했다. 왜냐하면 훌륭한 평가자들은 모네를 우스꽝스럽게 생각하지 않는다는 사실을 그들이 알았기 때문이다. 그러나 이런 단순한 기만자들 옆에는 스스로 기발하다고 생각했기에 기발한 그림들을 창조한 아주 성실한 수많은 화가가 있었다. (…) 인상주의자 가운데 재능이 가장 특출했던 몇몇은 채색 비율이 제대로 된 것이 어떤 것인지 자신들이 평가할 수 있는 그런 규정된 형식이 있다고는 생각하지 않았다. 그리고 예술에는 상당수의 모방이 있기 때문에 당장 우리는 젊은 화가들을 두고, 그들이 좋아하는 대가의 그림이 어떻게 비쳤고 그들이 본 것은 무엇인지까지를 포함해서 눈꺼풀을 반쯤 아래로 내리깔고 그들의 풍경과 모델을 한참 살피는, 완전히 세밀한 눈으로 그들을 살필 수밖에 없는 노릇이다." 사기꾼들과 모방자들의 경우에서만 아니라 사실 인상주의도 윤곽의 자기해체에서는 멀리까지 나아간 셈이었다. 형식도 가시적인 세계의 한 구성성분이기 때문에 형식이 (모두가 아니라) 일부 인상주의자들에게 본능적으로 혹은 고의적으로 무시되었다. 그 결과 그들의 작품이 한편으로는 동시대인들에게 대체로 이해되지 못하게 되었는가 하면, 다른 한편으로는 시대와 관련된 연구자들의 대규모 실험이 그렇듯 이후의 관찰자들에게 영향을 미쳤다. 가장 심층적인 의의와 최고도의 의미에서 인상주의는 그 자체로 '역사적'이다. 그것은 대규모로 죽어가고 있는 세계감정에 대한 가장 긴장된 표현이며 유럽 정신의 위기 역사에서 최근에 일어난 거대한 단계라고 볼 수 있다. 인상주의에서 나르시시즘적인 대도시 무신론과 근대의 비도덕적인 자연범신론이 정점을 이룬다. 인상주의는 색채로 형성된 반기독교도인 셈이다.

이탈리아 인상주의의 기초를 놓은 사람은 공쿠르 형제[184]이다. 이들은 플로베르의 작품을 완성시켰다. 그들은 취향의 세련미와 정확성 및 민감성에서는 그를 능가하기까지 했지만 플로베르가 지닌 광

공쿠르 형제

---

[184] 프랑스의 작가이자 평론가인 에드몽 드 공쿠르(Edmond de Goncourt: 1822~1896)와 동생 쥘 드 공쿠르(Jules de Goncourt: 1830~1870)를 지칭함. 이들 형제가 함께 쓴 『공쿠르의 일기』(전9권)는 19세기 후반의 풍속을 담고 있어서 귀중한 자료로 쓰임. 일기문학의 걸작으로 통용됨. '공쿠르 상'은 이들의 이름에서 유래함.

기 어린 정복자의 의지 같은 것은 부족했다. 이들이 그와 맺는 관계는 알렉산더 대왕의 후계자들이 알렉산더와 맺는 관계와 같다. 그들은 대단히 섬세하면서도 여유 만만한 색채혼합과 해박한 지식에 근거한 예술적 계산으로 각 행과 각 호를 만들어내는 언어의 '**예술적 문체**(*écriture artiste*)'를 창조했다. 그들은 플로베르의 '**엄밀함**(*exactitude*)'을 끝까지 완성시켰다. 고통스러울 정도로 성실한 수집가이자 분류가로서, 그리고 인간의 정신적 활동의 기록자로서 오로지 '**인간의 기록**(*documents humains*)'의 과학만을 지지했다. 그들은 자신들의 스승보다 훨씬 더 높은 수준에서 심리학을 병리학으로, 소설을 임상연구소로 만들었다. 그들의 책은 인간의 맥박과 혈압의 미미한 움직임과 인간 환경의 땅과 공기압의 미세한 운동을 가장 확실히 느낄 수 있는 기술을 내용으로 삼은 값비싼 기적 같은 작품들이다. 말하자면 그것은 그들 시대의 이상적인 맥동기록기이자 지진계인 셈이다.

졸라   이 같은 경향이 문학에서 가장 강력한 힘을 얻는 것은 졸라를 통해서다. 졸라는 동시대 회화로부터 '점찍기'와 외광의 테크닉을 전수받았으며, 대도시 환경과 인공불빛, 사회적 환경과 인생의 '어두운 면', 특수 촬영과 집단 장면에 대한 편애를 물려받았다. 반면에 그의 글은 음악성의 결핍 때문에 그 시대 회화와는 구분되었다. 그의 표현대로 하면, 관상학자마다 그를 두고 저명한 변호사로 평가할 수밖에 없는 노릇이었다고 한다. 사실 그렇기는 하다. 법률적 사건들에 대해 재치 있고도 가차 없이 파고드는 투시력을 겸비했던 것이다. 그는 자신이 처분할 수 있는 자료만도 어마어마할 정도로 수집했으며, 뜨거울 뿐만 아니라 얼음처럼 차갑게 변론할 줄도 알았다. 예술에 대해 내린 그의 유명한 정의, 즉 "**기질을 통해 본 성격**(*la nature vue à travers un tempérament*)"에서 그는 그의 고유한 실천 방식에 따라 단호히 '**본 성격**'에 강세를 두었다. 그가 염두에 둔 이상은 오해의 여지라고는 없이 자아를 가능한 한 배제하는 일이다. 이는 자연 연구자라면 으레 생각하는 일일 것이다. 이를 그는 삶의 현상을 시험관과 증류기에 담아 자신의 시약으로 시험하게 될 일종의 실험실 재료처럼 다루는 '실험소설(Experimenalroman)'을 통해 성취하려 한다. 『루공 마카르(Les Rougon-Macquart)』의 서문에서 그는 이렇게 말한다. "나는 사회 내부 제도 가운데서 작은 한 그룹인 가족이 어떻게 발전하고, 얼핏 보면 전혀 닮지 않은 것처럼 보이지만 좀 더 가까이서 살펴보면 친척임이 드러나는 10~20여 명의 개인을 한 가족이 어떻게 낳게 되는지 그 과정에 대해 설명하고자 한다. 유전은 중력과 같은 법칙을 지니는 법이다." 이는 말 그대로 앞 장에서 인용한 바 있는 텐[185]의 강령의 명제와 거의 부합한다. 이에 따르면 사회학은 생물학이 되고, '가족'은 동물학적 범주가 되며, 다윈주의는 현자의 시금석이 된다. 정신병학으로 넘어가기 쉬운 모든 순수 분석학적 심리학이 지닌 위험성 앞에서 졸라는 공쿠르 형제만큼 잘 무장되어 있지는 못한 형편이다. 공쿠르 형제가 자신들의 체계의 궁극적 결과를 피해갈 수 있었던 것은 자연주의 이전 시대의 문예애호가적인 문화와 여전히 잠재적인 관계를 맺고 있었던 덕분이다. 그들이 보인 여성적인 정취와 고집스러운 몰입, 퇴폐적인 섬세함은 앙시앵 레짐을 가리키는 것이다.

그런데 졸라조차도 일종의 유심론자라는 점은 이미 모든 사람이 받아들이고 있는 사실이다. 놀라운 열정과 적확함을 갖고서 그는

---

[185] H. Taine(1828~1893): 프랑스 역사가이자 비평가. 그는 『영국문학사』(1864)에서 인종·환경·시대를 문학을 구성하는 본질적인 3요소로 제시할 만큼 문학에 깊은 조예를 갖고 있었다.

우선 집단정신 속에서 작동하는 사회와 스스로를 허약하게 만드는 그 정신의 인공적인 거대한 창조물 속에서 움직이는 사회를 그려냄으로써, 증권가와 공장, 상설시장과 백화점, 광산과 철도, 선술집과 사창가 등이 그의 손에서는 막강한 상징물, 요컨대 생물이 되는 모양새를 취한다. 이는 그가 자신의 소설을 두고 할 때와 같은 말로서 '문서'와 '앙케트'로 표현된 거대서사의 흔적이고 동시에 낭만주의와 프랑스적 파토스, 거대 오페라와 빅토르 위고의 유물이기도 하다. 이런 식으로 그의 고유하고도 은밀한 신화학을 통해 그의 자연주의가 불합리한 형태로 연출된다. 그러나 신적인 모든 요소를 경멸하고 대중과 기계를 숭배하는 데서 근대 사교(邪敎: Paganismus)의 정점을 보여준다. 그는 기독교의 4복음서에 맞서 자기 자신의 4복음서, 즉 "**풍요**(Fécondité) · **노동**(Traivail) · **진리**(Vérité) · **정의**(Justice)"를 내세운다. 그런데 사실 이 복음서는 사탄의 복음서(Teufelsevangeium)인 셈이다.(마지막 복음서의 완성은 갑작스러운 그의 죽음으로 마무리되진 못했다. 이 죽음은 불의의 가스 중독 사고에 의한 그야말로 무의미한 죽음으로서 '기술 발달에 의한 죽음'이었다. 그러나 이 사고도 모든 인간은 자기 자신의 전기작가라는 점에서 보면 그에겐 전혀 낯선 사건이 아닐 수 있다고 말할 수 있을 것 같다.) 근대의 거짓우상, 즉 **풍요**(다원주의) · **노동**(유물론) · **진리**(합리주의) · **정의**(사회윤리)는 온전히 사탄의 고안물이다. 도대체 '풍요'는 **욕정**(Brunst)과 다른 무엇인가? '노동'은 **아담의 저주**(Adamsfluch)와 뭐가 다른가? '진리'는 **원죄**(Sündenfall)와 같은 것이 아닌가? '정의'는 **야훼주의**(Jehovismus)와 동일한 것이 아닌가? 반기독교도의 완승이지 않은가! 여기서 벌써 지성적 볼셰비즘의 새벽이 밝아오기 시작한다. 볼셰비즘은 신을 버린 서구의 최후 창작품이었다. 이로써 몽골족의 채찍을, 말하자면 새로운 훈족의 유령을 낳은 것이다. 그러나 러시아의 예술은 우선은 다른 방향을 취했다.

칼라일[186]의 강의, 〈단테와 셰익스피어 혹은 시인으로서의 영웅 (Dante und Shakespeare oder: der Held als Dichter)〉은 다음과 같은 말로 끝을 맺는다. "러시아의 차르는 수많은 총검과 코사크 기마병과 대포로 무장해서 막강합니다. 그래서 폭압적인 권력을 휘두르면서 그 땅 사람들을 정치적으로 결속시키는 것입니다. 그러나 아직 표현력이 없습니다. 위대한 어떤 것을 스스로 품고 있지만, 그것은 벙어리상태에 있는 위대성일 뿐이죠. 모든 사람과 모든 시대가 들은 바 있는 천재의 목소리를 아직 얻지 못한 것입니다. 말하는 법을 배워야 합니다. 차르는 지금까지 거대한 벙어리 괴물이었습니다." 그러나 이후 칼라일의 바람이 성취되었다. 러시아는 말하는 법을 배워 톨스토이를 자신의 단테로, 도스토옙스키를 자신의 셰익스피어로 찾아냈던 것이다.

톨스토이와
도스토옙스키

도스토옙스키가 그리스인들이 '신성한 질병'으로 규정한 간질을 앓았던 것과 그의 데스마스크가 소크라테스의 두상과 똑같은 모습을 취한 것은 우연이 아니다. 둘은 말하자면 성인으로 탈바꿈한 잠재적인 범죄자들이었다. 그의 질병은 그를 예언자로 만들어준 것이다. 천재가 등장하곤 하는 현세의 현상 형태는 극도로 긴장된 뇌의 활동과 병리학적인 민감성, 생활의 무능력과 초등신대(超等身大)의 역설적 종합으로서 그로 하여금 가장 매혹적이면서 가장 무모한 특색을 띠게 했다. 그는 정신병 직전에 나타나는 몽유병적인 직관의

마지막
비잔틴 사람

---

[186] Th. Carlyle(1795~1881): 영국의 역사가이자 수필가. 괴테를 추앙하여 괴테의 『빌헬름 마이스터의 수업시대』를 영어로 번역·출판하기도 했다. 주요 저서로는 『프랑스 혁명』(1837)과 『영웅숭배론』(1841) 등이 있음.

마성(魔性)을 극도의 깨어있음과 냉정함, 분석력과 논리성이라는 분열적인 두뇌변증법(Hirndialektik)과 결합시켰다. 여기에 근대 세계에서 유일하게 남아 있는 도덕 감정의 온화함과 중압감이 덧붙었다. 이와 유사한 것을 찾으려면 파스칼에게로, 심하게 말하면 아마 중세로까지 되돌아가야 할 것이다. 어떤 시인도 수수께끼 같은 몽환의 상태서 써내려가는 그런 무당의 인상을 풍기지는 않을 터이다. 사람들은 성담(聖譚)에서 성인들이 그렇듯이 그의 책도 보이지 않는 천사에게서 그가 받아쓴 것으로 믿고 싶어 한다. 그러나 그의 글속에는 너무나 인간적인 것도 수없이 많이 뒤섞여 있다. 그는 자기 민족의 종교적 · 정치적 열광에서 결코 자유롭지 않았다. 그가 늘 반복해서 설명하는 이야기는 정통교회가 유일하게 진정한 교회이며 러시아는 콘스탄티노플에 대한 신성한 발언권을 갖는다는 것이었다. 그러나 이 모순은 그를 **위대한 마지막 비잔틴 사람**(der letzte große Byzantiner)으로 이해하려고 결심하는 순간 해소된다. 말하자면 그는 우리가 이해할 순 없고 기껏 어렴풋이 예감만 할 수 있는 저 영원한 동로마의 정신이 육체로 변한 최후의 형식인 셈이다. 동로마는 우리가 그 개념을 정신적으로 받아들인다면 또 한 번의 민족대이동과 빛을 굴절시키는 카오스를 의미한다. 그에게 거대한 적이자 악마는 서로마, 즉 유럽 전체다. 그의 러시아 정신은 그리스 시대 황제의 이념처럼 세계 동포적인 동시에 민족적이며, 제국주의적인 동시에 신권정치적이고, 보수적인 동시에 전복적이며, 겸손하면서도 동시에 선민의 우월감으로 채워져 있다. 비잔틴 스콜라철학에서와 마찬가지로, 그의 경우에도 원시기독교 정신과 꼬치꼬치 캐묻는 신학이 혼재한다. 그는 도시 세계를 아마도 톨스토이보다 훨씬 철저하게 더 사납게 증오한 것 같다. 그러나 그는 톨스토이와는 다르게 증오를 하면서도 비잔틴 사람으로 남았다. 말하자면 세계시민으로 남은 것이다. 그 덕분에 러시아 문학에서는 처음으로 통속소설(Kolportageroman)이라는 문학 형식이 그를 통해 선을 보일 수 있었다. 톨스토이와 여타 작가의 작품을 두고 그는 "지주들의 문학"이라고 불렀다. 그의 예술은 복합적이며 유령이 출몰하듯 늦은 오후의 스산한 느낌에 지하 납골당 같은 오싹한 분위기를 연출한다. 이 역시 그 형식에서 비잔틴 시대를 연상시킨다. 흐릿한 불빛을 받고 있는 모자이크 장식과 창백한 성직자 모습을 한 군상이 그렇고, 아늑한 분위기가 없고 풍경이라고는 찾아볼 수 없는 것도 그렇다. 그의 인물들은 불가사의할 정도로 황망한 환경에 서 있으며, 관찰을 돕는 것이 아니라 오히려 괴로운 듯한 연구자의 시선으로 관찰자를 내몰아낸다. 내려앉고 있는 세계처럼 도스토옙스키도 거대한 몰락의 징후적인 전율로 흔들렸다. 그는 하나의 종말과 어두워서 포착할 수 없는 또 하나의 새로움을 알리는 섬뜩한 나팔이다. 그러나 그의 예언자의 눈으로 보는 이 새로움은 반기독교이며, 이 반기독교는 혁명이다. 그의 책은 묵시록이자 5복음서인 셈이다.

『카라마조프가의 형제들』에서 조시마 장로는 이렇게 말한다. "사실 저마다 모두에게 책임이 있는데, 이걸 사람들이 모를 뿐입니다. 이걸 사람들이 알기만 하면 당장 우리는 세상을 파라다이스로 바꿀 텐데 말이죠." 여기서 도스토옙스키는 그노시스파의 가장 심오한 교리와 만나고 있다. 그노시스파의 가장 위대한 인물 가운데 한 사람인 마르키온(Marcion)은 인간은 **모든** 자연적인 것, 즉 현재 자신을 있게 한 모든 것과 자신을 둘러싸고 있는 모든 것, 이를테면 세계, 법칙, 죄와 자기 **자신**에 의해서, 그리고 **또한 정의**(Gerechtikeit)에 의해서 구원받을 수밖에 없다고 가르쳤다. 이는 심오한 복음으로 생각되며, 도스토옙스키도 그렇게 생각한 것이다. 구세주는 간통한 여인을, 게으른 마리아를, 죄를 지은 막달레나를, 정결하지 못한 사마리아 여인을 자신이 좋아하는 사람들로 세운 것이다. 여기에 도스토옙스키가 왜 범죄자들에게 마음이 끌리고 창작자로서 그들을 사랑했으며, **심지어**(sogar) 다른 이들보다 더 그들을 사랑했는지에 대한 핵심적인 이유를 알게 하는 대목이 있는 셈이다. 그의 훌륭한 관점은 범죄자가 인간의 전체 의무 가운데 상당한 부분을, 즉 죄의 상당한 부분을 자신의 어깨에 걸머질 때 그는 **신에게 더 가까이 다가서는**(Gott näher steht) 것이라고 보는 점에 있다. 그도 그럴 것이 의무와 죄는 도스토옙스키에게는 불가분의 관계이기 때문이다. 요컨대 의무와 죄는 초시간적 사건일 뿐이다. 이처럼 도스토옙스키의 독특한 변론에 의하면 범죄는 일종의 희생이며, 악은 이른바 **선의 또 다른 한 차원**(eine Dimension des Guten)에 불과하다. 그러나 둘 사이의 공통의 뿌리는 기독교도의 자유, 즉 선과 악의 선택의 자유이며 기독교적인 깨달음에 있다. 이 깨달음은 신의 은총이 준 최고의 선물이자 구원의 가장 확실한 징표이다. 그도 그럴 것이 선이란 악도 깨달은 사람만이 깨달을 수 있기 때문이다. 악의 실존 속에는 선에 대한 믿음이 들어 있는 셈이다. 기독교도적인 자유에 진정한 신정론이 깃들어 있다는 것이다.

고발자 　신과 인간을 연결하기 위해 정령들이 다리를 놓고 있는 중간세계에서 외치는 목소리인 도스토옙스키에 견주어 보면, 톨스토이는 고작 세상을 좀 더 맑고 더 아름답게 만든 훌륭한 예술가와 같은 활동을 하고 있을 따름이다. 그러나 이 같은 예술가로서 그는 최고의 완성품을 이뤄냈다. 그것은 곧 기교를 부리지 않은 예술(Kunst der Kunstlosigkeit)이다. 이는 『안나 카레니나(Anna Karenina)』 5부에 나오는 화가 미하일로프에 관한 구절에서 확인된다. 이 대목은 기이하게도 톨스토이 자신의 창작품을 연상시킨다. "그는 이 기교라는 말을 자주 들었다. 그러나 기교가 대체 어떤 의미를 지닌 말인지 전혀 깨닫지 못하고 있었다. 그는 사람들이 이 단어를 사용하여 내용과는 전혀 관계없는 것을 쓰기도 하고 묘사하기도 하는 기계적인 예능을 의미하는 것으로 알고 있었다. 그는 사람들이 자주 기교라는 단어를 마치 나쁜 것을 잘 그릴 수 있는 것이나 되는 양 내적 가치와 상반된 개념으로 생각한다는 것을 알고 있었다. 그는 덮개를 벗길 때 작품이 상하지 않게 하려면 세심한 주의와 조심성이 필요하다는 것을 잘 알고 있었다. 그러나 그림을 그리는 예술에는 기교 따위란 필요가 없었다. 만약에 아주 어린 아이나 가정부에게 그가 본 것과 똑같은 것이 계시되기만 한다면, 그들도 자신들이 본 것의 덮개를 잘 벗길 수 있을 것이다. 그러나 그리는 기교에서 제아무리 경험이 많고 노련한 대가라 할지라도 내용 전체가 미리 자신에게 계시되지 않는다면 기계적인 예능만으로는 어떤 것도 그릴 수 없을 것이다. 어쨌든 사람들이 기교를 일단 화두로 삼지만 기교 덕분에 명성을 얻을 수 있는 것은 아니라는 사실쯤은 그도 알고 있었다."

이 같은 방식이 톨스토이의 예술을 구성한다. 그는 덮개를 벗겨낸다. 그림이 오래전에 저기에 놓여 있지만 아무도 그것을 볼 수 없었을 뿐이다. 예술가가 와서는 그 베일을 벗겨주는 것이다. 이것이 예술가가 하는 모든 일인 셈이다. 그가 하는 일이라면 거의 아무도 사물들을 보지 못하는, 말하자면 실제 보이는 대로 보지 못하는 상황에서 그렇게 볼 수 있도록 해주는 것이다. 고작 한 뼘 정도 넓히기 때문에 당장 따분해지는 간판장이가 있는가 하면 처음부터 한 폭에서 시작하는 영혼의 화가도 있다. 톨스토이는 후자에 속한다.

그는 수다스럽지 않게 보일 때도 불필요한 말은 하지 않지만, 사실성이 빈약하다 싶을 때만큼은 반복하지 말아야 할 것을 반복한다. 그가 묘사하는 사건들은 실제로 대개 부차적이다. 그의 소설은 자체 목적인 관찰의 거대한 서고인 셈이다. 그것은 삶에서 추출한 것이 아니라 반대로 삶의 확장이자 그것의 좀 더 정확한 이행을 의미한다. 그가 묘사하는 인물 중 어떤 인물도 그저 관망만 하는 작가만큼 그렇게 많은 것을 의식적으로 체험하진 못했을 것이다. 사람들은 톨스토이가 창작하는 것보다 훨씬 더 바쁘게 살고 있다. 왜냐하면 그들은 바로 작가가 아니기 때문이다. 작가는 전혀 감지되지 않는 것과 가장 깊이 감추어진 것을 포착하는 법이다. 그는 다른 구경꾼이 간과할 법한 일들을, 그가 기술하는 인물들도 전혀 알지 못할 그런 일들을 포착한다.

관찰이 너무 예리하고 너무 정확해서 가끔은 거의 반어처럼 작용하기도 한다. 예컨대 안나 카레니나와 뒤늦게 사랑에 빠진 브론스키에 대해 이렇게 말하곤 한다. "연민과 사랑의 새로운 감정이 그를 사로잡았다. 그것은 순수하고 신선한 행복감이었다. 그 때문에 그는 저녁 내내 담배도 피우지 못할 정도였다." 한번은 브론스키가 눈물을 흘렸다. 이는 이렇게 서술된다. "그도 자신의 목구멍에서 무엇인가가 위로 솟아올라 이상한 감정이 일고 있다고 느꼈다." 소설 전체에서 가장 감동적인 장면은 의사의 보살핌을 받고 있는 안나가 남편과 정부를 화해시키려고 자신의 침대로 그들을 부르는 장면이다. 일이 성사되었고 세 사람은 그 순간 용서하는 사랑의 끈을 통해 모든 사람이 하나가 되는 고상한 공동체에 속한다고 느꼈다. 이 장면은 다음과 같은 식으로 끝을 맺는다. "그녀가 말했다. '하느님께 감사해요! 정말 하느님께 감사해요! 이제 모든 준비가 다 끝났어요.

발만 아주 조금 더 뻗었을 뿐이에요. 이렇게, 이렇게 아름다운 걸요. 이 꽃들이 향기가 없다면 제비꽃을 닮은 데라고는 없기 때문이에요.' 그녀는 양탄자를 가리키면서 계속 말했다. '하느님, 나의 하느님! 언제쯤이면 이게 다 지나가련지요.'" 확실히 톨스토이는 인간과 그의 충동을 쇼와 베데킨트[187] 혹은 알텐베르크가 활용하는 그런 우울한 빛으로 보여줄 생각은 전혀 하지 않은 것 같다. 그러나 이 같은 박명 처리는 예술이 진실됨이라는 원리 아래 놓일 때 어쩔 수 없는 일이라는 사실을 깨닫게 하는 점에서 교훈적이다. '교훈적'이라는 말은 아마도 톨스토이의 소설에 딱 맞는 규정일 법하다. 톨스토이의 소설은 새롭고 낯선 많은 지식을 우리에게 가르쳐주며, 확실히 현미경 같은 요소를 지닌 시선이 어떤 것인지 일러준다. 그러나 그럼에도 불구하고 톨스토이는 어느 날 자신의 훌륭한 예술을 증오하기 시작한다. 어째서 그랬을까?

인간의 기본 본성은 지배욕이다. 인간은 죽어 있는 것과 살아 있는 것, 육체와 영혼, 미래와 과거를 지배하려 한다. 그가 전념하고 있는 온갖 다양한 활동은 이러한 목표를 노리고 있다. 지배욕은 인간의 동물적 본성의 한계를 훌쩍 뛰어넘게 하는 신비한 힘이며, 이러한 열정 덕분에 인간은 자신의 모든 생명충동을 더욱 정신화할 수 있다.

그러나 자연과 생명은 인간의 손길을 벗어나 있는 법칙을 따라 자신의 고유한 길을 걷는다. 한편에는 수동적이지만 극복할 수 없는 저항을 담고 있는 투박한 물질이 있고, 다른 한편에는 포착할 수 없고 낯설며 헤아릴 길 없이 얽혀 있는 영혼의 세계가 있다. 이 모든

예술가의
증오

---

[187] Frank Wedekind(1864~1918): 독일의 배우이자 극작가.

것에 군림하는 것이 운명이다. 이 운명은 인간에게 사정을 묻지 않고 그냥 사건에 내재하면서 어떤 방향으로 이끄는 힘이다. 모든 것이 인간의 손길을 벗어나 있는 것이다. 인간은 그늘과 수수께끼에 둘러싸여 있다. 우주와 영계(靈界)는 꿰뚫어볼 수 없는 동일한 법칙을 지니고 있다.

그럼 무엇을 할 것인가? 지배는 인간의 가장 중요한 생존조건이다. 그런데 어떠한 상황에서도 자신의 필요를 폭력을 통해서라도, 혹 폭력이 여의치 않을 때는 간계를 부려서라도 마련해야 하는 것이 모든 유기체의 본성이다. 그래서 인간도 자신의 가장 심층적인 기본 의지를 충족하기 위해 하나의 간계를 부린 것이다. 말하자면 그는 예술을 고안한 것이다.

'현실'은 인간에게 저항한다. 물질의 세계는 인간에게 너무 딱딱하고 너무 활기가 없어 움직일 재간이 없을 정도로 육중하며, 영혼의 세계는 너무 공기 같고 실체가 없어서 문제로 포착할 수가 없다. 그래서 그의 내부에서 소리가 튀어나온다. 경직된 현실에서 벗어나라! 주어진 세계에서 벗어나라! 이런 까닭에 인간은 편협한 아집의 실재(Realität)를 운영하여 이 세계 위에 자기 자신의 새로운 세계를 세우려는 기발한 생각을 하게 된다. 새롭게 창조된 이 세계는 그의 소유물로써 자신이 주인으로 군림하는 무한한 영지이다. 그는 이 세계를 완전히 자신의 의지대로 형식화하고 관장할 수 있다. 자기 자신의 창작물인 이 왕국에서 그는 마침내 언젠가 완벽한 독재자가 될 수 있길 희망해봄직도 하다. 예술은 힘을 향한 인간 의지의 가장 숭고한 형식이다.

그러나 이 같은 예술가에게서 이제 가끔 특이한 일이 일어난다. 요컨대 아무튼 그 자신보다 더 강한 어떤 것이 있는 모양이다. 곧 그것은 이 왕국 전체를 창조하고 지배하는 형상화하는 힘이다. 그의 예술은 그 자신 그 이상을 의미한다. 그는 속절없는 개별 유기체일 뿐이다. 말하자면 여타 생물과 마찬가지로 한 인간일 뿐인 것이다. 그러나 예술은 가공할만한 자연력이 된 셈이다. 인간은 공포 때문에 인식하기 시작한 것인데, 이 기이한 형상화의 능력이 그를 더욱 종속되게 만들었을 따름이다. 그가 탄생시킨 인물들은 그의 의지를 벗어나 서 있다. 그래서 점차 그는 이런 예술에 대해 악의와 증오를 맞세우면서 싸우기 시작한다. 그때 똑똑한 사람들이 나타나 예술을 갖고 그렇게 싸우는 것은 결국 자기 자신의 활동의 모든 의미와 싸우는 꼴이기 때문에 모순이 아니냐고 그에게 묻는다면 그는 아마 이렇게 응수할 것 같다.

물론 나는 예술을 증오합니다. 왜냐하면 바로 내가 예술가이기 때문이죠. 댁들이야 그것을 사랑하고 숭배해도 상관없습니다. 그러나 나는 예술을 저주할 수밖에 없습니다. 댁들에겐 예술이 하나의 '자극제'이겠지만 나한텐 불운입니다. 나는 예술을 통해 권력과 자유를 얻으려 했지만 바로 그 예술이 나를 완전히 부자유스럽게 만든 장본인이랍니다. 그것은 내 안에서 초독재자(Übertyrann)로 군림하고 있죠. 나도 모르는 사이에 그것은 나보다 훨씬 더 자라 내게 낯설고 적대적이기까지 한 어마어마하게 무서운 존재로 부풀어 오른 것입니다. 나는 나의 소망과 이상에 따라, 요컨대 자유로운 군주로서의 나의 기분대로 형상을 만들고 싶었답니다. 그러나 나의 예술은 나의 소망과 기분이 어떤 것인지 물은 적이 없습니다. 내 작품 속에서 들락날락하는 사람들은 내 의지의 피조물이 아닙니다. 나는 미의 세계를 창조하길 원했지만, 내 앞에서 진리의 세계가 자랐습니다. 나는 행복의 세계를 건설하고 싶었습니다. 그런데 저주의 세계가 세워진 것이죠. 내가 형상화한 인물들은 내 말에 복종하지를 않습니다. 그들은 고분고분한 나의 피조물이 아니랍니다. 그들은 주체적인 생명력을 겸비하고서 자기 자신의 입법자로서 서 있습니다. 나를 깜짝 놀라게 하죠. 왜냐하면 그런 그들을 내가 원한 것이 아니기 때문입니다. 그래서 나는 내 저주를 예술에 퍼붓고 있는 것이죠. 예술은 내 삶에서 불구대천의 원수랍니다. 내 위에 군림하면서 나를 폭행하고 짓이기며 두 쪽으로 분열시켜 놓고 있지요. 예술은 내게 비인간(Unmensch)입니다. 위선이 인간적인 것인데, 나의 예술은 진리를, 언제나 또다시 진리만을 원하죠. 믿음이 인간적인 것인데, 나의 예술은 의심하게 만듭니다. 맹목이 인간적인 것인데, 나의 예술은 꿰뚫어 보는 힘이 있습니다. 나는 보는 재능이 이토록 섬뜩한 것인 줄을 몰랐습니다. 어디서든 예술가는 갱도를 뚫고서 감추어진 지하의 물건을 끄집어 올리죠. 모든 것에 그는 의심의 해머로 두들겨댑니다. 그는 이렇게 묻죠. 이 위대한 것은 실제로도 위대한가? 이 선한 것은 실제로도 선할까? 이 아름다운 것은 실제로도 아름다운 것일까? 이 참된 것은 실제로도 참된 것일까? 그런데 왜 그는, 오로지 그만이 이 섬뜩한 사명을 가져야 할까요? 결국 그도 여타 사람들과 마찬가지로 믿음 충동과 같은 믿음의 욕구를 가진 한 인간일 뿐인데, 무엇 때문에 이 공포스러운 관찰의 직분, 즉 관찰명령(Sehen-müssen)의 직분을 그가 떠맡아야 합니까? 예술가라면 예술을 사랑할 이유가 있는지 나로서는 모르겠습니다. 정말이지 나는 차라리 모든 것을 위대하고 동시에 선한 것으로, 참되며 동시에 아름답다고 생각하는 순박한 농부였으면 좋겠어요. 곧 나는 그런 농부가 되려고 노력할 것입니다. 그러나 걱정되는 것은 너무 늦은 것이 아닌가 하는 것입니다.

아무튼 나는 나의 증오를 유지할 것입니다. 그렇지 않으면 도대체 누가 우리 예술가들만큼 그렇게 깊이 증오할 수 있고, 또 증오해야만 하겠습니까? 댁들같이 반쪽 예술가들로서 가능할까요? 댁들같이 예술애호가인 즉흥예술가(Zufallskünstler)로서 말이죠? 댁들이야 예술을 사랑해도 괜찮습니다. 왜냐하면 댁들은 예술 때문에 고통을 겪어본 적이 없으니까 말입니다. 그러나 그렇기 때문에도 예술은 댁들의 소유물이 아닌 것입니다. 우리를 철저히 고통스럽게 만든 그런 대상만이 오로지 우리의 소유물이기 때문이죠.

02

악마에게 끌려가다

하늘과 땅 그리고 그 사이에 있는 모든 것,
이것들이 그대들은 장난삼아 창조된 것이라고 생각하는가?

－『코란』

쉼표 80년대의 전환기는 상당히 가파른 쉼표를 찍는다. 1888년은 '세 황제의 해'이다. 3월 9일, 빌헬름 1세가 거의 아흔한 살의 나이로 사망한다. 6월 15일, 프리드리히 3세가 즉위 99일만에 사망한다. 이로써 초기에 이미 정치적 기본 색깔을 명확히 드러내는 빌헬름 2세의 시대가 개막된다. 1889년 최초의 해군력 강화 법안이 의회에서 비준된다. 그해 프랑스는 러시아 산업에 금융자본을 대규모로 지원하기 시작한다. 이미 전년 12월에 50억 프랑의 러시아 국채가 최초로 발행되었으며, 이어서 또 다른 국채가 발행된다. 1890년 3월 20일, 비스마르크의 사임이 받아들여진다. 러시아와의 재보장조약은 새로운 제국수상 카프리비[1]에 의해 '너무 복잡하다'는 이유로 갱신

---

[1] L. von Caprivi(1831~1899): 독일의 장군이자 정치가. 비스마르크에 이어 독일제국의 수상에 오름.

되지 않는다. 같은 해에 사회주의자 보호법의 연장 법안이 의회에서 부결되어 사회주의자 보호법은 종지부를 찍으며, 재선거에서 좌파가 승리를 거둔다. 1888년 봄에 게오르크 브란데스[2]가 코펜하겐 대학에서 〈독일의 철학자 프리드리히 니체에 대하여(Über den deutschen Philosophen Friedrich Nietzsche)〉라는 제목으로 강의를 한다. 이는 유럽의 관심을 처음으로 니체의 저작들에 돌리는 계기가 된다. 1889년 1월, 니체는 정신적 붕괴를 겪는다. 그러나 거의 동시에 그는 자신의 조국에서 읽히기 시작하여 1년 뒤에 자신의 마지막 편지에서 자신의 출판업자에게 예견한 '과도한 명성'을 얻는다. 이즈음에 톨스토이와 입센이 독일·영국·프랑스로 정복하다시피 쇄도해 들어온다. 1890년으로 해가 바뀌기 직전, 베를린 극단 '자유 무대(Freie Bühne)'가 문을 열었고 같은 이름의 잡지가 창간된다. 이로써 자연주의 운동의 승리가 결정인 국면을 취한다. 이와 때를 같이하여 이탈리아에서 **베리스모**[3]가 급부상한다. 1889년 스트린드베리의 『아버지(Der Vater)』, 하우프트만[4]의 『해뜨기 전(Vor Sonnenaufgang)』, 주더만[5]의 『명예(Die Ehre)』, 릴리엔크론[6]의 『시(Gedichte)』, 리하르트 슈트라우스[7]의 첫 장편 교향시 『돈 후안(Don Juan)』, 베르그송[8]의 첫 연구서 등이 출간되었다. 베르그송의 이 연구서에는 그의 철학 전체 프로그램이 담겨

---

[2] Georg Brandes(1842~1927): 덴마크의 비평가이자 학자.

[3] *Verismo*: 19세기 말에서 20세기 초에 걸쳐 이탈리아에서 발전한 문학적 사실주의를 말함.

[4] G. Hauptmann(1862~1946): 독일 사실주의 작가. 대표적인 작품 가운데 하나로 『직조공들』(1892)이 있음.

[5] H. Sudermann(1857~1928): 독일의 극작가이자 소설가.

[6] D. Liliencron(1844~1909): 독일의 작가.

[7] Richard G. Strauss(1864~1949): 독일의 작곡가이자 지휘자.

[8] H. Bergson(1859~1941): 프랑스의 철학자.

있다. 1890년 함순[9] · 베데킨트 · 마테를링크[10] · 마스카니[11] 등의 처녀작이 세상의 빛을 보았다. 『굶주림(*Der Hunger*)』, 『봄의 깨어남(*Frühlings Erwachen*)』, 『말렌 공주(*Princesse Maleine*)』, 『카발레리아 루스티카나(*Cavalleria rusticana*)』 등이 그것이다. 이때 지금까지 주목받지 못한 라이블[12] · 리버만[13] · 우데[14]도 일반인들의 역정을 불러일으키기 시작한다.

데카당스
로서의
권력 의지 이 시대 가장 영향력이 큰 드라마의 주인공 오스왈드 알빙[15]이 정신적 혼란을 일으키고, 철학자와 화가, 그리고 음악가들이 그 시대를 가장 인상 깊게 가장 잘 대변하는 듯한 모양을 취한 것은 대단히 중요한 징후적인 의미를 갖는다. 요컨대 니체와 반 고흐(van Gogh), 그리고 후고 볼프[16]가 이 파국을 겪었다. 세계사적인 정상의 반열을 상징하는 이 네 명의 중대한 운명은 스스로 비극을 향해 있던 시대정신이 파산했음을 말해준다.

겉으로만 본다면 그 시대는 최고의 활력으로 가득 차 있는 것처럼 보인다. 그러나 현실에 대한 이처럼 노골적인 충동은 사실 하나의 질병 현상이다. 그것은 큰 비용을 들여 하나의 특성을 일방적으로 과잉 발육시키는 것으로서 불치의 박약함, 삶의 무능함과 내적 공허를 발작 증세와 같은 외적 활동과 거의 광적일 정도의 운동 충

---

[9]   K. Hamsun(1859~1952): 노르웨이의 소설가 · 극작가 · 시인

[10] M. Maeterlinck(1862~1949): 상징주의를 대표하는 벨기에의 시인이자 극작가.

[11] P. Mascagni(1863~1945): 이탈리아의 오페라 작곡가.

[12] W. Leibl(1844~1900): 독일의 사실주의 풍속화가 · 초상화가.

[13] Max Liebermann(1847~1935): 독일 '베를린 분리파' 화단을 이끈 화가.

[14] F. von Uhde(1848~1911): 주로 풍속과 종교를 주제로 그린 독일의 화가.

[15] Oswald Alving: 입센의 희곡 『유령』에 등장하는 주인공.

[16] Hugo Wolf(1860~1903): 오스트리아의 작곡가.

동으로 보충하려는 무의식적인 노력의 결과다. 쇠락과 짐짓 보이는 삶의 의지의 왕성한 활동 사이의 이 같은 역설적 관계를 니체는 자신의 철학에서 모범적으로 그려내고 있다. 그것이 곧 데카당스 (Décadence) 정신으로서의 힘을 향한 의지의 탄생이다. 그는 『이 사람을 보라(Ecce homo)』에서 이렇게 말한다. "말하자면 내가 한 사람의 데카당파라는 점을 제외하면, 나도 그 반대자인 셈이다." 그 반대자는 초인(Übermensch)이다. 그런데 이 용어는 니체 철학에서 가장 심오한 (그 자신도 잘 알고 있지만, 각별히 이해하고 **싶어** 하지는 않는) 의미로 통한다. 요컨대 초인은 **또 한 번**(noch einmal) 데카당파를 의미하는 것이 아닌가! 이런 식으로 그의 사상시풍(Gedankengedicht)은 숭고한 패러다임으로서, 유럽 허무주의에 대한 가장 심오한 비평으로서, 그리고 이 허무주의의 지고한 체현으로서 죽어가는 시대 위에서 맴돌았다. 그것이 허무주의의 지고한 체현인 것은 배타적인 완전한 생명긍정보다 더 극단적인 허무주의는 없기 때문이다. 니체가 몇 번이고 부각시켜온 바의 벌거벗은 '생'은 어떠한 의미에서도 완전한 생의 부재를 의미할 따름이다.

르네상스의 비도덕주의로 시작해서 차라투스트라의 비도덕주의로 기우는 근대의 마지막 막에서 독일은 주역을 담당했다. 우리가 가장 피상적인 생활표현, 즉 이른바 시간이라는 물체의 외피와 내피 조직을 관찰하는 것으로 시작한다면 독일이 대포와 선박의 제조, 광학·화학·전자공학 산업을 주도하는 가운데 대형 제조업 전체에서 선두에 서 있음을 확인할 수 있다. 이는 과거 독일과는 상반된 모습이다. 베를린에서는 더 이상 피히테와 헤겔이 지배하는 것이 아니라 지멘스-할스케[17] 합작회사(Ziemens & Halske)가 지배한다. 훔볼트 형제의 자리를 블라이히뢰더 형제가 대신한다. 예나(Jena)에서는 실러의 후계자로서 차이스[18]가 세계적 명성을 누렸으며, 뉘른베르크(Nürnberg)에서는 뒤러의 작품들을 슈케르트[19]의 작품들이 밀어냈다. 프랑크푸르트 암 마인은 회히스트 암 마인(Höchst am Main)에 자리를 양보한다. 색채론(Frabenlehre)의 자리에 염료 주식회사(Farben-AG)가 들어선다.

새로운 속도

이 시대의 겉모습에 나타난 가장 본질적인 변화 중 하나는 새로운 속도의 도입이다. 빠른 협궤철도, 큰 승합마차, 처음엔 말이나 증기로 끌었지만 곧 역시 전기로 가동한 시가전차 등이 도시풍경을 지배한다. 해가 지나갈수록 전화가 개선되었으며, 나날이 늘어나는 전신설비는 장거리 통신을 가능하게 한다. 복잡하면서도 중앙집중화한 통신체계는 사람들에게 속도만 높여준 것이 아니라 모든 것을 현재가 되게도 해주었다. 자신의 목소리와 필기, 심지어 몸까지도 어떤 거리든 횡단할 수 있었다. 속기 장치와 카메라는 매순간의 인상을 고정시킨다. 이제 인간은 편재하면서도 어디에도 없기도 한 존재가 된 셈이다. 그는 현실 전체를 옭아매지만 현실의 죽은 대용품을 그 형식으로 빌린다. 이런 정신적 상황을 잘 보여주는 충격적인 상징은 세계 최고의 호화선 '타이타닉호(Die Titanic)'의 침몰이다. 첫 출항 때 속력 기록을 경신했지만 그 대가는 죽음이었던 것이다. 유머로 화제를 돌려보면, 쥘 베른[20]의 『지구 속 여행』에도 동일한 모티프가 나타난다. 이를테면 지금까지 수학적 항등식처럼 클럽과

---

[17] J. G. Halske(1814~1890): 독일의 기계역학 전문가.
[18] Carl Zeiß(1816~1888): 독일의 광학기구 제조업자.
[19] S. Schuckert(1846~1895): 슈케르트 합작회사를 건립한 독일의 유명한 전자공학도.
[20] Jules Verne(1828~1905): 프랑스의 공상과학 작가. 『80일간의 세계일주(Le Tour du monde en quatre-vingt jours)』로 유명함.

집을 들락날락하면서 허송세월을 보냈던 필레아스 포그(Phileas Fogg)가 역시 수학적 계산에 따라 정확히 80일 안에 돌아올 수 있다는 사실을 증명하려고 지구를 미친 듯이 쏘다닌다. 그의 모험 이야기는 열차가 고장나고 배 시간을 놓친 일과 이를 재치 있게 해결하는 과정 등등으로 구성되어 있다. 그런데 이 세기와 작별을 고하기도 전에 벌써 그 세기는 외관을 혁신적으로 바꿈으로써 더 최신의 시대를 예감하게 하는 아주 중대한 장치를 선보였다. 그것은 곧 자동차와 영사기이다.

이론 및 실험 물리학에서도 역시 독일이 탁월한 활약으로 가담한 두 개의 발명이 결정적인 혁신의 바람을 일으켰다. 두 개의 발명품은 마술처럼 주문을 걸어 뢴트겐 광선과 무선전신이라는 이름을 얻었다. 우리는 이미 17세기에 호이겐스[21]가 빛은 휘발성이 강한 에테르와 같은 물질의 진동에 의해 전파된다는 파동이론을 주장했지만, 빛의 발산이론을 통해 빛을 발산하는 어떤 미세한 물질의 흩어짐으로 빛을 이해한 뉴턴의 권위를 깰 수는 없었다는 사실을 기억하고 있다. 그러나 100년 뒤 당대 가장 위대한 수학자로 통한 오일러[22]는 뒤로 돌아서서 호이겐스에게 손을 뻗었다. 그는 빛의 현상에서 물질의 손실이 있었다고 확신할 수 없고, 오히려 빛의 현상은 소리의 울림이 그렇듯 파동에 의해서 생겨나며, 다만 이때 에테르는 공기 역할을 할 뿐이라고 강변한다. 19세기 초 토머스 영[23]도 단지 색채

---

[21] C. Huygens(1629~1695): 빛의 파동이론을 최초로 공식화한 네덜란드의 물리학자.
[22] L. Euler(1707~1783): 스위스의 수학자.
[23] Thomas Young(1773~1829): 영국의 내과 의사이자 물리학자. 이집트 학문의 전공자.

를 동일한 시간 단위에서 우리 눈과 마주치는 수많은 진동의 차이에 따른 결과로 이해한다. 요컨대 에테르의 진동이 우리의 망막에 미치는 그 운동의 감속 정도에 따라 우리는 보라색 · 청색 · 녹색 · 노란색 · 오렌지색 · 붉은색의 감각인상을 받게 된다는 것이다. 1835년 앙페르[24]는 열 감각도 그 형성되는 방식에서 빛의 감각과 다르지 않다는 사실을 증명했다. 빛과 열은 동일한 자연현상이라고 한다. 이를테면 어떤 물체가 광선을 반사하면 우리는 그 물체가 빛을 발산한다고 말하며, 그 물체가 광선을 통과시키면 우리는 그 물체가 투명하다고 말한다. 그러나 광선이 물체에 의해 반사되지도 않을뿐더러 통과되지도 않고 오히려 흡수될 때 우리는 그 물체가 따뜻해진다고 말한다는 것이다. 10년 뒤 패러데이가 전기도 빛이나 열과 본질을 같이한다고 확신했다. 이에 따르면 이 세 가지는 동일한 매체의 운동이다. 이에 근거하여 1873년 맥스웰[25]이 전자기적인 빛 이론을 정립했다. 이 이론에 의하면 전기는 상이한 파장 길이로 되어 있지만, 빛과 같이 초당 30만km의 속도를 내는 에테르의 횡단 파장이 만들어낸 것일 뿐이다. 이 이론의 타당성은 일찍이 요절한 천재 물리학자 하인리히 헤르츠[26]의 실험으로 입증되었다. 곧 아주 면밀하게 조립된 기기인 이른바 '헤르츠의 진동자(Hertzscher Oszillator)'로 실험한 것이다. 그는 이 기기에 대하여 1889년 하이델베르크 대학에서 열린 독일의 자연과학자와 의사들의 학회에서 행한 한 특강

---

[24] A.-M. Ampère(1775~1836): 프랑스의 물리학자 겸 수학자. 전류의 흐름을 측정하는 방법을 발견함. 전류의 단위로 쓰는 암페어는 그의 이름에서 유래함.

[25] J. C. Maxwell(1831~1879): 스코틀랜드 출신 영국 물리학자.

[26] Heinrich R. Hertz(1857~1894): 독일의 물리학자.

에서 보고했다. 그는 이렇게 설명한다. "제가 주장하는 것은 바로 이런 것입니다. 즉 빛이란 전기의 현상이라는 것입니다. 빛 자체도 그러하며, 모든 빛, 이를테면 태양의 빛이든 촛불의 빛이든 개똥벌레의 빛이든 모두 마찬가지로 전기 현상입니다. 세상에서 전기를 뺏으면 빛이 사라질 것입니다. 빛을 나르는 에테르를 세상에서 뺏으면 전기 및 전자 에너지는 더 이상 공간을 넘어설 수 없답니다. (…) 그러면 우리는 더 이상 전류가 양도체에 흐르는 것을 보지도 못할 것이고, 전기가 집적되는 일도 보지 못할 것입니다. 우리는 공기를 통해서만 파동이 서로 교차하기도 하고 화합하기도 하며, 힘이 강화되기도 하고 약화되기도 하는 그런 파동만을 볼 뿐입니다. (…) 지금까지 전기의 현전상태에 대해 확실한 정보도 없었던 그런 수많은 장소에서도 전기를 목격하고 있습니다. 모든 불꽃, 요컨대 빛을 발하는 모든 원자에서도 우리는 전기 운동 과정이 일어나는 것을 목격하게 됩니다. 어떤 물체가 열만 방출할 뿐 빛을 발산하지 않을 때라도 그 물체는 전기 자극의 소재입니다." 슈탈[27]의 '열소(熱素: Wärmestoff)'와 뉴턴의 '광소(光素: Lichtstoff)' 이론이 나온 이후 이제 전기도 물질의 원소일 뿐이라는 사실이 드러나지만, 어디에든 편재하는 에너지로 그 힘을 과시하기에 이른다. 4~7.5/10,000mm 길이의 전자기 파동이 우리의 눈에 빛으로 작용한다. 그 크기부터 약 50/1,000mm까지의 길이를 가진 전자기 파동을 우리는 열로 느끼게 된다. 그것이 몇 센티미터에서 수십 미터로까지의 길이가 되면 그것은 전기로 표출된다. 전기 파동은 큰 진동이 오래 지속될 때 생기는 빛의 파동이다. 이 두 파동은 동일한 에테르의 상태변화를 의미한

---

[27] Georg Ernst Stahl(1659~1734): 독일의 의사·물리학자·화학자.

다. 헤르츠가 성취한 일의 직접적 결과는 1890년에 전기 파동에 극도로 민감하게 반응한 브랑리[28]가 발명한 코히러 검파기[29]이다. 여기에 마르코니[30]의 도전이 이어졌다. 그는 1896년 안테나를 설치함으로써 무선전신에 실용적으로 활용할 수 있는 최초의 기기를 조립하는 데 성공했다.

방사능　　같은 해에 베크렐[31]이 자신의 이름을 본떠 명칭을 짓게 될 광선을 발견한다. 물론 그보다 몇 달 앞서 뢴트겐이 X-선을 발견하긴 했다. 아무튼 베크렐광선(Becquerelstrahlen)도 일반 광선처럼 전기 현상이다. 그러나 이 베크렐광선이 일반 광선과 구별되는 것은 그것이 반사되지도 않고 분절되지도 않으며, 전기와 자기의 힘에 의해 유도된다는 점이다. 이 광선은 눈으로 보이지 않지만 불투명한 물질에 빛을 관통할 수 있는 신비로운 힘을 내포하고 있다. 1898년 피에르와 마리 퀴리 부부[32]가 역청 우라늄에서 새로운 두 가지 원소를 발견했다. 퀴리 부인은 한 원소에는 자신의 태생지 폴란드와 연관된 국수주의적인 명칭을 따서 폴로늄(Polonium)이라는 이름을 붙였다. 다른 한 원소에는 그의 남편이 아주 적절한 이름으로 라듐(Radium)이라는 명칭을 부여했다. 라듐의 핵심 성질은 베크렐광선을 지속적으로 방사할 수 있는 힘, 즉 방사능(Radioaktivität)이다. 이어서 윌리엄 램지[33]가 라

---

[28]　E. Branly(1844~1940): 프랑스의 물리학자이자 발명가.

[29]　Kohärer: 전파의 유무를 확인할 수 있는 검파기(檢波器).

[30]　G. Marconi(1874~1937): 이탈리아 물리학자. 헤르츠 전파에 기초하여 현대 장거리 무선통신의 기초를 이룸.

[31]　H. Becquerel(1852~1908): 프랑스의 물리학자.

[32]　프랑스의 물리학자 Pierre Curie(1859~1906)와 폴란드 출신 물리화학자 Marie Curie(1867~1934). 라듐을 발견한 과학자로 유명함.

[33]　William Ramsay(1852~1916): 영국의 화학자.

듐은 핵분열을 통해 가스를, 즉 소위 에마나치온[34]을 계속 방출한다는 주목할만한 사실을 발견했다. 에마나치온은 여러 복잡한 중간 과정을 거친 끝에 헬륨(Helium)으로 변한다. 이 헬륨은 희귀한 기체로서 이미 1868년에 스펙트럼 분석 과정에서 태양 대기권 안에 존재하는 것으로 밝혀졌지만, 지금까지 지구에서는 확인할 수 없었던 것이다. '에마나치온'이 물과 만나게 되면 또 다른 가스 형태인 원소 네온(Neon)이 형성되며, 에마나치온을 구리염이나 은염과 결합시키면 제3의 원소 아르곤(Argon)이 생성된다. 이렇듯 라듐은 계속 다른 원소로 변할 수 있는 원소이다. 그뿐만 아니라 라듐염(Radiumsalz)은 (아직 순수 금속으로 유리시킬 순 없지만) 자체의 광선을 방사하도록 돕는 공기를 전기유도체로 만드는, 말하자면 '이온화하는' 성질과 근처에 있는 모든 물체가 일시적으로 방사능을 내게 할뿐더러 그 물체에 '유도 방사능'을 부과하는 성질을 지니고 있다. 이를 사람들은 일종의 '전기원소'에 대한 가정으로 회귀하는 것을 뜻하는 이른바 전자론(Elektronentheorie)에 근거해서 설명하려 했다. 전자론은 최후의 구성요소로서 가장 작은 원자보다 수천 배 더 작은 단위, 즉 양극과 음극으로 충전된 전기 단위인 전자를 전제로 한다. 그렇다면 유도 방사능이란, 일체의 원자가 라듐이 변화를 일으킬 때 불안정한 체계를 구성하는 전자들로 구성되어 있으며, 따라서 원자 결합에서 떨어져 나와 곧바로 소위 입자선으로 계속 운동할 수 있다는 것을 의미할 것이다. 대개 사람들은 원자를 두고 태양계와 같은 구조를 이루고 있다고 생각한다. 태양계에서는 양극으로 충전된

---

[34] Emanation: 라돈, 라듐 따위가 알파선에 의해 붕괴될 때에 주위에 생기는 방사성 기체 원소.

중앙 물체를 두고 음극의 전자들이 행성으로서 그 주변을 일정한 법칙에 따라 회전한다. 이 일정한 법칙은 케플러[35]가 천체 운동을 설명하기 위해 정립한 것이다. 그러나 근본 원리에서 헬름홀츠[36]에 기대고 있는 이 같은 전자론은 헤르츠의 파동이론과는 확연히 갈라진다. 그 사이에 네덜란드의 물리학자 로렌츠[37]는 1892년에 이 두 이론으로부터 종합을 구성하려고 한다. 그는 물체 **안에서**(innerhalb) 일어나는 모든 전자 운동은 원소이론에 입각해서, 말하자면 전자들을 전제함으로써 설명할 수 있고, 반면에 모든 전자의 **원격작용**(Fernwirkung)은 진동에 의해, 말하자면 오직 에테르의 도움을 빌려서만 설명할 수 있다고 가정한다. 이 같은 조정이 일반적으로 수용되고 있는 형편이다. 그렇지만 나는 유감스럽게도 이를 거부할 수밖에 없다. 왜냐하면 식민지 정책에서 흔히 보듯 영향권에 따른 경계 짓기를 떠올리게 하는 이런 조정은 단순한 곤경의 해소를 뜻할 뿐이며, 이는 졸렬한 일면적인 세계 공식으로 막다른 골목에 들어선 이론물리학 전체의 무의식적인 파산 선언을 의미할 따름이지만, 이를 목전에서도 인정하지 않으려 하기 때문이다. 물질은 유물론적 방식으로만 설명할 수 없다. 이를 잘못 이해한 것이 근대 자연과학 전체가 범한 근본 오류이다. 빛의 이론에서도 또다시 사람들은 어쨌든 전자를 구제하려고 은근슬쩍 뉴턴으로 회귀하는 혼합가설에 손을 뻗었다. 말하자면 원자는 전자들이 높은 단계의 에너지에서 낮은 단계의 에너지로 넘어가는 과정을 통해 광선으로 알려진 전자자기의 파동을 방출한다고 가정하는 것이다. 이런 모든 이론은 교묘한

---

[35] J. Kepler(1571~1630): 독일의 수학자이자 천문학자.
[36] H. L. F. von Helmholtz(1821~1894): 독일의 생리학자 겸 물리학자.
[37] H. A. Lorentz(1853~1928): 네덜란드의 이론물리학자.

장난에 불과하다. 이 장난의 수명은 그 이론들이 자랑삼곤 하는 영원성의 내용에 비추어 볼 때 가소로울 정도이다. 이 이론들이 "실험에 의해 증명되었다"는 사실을 논거로 끌어댈 경우 **모든 게**(alles) 실험으로 증명되기 마련이라는 말로 대응할 수 있을 것이다. 왜냐하면 증명이라는 것이 실험자의 교묘함과 신념의 태도에 달려있을 뿐이기 때문이다. '플로지스톤'[38]도 실험으로 증명되었다고 하지만 명확히 망상에 따른 것이다. 물론 라부아지에[39]와 할러[40], 그리고 여러 위대한 학자는, 그런 망상이 있었음에도, 대단히 유용한 화학적 발견을 성취하고 대단히 효과적인 의학적 치료를 거두는 데 아무런 지장을 받지 않았다. 프톨레마이오스 체계에 근거해서도 오늘날처럼 정확히 일식과 월식은 예고할 수 있었다. 동시에 그 체계도 실험을 통해 타당한 것으로 증명되기도 했다. 이론은 확신이다. 그리고 이 확신은 사람들이 그것을 취함으로써 증명된 것으로 통한다. 사람들이 정식 개념으로 생각하는 물리학과 화학의 보편개념은 항상 우리의 출발선이 되는 이런 확신의 기본방정식에 이미 부착되어 있는 셈이다. 그래서 그 보편개념이 연산의 결론에서 다시 떨어져 나가더라도 놀랄 일이 아니다. 분트[41]가 당연히 '과학적으로 정립된' 입장에서 췰너[42]의 심령술 실험에 대해 언젠가 논박한 그 내용은, 모든 실험은 말할 것도 없고 그 자신의 실험에도 적용할 수 있을 법하다. "마술을 믿는 사람은 그것에 대해 실험을 할 것이며, 그것을 믿지

---

[38] Phlogiston: 옛 학설에서 연소(燃燒)하는 물질 속에 내재하고 있다고 가정한 물질 연소(燃素).

[39] A. L. Lavoisier(1743~1794): 프랑스의 화학자. 근대 화학의 시조로 통함.

[40] A. von Haller(1708~1777): 스위스의 생리학자.

[41] W. Wundt(1832~1920): 독일의 생리학자 겸 심리학자.

[42] J. K. F. Zöllner(1834~1882): 독일의 천체물리학자.

않는 사람은 대개 아무런 실험도 하지 않을 것이다. 그러나 주지하다시피 인간은 자신이 믿는 것은 증명되었다고 생각하는 강한 경향을 지니고 있고, 이 목표를 위해 스스로 착각에 빠질 정도로 아주 예리한 감각을 이용하기 때문에, 그러한 실험의 성공은 우선 나한텐 그저 그 실험을 한 사람들 역시 그 실험을 신뢰하고 있다는 점만 증명해줄 뿐이다." 바로 방사선학의 놀라운 발견은 자연과학자에게 무지를 강렬히 의식하게 만들어준 계기가 된 것임이 틀림없어 보인다. 그도 그럴 것이 바로 그 같은 발견을 통해 자연과학자의 세 가지 기본 관념에서 나온 정의가 완전히 해체되면서 그 관념의 지위가 박탈되었기 때문이다. 요컨대 그 기본개념 중 하나가 화학에서는 지금까지 원소로 통한 것인데, 이 원소의 핵심 성질은 불변성에 있었다. 그리고 물리학에서 그것은 원자로 통한 것으로 그 결정적인 특성이 불가분성에 있었으며, 광학에서는 불투명하거나 모호한 물체로서 그 본질이 광선을 흡수하는 점에 있었다. 그런데 이런 모든 정의가 이제 더 이상 설득력이 없어진 것은 물론이고 거의 난센스가 되어버렸다.

원자핵분열   여기에 또 다른 결과들이 꼬리를 물었다. 방사능 반응에서 원자핵에서 전자들이 분리된다면 이를 인공적으로 작동시킬 수 있지 않겠는가 하고 기대한 것이다. 실제로 러더퍼드[43]가 (이 이름은 탄소의 발견과 결부되어 있기 때문에 이미 자연과학의 역사에서 신기원을 이뤘던 것인데) 1911년에 비록 양도 극히 미미했고, 이를 생산하는 데도 특별히 적절한 조건이 필요하긴 했지만 그 같은 '원자핵분열'에 성공을 거뒀다. 이런 식으로 계속 진척해 나가다 보면 평소에

---

[43]   Ernest Rutherford(1871~1937): 뉴질랜드 태생의 영국 물리학자.

는 결합한 상태로 있는 원자가 지닌 어마어마한 양의 에너지를 언젠가 방출할 수 있게 되어 부가가치를 창출할 날이 올 것이라는 이론적 가능성이 항시 주변을 맴돌았다. 단 1페니히 동전을 분열시켜 약 135억 마력의 힘이 작동할 수 있다는 계산이 나온다. 자명하지만 '원자 내의' 에너지 방출은 지상의 모든 상황의 완전한 혁명을 초래할지도 모를 일이다. 반면에 아주 순진한 사람들은 이 또한 사회적 문제를 해결할 수 있음을 뜻할지도 모른다고 생각할 수도 있다. 그러나 당연히 정상적이지 않은 '정상의 사람(Normalmensch)'[44]이 우리의 경제활동을 지배하므로, 아무 생각 없이 사는 악한이 태어나서 죽듯이 이런 식의 기술적 성과물은 지금까지와 별다를 게 없고, 그저 일반의 소유욕망과 불의의 새로운 형태로 표현되는 것이 아닐까 짐작해봄직하다. 200년 전 누군가가 인류는 검은 석탄에 축적되어 있는 자기 에너지와 전기 에너지 및 태양 에너지를, '백색 석탄'에 축적되어 있는 물 에너지를 어느 정도 이용하는 데 성공할 것이라고 예언한 것이 아닐까 상상해 볼 만하다. 박애주의자들은 여기서 파라다이스와 같은 사회적 상황에 대한 자명하기 그지없는 추론이라도 끌어냈던가! 그렇기는커녕 모든 사정이 더 악화된 꼴이다. 유럽은 대다수가 거지인 자본주의 국가들과 모두가 거지꼴인 소비에트 국가들로 분열되었다. 그렇다. 단지 '원자의 활동'으로 상류층은 더욱 욕심꾸러기가 되었고, 하류층은 더욱 빈곤해졌다. 양쪽 모두 굶주림에 더욱 허덕이고 전쟁은 더욱 야만적이게 되었다. 이 같은 사회

---

[44] 여기서 '정상의 사람'이 정상적이지 않다는 뜻은, 정상(Normalität)이란 상례가 아니라 엄청난 예외를 의미하기 때문이다. 인체 해부학적 규준에 맞는 신체구조를 갖춘 사람은 거의 없으며, 이 사람의 정신도 완벽히 정상적으로 작동하는 일은 없다고 한다.

적 문제를 해결하려면 **도덕적인**(moralisch) 에마나치온이, 요컨대 도덕적인 광선의 방출과 도덕적인 원자핵분열이 필요하다.

페이비언
주의자들과
강단
사회주의자들

이 같은 의미에서 이 세기의 말엽에 '페이비언주의자들'은 편견이라곤 두지 않고 자선활동을 펼쳤다. 이런 까닭에 이들을 특별히 언급해도 될 것 같다. 1883년에 창립된 **페이비언 협회**(Fabian Society)에는 시드니 웹(Sidney Webb)과 베아트리체 웹(Beatrice Webb) 부부, 웰스와 쇼, 나중에 유명한 신지학자가 된 애니 베전트(Annie Besant)와 재능이 뛰어난 여러 고상한 사람이 속해 있었다. 이 협회는 전 세계로 유포된 **페이비언 논문, 페이비언 에세이, 페이비언 뉴스** 형태로 발전했지만 특정한 신조를 두진 않았다. 그들의 모토는 이렇다. "그대는 적합한 때를 기다려야 한다. 파비우스가 한니발을 상대로 싸울 때 그의 망설임을 두고 많은 사람이 비난할 때에도 참고 기다렸듯이 말이다. 그러나 때가 왔을 때에는 파비우스처럼 힘차게 덤벼야 한다. 그러지 않으면 그대의 기다림은 완전히 헛된 일이 되고 말 터이다." 이 협회는 아주 일반적으로 사회주의를 "모두에게 동일한 권리와 동일한 기회를 보장하는 기획"으로 이해한다. 사회주의는 그 희생자들이 의식하기도 전에 소리 소문 없이 실현된다고 본다. 시드니는 이렇게 말한다. "우리는 이미 사회주의 한복판에 서 있다. 우리의 입법자는 두말할 나위 없이 모든 사회주의자이며, 19세기의 경제사는 사회주의 안에서 거의 중단 없는 진보의 사슬을 이룬다." 이와 친화적인 입장을 독일에서는 스스로 '역사적인' 국민경제학파라고 고백한 한 거대한 학파가 대변했다. 이는 그 기초자로서 애덤 스미스(Adam Smith)와 그 완성자로 존 스튜어트 밀(John Stuart Mill)을 둔 교조적인 혹은 고전적인 국민경제학파와는 정반대가 되는 입장이다. 고전국민경제학파는 인간의 기본 욕구는 언제나 동일하므로 경제활동에는 일련의 '자연적인 법칙'이 있다고 주장한다. 모든 나라와 모든 시대에 동일한 '**경제인**(*homo oeconomicus*)'의 본질은 경제활동의 기초를 다지고 규정된 국민경제학의 공리에 맞게 그것을 확립하는 것과 관련 있다는 것이다. 가장 중요한 법칙으로서 우리는 이미 인구의 법칙, 임금철칙, 자유경쟁의 법칙, 공급과 수요의 법칙 따위를 알고 있다. 이를 두고 학자들 사이에 논쟁이 붙은 적이 있다. 안톤 멩거[45] 교수가 이끄는 '연역(deductive)'학파는 경제학의 주요 내용으로서 "보편과 전형, 그리고 전형적인 관계"를 든다. 그런데 슈몰러[46] 교수를 필두로 한 역사학파는 그런 고전적 법칙을 "여하한 실재성도 결핍된 추상적인 모호한 형태"로 이해하고는 국민경제학을 오로지 과거와 현재의 구체적인 생활과 이에 대한 설명과 관련 있는 순수 귀납적인 학문이라고 규정한다. 역사학파 추종자들은 지금까지의 절대주의를 대신해서 이론 및 실천적 상대주의가 들어설 수밖에 없다고 설명한다. 요컨대 국민경제학의 법칙은 물리학과 화학의 법칙과 전혀 다르다는 것이다. 왜냐하면 후자의 법칙은 어디서든 언제나 동일하게 통하지만, 전자의 법칙은 가변적이고 역사적인 특정한 조건에서만 유효하기 때문이다. 사실 국민경제가 언제나 그때그때 주어진 역사적 상황의 산물일 뿐이며, 따라서 그 생활법칙은 주어진 역사적 상황과 마찬가지로 영원의 성격을 거의 갖지 못한다고 한 점에서는 역사학파의 주장이 옳다. 그러나 이때 간과한 것은 국민경제가 모든 인간 활동과 여기서 비롯되는 학문의 운명이 된다는 점과 따라서 여기서 내세운 이론이 여타 영역에서와 마찬가지로 합당

---

[45] A. Menger(1841~1906): 오스트리아의 법학자이자 사회이론가. 『노동 총생산에 대한 권리』라는 책으로 유명함.
[46] G. von Schmoller(1838!1917): 독일의 경제학자. 독일 신역사학파의 대표자.

할 수도 있고 부당할 수도 있다는 점이다. 그리고 언어법칙과 자연법칙, 심지어 수학적 법칙도 지금까지 관찰된 것에서 연역된 것에 불과하며, 모순이 드러날 때마다 바뀌기 마련이다. 법칙을 폐기하는 데는 새로운 제국이 필요한 것이 아니라 보편적인 세계감정의 변화가 필요할 뿐이다. 왜냐하면 법칙이란 보편적인 세계감정의 단순한 기능일 뿐이기 때문이다. 학문이라는 것도 따지고 보면 우리 선입견의 속기록일 따름이다.

그런데 역사적 경향을 주창한 이들은 주목할만한 중요한 실천적 활동을 펼치기도 했다. 그들은 국가란 "도덕적·연대의 조직"이고 따라서 일부 주민의 빈곤을 무관심하게 방관할 권리가 없다고 가르친다. 중앙권력은 보편적인 만족을 줄 방법을 실현할 수 있는 경제적 관계를 조정할 의무가 있다고 한다. 그러나 사적 재산의 유지는 생산 증대를 위해 불가결한 것으로 이해한다. 왜냐하면 그것만이 경제주체의 개인적 동기부여에 긴장감을 조성해주기 때문이다. 자칭 국가사회주의자들이 선전하는 것은 노동자들을 보호한다는 미명하에 내세우는 법규와 규제이다. 그러나 그들은 자유주의 진영의 적대자들로부터 '강단 사회주의자들(Kathedersozialisten)'이라는 별명을 얻는다. 그도 그럴 것이 그중에는 대학교수가 많이 포함되어 있었기 때문이다. 그런데 비스마르크도 스스로를 두고 강단 사회주의자라고 말한다. 프랑스에서는 '간섭주의자들(Interventionisten)'이 이와 비슷한 원칙을 대변했다.

김나지움
개혁

학교 수업을 개혁하려는 시도도 바로 그 시대 자연주의적 경향에서 비롯된 것이다. 80년대 말 인문계 김나지움을 상대로 한 공격은 주로 두 진영에서 쏟아냈다. 산업에 관심을 두었던 부르주아 상층부가 그 하나이며, 다른 하나는 군사적 경향을 지닌 프로이센의 왕당

파였다. 전자는 누구나 알고 있는 바처럼 죽은 언어의 실용적 무용성을 놓고 항변하면서 고전 교양을 이른바 '현실주의(realistisch)' 교양으로 대체할 것을 주창했다. 말하자면 **실업학교**(Gewerbeschule)를 도입해야 한다는 것이었다. 후자의 경우는 고대에 중점을 둔 수업방식이 애국주의에 불리하게 작용한다는 점을 지적하면서 '민족'을 기본바탕으로 한 교육, 이를테면 **사관학교**(Kadettenschule)의 틀을 기본으로 하는 수업을 요구했다. 다른 한편 김나지움의 수업이 사실상 거의 중세적 성격을 띠고 있어서 학생들의 경직된 태도만 봐도 **수도원학교**(Klosterschule) 출신임을 알게 할 정도였던 것은 부정할 수 없는 일이다. 인간의 모든 영역을 균형감 있게 담아내고 오직 고전적이라고 부를만한 것에만 권리를 갖게 하는, 실제로 조화로운 교양을 김나지움의 수업방식이 전달하지는 못했다. 1890년에 학교관계자들의 회합인 '12월 회의'가 개최되었다. 장시간의 토론 끝에 몇몇 완화 규정이 통과되었다. 학년 성적이 우수하면 졸업 시험에서 역사와 지리는 면제하도록 했으며, 고대어 수업 시수를 줄였고 라틴어 작문과 라틴어 활용 시험은 구술시험으로 대체했다. 그러나 누구도 이에 만족하지 않았다. 고대의 신봉자들은 라틴어 작문을 (비록 그 작문이 한 줌 정도 되는 키케로의 격언들을 단순히 기계적으로 바꾸는 수준이어서 관용구를 임의로 활용하는 코미디에 불과했던 것이지만) 제외시킨 것과 라틴어 언어수업을 (비록 이 수업이 로마 시민의 어투를 흉내 내는 동료에게 말을 거는, 빳빳한 스카프에 안경을 낀 소시민보다 더 바보 같은 짓도 있을 수 있다는 식의 완전한 소극에 불과하지만) 뺀 것에 대해 개탄했다. 하지만 극단적인 사람들은 라틴어와 그리스어 자체를 아예 원하지 않았다. 그들은 언어의 가치란 소통수단으로서의 그 활용성에 따라서만 가늠된다는 순진한 관점에서 출발했다. 이때 그들이 망각한 사실은 '죽은' 언어를 포함해서 모든 언어는 인간의 일회적인 영혼 형식의 침전물이라는 점, 그리고 두 고전 언어의 경우 문헌학적 방법 이외 다른 어떤 방식으로든 접근할 수 없는 아주 고차원적인 형식의 침전물이라는 점이다. 이런 고통쯤이야 참아줄만하다. 그러나 라틴어와 그리스어가 없다면 고대뿐만 아니라 라틴어 스콜라철학의 최고 '대전'인 단테의 신성한 희극과 함께 시작하여 '최고의 인문학적' 비극인 괴테의 파우스트로 막을 내리고 있는 바로 그 근대의 문화 전체도 이해할 수가 없는 노릇이다. 그들 사이에 놓여 있는 것이 바로 고대의 부흥, 즉 '르네상스'다. 고대를 모르고서는 유럽 계열의 어떤 철학자도 어떤 시인도 이해할 수 없다. 우리 서구의 전체 학문은 초창기부터 한창 잘나가던 시절에 이르기까지 고대의 원천에서 먹고 살아왔으며, '현실주의적인' 분과들, 이를테면 의학·물리학·기술학도 그 일상적 용어에 이르기까지 극도로 고전적인 색채로 물들어 있는 형편이다. 우리 자신의 모국어조차도 그 죽은 언어로 가는 길에서만 제대로 통달할 수 있다. 라틴어 학교가 없이는 완전히 정확하고 명쾌하며 유창한 독일어를 구사하는 법을 배울 수 없고, 그리스어를 모르고서는 철학적인 독일어를 쓰는 방법을 습득할 수가 없다. 사실 고전 언어를 습득하지 못했다면 고전 독일어의 문장가들도 존재하지 않았을 것이 분명하다. 19세기 초까지도 편지와 일기, 그리고 여타의 글쓰기 표현에서 어렵지 않게 고상한 독일어를 접할 수 있는 까닭은 바로 이들 문장가보다 훨씬 앞서 중간계층 사이에 이미 고전어가 아주 널리 확산되어 있었던 덕분이다. 그때 이후로 그 고상한 독일어는 신문을 통해 더욱 유행을 탔고, 사적인 교류를 통해 거의 규칙처럼 된 것이다. 김나지움의 가치가 어떤 것인지는 김나지움을 다녀간 사람들보다 오히려 다녀간 **적이 없는** 사람들에게서 더 잘 증명되고 있는 셈이다.

　12월 회의는 그 시대의 외형적 경향에 있어서 비록 형식적 경향에 불과하다고 해도 늘 거기에서 빛나는 결정화의 핵을 구성한 빌헬름 황제에 의해 소집되었다. 비웃음을 사기도 하고 탄핵과 저주를 사기도 했지만, 누구도 부정할 수 없는 사실은 이 군주의 이름이 30년 동안 수백만의 사람들에게 불꽃 같은 피날레, 울려 퍼지는 팡파르, 마력으로 사로잡는 구호였다는 점이다. 프리드리히 대왕 이래 독일 땅에서 이 군주의 서명과 명찰만큼 군주의 이름이 온 시대를 풍미한 때도 없었다.

　'비극적'이라는 말이 예술에서뿐 아니라 생활에서도 사용할 수 있는 어떤 의미를 얻게 된 것은 사람들이 빌헬름 황제의 운명을 두고 비극적인 운명이라고 부를 수밖에 없었던 것에서 연원한다. 그것은 셰익스피어를 만나본 적도 없이 겪는 그런 셰익스피어적인 운명이었다. 모든 왕좌에서 마술처럼 뿜어져 나오는 비극성도 그의 비극성이었다. 곧 그것은 죽어가는 다른 모든 이보다 좀 더 높이 존중받고 싶어 하는 인간의 악마적인 유혹이었다. 그도 그럴 것이 그는 외적인 환경에 의해 더 높은 위치에 있었기 때문이다. 그리고 그의 비극성은 왕좌에 의해 **멋있게 그려진 인물**(Gezeichneter)로서 세속의 영혼과 운명을 마음껏 다뤄도 된다는 위험한 신앙과도 관련 있다. 그도 그럴 것이 그는 **짐짓**(scheinbar) 그럴만한 권력을 가진 듯했기 때문이다. 그러나 창조된 그 어떤 존재도 다른 피조물을 신이 지정해놓은 그들 고유의 길에서 단숨에 다른 길로 접어들게 할 권한은 없다. "어떤 인물이 황제가 되나? 가장 겸손한 사람." '렘브란트식 독일인(Rembrandtdeutscher)'이 전해주는 이 단순 간명한 공식은 유감스럽게도 빌헬름 황제에겐 육화되지 못한 모양이다. 그런데 이 같은 뒤죽박죽 이야말로 참으로 인간적인 것이 아닐까? 우리는 모두 저마다 자신의 영향권에서 그렇듯이 이런 헤맴을 경험하지 않는가? 단지 책임질 것이 별로 없는 것은 우리의 권력 범위가 미미할뿐더러 낯선 욕구로 지은 범죄적 사건이 너무 사소하기 때문이 아닐까?

상승과 추락, 영광과 암흑, 기만적인 신의 은총의 신비로운 충동과 같은 소재가 오이디푸스에서 야를 스쿨레(Jarl Skule)에 이르기까지 작가들의 영원한 소재였다. 리처드 2세, 리처드 3세, 앙리 4세, 헨리 6세, 이들 모두를 포함한 왕의 드라마는 이 같은 지점을 원점으로 해서 맴돌고 있다. 빌헬름 황제 역시 자신의 역사적 비극의 제1막에서 이런저런 일에 연루되어 향후 불러일으킬 온갖 사건의 맹아를 이미 지니고 있었다. 당시 그는 갓 왕좌에 올라 교만한 마음에 10여 년 동안 자기 나라의 심장과 두뇌와 혜안의 역할을 한 현명한 예언자를 자신에게서 내쳤다. 그때 이후 그는 은밀한 저주를 받는 듯 방황을 하면서 오류에 오류를 거듭했고, 매사에 실패하면서 선한 의도에서 한 일도 나쁜 결과로 마무리되는 일들을 경험한다. 그는 호엔촐레른가 사람들을 안중에 두지 않은 만큼 노동자들과 가까이 지내려고 애를 썼지만, 그의 선임자 가운데 누군가와 똑같이 그가 프롤레타리아트에게 적의를 사고 있다는 사실을 간파했어야 했다. 그는 독일의 미래를 물 위에 얹어 놓은 꼴이었다. 그런데 그 물이 독일의 미래를 집어삼킬 무덤이었던 셈이다. 그는 독일의 복지를 향상시켰지만 이 복지가 독일인의 영혼에 독이 되었다. 그는 세계제국을 창조하고 싶었지만, 그가 성취한 것은 세계대전이었다.

그의 모든 오류는 기본적으로 인간 사회에서 그가 전혀 감당할 수 없는 지위에 있었다는 사실에 있다. 그 지위는 독일이 임명할 수밖에 없었던 최고의 자리였지만, 빌헬름 2세는 유감스럽게도 독일이 임명할 수밖에 없었던 최선의 사람은 아니었던 셈이다. 그러나 아시다시피 이런 경우는 왕좌에서 아주 흔히 일어나는 일이다. 그의 사정이 이와 유사한 것은 도덕 및 정신적으로 가장 완벽한 세력이 그를 합법적인 군주로 삼은 것이 아니기 때문이다. 그의 모든 측근은 신의 계시에 대한 사람들의 혈통 신앙이 그를 합법적인 군주가 되게 했거나, 아니면 행운이 그를 그렇게 만들었다고 거의 하나같이 지적한다. 그러나 그 같은 신앙은 바로 그의 시대에서 그 유전성이 점차 희박해졌다. 그리고 그에게는 행운도 따르지 않았다. 패배한 군주는 군사법정에 서게 되고 승리한 군주는 동상으로 우뚝 서게 된다. 프리드리히 대왕도 비스마르크도 오스트리아가 승리할 경우 자살을 각오하고 있었던 바다. 바젠 장군이 1870년까지는 프랑스의 우상이었으나 그때 이후로는 파렴치한 조국의 배신자로 통했다. 전쟁 기간 내내 '호랑이'로 사람들의 입에 오르내린 클레망소[47]도 만약에 패배했더라면 틀림없이 갈기갈기 찢겼을 것이다. 수염을 기른 티르피츠[48]가 지크프리트인 마냥 모든 길모퉁이에서 대리석이나 스테아린이나 청동을 덮어쓴 채, 혹은 초콜릿 옷을 입고서 독일 국민들에게 인사를 건네고 있다. 그리고 루덴도르프[49]의 모습이 새겨지지 않았다면 담뱃대 대가리와 맥주잔 깔개는 판매용으로 전시하기가 어려웠을 터이다.

물론 빌헬름 2세가 어떤 의미에서는 실제로 왕의 과제를 완벽히

---

[47] G. Clemenceau(1841~1929): 프랑스의 수상을 역임한(1906~1909, 1917~1920) 정치가.

[48] Alfred von Tirpitz(1849~1930): 독일의 해군 제독이자 정치가.

[49] E. F. W. von Ludendorff(1865~1937): 독일의 장군.

수행했다고 말해도 될 법하다. 이는 그가 거의 언제나 자기 백성들이 드러내는 다수 압력의 표현이었고 그들 이념의 옹호자이자 집행자였으며 그들 세계상의 대변자였다는 점에서 그렇다. 빌헬름 시대를 살았던 대부분의 독일 사람은 빌헬름 황제의 포켓판이자 소형 복제판이고 미니모형과 다름없었다. 이는 그가 나폴레옹과 공유하는 유일한 지점이다. 외국에서조차도 명확히 그렇게 느꼈다. 그는 오로지 '**르 카이저**(*le Kaiser*)', '**더 카이저**(*the Kaiser*)'로 불렸다. 이는 나폴레옹이 전 유럽에서 '**황제**(*l'empereur*)'로 불린 것과 똑같은 현상이다.

'현대인들(Moderne)'은 그를 두고 낙후하고 심미안도 없으며 시대에 적대적이었다고 부단히 험담하지만 간과하고 있는 것은 그의 정신적 구조의 전모를 염두에 두면 그가 자기 시대의 특성을 아주 명확히 담지하고 있다는 사실이다. 그도 그럴 것이 그는 아주 확실히 '세기말의 인간(homme du fin de siècle)', 즉 인상주의자이고 데카당이었기 때문이다. 그가 많이 욕먹는 경박성과 충동성, 그리고 즉흥성은 인상주의의 특성과 다름없다. 지극히 일반적인 심리학적 표현을 빌리면 그 같은 인상주의는 이념의 과잉 충만일 뿐이며, 순서상 어떤 우선성도 존재하지 않는 수많은 새로운 표상 덩어리의 침투 현상일 뿐이다. 데카당스에 관한 한 니체의 말을 빌리면 그 본질은 "과잉이고 불균형이며 비-조화(Nicht-Harmonie)이다. (…) 피조물이 최고의 활동성과 에너지가 투입된 모습을 하고서 등장하면 사람들은 그를 제국과 **혼동하게**(verwechselt) 마련이다. (…) 이는 관심을 지독히 많이 끄는 사람들에게나 어울리는 일이다. 그들은 카멜레온과 같은 사람들이다. (…) 그들의 상황은 꼬리를 물고 있다. 그들은 모습을 바꾸는 것이지 다른 것으로 **되어가는**(werden) 것이 아니다." 신경증의 원인도 아마 황제가 복잡한 혼혈 출신이라 사실에서 설명이 가능할 법하다. 요컨대 그의 어머니는 이미 절반의 독일인 피를 가진 영국 여성이었다. 그런데 어머니 빅토리아는 평생 순수 영국인 여성으로 남았었지만, 그는 영국의 정치가 수많은 승리를 거두는 일에 일조한 그런 집요함과 과감성을 어머니에게서 물려받지도 못했다. 쇼는 전쟁이 한창일 때 그를 두고 편견 없이 재치 있는 지적을 한 바 있다. "황제는 도시 근교에 사는 순진한 속물을 닮았다. 참으로 순박한 모습이다. 그도 그럴 것이 그는 바로 영국 여성의 아들이기 때문이다." 그리고 그는 편협할 정도로 사려 깊은 그의 아버지의 자세와 할아버지의 과묵한 귀족적 기품조차 물려받지 못했다. 반면에 그의 선친 가운데 몇몇 인물, 특히 가장 의미 있는 인물들, 이를테면 프리드리히 빌헬름 4세와 대선제후, 프리드리히 대왕 등에게서 섬세한 감각이 결핍된 어떤 증세를 물려받은 꼴이었다. 나폴레옹도 선한 취향을 자신의 가장 사악한 적으로 취급했다는 식으로 비난 받고 있는 점에 대해서는 이 책 3권 끝에서 설명한 바 있다. 자격미달의 예술비평가였던 알렉산더 대왕도 빌헬름 황제의 면모를 드러냈을 법하다. 적어도 이 점을 암시해주는 것은 한 유명한 그리스 예술가가 완성한 부케팔로스[50]의 대리석 동상을 보고 대왕이 그 모델 자체-말-에 대해서는 크게 웃으면서 환영했지만 동상을 두고서는 트집을 잡았다고 보고하는 일화이다. 그런 트집에 대해 조각가는 이렇게 말했다고 한다. "이 말조차도 너보단 예술을 더 잘 알겠다!" 프리드리히 대왕을 두고서는 전술이라고는 모르는 듯이 움직인 그의 행동이 7년 전쟁의 동맹을 성사시키기 위한 작전이었을 것이라

---

[50] Bukephalos: 알렉산더 대왕이 즐겨 탔던 애마.

고 말할 수 있다. 루터도 감수성이 아주 예민한 인물은 분명 아니었다. 그런데 천재가 꾸며서 탁월한 면모를 발휘한다는 것은 참으로 불가능한 일이다. 천재의 본질은 바로 모든 것에 '면박을 놓고' 가차 없이 자신의 사명을 따라 살며, 인기에 전혀 연연하지 않는 점에 있기 때문이다. 대개 모든 천재는 간단없이 막무가내로 진리를 말하고, 사람들이 언급하길 꺼리곤 하는 그런 대상을 두고, 사람들이 접촉한 적이 없는데도 마치 은밀한 접촉이 있었던 양 논구하는 것을 편애하기 때문에 이미 선량한 취향을 손상시킬 수밖에 없는 노릇이다. 햄릿과 타소와 같은 천재들은 늘 대책 없이 행동하는 점에서 그들의 상대역으로 등장하는 폴로니어스와 안토니우스와 구별된다. 그러니까 이런 말이 나올 수도 있을 것 같다. 즉, 계산이 치밀한 인류의 지도자는 화를 입어라! 천재는 현실과 접촉하지 않는다. 그래서 그는 인류를 무(無)의 상태로 안내할지도 모른다.

이쯤에서 말할 수 있다면 그것은 빌헬름 2세가 생생한 정신적 활동성과 적응력을, 독창적이고 왕성한 재능을 염두에 뒀을 것이라는 점이다. 그러나 천재성은 결코 그에게 어울리지 않을 말이다. 그도 그럴 것이 천재성은 대상들 속에 있으면서도 그 대상들을 넘어서는 독특한 냉정함을, 관습을 경시할뿐더러 눈길조차 주지 않으면서 사태들을 앞질러 가는 지독한 용맹성과 결합시키는 데 있기 때문이다. 그런데 이 두 가지 특성이 그에겐 도무지 없었다. 그래서 그가 유발한 수많은 불쾌감은 한낱 불쾌감일 뿐이었고, 그의 권력 위상의 오목거울 속에서 자극적인 일그러짐으로 확대되었을 뿐이다.

그의 정책의 '지그재그 모양'은 우울증이 기습적으로 광적인 활동충동으로 넘어갔다간 또다시 갑자기 무기력감에 빠지는 식의 정신적 불안에 뿌리를 두고 있다. 이 같은 모양은 꼭 조울증처럼 지나치게 집중 조명된 장소에서 일어난다. 황제의 정신세계에서 작동하는 중심 모티프는 온 세계에서 사랑을 받고 항상 중심에 서는 것과 같은 유치한 소망이다. 비스마르크가 전하는 바에 따르면 그는 매일 생일잔치를 벌이고 싶어 했다고 한다. 여기에 증오와 공격을 감내해야 하는 그의 무능이 집약되어 있는 셈이다. 병적인 공명심에 대한 신경과민, 그리고 역시 **일회성**(episodisch) 반응과 알프레트 아들러[51]가 '남자다운 저항'이라고 말하는 짐짓 열정적 반격과 같은 신경질적인 성벽이 그런 것이다. 행렬 · 연회 · 변장과 같은 행사를 좋아하는 것도 유치했다.(가끔 그는 하루 대여섯 번 복장을 갈아입고는 장군복장에 '방랑하는 네덜란드인'처럼 나타나기도 했다. 베를린 유머 잡지는 혹시 그가 아쿠아리움 개막식 때도 그런 복장을 하고 나타나는 것이 아닐까 기대하기도 했다.) 그는 연설할 때도, 드물지 않게 반짝이는 문장으로 감동을 자아내긴 하지만, 으리으리하게 차린 무대에 오페라 공연에서처럼 번쩍번쩍 하는 소품을 동원하길 좋아했다. 그래서 번쩍거리는 소총, 긴 가죽장갑, 철갑 주먹, 날 선 검, 니벨룽겐의 서약, 훈족 왕의 복장을 한 배우 등을 동원했다(마지막 예가 보여주듯 가끔 그는 은유에 능통했다. 훈족의 비유는 세계대전 동안 화친 선전에 아주 성공적으로 이용한 바가 있기 때문이다). 모든 것이 이런 식으로 번잡했다. 만일 빌헬름 2세가 일개 시민이었다면, 가령 대형은행의 관리인이나 어떤 연극공연의 감독이었다면 아무 문제가 없었을 것이다. 그러나 황제란 그런 사람일 수가 없다. 이 모든 일에도 바로 독일 국민은 이 군주에게 확실한 충성을 지킬 의무를 진 것이다. 이 충성심이 자기 자신의 뜻에 반하더라도 사정

---

[51] Alfred Adler(1870~1937): 오스트리아의 정신의학자.

은 마찬가지다. 그도 그럴 것이 문화민족은 일단 자신의 생명에 대한 권력을 쥔 누구에게나 경의를 표하며, 그리고 앞선 지도자의 별들이 떠돌이별이었다는 사실을 어느 날 알게 되더라도 여전히 권위를 인정하기 때문이다. 왜냐하면 어쨌든 그 별들도 자신의 하늘에 속하는 것이기 때문이다. 그럴 땐 다음과 같이 말하는 것이 품위를 갖추는 길이 될 듯하다. "제가 방황을 좀 했습니다. 그런데 제가 범한 오류의 아주 확연한 지표는 저 자신보다 더 나쁘지 않고 더 어리석지도 않으며 더 신앙심이 없는 것도 아니었습니다. 다만 좀 더 많이 **노출되었을**(exponierter) 뿐입니다."

비스마르크
의 사퇴 현재의 현란한 커튼 사이로 흐릿한 미래를 내다볼 수 있는 몇 안 되는 인물 중 한 사람이 바로 비스마르크다. 그는 자신의 『회상록(*Gedanken und Erinnerungen*)』에서 위기란 늦게 찾아오면 올수록 그만큼 더 위험하다고 예고했다. 겉으로 봐도 열정이 사라진 듯해서 이중으로 절망적이었던 그의 집권 마지막 해에 『회상록』을 통해 그는 자제된 어조로 이렇게 덧붙인다. "모든 책임에서의 해방은 황제와 그의 목표들을 생각하면 내게 아주 매력적으로 보였다." 사람들이 젊은 군주의 분노를 돋우기 위해 비스마르크와 그 아들의 회사라고 칭한 바로 그 회사의 붕괴는 노동보호입법을 둘러싼 의견의 차이에서 이미 그 단초가 있었다. 비스마르크는 지금까지 지급해온 7일간의 노동임금 비용을 그대로 6일간 노동임금 비용으로 노동자에게 지급한다는 전제로 일요일을 휴일로 삼을 것인지 하는 문제에 국가가 직접 개입하는 것은 부적절한 조치라고 보았다. 그렇게 하면 노동자는 일자리를 잃을 가능성이 있다고 보았다. 이는 노동자**보호**(Arbeiterschutz)가 아니라 일을 더 적게 하게 만드는 노동자**강제**(Arbeiterzwang)가 된다는 식이었다. 그러나 수입 손실을 기업가에게

떠넘기려는 이런 전망은 거대한 다른 산업 국가들도 공히 뿌리치기 어려운 유혹일 뿐이다. 황제는 자신의 입장을 ("황제의 이상은 당시 대중적 절대주의로 비쳤는데") 고집했고 비스마르크는 노동자 문제는 관련부서가 통상부에 속하므로 논제에서 제외하려고 마음먹었다. 의견 충돌이 계속 일어났다. 특히 내각수상의 권한과 러시아와의 관계 문제를 둘러싼 의견의 불일치는 그로 하여금 정계에서 완전한 사퇴를 생각하게 했다. 그러나 채 결심도 하기 전에 그는 군사참의원을 맡고 있던 한케[52] 장군으로부터 사직하라는 무례한 요구를 받았다. 황제는 이 기회에 그에게 공작의 작위를 수여하고 실물 크기로 그린 그의 초상화를 선물로 하사했다. 대신 황제는 기묘한 반어의 대가에게서 다음과 같은 대답을 돌려받았다. "저는 저와 제 식구들에게 영예로운 추억으로 길이 남을 이런 그림을 하사해주셔서 참으로 행복하기 그지없습니다. (…) 그러나 낮고 낮은 신하로서 제가 폐하께 감히 청합니다만, 지금까지 제가 써온 제 이름과 저의 존칭을 앞으로도 계속 쓸 수 있도록 은총을 베풀어주셨으면 합니다." 비스마르크가 작별을 고할 때 역에는 군사 예식이 마련되어 있었다. 그는 이 예식을 두고 제1계급의 장례식이라고 불렀다. 그의 후임자 카프리비는 그에게서 어떤 사소한 정보조차 얻지 못했다. 이에 대해 그는 『회상록』 3권에 이렇게 적었다. "임차 내용의 양도 때 물러나는 임차인과 들어서는 임차인 사이에 어떤 양해도 요청해서는 안 된다는 점을 내가 생각질 못했다. 온갖 복잡한 관계를 안고 있는 독일제국의 정부에서는 그러나 유사한 요청이 제기되진 않았다." 2년 뒤 그가 아들의 결혼식 참석차 빈으로 여행을 갔을 때 자신

---

[52] Wilhelm von Hahnke(1833~1912): 프로이센의 야전사령관이자 정치가.

이 프란츠 요제프 황제를 알현할 수 있을지 문의하자 황제는 그에게 승낙한다는 답변을 보냈다. 그러나 이에 대해 독일 정부는 이의를 제기한다. 비스마르크는 이 때문에 심한 모욕을 느끼고서 순간 카프리비에게 항의해야겠다고 생각한다. 그의 80회 생일에 맞추어 제국수상이 공식적인 축하 인사를 전하러 오겠다고 제안했을 때, 집안의 대다수 사람이 서슴없이 거절했다. 이에 대해 황제는 비스마르크에게 전보로 '극심한 분노'를 토로했다. 그러나 비스마르크는 한 여자 친구에게 이렇게 편지를 썼다. "나는 이 모든 사람에 대해 그저 창가에 서 있는 괴츠 폰 베를리힝겐의 감정[53]을 가질 뿐이오. 황제도 예외가 아니라오." 이것이 위대한 프리드리히를 무덤으로 안내한 최후의 감정인 셈이다.

케이프-
카이로

비스마르크가 사임한 후 몇 달 지나지 않아 '잔지바르 조약 (Sansibarvertrag)'이 체결되었다. 이 조약에서 독일 정부는 영국 정부에게서 헬골란트[54]를 얻는 대신 위투(Witu)와 우간다(Uganda)를 내놓았고, 가장 중요한 동아프리카의 교역 지역 가운데 하나인 잔지바르에 대한 권리를 영국에 양도했다. 이것이 독일에 아주 불리한 거래였다는 점은 아프리카 문제에서 최고의 권위자로 통하는 독일과 영국 출신 두 전문가가 밝힌 바다. 페터스[55]는 제국이 두 개의 왕국을 목욕통 하나와 바꿨다고 지적하는가 하면, 스탠리[56]는 새로 산 바지

---

[53] Götz von Berlichingen(1480~1562): 독일의 기사이자 모험가이고, 독일 농민 전쟁 당시 반군인 자유민병대의 우두머리로 알려져 있음. 나중에 신성로마 제국에 봉사하면서 투르크와 프랑스에 맞서 싸움. 괴테의 희곡 『괴츠 폰 베를리힝겐』도 바로 그의 삶에서 소재를 구한 것임.
괴츠 폰 베를리힝겐의 감정이란 권력에서 멀어지고 배신당해 허망해진 감정을 뜻한다.
[54] Helgoland: 독일 북부 슐레스비히홀슈타인 주에 있는 섬.
[55] Karl Peters(1856~1918): 독일의 식민지 지배자이자 탐험가.

한 벌 때문에 헌 바지의 단추를 하나 장만했다고 말한다. 이들의 의견에 비스마르크는 공감했다. 그는 그토록 넓게 확장한 지역을 단념하는 일을 반대했으며 헬골란트 점유는 지브롤터(Gibraltar)를 얻을 교두보를 확보하려고 취한 궁여지책일 뿐인 것으로 내다봤다. 지금까지 헬골란트는 독일 해안에 대한 프랑스의 봉쇄 조치를 인정한다는 뜻에서 영국의 깃발이 나부껴온 곳이다. 물론 프랑스-영국 협약을 여전히 고려하지 않는 관점에서 봐도 항상 공리주의적으로 되풀이해서 주장되듯 비스마르크는 식민지 제국주의의 이해관계를 이해하지 못한 것이 아니었다.

제국주의는 중대한 모든 정치적인 방향모색에서 그렇듯 영국이 고안해낸 작품이다. '**제국과 팽창**(*Empire and extension*)'은 18/19세기의 마력적인 장치처럼 들렸다. 그 시대의 대표적인 시인은 러디어드 키플링[57]이었고, 그 시대 광고계 대부는 언론계의 제후로 통하는 윌리엄 노스클리프[58]였다. 당시 처음으로 영국인의 상상 속에 아프리카를 종단하는 거대한 제국을 염두에 둔 사념이 떠올랐다. 물론 이 사념은 세계대전을 통해 마침내 실현을 맛보기도 했다. 그 행군로는 케이프(Cape)에서 카이로(Cairo)까지 이어진다. 그 첫 단계가 나일 강 삼각주를 점령하는 것이었다. 80년대의 전환기와 같이 저물어가는 근대에서 가장 막강한 정복자 가운데 한 사람이었던 세실 로데스[59]는 로디지아(Rhodesia)와 아프리카 대륙 남부에 있는 거대한

---

[56] H. M. Stanley(1841~1904): 영국 출신 미국의 저널리스트이자 탐험가.
[57] Rudyard Kipling(1865~1936): 영구의 단편 작가·시인·소설가.
[58] Alfred Charles William Northcliffe(1865~1922): 영국의 언론 역사상 가장 성공한 신문발행인으로 통하는 대중적 언론인이자 근대 신문·잡지업의 창시자.
[59] Cecil Rhodes(1853~1902): 영국의 아프리카 식민지 금융가이자 정치가.

지역을 압류했다. 1896년과 1898년 사이, 일종의 현대판 코르테스[60]라고 부를만한 키치너[61]가 영국계 이집트인이 다수를 차지하고 있던 수단을 정복하여 조립 가능한 기선과 야외 철길, 개선된 군사도로에 의거해 박진감 있게 그러면서도 조심스럽게 앞으로 밀고 나갔다. 그러나 이 행군은 1898년에 파쇼다(Faschoda) 갈등으로 이어진다. 영국인들을 앞지르고 싶었던 중대장 마르샹[62]이 나일 강 상류 지역의 파쇼다에 프랑스 깃발을 올린 것이다. 키치너는 그곳에서 철군할 것을 요구한다. 마르샹이 거절하자 영국의 한 기마 중대가 튀니스에 출동했다. 두 식민지 열강 사이에서 전투적인 마찰이라도 곧 벌어질 태세였다. 그러나 프랑스가 해군무장을 하지 않은 상황이라 뒤로 물러섰다.

이미 영국은 아프리카 남부의 끝점에 해당하는 케이프 지역을 점유하고 있었다. 이 지역은 나폴레옹 전쟁 기간에 영국이 벌써 차지한 땅이다. 그러나 그곳에서 북쪽으로는 황금과 다이아몬드가 매장되어 있는 지역이었지만 막강한 네덜란드 공화국이 버티고 있었다. '보어공화국(Burenrepublik)'의 주민들은 온갖 미덕을 다 갖추었지만 신분상의 결점이 있는 정직한 농민들이었다. 그들은 정통 칼뱅파로서 자신들의 신앙을 위해선 용맹성과 엄격함을 겸비하고 있었다. 1899년에 터진 전쟁은 보어인들이 대승을 거둠으로써 유럽의 일반인들을 깜짝 놀라게 했다. 그런데 보어인들은 몸이 아주 둔했을뿐더러 섬멸적인 공격을 받는 가운데 자신의 기량을 충분히 이용할 수 있는 훈련을 받은 적도 없었다. 그럼에도 그들은 2년 6개월간의 지루

---

[60] H. Cortez(1485~1547): 스페인의 정복자.
[61] Lord Kitchener(1850~1916): 아프리카 수단에서 활약한 영국의 군인.
[62] J. B. Marchand(1863~1934): 프랑스의 육군 장교.

한 소규모 전투를 치르면서 강대국에 맞섰다. 프리토리아(Pretoria) 평화조약에서 그들은 독립은 잃었지만 대사면을 받아냈다. 여기에는 그들 농가 재건을 위한 무이자 대출, 네덜란드 언어 보존에 대한 보장, 1906년부터 효력을 발휘할 자치권에 대한 확약도 포함된다. 1910년 남아프리카 전체가 자체 의회를 둔 연방국가가 되었다. 영국은 이제 북부와 남부를 지배했다. 그러나 그 사이에는 독일-동아프리카가 쐐기로 자리 잡고 있었다.

이탈리아도 (홍해에 인접한) 식민지 에리트레아(Eritrea)와 소말리아(Somalia)를 건설함으로써 아프리카 동부 외곽에 둥지를 틀려고 했다. 그런데 이 지역 사이에는 아비시니아(Abyssinia)가 놓여 있다. 대륙 콤플렉스를 안고 있는 나라로서는 바로 이 아비시니아 점유만으로도 중대한 경제적·정치적 의미를 획득하는 셈이 될 법도 했다. 그래서 1889년 이탈리아는 이 왕국에 대한 보호령을 선포하지만, 1896년 아비시니아 황제에게 아도와(Adua) 전투에서 결정적으로 격퇴를 당한다. 그 결과는 크리스피[63] 정권의 실각이었다.

지금까지 자명한 공리로 통한 것은 유럽 열강만이 식민지에 대한 권리를 갖는다는 점이었다. 그러나 1898년에 벌어진 스페인-미국 전쟁에서 미합중국 역시 제국주의 세력임을 보여주었다. 미합중국의 개입 원인은 '서인도 제도의 진주'로 통하는 쿠바(Kuba) 섬이었다. 풍부한 설탕·커피·담배 생산지역을 미합중국이 점유하고 싶었던 모양이다. 전투는 스페인의 완패로 끝났다. 스페인은 열악하기 짝이 없는 소총과 낡을 대로 낡은 선박으로 무장했기 때문에 적에

북아메리카

---

[63] F. Crispi(1819~1901): 이탈리아의 정치가. 두 번에 걸쳐 수상을 역임함 (1887~1891/1893~1896).

게 아주 값싼 해상 승리를 안겨주는 데 일조했으며, 기대한 것과는 달리 육지에서도 맥을 쓰지 못했다. 미합중국은 쿠바와 푸에르토리코(Portorico)만 '해방시킨' 것이 아니라 원주민들의 뜻과는 반대로 아시아의 필리핀 제도를 합병하기도 했다. 이는 먼로주의를 명백히 위반한 일이었다. 왜냐하면 자명하지만 먼로주의는 미국이 미국 바깥의 어떤 열강의 간섭도 용인하지 않듯이 미국 자신도 외국의 대륙에 어떠한 간섭도 삼간다는 원칙으로 해석할 수 있기 때문이다. 미국이 바다로 진출하려 한다는 것을 염두에 두면 그것은 그리스도가 탄생하기 264년 전, '중부 이탈리아 연합국가'의 정부가 시칠리아 섬을 장악하고 지중해 무대를 위성으로 삼으려고 결심했을 때 내린 결단과 유사한 세계사적 결단이 되는 셈이다. 이와 비슷한 방식으로 계속 진행되다보면 결국 북아메리카의 세계지배로 끝날 것은 빤한 일이었다. 그래서 일종의 포에니 전쟁과 같은 대규모의 지루한 충돌은 불가피할 수밖에 없는 일이다.

동아시아　　그도 그럴 것이 수평선에서 새로운 카르타고가 떠올랐기 때문이다. 세계정책에 일본이 발을 들여놓은 것은 근대에 일어난 가장 중대한 외형적 사건 중 하나이다. 1868년까지만 해도 일본은 중세 봉건국가였다. 그 주민 대부분이 농업과 가내수공업에 종사했으며, 위계질서로 짜인 귀족정치의 지배를 받고 있었다. 그 정상에 쇼군(Shogun) 혹은 막부 장군들이 서 있었다. 이들의 권력은 메로빙거 왕조 시대 궁재의 그것과 거의 맞먹었다. 특히 지방 토호세력 다이묘[64]가 그랬다. 이런 위계질서는 세습전사, 즉 사무라이와 같은 카

---

[64] Daimyo: 일본에서 10세기경부터 19세기 말까지 넓은 영지와 강력한 권력을 가진 유력자를 일컫던 말.

스트제도에 의해 지탱되었다. 덴노 혹은 미카도[65]는 단순히 종교적 수장으로서 통치에는 아무런 영향력이 없었다. 그해 젊은 천황 무쓰히토(Mutsuhito)는 쇼군이 지배하기 전에 이미 천 년 이상 덴노가 장악해온 정치권력을 회수하여 우선 국가제도를 17세기 및 18세기 유럽이 실현한 것과 비슷한 수준에서 조직화된 관료와 상비군을 두는 중앙집권적 절대주의로 정비했다. 1889년에 그는 헌법을 공포한다. 10년도 채 안 걸려서 인편이 전신으로, 가마가 고속열차로, 나룻배가 대형 증기선으로 교체된다. 화폐제도, 사법, 달력이 유럽 형태로 바뀌었으며, 의무예방접종과 의무교육, 상업의 자유와 일반 징집제도 등이 도입되었고 산업과 군대가 독일식 모형을 따라 완전히 현대화했다. 일본은 한 세대 사이에 프랑크 왕국 식의 봉토제도에서 부르봉 왕가 식의 정치국가로, 프리드리히 대왕식의 계몽주의에서 체임벌린과 루스벨트[66]식의 민주적인 제국주의로, 낫 모양의 검에서 기관총으로, 문맹상황에서 라이노타이프 인쇄기술을 사용하는 데까지 나아갔다. 의아할 만큼 놀랍기도 한 '급속 제조업 과정'이었다. 이런 수용력과 적응력에는 일종의 여성적 성격이 담겨 있다. 일본의 이 같은 모범적인 성적은 김나지움 여학생들과 박사과정 중에 있는 여학생들이 거의 언제나 받게 되는 우수한 시험 성적만큼이나 가치가 있는 일이 아닌가 하는 의구심이 들 정도이다. 왜냐하면 지금까지 일본은 역시 능숙한 복제기술로 중국의 문화를 베껴왔기 때문이다.

그러나 일본 민족은 그 수많은 후손 대대로 풍요를 생산하는 기

---

[65] Tenno, Mikado: 일명 천황으로 불리는 일본 국가원수의 칭호.
[66] Theodore Roosevelt(1858~1919): 미국의 26대 대통령.

름진 토양의 복을 타고나지 못한 까닭에 만주의 철과 석탄 매장지대를, 그리고 대한제국(Korea)의 목화와 쌀의 곡창지대를 호시탐탐 노렸다. 중국과의 불가피한 충돌이 1894년에 일어났다. 이 충돌은, 그 이름에 따르면 독립적인 완충국(Pufferstaat)이지만 예부터 중국의 영향권에 있었던 대한제국을 점령하면서 시작된다. 중국은 병사와 군함을 보내지만, 현대식 무장과 훈련의 면모에서 일본과는 상대가 되지 않아 싸울 수가 없었다. 완전히 패배하고는 시모노세키 강화조약에서 대한제국만 포기해야 했던 것이 아니라 거대한 섬 대만(Formosa)과 황해의 길목으로 통하는 요동 반도를 포함한 여순 항구마저 할양할 수밖에 없었다. 그밖에도 많은 전쟁배상금을 물어야만 했다. 그러나 이제 유럽이 개입하기 시작한다. 파리·베를린·상트페테르부르크의 각료들이 공동으로 항의하면서 여순 항구 반환을 강제했다. 대한제국의 문제도 풀리지 않은 채 남겨져 있었다. 반면에 러시아는 중국에게서 만주 횡단 철도 건설과 군사보호를 허용받았고, 여순 항구와 요동 반도의 '임대'를 약속받았다. 유사한 방식으로, 여순 항구와 마주하고 있는 위해위(Weihaiwei)는 영국에, 광주는 프랑스에, 청도는 독일에 할양되었다. 이렇듯 일본만 승리의 소중한 과실을 잃은 것이 아니라 중국도 적보다 그 보호국들 때문에 오히려 더 큰 손실을 입었다. 그런데 동아시아에서 들끓는 적대감의 핵심 부담을 독일이 짊어져야 했다. 그도 그럴 것이 황제는 공동의 해적행위에서 미숙하기 그지없게도 전면에 불쑥 나서서는 황인종의 위협으로부터 유럽을 방위하고 신성한 재산을 보호한다는 부적절하기 짝이 없는 말을 뒤섞었기 때문이다. 그래서 비스마르크도 그를 비판하길 삼가지 않았던 것이다.

'백색 악마'에 대한 민족적 분노가 전 중국으로 확산되어 광신적인 민족주의자들로 구성된 비밀조직인 '의화단(義和團)'[67]의 봉기로 분출되었다. 이 민족주의자들은 외국인들에 대한 당면 투쟁을 잘하려고 우습게도 권법 훈련을 했다. 그러나 동기가 어디에 있는지 알 수 없는 독일 황제의 병적인 협박성 발언이 또다시 동원되었을 때 이 에피소드는 금세 사라지고 만다. 인디언 낭만주의의 영향을 입은 이 같은 정책과는 반대의 입장에 서 있었던 나라는 영악하고도 냉정한 태도를 취한 영국이었다. 영국은 주어진 상황에서 실용적인 결과를 취할 목적으로 일본과 동맹을 맺었다. 그것은 크림(Krim) 전쟁 이후 영국이 공식적으로 맺은 최초의 동맹이었다. 1902년 두 열강은 동아시아 점유 상황을 서로 보증했다. 이런 이해관계의 보호 아래서 제3국과의 전쟁이 발생하면 양 당사국은 서로 우호적인 중립을 지킬 것을 약속했으며, 공격을 받으면 서로 원조하기로 협약했다. 이 조약은 아주 공공연하게는 러시아를 겨냥한 것이지만 넓게는 바로 '제2세력'으로 이해할 수 있는 프랑스도 목표로 한 셈이다.

상트페테르부르크 정부가 대한제국을 일본에, 만주를 러시아에 러·일 전쟁 할양하자는 일본의 조정안을 일거에 물리친 이후로 러시아와 일본 사이의 전투적인 분쟁은 사실 그 시대의 문제 그 이상을 의미했다. 아무튼 아주 어리석어 보이는 이 같은 러시아의 태도는 도무지 납득하기 어려운 모스크바의 교만한 자세를 염두에 둘 때만 이해될 수 있는 부분이다. 그도 그럴 것이 논란거리가 되지 못하는 만주 점유는 러시아로서는 귀중한 소득일 수 있었던 반면에 대한제국은

---

[67] Faustbund: 일종의 권법 무술단체의 무리로 의화권이라 불리기도 함. 서양에서는 의화단을 '복서(boxer)'라고 부르는데, 이는 당시 서양 선교사들이 의화단이 무술과 체조를 중요시하는 것을 보고 '권투선수' 같다고 평한 데서 유래함.

동쪽의 두 거점항구인 여순과 블라디보스토크(Wladiwostock)를 이어주는 고리로서 그저 해양군사 전략으로만 중요했기 때문이다. 상황이 긴급하게 돌아갔다. 왜냐하면 모스크바를 블라디보스토크와 연결해주는 시베리아 횡단 철도가 아직 단선 철도인 한, 일본은 압도적인 세력에 맞서 싸울 필요가 없는 몇 가지 가능성을 갖고 있었기 때문이다. 그래서 1904년 일본은 만주를 단념하고 대한제국에서 일본의 우세를 인정하라는 받아들일 수 없는 최후통첩을 러시아에 보냈던 것이다. 따지고 보면 이 특이한 전쟁선포는 양쪽 가운데 어느 한쪽의 일방으로 비롯된 것은 아니었던 셈이다.

러·일 전쟁은 지금까지의 전쟁, 이를테면 가장 이른 형태로서 왕위계승 전쟁과 같은 것과는 별로 닮은 점이 없다. 이 전쟁을 구분해주는 핵심적 특색은 지루하게 끈 전투이자 이미 보어인들이 주어진 환경을 이용하여 활용한 바 있는 그런 참호전술이었다. 일본도 공격을 할 때 우세한 대포의 엄호 아래서 야전삽을 이용했다. 기관총 이용도 새로웠고, 야간 전진 행군도 새로웠다. 지금까지는 야간 행군이 특별히 긴박한 상황에서만 행했던 것이다. 터키가 지배하던 시절 이후 이용하지 않았던 기술인 요새 방어 전투의 지뢰 기술이 이제 현대적 형태로 다시 부활했다. 이런 기술이 없었다면 여순 항구 도시를 제압하지 못했을 것이다. 일본의 승리는 러시아 참모부의 무능 탓으로 돌릴 수 있지만, 무엇보다 그 주된 원인은 러시아가 적이 이렇게 위험한 전투를 벌일 것이라고는 상상도 못했으며, 따라서 일본이 자기 운명의 미래가 달린 이 전쟁에 돌입할 때 세운 영웅적 각오와 같은 정신적 자세가 러시아엔 충분히 준비되지 않은 점에 있다. 실로 봉건주의 전통의 명예법전에서 핵심 계명으로 통하는 "불명예스럽게 사느니 차라리 멋있게 죽으리라"는 '무사도(Bushido)'

와 '기사도'의 윤리는 일본 국민들 의식 깊은 곳까지 이미 파고들어가 있었다. 반면에 러시아 사람들은 이 전쟁을 자기 민족의 전쟁으로 보지 않았으며, 대부분의 제정 러시아 농민들은 무엇이 문제인지 알지도 못했다.

일본은 전략적 핵심 과제로서 요동 반도와 대한제국에 충분한 병력을 상륙시키고, 여순 항구를 합병하여 러시아의 지원군을 차단하는 일에 역점을 두었다. 수송로를 확보하기 위해 도고[68] 제독이 여순 항구에 집결해 있던 러시아 함대를 습격하여 심각한 손실을 안겨주었다. 그 나머지도 활동을 못하도록 부설 수뢰를 깔아 제압했다. 구로키[69] 장군이 이끄는 일본군이 최초로 상륙한 이후 러시아군을 대한제국과 만주를 가르는 강인 압록강 너머로 밀어냈다. 러시아군은 확고한 진지를 구축하고 있던 요양성에서 병력을 강화했지만 오야마[70] 사령관이 이끄는 통합 3군에 의해 열흘간의 전투 끝에 격퇴된다. 공세로 전환하려던 러시아군의 시도는 태자(太子) 강 부근의 전투로 이어졌으나 러시아군은 여기서 결정타를 날리지도 못했다. 그 사이에 차르의 명령에 따른 함대 돌파작전은 출항한 선함들의 손실로 끝나고 말았다. 이 선함들이 한편으로는 중립 지역에서 비무장 상태로 있었고, 또 한편으로는 일본군의 수중에 들어갔기 때문이다. 1905년 1월 1일 여순 항구가 함락되었다. 이로써 노기 마레스케[71] 장군의 포위공격 부대가 자유롭게 활약할 길이 트인 셈이다.

---

68 Togo(1848~1934): 도고 헤이하치로(東鄉平八郎). 일본의 해군제독.
69 Kuroki(1844~1923): 구로키 타메모토(黑木爲楨). 일본의 육군 장성.
70 Oyama(1846~1916): 오야마 이와오(大山巖). 일본의 육군 사령관.
71 Nogi(1849~1912): 노기 마레스케(乃木希典). 일본의 육군 장성. "바다에는 도고, 육지에는 노기"라는 말이 있을 정도로 유명한 장수임.

그러나 러시아군도 시베리아를 넘어온 지원군으로 전열을 정비했다. 2월 말, 쾨니히그레츠 전투 때보다 더 많은 병사가 육박전을 벌인 봉천[72]에서 보름간의 결정적 전투가 벌어졌다. 이 전투는 노기 장군에 의해 양익 포위 전술에 걸려든 러시아군의 퇴각으로 끝이 났다. 이제 러시아군에 남은 전략적 가능성이라고는 발트 해에 정박하고 있는 군함을 출동시키는 일밖에 없었다. 발트 함대의 출동을 통해 그들은 이미 육지에서 작전을 펼치고 있는 일본군에게 더 이상 병력과 군수품을 수송하지 못하도록 일본군의 해로를 차단함으로써 압도적인 숫자로 계속 보충되고 있는 만주군과 함께 일본군을 분쇄하려는 기대를 품었던 것 같다. 그러나 발트 해의 함대는 리바우(Libau)항에서 동아시아까지 멀고먼 험준한 뱃길로 돌아갈 수밖에 없는 형편이었다. 일부는 지중해를 거쳐 수에즈운하를 통과했지만, 주력부대는 희망봉까지 돌아서 가야 했던 것이다. 이들은 마다가스카르(Madagaskar)에서 합류했다. 전장에 도착했을 때 함대는 전투력을 완전히 상실하고는 비참한 패배를 겪었다. 전함 서른여덟 척 가운데 서른다섯 척이 침몰하여 정복되거나 무장해제 되었다. 그 사이에 벌어진 러시아 혁명은 육지의 보충부대마저 위협했다.

그러나 그동안 일본도 그 힘이 다한 처지에 이르렀다. 전쟁 초기에 조달한 경제 및 군사 자금이 거의 고갈된 마당이었지만, 더는 전시 자금으로 신용대출을 할 수 있는 형편도 아니었다. 이런 사정으로 양 진영은 루스벨트 대통령의 중재안을 수용한다. 포츠머스(Portsmouth) 조약을 통해 러시아는 전쟁 배상금을 물지 않는 대신 일본에 요동 반도와 사할린 섬의 남쪽 절반을 양도하고 대한제국을

---

[72] 奉天: 중국식 발음으로 펑톈. 현재 심양(瀋陽)의 옛 명칭.

일본의 보호령 아래 두는 것을 인정하기로 한다. 만주에서는 중국이 러시아의 옛 권리를 다시 수용하게 된다. 말하자면 북부의 철도는 러시아가 관리하고 남부 철길은 일본이 관리하게 된 것이다. 이는 어마어마한 희생을 치르고 얻은 빈약하기 짝이 없는 결과였던 꼴이다. 그러나 일본 제국이 전쟁에서 취한 도덕적 성과는 비상한 것이었다. 이제 일본은 특사 외교문서가 보여주는 바에 따르면 8개국 열강에 포함되며, 동아시아에서 따를 나라가 없는 강대국으로 통한다. 영국은 여전히 약간 더 유리한 조건이긴 하지만 일본과의 동맹을 강화한다. 이제 양 파트너는 어느 한쪽이 직접적 도발이 아니라 공격받을 위협의 낌새만 있을 때라도 서로 무장 원조할 것을 약속했다. 이로써 일본은 대한제국에서 마음껏 활보할 수 있게 된다. 대한제국은 1910년 황제가 강제폐위당함으로써 나라 전체가 형식상 완전히 합병된 꼴이었다. 그런데 역설적이게도 조약은 인도에서 러시아가 어떤 도발을 하더라도 영국을 보호하는 것으로 되어 있었다. 만일 청·일 전쟁 직후에 독일이 조금만 노련한 모습을 보였더라면 쉽게 영국의 자리를 차지하고서 영국이 얻었던 지원군과 유사한 지원군을 확보할 수 있었을 터이다. 그도 그럴 것이 그 당시까지만 해도 독일 민족은 군사 및 경제 분야에 있어서 일본인들에게는 선생으로 비칠 만큼 일본인들 사이에 열광적인 공감을 얻고 있었기 때문이다. 그런데 서구의 어느 열강도 독일에 대해 단독 공격을 감히 엄두 내지 못하던 마당에 러시아가 독일과 일본을 동시에 상대해 두 개의 전선을 펼칠 수 없었을 것이라는 점은 두말할 나위가 없다. 만일 그것이 가능했다면 협약서 전체가 동방의 나라 러시아에 의해 풀려나갔을 것이다.

러시아-프랑스 두 동맹 간 최초로 구체적 형태를 띤 협정은 1891

년에 맺어졌으며, 당시 이 군사협정은 거의 영국을 겨냥한 것이었다. 그도 그럴 것이 영국은 러시아 입장에선 중국과 근동에서, 그리고 프랑스의 입장에선 아프리카에서 가장 위험한 숙적으로 보였기 때문이다. 특히 프랑스와의 경쟁 관계는 거의 매년 심각한 마찰을 촉발한다. 물론 이 마찰은 파쇼다 갈등 직후에 맺은 1899년의 수단 조약(Sudanvertrag)으로 극복된다. 이 조약에서 서부 북아프리카는 프랑스 점유지로, 동부 북아프리카는 영국 점유지로 선언되었다. 이에 신경이 날카로워진 로마가 트리폴리에 대한 자신의 권리를 새로이 주장하고 나섰으며, 이에 대한 인정은 모로코의 '튀니지 반환'을 조건으로 이듬해에 프랑스로부터 받게 된다. 그러나 이는 3국 동맹을 주로 아프리카에 대한 야망을 고려해서 결의한 이탈리아로서는 동맹의 가치를 깎아내리는 행태일 수밖에 없었다. 곧이어 1902년, 독일-러시아의 모범을 따라 프랑스와 이탈리아의 재보장조약이 체결되었다. 이 조약에서 프랑스 공화정은 엄격한 중립을 확약받았다. 물론 그것은 프랑스가 공격을 받을 때뿐만 아니라 "도발에 대해 손상된 명예와 안전을 지킬 전쟁을 선포할 수밖에 없을 때"도 마찬가지였다. 이런 식으로 해서 **어떤** 경우에든 중립을 보장받았다. 이로써 3국 동맹은 거의 망상에 불과한 것이나 다름없게 된 셈이다.

프랑스-러시아의 밀착 관계를 끊어 유리하게 재편할 기회를 독일은 보어인들과 전쟁을 치르느라 놓치고 말았다. 크뤼거[73] 대통령이 도움을 요청하려고 유럽 순방에 나섰을 때 마르세유 시민들은 그를 열렬히 환호했고, 파리에서는 최고의 예우를 갖춰 영접했다. 모스크바와 상트페테르부르크에서도 영국을 규탄하는 대규모 군중대회

---

[73] Paul Krüger(1825~1904): 남아프리카 공화국의 대통령.

가 열렸다. 이런 민중의 정서를 반영해서 프랑스와 러시아는 영국에 대해 대륙 열강의 공동 압력을 노리고서 이 목표를 성취하려고 독일 정부와 합의를 이끌어내려 했다. 그러나 독일 정부는 이를 거절했고, 이로써 영국은 파국적인 외교 실패를 모면할 수 있었다. 그러나 여기서 또다시 적어도 프랑스에 관한 한 대륙의 우호적인 정서가 얼마나 타당했는지, 아니면 얼마나 오래 지속되었는지 물을 수 있다면, 영국 측에서 내놓은 대단히 성실하고 진지한 고민의 결과인 제안들에 비추어보면 프랑스의 태도가 전혀 납득할 수 없는 일로 비칠 것이 틀림없다. 말하자면 그 세기 말엽, 영국은 **겉멋 부리는 고립**(*splendid isolation*) 정책을 포기하고 '대륙의 검'이 러시아를 향하게 일을 도모하기 시작한다. 이에 제일 적합한 나라가 독일로 보였다. 1895년 솔즈베리[74]는 영국의 3국 동맹 가입과 터키 분할을 제안하면서 한때 가장 찬란한 문화 지역이자 주민들로 넘쳐났던 분지인 아나톨리아(Anatolia)가 독일에 할양되어야 한다고 주장하기까지 한다. 1898년과 1899년에 영국은 모로코의 대서양 해안을 추가하여 또다시 동맹 제안서를 제출했다. 1901년 영국은 다시 한 번 더 독일에 접근한다. 이번에는 최고의 선물을 안겨주는 형식을 취한다. 이로써 이미 영국은 일본의 연합 가입을 개연성 높게 전망할 수 있었던 모양이다. 영국-독일-일본의 블록은 지구에 대한 독재를 의미할 수 있었고 독일은 북독일 동맹에서 취한 바와 유사한 우세한 힘을 3국 동맹에서 발휘할 가능성도 있었다. 그러나 네 번에 걸친 그 제안이 거절당했다. 체임벌린[75]은 이렇게 말한다. "나는 의욕을 완전

---

[74] R. C. Salisbury(1830~1903): 영국의 보수당 정치가이자 수상.
[75] J. Chamberlain(1836~1914): 영국의 정치가.

히 상실하고 말았다. 더 이상 베를린 사람들과는 아무 일도 도모하지 않을 것이다. 그들은 세계의 재편이 그들에게 달려있다는 사실을 알아차리지 못할 만큼 너무 근시안적이어서 도무지 도울 재간이 없는 형편이다." 비스마르크라면 두 손을 내밀었을 것이 틀림없다. 왜냐하면 그는 늘 수행능력이 있는 연합 파트너를 필사적으로 찾아다녔기 때문이다. 수상에 재임하고 있던 시절 그는 긴밀한 동맹을 맺기에는 너무 버겁고 불손했던 러시아를 마음껏 다뤘던 반면에 오스트리아와 이탈리아는 유럽의 균형추에 충분히 강한 압력을 넣을 수가 없었다. 그러나 당시만 해도 영국은 아직 동맹을 원하지 않았다. 아무튼 비스마르크 이후 독일 정부의 망설임은 안목이 짧은 딜레탕티즘과 과장된 관료주의에서 비롯된 것이다. 영국의 제안이 대단히 중요하게 받아들여질 수 있는 것은 그 같은 연합 그룹화가 적어도 독일 못지않게 영국에게도 이득이 돌아간다는 사실을 염두에 두면 아주 쉽게 이해되는 법이다. 19세기의 전환기에 나중에 봉쇄정책으로 이어지는 무역경쟁이 있었지만, 그것은 대단히 위험할뿐더러 팽창일로로 치닫는 러시아 제국주의를 완전히 차단하고 아프리카와 인도차이나에서 프랑스의 활동을 마비시키는 대가로서 영국이 충분히 감내할만한 손쉬운 일이었을 수도 있다. 맹방으로서 차르 러시아는 (물론 당시로서는 러시아밖에 고려의 대상이 없었지만) 독일보다 훨씬 유지비용이 많이 들었다. 전쟁에서 승리할 경우에도 그것은 마찬가지였다. 왜냐하면 러시아는 유럽을 압박하는 우세한 힘이 될 수 있고 이집트를 지속적으로 위협할 수 있는 그런 폴란드 전체와 콘스탄티노플을 결코 단념하지 않을 것이기 때문이다. 그러나 독일에서는 영국과 러시아를 동시에 상대하고도 번영할 가능성이란 세계 어느 세력에게도 없다는 사실을 간파했어야 했다. 아마 나폴레옹의 가장 결정적이고 유일한 정치적 오류는 그러한 사실을 잘못 안 것에 있는 듯하다. 원칙적으로 러시아는 아무래도 격파하기 어려운 제국이다. 클라우제비츠[76]에 따르면 전쟁의 목적은 "적을 굴복시켜 더 이상 어떤 저항도 할 수 없도록 하는" 데 있다. 이에 덧붙여 전투력을 무기력하게 만드는 것으로는 충분치 않고 나라 전체를 정복해야 한다고 한다. "왜냐하면 나라에서 새로운 전투력이 형성될 수 있기 때문이다." 거대한 유럽의 단면도 고작 완만한 제방에 불과한 것처럼 보이는 하나의 매머드제국 러시아를 돌파한다는 것이 불가능하다는 사실은 더 이상 논할 필요가 없을 것이다. 세계정책에 발을 들여놓은 이후로 러시아는 거의 언제나 격퇴당했지만 (러시아 근대의 역사에서 유일하게 거둔 대형 승리는 풀타바(Pultawa) 전투뿐인데) 이때도 국경을 부단히 넓혀 나갔다. 러시아는 내부 세력을 통해서만 넘어뜨릴 수 있었다. 일본과의 전쟁 때도 혁명이 발발하고서야 강화조약이 체결될 수 있었다. 다른 한편 영국은 대륙 열강 전체의 확고한 연합을 통해서만 제압할 수 있었던 셈이다. 그 연합은 영국이 늘 두려워하면서 늘 무효화한 하나의 정세였다. 말하자면 영국은 때마다 생겨나는 가장 강력한 대륙의 강국에 맞서 늘 곧바로 유럽 동맹을 성사시켰던 것이다. 아무튼 그러는 사이에 상황은 유럽에서 전 지구로 확대되었으며, 이때 독일과 일본의 동맹은 거대한 두 내륙 국가인 러시아와 북아메리카가 대양으로 그 세력을 뻗치는 것에 맞서는 가장 확실한 보증 역할을 한 것이 분명하다. 민족심리학의 관점에서 보더라도 영국은 인종·세계관·문명형태에서 가까운 친화성이 있는 독일과의 동맹이, 독재적이고 반동적이

---

[76] K. von Clausewitz(1780~1831): 프로이센의 장군.

며, 혁명이 터질 경우 중단될 수 있으며, 문화와 윤리를 포함한 어떤 차원에서도 이질성이 있는 동부 세력과의 결합보다는 내구성에서 더 오래갈 전망이 있었다. 독일과의 관세동맹을 여러 번 고민해온 네덜란드가 항구적인 다리를 놓을 법도 했다. 셰틀랜드 제도(Shetlandinseln)에서 라인 강 및 마스(Maas) 강의 합류지점을 거쳐 바젤까지 이어지는 '게르만' 전선을 무너뜨린다는 것은 프랑스로서도 상상할 수 없는 일이었을 것이다. 독일 제국연방에 네덜란드까지 가세했다면 식민지 문제는 100년이 지나야 해결될 일이었는지도 모른다. 그런 경우를 두고 한마디로 규정을 내린다면 아마 **칼라일의 유럽**(Europa Carlyles)이라고 할 법하다. 물론 독일-영국 동맹이라면 이탈리아 문제도 결정적으로 해결됐음직하다. 이탈리아가 바다에 둘러싸인 그 빤한 사정 때문에 오직 영국 측에 서서 싸워야 했고, 어떤 상황에서라도 그렇게 싸울 수밖에 없었다는 사실은 비밀일 수가 없는 일이었다. 이탈리아의 민족통일전선이 동구에서 서구로 선회했다면 손실 없는 이득만 챙겼을지도 모른다. 그러나 반프랑스 동맹에 가담했기에, 가치 면에서 트리에스테와 트리엔트를 훨씬 능가할 법한 속령, 이를테면 튀니스와 알제리, 니스와 코르시카를 내놓을 수밖에 없었다. 그리고 오스트리아 정부가 이성적이었다면 발칸반도가 티롤에 대한 보상으로 수중에 떨어졌을 때 오래 간수할 수도 없었던 뷀쉬티롤(Welschtirol)도 하여간 단념할 수 있었을 것이다. 아무튼 그랬다면 비스마르크가 원한 대로 이탈리아의 고수(鼓手)는 알프스를 넘었을 테고, 슐리펜 작전[77]도 실패로 끝나지 않았을 터이다.

---

[77] Schlieffenplan: 독일의 육군 원수인 알프레트 슐리펜(Alfred Schlieffen: 1833~1913) 장군이 러시아-프랑스 동맹을 깨기 위해 1905년에 입안한 군사작전을 말함.

이 작전은 포위공격을 감행하는 독일 군대의 우측 측면이 당할 적이 없을 만큼 막강하다는 가정에서 수립된 것이다. 그러나 두 계기가 이 계획을 수포로 돌려놓았다. 그중 하나가 빌헬름 황제의 감정적 전략이다. 그는 2개 군단을 선발하여 위험천만한 동프로이센으로 파병했다. 그러나 이 두 군단이 동프로이센에 도착했을 때는 이미 탄넨베르크(Tannenberg) 전투에서 독일군이 승리한 **뒤**(nach)여서 애초 이동할 필요가 없었던 셈이다. 다른 하나는 이탈리아의 무조건적인 중립적 자세였다. 이는 조프르[78] 장군으로 하여금 경계부대를 남부에서 철수시켜 기습적인 역 포위공격에 활용할 수 있도록 해주었다. 이로써 '마른 강의 기적(Marnewunder)'이 일어난 것이다. 사실 영국군이 응원군으로 제때 서부전선에 투입되지 않았더라면 프랑스가 스당에서 대패했을 것이 틀림없다. 물론 슐리펜 작전은 늘 영국의 중립을 염두에 두고 있었다. 그러나 이를 확보하려면 바로 손을 멀리까지 내밀어 준비하는 동맹 외교술이 필요하다.

1904년 4월 8일은 프랑스-영국 협정이 낳은 3국 협상의 날이다. 여기서 채택된 아프리카에 대한 양해가 구속력 있는 형식으로 정비되어 모로코의 '**튀니지화**(tunification)'를, 좀 더 완곡하게 표현하면 모로코의 '**평화 관철**(pénétration pacifque)'을 프랑스에 맡기고 독일은 고려하지 않는 것으로 다뤄졌다. 이는 1년 뒤 1차 모로코 위기로 이어진다. 빌헬름 황제가 탕헤르(Tanger)에 막무가내로 상륙한 것이다. 알제리에서 조정 회담이 열렸지만, 누구도 만족시키지 못했다. 페르시아 북부는 러시아의 관할권으로, 아프가니스탄을 포함한 페르시아 동부는 영국의 관할권으로 선언한 1907년의 상트페테르부르크 조약

3국 협상

---

[78] J. J. Joffre(1852~1931): 프랑스의 야전사령관.

은 영국과 러시아 간의 의견차를 영국-프랑스 협정 때와 유사한 방식으로 일소한다. '진심 어린 양해'가 전부였다. 그다음 해에 에드워드 7세와 니콜라이 2세 사이에서 이루어진 회담에서는 매우 광범위한 세계 정치 문제가 다뤄졌다. 이때 러시아는 콘스탄티노플과 흑해를 인수하고, 영국은 이집트와 아랍과 메소포타미아, 그리고 페르시아에서 자유무역을 관장한다는 협정에서 의견의 일치를 보았다. 요컨대 이 협정에 따르면 러시아는 지중해를, 영국은 나일 강에서 인더스 강까지를 지배하고, 영국 제국주의의 원대한 기획에 들어있던 카이로-케이프타운을 연결하는 남부 노선을 양보한 대신 카이로-캘커타 지협을 점유했다. 아주 분명한 사실은 이러한 결합에서 독일의 자리를 러시아가 차지했다는 점이다. 바로 다음 해에 차르와 이탈리아 왕이 라코니지(Racconigi)에서 회합을 가졌다. 이 회합에서 이탈리아 왕은 다르다넬스(Dardanelles) 해협 개방에, 차르는 트리폴리타니아 점유에 동의했다. 이제 이탈리아가 3국 협정의 열강 당사국 모두와 차례로 우호적인 관계를 맺으면서 3국 동맹에서 떨어져 나가기 시작한다. 프랑스와는 1902년에 중립 조약을 맺었고, 영국과의 관계에서는 3국 동맹에 대한 확실한 유보입장을 표명했다. 1911년 제2차 모로코 위기가 찾아왔다. 프랑스는 술탄에 항의하는 봉기가 일어난 것을 구실로 삼아 페즈(Fez)에 군대를 투입했다. 또다시 대포로 중무장한 독일의 함대 '판테르호(Panther)'가 출현하여 해안을 위협했다. 당시 영국은 전쟁을 결의한 듯해 보였다. 영국의 프렌치[79] 장군이 북프랑스의 요새들을 순찰했으며, 영국의 함대가 전시 체제로 돌입했고 영국의 금융 대자본가들이 독일 은행을 상대

---

[79] J. French(1852~1925): 영국의 야전사령관.

로 긴급하게 예금을 인출했으며, 영국 보병 15만 명을 벨기에에 상
륙시킨다는 계획이 적어도 수립된 상황이었다. 그러나 독일과 페르
시아에 관한 협정을 막 끝낸 러시아가 유보적인 태도를 취했기에
또 한 번 조정이 이루어졌다. 독일은 카메룬 식민지를 완성한다는
의미에서 보면 체면을 살린 것이지만 고작 프랑스령 콩고의 늪지에
불과한 지역을 인수했다. 독일 민족주의자들도 프랑스 민족주의자
들도 모두 실망했다. 프랑스 민족주의자들이 실망한 것은 포르투갈
령 브라질처럼 넓은 땅이 프랑스령이 될 수 있을 법한 중부아프리
카 점유지가 바로 그 같은 조치 때문에 분할된다는 사실을 간파했
기 때문이며, 독일 민족주의자들이 실망한 것은 그들이 기대한 것이
서부 모로코 아니면 적어도 프랑스령 콩고 전체였기 때문이다.

다만 아직 본격적으로 작동하지 않았을 뿐인 일종의 울타리치기 합병 위기
총연습이 1908년에 나타난 합병 위기이다. 갓 발족한 터키의 '통
일·진보 위원회(Komitee für Einheit und Fortschritt)'는 술탄 압둘 하미드[80]
에게 헌법을 강요했다. 새로운 민족주의적 경향이 유행하면서 아직
명목상 속국이었던 불가리아와 '점령지'에 대한 관계를 좀 더 명확
히 정립하려는 움직임이 일어났다. 위원회는 보스니아(Bosnia)와 헤
르체고비나(Herzegovina)의 선거권 문제를 다루기 위해 터키 의회 소
집을 계획했다. 그 결과는 오스트리아-헝가리 정부가 조인할 당사
국에 사전 동의도 구하지 않고 두 나라의 합병을 발표했고, 같은
날 불가리아를 독립 왕국으로 선언하는 일로 나타났다. 터키는 오스
트리아 상품과 선박을 보이콧하는 식으로 응수한다. 세르비아는 그
보상으로서 아드리아 해로로 통하는 '통풍 통로(Luftröhre)'를 요구했

---

[80] Abd ul Hamid(1842~1918): 오스만투르크 제국의 34대 술탄.

다. 이탈리아에서도 큰 동요가 일어나 오스트리아 군대가 트리엔트 (Trentino)에 출동하기까지 한다. 체코는 동조하는 군중대회를 열었다. 이 군중대회는 프란츠 요제프 황제로 하여금 자신의 즉위 60회 기념일에 맞춰 헝가리에 비상사태를 선포하게 만들었다. 그러나 독일은 오스트리아를 적극 지지한다. 프랑스는 아직 충분히 무장을 갖춘 상태가 아니었고 러시아는 일본과 치른 전쟁 여파로 아직 약체 상태에 있었기에 세르비아는 주저할 수밖에 없었다. 그래서 세르비아는 공식 선언을 통해 합병을 인정하고 "저항과 항의의 태도를 취하지 않는" 의무를 지기까지 한다. 다른 한편 오스트리아는 잔트샤크 노비바자르(Sandschak Novibasar)에 대한 군사주둔 권리를 단념하고 그 지역을 터키 정부에 돌려준다. 터키 정부는 이외에도 금전 배상을 받았다. 이로써 오스트리아는 살로니키(Saloniki)로 통하는 관문을 단념할 뿐만 아니라 터키를 공동으로 공격할 경우 세르비아와 몬테네그로를 갈라놓을 법한 빗장마저도 열어준 모양이 되었다. 기발한 수단을 잘 동원하는 외무부 장관 에렌탈[81] 백작은 '오스트리아의 비스마르크'라는 이름을 얻었다. 이때부터 상트페테르부르크에서는 콘스탄티노플로 가는 길은 베를린으로 통한다는 말이 유행했다.

차르의 궁정에도 로마와 파리, 빈과 베를린에도 목적의식이 있는 단일한 정책이 없었다. 오로지 런던에만 그런 정책이 존재했을 뿐이다. 영국이 해상 장악의 초석을 놓음으로써 시작된 근대는 해상 장악의 완성으로 마무리된다. 세계대전을 통한 영국의 제국주의는 자신이 꿈꿨던 모든 것을 이뤘다. 요컨대 케이프-카이로-캘커타로 연결되는 내륙 블록을 형성했으며, 러시아를 근동에서, 독일을 세계무

---

[81] A. von Ährental(1854~1912): 오스트리아의 외교관.

역에서 떼어놓은 것이다. **진정한 근대의 영혼**(die wahre Seele der Neuzeit)인 베이컨[82]과 크롬웰[83]의 정신이 지구에서 승전가를 울렸다. 이때 그 정신이 단 하나 계산착오를 일으켰다면 그것은 정신이 승리의 정점에 도달한 바로 그 순간 근대가 종말을 고하기 시작했다는 점이다.

이 같은 세계상이 19세기 전환기에 가장 일관된 공식으로 표현된 것이 실용주의다. 이 실용주의는 옥스퍼드(Oxford) 대학에서 출발한다. 그 대표자는 1905년에 출간된 『실용주의(*Pragmatism*)』와 종교철학적인 저술 외에도 인간이 쓸 수 있는 작품 중 최고의 작품에 해당하는 경험심리학과 관련된 탁월한 저술들을 펴낸 미국인 윌리엄 제임스[84]다. 이 실용주의 관점에 따르면 우리의 이론적 사상도 실천적 활동, 즉 활동과 용인의 형식일 따름이다. 진리의 증거는 유용성이다. '객관적' 진리는 인간 공동체에 의해 유용한 것으로 인식되는 바의 총계이다. 제임스는 이렇게 말한다. "우리 근대의 좀 더 풍부한 통찰은 우리의 내적 재능이 우리가 사는 세계에 처음부터 적응해왔다는 사실을 인식했다는 사실에 있다. 이는 우리의 내적 재능이 우리의 안정과 행복을 세계 한가운데서 보호한다는 의미에서 그렇다. (…) 중요한 일들은 우리에게 이득을 가져다주고, 위험한 일들은 공포를, 유독한 일들은 불쾌를 불러오며, 부득이한 일들은 욕망을 채워준다. 간단히 말해 정신과 세계는 상호 발전한다. 그래서 서로 조응한다. (…) 우리가 느끼고 생각하는 방식이 서로 다른 까닭

실용주의

---

[82] F. Bacon(1561~1626): 영국 경험론의 초석을 다진 철학자. 극장의 우상·종족의 우상·동굴의 우상·시장의 우상과 같은 네 가지 우상론으로 유명하다.

[83] O. Cromwell(1599~1658): 영국의 군인·정치가. 칼뱅주의에 바탕 하여 영국 청교도혁명에 지대한 영향을 미침.

[84] William James(1842~1910): 미국의 철학자이자 심리학자. 실용주의 철학 운동과 기능주의 심리학 운동의 주도자로 널리 알려져 있음.

은 우리가 세계를 어떻게 인식하느냐에 달려있기 때문이다. 이는 외부세계를 형상화할 때 그 방식이 유용한가 하는 문제와 관계있다." 이런 구상에는 극단의 다원주의와 청교도 정신, 그리고 중용주의가 배어 있다. 그리고 여기에는 기회를 정당한 것으로 여기는 것을 그 본질로 하는 **캔트**(*cant*)의 의미도 약간 들어 있는 셈이다. 우리 사상의 타당성의 시금석은 그것의 성공 여부다. 이는 상인의 철학인 셈이다. 이 철학의 성공은 다수에 달려있다. 이는 민주주의의 논리학이다. 이 같은 성공은 예정된 것이다. 이는 칼뱅파의 교리이다. 요컨대 어떤 사태가 참이 되는 것은 그것이 나에게 적합하기 때문이다. 이것이 영국인들의 형이상학이다.

원한다는 것, 이것이 최고의 실재론(Realismus)으로 통한다. 그런데 이 경우는 극단적인 관념론(Idealismus)의 의미에서도 해석할 수 있다. 이는 독일 관념론에서 흔히 보는 일이다. 니체에게 '인식'은 힘을 향한 의지, 곧 '진리'를 향한 의지의 형식일 뿐이다. 그것은 생명을 촉진하는 작용을 일으키거나 현상한다. "우리는 결코 사실을 대면하지는 못한다." 이 책 2권에서 이미 다룬 바 있는 파이힝거[85]의 '가상(Als ob)'의 철학은 사상을 현실의 모사가 아니라 단지 현실에서 방향을 정립하기 위한 '자기보존의 도구'일 뿐인 것으로 설명한다. 3차원적인 확장 표상도 "감성의 혼돈을 정리하기 위해 정신이 끼워 넣은 허구적인 보조형상"으로 통한다. 이는 바로 종교·형이상학·윤리·미학 등과 같은 온갖 표상에 적용된다. 이를 좀 더 낙천적으로 표현하면 인간의 모든 삶은 관념들로 이루어져 있다고 말할 수 있다. 그런데 이 관념들은 현실적인 것이 아니지만 존재에 비로

---

[85] H. Vaihinger(1852~1933): 독일의 철학자.

소 그 생명의 신성함을 부여하게 된다. 우리의 삶은 가상(Schein)이지만 의미심장한 가상이다. 아니면 다른 말로 표현하면 그것은 유희(Spiel)이다. 유희는 곧 세계 전체를 의미한다. 그리고 예술가의 시선으로 보면 그것은 삶 자체이기도 하고 그 고유한 행위와 고통이기도 하다. 이는 정확히 실러의 세계관이다. 이런 시선으로 살펴보면, 니체의 불가지론은 독일 고전주의를 **마주보고 서 있는** 또 다른 숭고한 **봉우리**(Gegengipfel)로 비친다.

마흐

우리의 실제 행동의 결과는 우리가 생각한 세계와 현실의 세계 사이의 확실한 일치를 보여주는 것이라는 점을 늘 인정하는 파이힝거보다 훨씬 더 멀리까지 나간 사람이 에른스트 마흐[86]다. 그는 실제로 물리학자였기에 자신을 철학자로 대접하려는 것을 단호히 거부했지만, 철학자로서 심오한 영향을 끼치기도 했다. 명료함과 근거와 소재의 풍부함에서 뒤링에 필적하는 그의 역학(Mechanik) 이야기를 들어보면 마흐는 자유주의자가 비종교적인 관점에 대해 보인 그런 관용을 반대로 계몽주의의 도그마에 의해 저주를 받은 억견들에 대해 베풀었다는 점에서 일종의 자유주의 사상가임을 입증한 ― 여기서 그는 명백히 뒤링과 반대되는 위치에 서 있는 ― 셈이다. 그는 과학의 성직자들 사이에서는 극히 보기 어려운 열광이 결핍되어 있었던 것이다. 그가 쓴 일련의 논문, 이를테면 『감각 분석과 심리학에 대한 물리학의 관계(die Analyse der Empfindungen und das Verhältnis des Physischen zum Psychischen)』는 1885년에 초판으로 출간되었지만 제2판은 1900년에 가서야 나왔다. 그러나 그 후 다음 2년 사이에 3권의 책이 더 나왔다. 마흐의 정신적 계보는 영국을 향해 있다. 그것은

---

[86] Ernst Mach(1838~1916): 오스트리아의 물리학자이자 철학자.

곧 경험 일체를 기본 표상들, 즉 **이데아들**(*ideas*)의 복합으로 본 로크,[87] 그리고 습관적으로 이 같은 특징을 요약할 때 실체 개념과 자아를 표상들의 단순한 다발로 설명한 흄[88]을 가리키고 있다. 마흐는 이렇게 말한다. "나는 나의 물리학적 실물 전체를 **지금**(derzeit) 더 이상 쪼갤 수 없는 **성분들**(Elemente), 이를테면 색깔·톤·압력·온도·향기·공간·시간 등등으로 용해할 수 있다." 말하자면 공간과 시간과 같은 칸트의 '순수 직관형식'도 그에게는 감각에 불과할 따름이다. 왜냐하면 그것들은 우리 경험의 장으로 들어오자마자 늘 일정한 장소, 일정한 연장, 일정한 지속성을 갖기 마련이고, 간단히 말해 시각과 촉각의 기본 인상들로 구성되기 때문이다. 공간적으로 시간적으로 연결된 색채·톤·압력의 복합물은 **물체**(Körper)로 규정되며 특수한 이름을 갖는다. 그러나 이런 복합물은 절대적으로 항구적인 것이 아니다. 특히 **나**(Ich)로 규정되는 기억과 정서와 감정의 복합물은 상대적으로 항구적인 것으로 드러난다. 나의 한계설정은 본능적으로 구성되고, 가변적이며 심지어 유전에 의해 확정되기까지 한다. 개인과 유(類)의 고차원적인 **실제적**(praktisch) 의미 덕분에 '나'와 '물체'는 성분의 힘을 갖고서 등장하는 것이다. 모든 물체는 '성분들'의 복합을 의미하는 사념의 상징일 뿐이다. 이런 관점 앞에서는 세계와 자아, 사물과 감각, 물리학과 심리학 간 모순이란 존재하지 않는다. 예컨대 색채는 광원에 의존하고 있다는 것을 고려하면 하나의 물리학적인 객체이고, 또 망막에 의존하고 있다는 것을 염두에 두면 하나의 심리학적인 객체인 것이다. 이런 물질 자체는 이

---

[87] J. Locke(1632~1704): 영국의 계몽주의 사상가. 경험주의 철학의 원조.
[88] D. Hume(1711~1776): 영국의 경험주의 철학의 대표자.

두 가지 경우에 동일하다. 단지 조사의 방향이 다를 뿐이다. 따라서 물리학적인 것과 심리학적인 것, 내부와 외부, 내적 감각과 외적 사물 사이에는 아무런 간극도 없다. 관찰의 방향에 따라 내부나 외부가 되는 **동일한 성분**(einerlei Elemente)만 있을 따름이다. **물질적 세계**(materielle Welt)의 성분들이 **심리적 세계**(psychische Welt)에서는 감각들로 통하는 것이다. 따라서 과학의 과제는 이 관계, 즉 이런 **모든** 성분의 상호 의존성을 탐구하는 일에 있다. 마흐는 여기서 철학자로서가 아니라 물리학자로서 얘기한다. 그는 한 각주에서 이렇게 말한다. "나는 사람들이 다른 학문의 영역을 조망할 때 쉽게 버려서는 안 될 입장을 물리학에서 견지하고 싶다. 왜냐하면 결국 모든 것이 전체를 구성하기 마련이기 때문이다. 오늘날 분자물리학이 이런 요청에 명확하게 부합하지는 **않는** 형편이다." 마흐는 이런 관점을 일관되게 진척시켜 나가면서 원인개념(Urschenbegriff)을 수학적 **기능개념**(Funktionsbegriff)으로 대체한다. 인과율은 성분들이 서로 기대고 서 있는 기능적 의존성과 관련 있다. 기능개념은 원인개념에 비해 새로운 사실에 조응할 수 있는 장점이 있다. 마흐에 따르면 대체로 이런 조응에 모든 자연과학의 목적이 있는 것이다. 자연과학은 사실이나 **관찰**(Beobachtung)에 대한 사유의 조응과 나열이나 **이론**(Theorie)에 대한 사유의 조응을 의미한다. 이 둘은 엄격히 나뉘지 않는다. 왜냐하면 모든 관찰은 어느 정도 이미 이론을 뜻하며 모든 이론은 관찰에 의존하기 때문이다. "실험과 연역 사이에 짐짓 비치는 큰 간극은 실제로는 존재하지 않는다." 끝없이 확장하고 보고하는 이 같은 연구의 결과는 자연법칙에 관한 것이다. 그런데 자연법칙은 마흐가 자신의 마지막 저서 『**인식과 오류**(*Erkenntnis und Irrtum*)』에서 강조하면서 여러 사례를 예시하여 설명하듯, 사실들의 단순화와 도식화 및 관념화를 통해서만 생겨날 뿐이다.

철학사적 배경에서 정리해보면 마흐의 세계상은 그 무엇으로도 넘어설 수 없는, 말하자면 근대를 가로지르는 주제, 즉 **유명론**(Nominalismus)의 가장 극단에 서 있다. 유명론은 우리의 정신활동은 단순한 '기호'로서 사물들과 어떤 유사성도 가질 필요가 없는 개별 표상들로만 이루어진다고 가르쳐왔다. 영국의 경험주의자들이 이 같은 교의를 계승하여 설명하는 바대로 하면 들락날락하면서 합쳤다가 나누어지는 감각의 유희만 있을 뿐이다. 로크는 아주 구체적으로 우리의 두뇌란 접견실 이외 아무것도 아니라고 말한다. 비슷한 방식으로 콩디야크[89]와 프랑스의 백과전서파는 모든 정신적 활동은 변형된 감각이라고 주장한다. 이쯤에서 마흐는 결말을 본다. 요컨대 그는 개념과 실체와 선험적 직관형식만 존재하지 않는 것이 아니라 **객체 일반도 존재하지 않으며**(überhaupt keine Objekte) "감각을 닮지 않은 (Empfindungen unähnlich)" 객체도 존재하지 않는다고 설명하는 것이다. 왜냐하면 객체는 감각 자체 그 외 더 이상 아무것도 아니기 때문이다. 그러나 동시에 마흐는 **인상주의**(Impressionismus)의 고전철학자인 셈이다. 그도 그럴 것이 그는 '성분들', 이를테면 우리 경험세계의 이른바 ABC를 형성하는 고립된 개별 인상들, 그리고 이의 궁극적이고 유일한 사실들 이외 다른 어떤 것도 실재로 인정하지 않기 때문이다. 여기서 이제 확실히 두 가지 가능성이 있는 것이다. 성실한 '리얼리스트'로서 성분들을 단순히 기록하는 것으로 만족하면서 성분들 곁을 맴돌 수 있다. 그리고 낱말을 하나하나 받아쓰려고 애쓸 수도 있다. 그러나 이때는 완전히 의식적으로 그렇게 하는 경우다.

---

[89] E. B. de Condillac(1715~1780): 프랑스의 철학자. 감각론의 대표자로 통함.

이는 무책임한 공상 활동을 시도해보기 위해서다. 그도 그럴 것이 낱말을 하나하나 받아쓰는 행위자에게 **주어진**(gegeben) 것은 물질로서의 실제 감각들 a·b·c 등등이 더 이상 아니라 그 감각들의 상상의 기억 형상들 α·β·γ 등등일 뿐이기 때문이다. 이 행위자는 이런 기억 형상들을 '복합체'(물체, 자기감정, 사유, 정서와 기타 모든 정신활동의 고차원적인 산물들)로 요약하는 것이다. 이는 정확히 우리가 앞 장에서 거론한 바 있는 인상주의의 두 가지 극적인 가능성과 아주 유사한 꼴이다. 전자의 형식만이 인상주의에 본질적인 것이고 반면에 후자의 형식은 인상주의를 비롯한 모든 예술에 공통된 현상이라고 억측할 수도 있을 것이다. 그러나 여기서도 중요한 한 가지 차이가 있다. 그것은 인상주의가 그 종합 활동에서는 늘 완전히 의식적이라는 점이다. 요컨대 개별 감각이 자신의 유일한 건축자재를 구성하며, 이로써 세워진 건물은 허구(Fiktion)가 된다.

'허구로서의 세계'를 강조하는 것은 저물어가는 그 시대에 나타난 온갖 이질적인 철학적 경향에도 불구하고 하나의 공통성을 지니는 대목이다. 프랑스의 탁월한 수학자 앙리 푸앵카레[90]는 짐짓 가장 확실하고 가장 보편타당해 보이는 학문인 기하학을 두고서도 실용주의 입장을 취했다. 그는 자신의 책 『과학의 가치(La valeur de la science)』에서 이렇게 말한다. "공간 속에서 우리는 3각의 합이 두 직각의 합과 동일한 직선의 삼각형을 알고 있다. 그러나 곡선의 삼각형의 경우 그 내각의 합이 두 직각의 합보다 작다는 사실도 우리는 알고 있다. 전자의 측면에 딱 적합한 이름을 부여한다면 그것은 유클리드 기하학을 가정한다는 뜻이고 후자의 측면에 딱 적합한 이름을 부여

---

[90] Henri Poincaré(1854~1912): 프랑스의 수학자이자 과학철학자.

한다면 그것은 비유클리드 기하학을 가정한다는 뜻이다. (…) 우리가 유클리드의 직선이 **현실적인**(wirklich) 직선이고 비유클리드의 직선은 그렇지 못하다고 말할 땐 그저 전자의 관점이 후자의 그것보다 훨씬 더 중요한 일을 나타낸다고 말하고 싶은 것일 뿐이다. (…) 유클리드 직선이 비유클리드 직선보다 더 중량감이 있다면, 대체로 이는 비유클리드 직선에서 완전히 벗어나 있는 중량감 있는 자연의 어떤 대상들이 유클리드 직선을 덜 벗어나 있다는 뜻일 뿐이다." 수학의 체계는 하나의 관행이다. "그것은 참도 거짓도 아니고, 편리할 뿐이다."

베르그송 　 그러나 콩트 이래 가장 월등하게 영향력을 많이 발휘한 프랑스 철학자는 앙리 베르그송이다. 전쟁 이전 시기 동안 문학·예술·세계관 분야에서 그가 끼친 국민적 영향력은 거의 데카르트에 견줄만하다. 그는 형이상학을 과학과 뚜렷이 대립하는 위치에 두었다. 실증과학 본연의 활동은 분석이다. 분석의 처리과정은 그 대상을 익히 알고 있는 성분으로 되돌려놓는 일과 관련 있다. 즉 분석은 어떤 사물을 현재 상태의 모양이 아닌 어떤 상태로 표현하고자 하는 것이다. 이런 맥락에서 분석은 하나의 번역이고 상징으로의 전개를 뜻한다. 형이상학의 도구는 **직관**(Intuition)이다. "직관은 일종의 지적 감정이입이다. 이 덕분에 어떤 대상의 본질에 파고들 수 있고, 표현할 수 없는 유일한 것에서 얻을 수 있는 어떤 것을 만날 수 있다. (…) 실재성을 상대적으로 인식하기보다 절대적으로 포착하고, 그것에 대해 입장을 취하기보다 그 속으로 파고들게 하는 수단이 있다면 그것은 바로 형이상학 자체이다. 따라서 형이상학은 **상징 없이 일을 도모하려 하는 과학**(Wissenschaft, die ohne Symbole auskommen will)이다." 말하자면 현실을 재구성할 때 사유를 벗어난 길이 있다는 것이다.

그것은 곧 직접적인 체험의 길이다. 직관에서 영혼은 물질의 경과에 좌우되지 않는 본질로 체험된다. 영혼은 그 **감각작용**(Empfindung)에서는 물질의 경과에 의존한다. 그런데 감각을 되살아나게 하는 기억도 순수 정신적 과정이다. 오로지 물질과 연관된 공간과 시간의 지배를 영혼은 받지 않는다. 공간과 시간은 양적으로 가늠할 수 있지만 영혼이 드러내는 생활표현은 그럴 수 없다. 공간에서는 병렬관계(Nebeneinander)가 지배하고, 시간에서는 선후관계(Nacheinander)가, 영혼에서는 교착관계(Ineinander)가 지배한다. 영혼은 **자유**(Freiheit)의 왕국이다. 사물도 없고 상황도 없으며 오직 '**행위**(*action*)'만 있을 뿐이다.

이처럼 역동적인 철학은 그 중심력을, 지속적인 창조적 활동에 전념하면서 정신을 통해 물질을 제압하려고 부단히 노력하는 '**생명의 약동**(*élan vital*)'에서 찾는다. 인간의 경우 정신은 사색에 전념해왔다. 이 사색을 위해 정신은 본능의 상실을 대가로 치러야만 했다. "만사가 마치 존재는 실현을 모색하고, 이를 통해서만 실현을 성취할 수 있는 모양으로 진행되고 있다. 그러는 사이에 존재는 자기 본성의 일부를 단념한다. 이런 손실은 여타 동물계에서도 있는 일이며 심지어 식물계에서도 지속되고 있는 일이다." 본능은 오성의 저속한 어떤 형식이 아니라 오성과는 보편적으로 구분되는 다른 능력을 의미한다. 오성의 인식 수단은 '동정(Sympathie)', 즉 '아득한 직감(Fernwitterung)'이다. 인간, 특히 예술가의 경우 오성은 직관으로서 표출된다. 대개 오성이 실천적 근거를 토대로 해서 염두에 두는 것은, 본능의 어두운 심연에서 의식되는 것은 자기보존에 기여하는 것뿐이라는 점이다. 오성은 영혼의 '교도관'이다. 오직 생존투쟁에 무관심한 자, 이를테면 몽상가나 '도락가'만이 빼지도 않고 왜곡하지도 않은 채 현실을 온전히 포착한다는 것이다. 삶이란 사물들에서 유용한 인상만을 취하고 적절한 반응을 통해 거기에 응수하는 것을 의미한다. "우리와 자연 사이에는, 아 그러니까 내 말의 뜻은, 우리와 우리 자신의 의식 사이에는 베일이 쳐져 있다는 것이다. 이 베일이 보통사람에게는 두텁지만 예술가와 시인에게는 얇을뿐더러 거의 투명하기까지 하다. 어떤 요정이 이런 베일을 짰을까? 좋은 일일까, 나쁜 일일까?" 베르그송의 경우에도 실용주의가 급진적인 예술인-철학(Künstlerphilosophie)의 가능성을 품고 있는 면모를 드러낸다.

베르그송의 비합리주의와 정반대에 있었던 학파는 '마르부르크 학파(Marburger Schule)'였다. 그 회원들은 스스로를 신칸트주의자들이라고 불렀는데 여기에는 타당한 면이 없지 않다. 그런데 이들은 마흐와도 대립적인 입장을 취한다. 그도 그럴 것이 마흐는 감각만이 있을 뿐이라고 가르친 반면에 그들은 개념만 있을 뿐이며, 이 개념이 유일한 실재라고 주창하기 때문이다. 그러나 이들을, 보편자에 대한 자신들의 신앙의 뿌리를 생동감 넘치는 경건성에 둔 중세의 '실재론자들'과 혼동해서는 안 될 것이다. 왜냐하면 그 같은 신앙은 속절없는 오성의 오만에서 발원하기 때문이다. 그들의 수장은 헤르만 코헨[91]이다. 그의 『순수 인식의 논리학(Logik der reinen Erkenntnis)』, 『순수 의지의 윤리학(Ethik des reinen Willens)』, 『순수 감정의 미학(Ästhetik des reinen Gefühls)』에서, 그리고 같은 일에 종사하는 극히 제한적인 동료들 사이에 암호로써 통합 직한 언어를 쓰는 변증법적인 속임수에 대한 활용법에서, 칸트가 지극히 삭막한 방식으로 수용되면서, 지나치게 과장되어 탈칸트화되어(überkantet) 있는 모양새를 취하고 있다. 말하자면 이성비판의 체계에서 일부를 완전히 자의적으로 떼 내어

---

[91] Hermann Cohen(1842~1918): 독일의 철학자. '마르부르크 학파'의 창시자.

보편철학으로 치켜세운 것이다. 그것이 곧 스콜라적인 범주론이고, 무용하기 짝이 없는 허점투성이의 패를 이루는 형태다. 사실 신칸트주의자들은 그들의 범논리주의에서 보면 헤겔의 늦깎이 제자들이지만, 세계를 포함하는 충만한 그의 정신과 창조적인 건축술이 결여된 제자들일 뿐이다.

분트

그러나 한편 좀 더 공감이 가고 좀 더 유용한 면모를 지닌 일종의 교수 사회의 철학에는 빌헬름 분트의 포괄적인 일생의 작업도 포함된다. 그의 정의에 따르면 철학은 "개별 과학을 통해 매개된 일반적 인식을 모순 없는 하나의 체계로 통합하는 보편 과학"이다. 따라서 이에 따르면 철학자란 일종의 수집가이자 기록계원이고 해설자이자 총괄 기획자인 셈이다. 말하자면 그는 짐짓 투박해 보이는 모든 것을 성실하게 꼼꼼히 따져보고, 선택할 때 똑똑하고도 차분하게 결정하며, 관찰에 관찰을 거듭하면서 사실로 보강하고, 신중하게 결론을 끌어내면서 결국 손에 잡히는 일목요연한 카탈로그, 요컨대 바로 우리가 처해 있는 지적 상황을 망라하는 한 장의 지도를 그려내는 두뇌이다. 이는 아주 소박한 사명에 해당한다. 그런데 분트는 이 사명도 성실하게 완수했다. 그의 수많은 두꺼운 책은 사실 앞 세기 후반의 정신적 재산목록을 고스란히 등록해 놓았으며, 두 세대에 걸친 과학적 활동 일체를 꼭 모범적으로 갑충벌레를 채집할 때처럼 세심하게 표본 처리하여 바늘로 빈틈없이 고정해 놓았고, 분야별로 분류하여 거기에 교육용 딱지를 붙여 놓았다. 당시 세상이 철학자에게 실제로 주문한 것은 다름 아니라 그가 일종의 가이드와 멘토가 되어 세상에 대해 상세하게 해설을 곁들이면서 세상 사람들을 천장에 닿을 만큼 가득 채운 세상 교육의 예비창고까지 산책하듯 안내하여, 그 지붕에서 아주 편한 자세로 세상이 어떻게 계몽되어 진보해왔으며, 어떤 예리한 방법과 섬세함 혹은 구분을 통해, 또 총 지식의 폭과 긴밀성을 통해 우뚝 솟아오르게 되었는지 조망할 수 있게 하라는 것이었다.

이렇듯 분트의 모든 저작에도 속물적인 것과 같은 것이 또렷하게 각인되어 있다. 이런 본질적 특성은 우선 소심한 조심성으로 나타난다. 이 덕분에 그는 조급하기 짝이 없는 어떠한 무모한 사유도 조심스럽게 피할 수 있었던 셈이다. 그리고 그의 본질적 특성은 (독일 시민의 성격에 딱 어울림직한) '모순'에 대한 공포로 나타난다. 맹세코 자가당착만은 안 돼! 이는 황금률 같은 중도가 선호하는 원칙이다. 그러나 이런 중도에서는 사실 가장 실용적인 진리를 취할 수는 있지만 천재적인 발견을 하기는 어려운 일이다. 이는 극단만은 안 된다는 길과 통한다. 그러나 모든 문제에서 올바른 이성적인 중도를 볼 줄 알게 하는 이 멋진 재능은 사실 그로 하여금 그 시대를 움직인 가장 철학적인 논점을 파고들어 신중하고도 깨끗한 판정을 내릴 수 있게 해주었다. 그는 모든 것에 판결을 내리지만 모든 것에 보호 관찰 기간을 허용하는 훌륭한 판사로서, 인식론에서는 관념론과 실재론을 중재하고, 윤리학에서는 선험주의와 경험주의를, 자연 철학에서는 원자론과 에너지론을, 생물학에서는 기계론과 활력론을, 사회학에서는 개인주의와 집단주의를 중재한다. 그의 강의 방식에도 어떤 소심함이 묻어 있지만 바로 그 덕분에 그는 그의 시대가 원했을 법한 가장 완전하고 가장 중요한 교재를 당대에 선사할 수 있었던 셈이다. 그리고 그 같은 속물적인 정신이 결국 그리고 무엇보다 사실의 세계 앞에서 한 치의 주저함도 없이 바짝 엎드리는 모양새를 취하게 했던 것이다. 이 사실의 세계를 우리는 레버와 나사로 고통스럽게 심문하고 시험관을 통해 본질을 폭로하며 비교 일람

표에 집어넣어 좌표의 그물망으로 확인할 수 있다. 실재의 숭배가 분트의 사유 전체를 가로지른다. 이는 그가 자신의 체계에 부여한 광범위한 물리학적 · 생리학적 · 민속학적 기초 위에 절반은 칸트의 관념론과 또 절반은 라이프니츠의 관념론과 같은 부박하기 짝이 없는 공허한 한 층을 올려놓았다고 해서 부정되는 것은 아니다. 물론 그 층은 없어도 전혀 문제 될 것이 없는 장식 구조물이라는 인상을 강하게 풍기며 확실히 주거용이 아니라 임시 전시용일 뿐인 것처럼 보인다. 그러나 잊어서는 안 될 점은 실재를 추구하는 분트의 정신적 경향 덕분에 두 개의 중요한 새로운 분과학문, 즉 생리학적 심리학과 민족심리학(Völkerpsychologie)이 개설될 수 있었다는 사실이다. 여기서 얻은 오늘날의 수많은 교훈적인 지식은 우선 그의 영민한 인내력과 성실한 헌신 덕분이다. 이 두 분야에서 그가 성취한 가장 중요한 발견은 정신적 활동에서는 순수 수학적 계상의 법칙이 통하지 않는다는 사실에 대한 인식이다. 단순한 표상 혹은 단순한 감정에서 형성되는 모든 복합체는 양적으로뿐만 아니라 질적으로도 새로운 어떤 것이며, 민족의 정신은 개별 정신이 모인 특정한 수의 총합과는 다른 그 이상의 무엇인가를 의미한다. 분트의 또 다른 독창적인 사유는 '목적 이질성의 법칙(Gesetz von der Heterogenie der Zwecke)'과 관련 있다. 그는 그것을 "자유로운 인간의 의지행위의 전 영역에서 의지의 활동은 항상 행위의 효과가 크든 작든 애초의 의지 동기를 훌쩍 넘어서는 그런 방식으로 결과를 낳게 되며, 이로써 장래 행위를 위해 또다시 새로운 효과를 촉발할 새로운 동기가 형성된다는 사실에 대한 보편적 경험"으로 이해한다. 이를 죽을 운명을 타고난 보통 사람의 말로 표현하면 다음과 같은 식으로 예시할 수 있을 것이다. 네가 살아야겠다고 생각하면 그렇게 살게 될 것이다. 너는 존재의 목적과 의미가 놓여 있는 것처럼 너에게 비치는 특정한 어떤 경험을 너의 두뇌로, 너의 신경망으로, 너의 형상화 재능으로 준비하고 있다. 그러나 뜻밖에도 현실은 일방적으로 나타나 너의 구상을 혼란스럽게 하는 법이다. 요컨대 사건들은 네가 경험하고 있는 사이에, 아니 바로 네가 그렇게 경험하고 있음으로써 조용히 눈에 띄지 않은 채 회전축을 돌려 완전히 새롭고 완전히 다른 핵심을 취해온 것이다. 그런데 이 같은 법칙은 일단 분트 자신에게도 적용될 수 있다. 물론 이미 적용되고 있는 것 같다. 말하자면 그의 동시대인들은 그를 대형 기상관측기로 보았지만, 아마도 그는 신의 섭리에 의해 고작 기압계가 될 운명을 타고났던 모양이다. 사람들은 그것이 작동할 때 공기압이 얼마나 지배하고 있는지 간단히 알 수 있다.

『교육자로서의 렘브란트』

상당한 이목을 끌었고 그럴만한 평판을 얻었던 작품, 즉 에세이 경향이 강한 두 작품 『성과 성격(Geschlecht und Charakter)』과 『교육자로서의 렘브란트(Rembrandt als Erzieher)』도 마땅히 철학의 영역에 포함할 수 있을 법하다. 전자는 1903년에, 후자는 1890년에 출간되었다. 특히 『교육자로서의 렘브란트』는 저자 율리우스 랑벤[92]의 이름 없이 나왔지만, 그해에 벌써 40쇄를 돌파했다. 지속적으로 대비개념(Kontrastbegriff)을 추구하는 그의 기질상의 경향, 이를테면 문명과 문화, 문학과 예술, 민주정과 공화국, 부르주아와 시민, 투표권과 자유, 정치와 음악 등과 같은 경향은 토마스 만[93]의 『한 비정치적인 인간

---

[92] Julius Langbehn(1851~1907): 독일의 보수주의 예술사가이자 철학자.
[93] Thomas Mann(1875~1955): 독일의 소설가이자 평론가. 독일 소설의 대표적인 장르라 할 수 있는 '교양소설(Bildungsroman)' 『마의 산(Der Zauberberg)』으로 유명함.

의 고찰(Betrachtungen eines Unpolitischen)』을 연상시킨다. 물론 토마스 만의 작품이 훨씬 더 다채롭고 더 개성적이며 더 섬세하긴 하다. 그러나 이 작품처럼 그의 작품도 분명 시대를 논박하는 경향을 띠고 있다. "실러는 그의 첫 작품의 제목을 **참주들**(tyrannos)로 달았다. 오늘날 누구라도 독일 사람들에게 일반적인 말로 그 뜻을 전하려면 **야만인들**(barbaros)로 제목을 고쳐 달아야 할 것이다. 그들은 조야한 야만인들이 아니라 교양 있는 야만인들이다." 이는 그의 책 제목이 시대에 어울리지 않는 세 번째 교양속물[94]을 연상시키듯 분명 시대에 뒤처진 첫 번째의 '교양속물'[95]을 연상시킨다. 그리고 그의 책에 쓰인 최초 문장 중 하나, 즉 "현재의 모든 교양은 알렉산더 시대와 같은 과거를 향한 역사적 교양"이라는 문장은 두 번째 교양속물[96]을 연상시킨다. 요컨대 대학교수는 독일 민족의 고질병이고, 당시의 청소년 교육은 일종의 베들레헴의 영아살해와 같다는 식이다. '생각 있는 하녀(denkendes Dienstmädchen)'까지 주문하는 시대에는 생각 있는 학자를 요청하는 것도 당연한 권리일 것이다. 독일의 대학(Universität)은 법률상의 용어로 하면 '전문성(Spezialität)'를 뜻한다. 그도 그럴 것이 대학은 전문성만을 담고 있기 때문이다. "전문가는 자신의 영혼을 내놓는다. 그래서 악마는 전문가이고 신은 확실히 보편자(Universalist)라고 말해도 무방할 것이다." 앞 세기의 관념론은 세계를 새의 눈(Vogelperspektive)으로 바라봤으며, 지금 세기의 전문주의(Spezialismus)는 개구리의 시각(Forschperspektive)으로 세계를 보고 있으며, 다음 세기는 아마 인간적인 시선으로 세계를 들여다볼 것이다.

---

[94] 교양 있는 야만인들.
[95] 참주들.
[96] 야만인들.

바그너를 비판할 땐 니체의 말이 다시 떠오른다. "그의 감정은 도취해 있거나 풀려 있다. 말하자면 그의 감정은 본래의 건강이 깃들어 있는 그런 절제된 수준에 붙잡히지 않는다. 정제된 것이다. 셰익스피어가 황제(Kaiser)이면 바그너는 **제왕**(empereur)인 셈이다." (그러나 이 모든 판단에서 중요한 것은 니체를 통한 직접적 영향이 아니라 그 흥미로운 정신적인 중의성뿐이다.) 렘브란트는 바로 그의 혼합적인 본성 때문에 독일의 지도자로 어울림직하다. "밝음과 어둠, 회의와 신비, 정치와 예술, 귀족과 민중은 하나(eins)다. (…) 왜냐하면 그것들은 불일치(uneins)이기 때문이다. 이중성에서 통일성이 생겨나는 법이다. 이것이 웅장하게 진행되는 세계의 모습이다."

『성과 성격』이 출간되었을 당시 오토 바이닝거[97]는 스물세 살의 청년이었다. 반년 뒤 그는 베토벤의 영정이 있는 집에 들어가 권총 자살을 했다. 그의 연구의 초석이 되는 기본테제는 양극(兩極)의 정신형태, 즉 그가 M과 W로 표시하는 남성(Mann)과 여성(Weib)의 정신형태를 전제로 한 가정이다. 이 형태는 실제로 늘 뒤섞일 뿐이지만 헤아릴 수 없는 차이를 드러내며 나타나는 이상적인 특수한 경우를 보여준다. 성적 매력의 법칙은 항상 완전한 남자와 완전한 여자가 만나려고 애를 쓴다는 점에 근거한다. 예컨대 이 법칙은 이렇게 공식화된다. 3/4M + 1/4W가 3/4W + 1/4M을 만남. 이 결과에서 보면 서로 상반된 성적 감정도 자연법칙의 특수한 경우에 해당할 뿐이다. 여성(W)은 수정과 번식이라는 범주에서 성관계에 전적으로 전념하는 반면에 남성(M)은 오로지 성관계에만 매달리지는 않는다. 게다가 남성의 경우 성감대가 엄격히 국부적인데 반해 여성의 경우 신체

『성과 성격』

---

[97] Otto Weininger(1880~1903): 오스트리아의 철학자.

전체에 분산되어 있다. 남성의 경우 성관계가 전부가 아니라는 사실은 남성으로 하여금 성생활에서 심리적으로 떨어져서 그것을 의식할 수 있게 만든다. 여성의 경우 사람에 따라, 그리고 사정에 따라 비율은 다르더라도 타고난 대립적인 두 가지 성향을 보이게 된다. 그것은 곧 절대적 어머니와 절대적 창녀를 의미한다. 이 둘 사이에는 현실이 가로놓여 있다. 절대적 창녀는 오직 남자에게만 관심이 가 있고, 절대적 어머니는 아이에게만 관심이 가 있다. 이 같은 신체 기관의 위선이 모든 여성이 지닌 고유한 특성에 해당한다. 이런 까닭은 영혼의 부재와 관련이 있다는 것이다. "여자들이 거짓말한다고 말하는 것은 완전히 틀린 말이다. 그것은 여자들도 자주 진실을 말한다고 전제하는 셈이기 때문이다." "운디네(Undine)는 여자에 대한 플라톤적 관념이다." 여성은 단자(Monade)가 아니다. 그래서 고독하지 않으며, 고독에 대한 사랑도 모르고 고독에 대한 공포도 모른다. 혼자일 때도 자신이 알고 있는 모든 사람과 뒤섞인 채로 항상 그렇게 살아간다. 그러나 모든 단자도 한계가 있다. 남성은 시간을 넘어서는 형이상학적 행위로 화신(化身)의 길에 들어섰을 때에도 영혼을 간직해온 듯하다. 그는 이런 자신의 부정행위를 이제 사랑의 고통으로 참회한다. 이 사랑의 과정에서 그는 자신이 강탈했기 때문에 부인에게 책임의식을 느끼고서 그에게 영혼을 선물하려 한다. 이런 시도가 가망이 없다는 것은 왜 행복한 사랑이 없는지가 대신 말해주는 셈이다. 유일한 해결책은 여성성, 즉 성욕을 거부하고 극복하는 길이다. 여성은 남성이 자신의 부채를 다 갚을 때까지, 다시 말해 남성이 자신의 성욕을 실제로 극복할 때만 살아있는 것이 된다고 한다. "흔히 주장하는 바처럼 유의 존속을 돌보는 일은 도덕적 의무일 수가 없다. 그것은 뻔뻔하기 짝이 없는 위선에 대한 핑계일 뿐이다. 이런 위선이 너무 자주 출현해서 나는 벌써 인간이 인류가 몰락할 거대한 위험을 예방해야겠다는 생각과 교접한 것이 아닐까, 혹은 일찍이 어떤 사람이 어떤 순결한 이가 비도덕적으로 행동했다고 비난하는 게 고유한 권리라고 믿어온 것이 아닐까 하는 식으로 묻는다면 비웃음을 사지나 않을지 염려해야 할 판이다."

고독한 삶을 산 한 조숙한 지성이 남김없이 토로하는 동시에 완고한 세계상에 입각해서 대담하지만 일관성 있는 구상으로서 성을 좀 더 깊이 새롭게 파고드는 심리학보다 훨씬 더 많은 것을 제시하는 그런 중대한 고백서 가운데 하나인 바이닝거의 작품은, 순수한 인상이라고는 남기지 않고 있다. 그도 그럴 것이 이 작품에는 칸트식의 윤리와 입센식의 상쾌한 분위기, 쇼펜하우어식의 구제충동, 니체식의 심리학이 도덕적인 도도함과 지성적인 허무주의, 그리고 심술에서 발동되는 은밀한 매력과 기묘하게 결합해 있기 때문이다. 이런 매력을 방어하는 데 이 비극적인 사상가는 자신의 사상 전체를 구성했다. 이는 삶과 작별을 고하는 그의 생애 마지막 날에 그가 한 표현에서도 예감할 수 있는 일이다. 『성과 성격』은 근대 인간의 자기인식이 이미 황혼을 맞고 있음을 예고한 셈이다. 말하자면 근대 인간의 변증법은 그 독침을 자기 쪽으로 향하게 함으로써 마치 전갈에게 호소하고 있는 꼴이다.

스트린드베리　　단순히 여성을 출발점으로 삼아 이런 지옥 같은 광경을 보여주는 악마적 조각가라고 한다면 그는 단연코 아우구스트 스트린드베리였다. 표현주의 문인 세대들은 자연주의자 입센을 두고 그랬던 것과 유사한 방식으로 그를 자신들의 수호신으로 치켜세웠다. 그런데 입센이 산수 문제를 내고 있다면 스트린드베리는 비전을 뭉치고 있으며, 입센이 건조한 공론가라면 스트린드베리는 혈기왕성한 고백자인 셈이다. 간단히 말해, "북부 출신의 이 마술사"는 마술사의 자격을 박탈당하고 약제사로 폭로되었다. 스트린드베리의 한 동향인은 이 모순을 다음과 같이 표현했다. "입센은 아주 단순화한 통합이며, 스트린드베리는 아주 화려한 카오스다."

이를 지금 인정하고 싶다 해도 우선 여전히 남는 문제가 있다. 곧 그것은 바로 카오스적인 것이 창조적인 인간의 본질을 이룬다는 점, 그리고 아마 상반되게도 그의 본질적인 힘은 계획적 사려, 기교적인 자제와 요약, 정신적 원료의 정리와 균형 잡기, 한마디로 내적 카오스를 명료하게 하는 데서 발휘된다는 점이다. 이 점을 배제한다면 히스테릭한 여자와 예술가 사이에는 어떤 본질적인 차이도 없을 것이다. 왜냐하면 '화려한 카오스'는 이 같은 사람들에게서도 목격되며, 반대로 '통합', 그것도 극도로 단순화한 '통합'은 바로 예술적으로 대단히 중요한 몇몇 인물, 이를테면 소포클레스 · 바흐 · 플라톤 · 칼데론 · 괴테에게서 볼 수 있기 때문이다. 그러나 이는 자체로 하나의 쟁점이 되는 지점이다. 스트린드베리의 경우 문제가 되는 완전히 다른 면모가 있다.

분명 사람들이 인상을 받게 되는 수많은 시적인 작품이 있다. 세상은 전혀 그렇게 보이지 않는데도 말이다! 이는 그 같은 작품을 보증할 아무런 증거도 못되며, 문제는 사람들이 습관적으로 불식간 떠올리게 되는 여운의 문장(Nachsatz)이다. 사람들은 정신 속에서 이렇게 덧붙일 수 있는 것이다. 그러나 세상은 **그렇게**(so) 보일 **수도 있다**(könnten)고 말이다. 이런 인상을 불러일으키는 능력을 우리는 작시법(Dichtkunst)이라고 부른다. 그러나 이렇게 말할 수도 있을 것이다. 즉, 세상이 제대로 가려면 **그렇게**(so) 보이도록 **해야만 한다**(müßten)고 말이다. 오직 위대한 작품들만이 이 같은 효과의 목표를 성취한다.

그리고 여전히 우리에게 감동을 주는 세 번째 그룹의 작품들이 있다. 즉, **그렇게**(so) 보이도록 **허용해서**(dürften)는 안 돼(!)하는 것이 그것이다. 이 그룹에 스트린드베리의 창작품이 포함된다. 그래서 그의 창작품을 두고서 병리학적이라고 부르는 것이다. 세상을 본떠 그리는 것이 작가의 당연한 과제인 것은 아니다. 오히려 작가에게는 전혀 다른 소명이 있다. 그는 현전하는 현실이 지향했으면 하는 그런 이상을 그려내야 한다. 그런데 현실에 변화를 주는 일은 **저마다**(jede) 이상화이자 캐리커처이기도 하다. 왜냐하면 그것은 실재를 우스꽝스럽게 단순화하고 간추리고 응축하는 일이기 때문이다. 그리고 세계를 삶에 적대적인 형태로, 혹은 그 반대로 이상화할 수도 있다. 스트린드베리가 그렇게 했다. 말하자면 세상일이란 스트린드베리가 세계를 묘사하고 있는 것과 같지 않기에 그의 문학작품에 사람들이 이의를 제기하는 것은 아니다. 오히려 이의를 제기하는 것은 그의 문학적 세계가 바람직하지 않은 세계를 그리고 있다는 점이다. 헤벨의 세계도 거의 바람직하지 않은 세계이다. 왜냐하면 인류가 성질이 고약한 헤겔주의자들로 구성되는 것은 결코 모색할만한 일이 아니기 때문이다. 비슷한 이유에서 베데킨트의 희곡들도 병리학적이라고 부를 수밖에 없다. 그도 그럴 것이 세상일이라는 것이 드라마에서와 마찬가지로 인생에서도 그렇게 진행된다면 세계는 단 하나의 거대한 남근이라고 믿을 수밖에 없기 때문이다. 이것도 하나의 이상일 수 있겠지만 나는 잘못된 이상이라고 생각한다.

일에 짓눌려 절름거리게 만들고 깊은 탄식을 하게 하는 정신의 암울한 상태가 스트린드베리의 본질이 깃들어 있는 분위기다. 증오, 그것도 진홍빛과 백열을 발하는 증오가 그의 드라마의 흐름을 집어삼키고 있는 불덩이다. 증오가 방의 사방 벽에서 뚝뚝 떨어지며, 수백 마리 세균을 묻혀 윙윙거리며 공기 속을 날아다니고 땅에서는 숨이 막힐 정도로 증기를 뿜어 올린다. 공포의 인상을 거듭 가중시킨다. 여기서 우리는 잔인한 자의의 감정을 갖기보다는 작품 속 사람들이 그렇듯 인간이면 틀림없이 저럴 것이고, 서로 갈기갈기 찢을 때까지 쓸데없는 고통을 서로에게 부과할 수밖에 없겠구나하고 확실히 느끼게 된다.

기본적으로 스트린드베리가 거의 광적으로 언제나 되풀이하는 몇 가지 모티프가 있다. 예컨대 누군가 부엌에서 건강에 좋은 유산균 음료를 바닥까지 비워 마시면서 다른 사람에게는 영양가 없는 차를 건넨다. 누군가는 식품저장실에서 우유 크림을 꺼낸다. 누군가 다른 사람의 채권을 매점하고는 그를 궁지에 몰아넣는다. 누군가 다른 사람의 생각을 훔쳐 와서는 자기 것인 양 내놓는다. 누군가 다른 사람의 은밀한 비행을 알고는 그의 생활을 마음껏 주무른다. 그러나 이러한 모티프도 스트린드베리 문학에 대한 올바른 항변거리는 되지 못할 듯하다. 어떤 중심 사상을 끊임없이 되풀이하는 것이 천재의 성격과 전혀 모순되는 것이 아니라, 오히려 반대로 천재의 본성은 바로 그러한 점에 있는 것이다. 예술은 그저 마음을 상쾌하게만 하면 된다고 누구도 진지하게 강변할 수 없을 터이다. 반대로 예술은 사람들을 불안하게 만들고 경종을 울리면서 마음을 뒤흔들어 놓아야 한다고들 한다. 예술은 그 시대의 악심(惡心)이 되어야 할 사명을 가지고 있는 것이다. 그러나 동시에 예술은 관찰을 통해 세계를 더 아름답게, 사랑할만한 가치가 더 있게, 신의 모습을 더욱 닮게 만들어야 한다. 예술이 대상에 보내는 시선은 그 대상을 더욱 풍부하게 하고 더욱 젊게 만들었다고들 한다. 그러나 스트린드베리의 시선은 악의적인 시선이다. 그것은 세계를 꼴사나운 모습으로 드러내어 신비를 벗겨내고 말의 고유한 의미 그대로 중상모략한다. 요컨대 이런 시선이 아니었다면 아마 영원히 단잠을 잘 법한 온갖 악덕이 득실거리는 세계가 마침내 주문에 걸린 듯 훤히 드러나게 된다. 여러 편의 그의 희곡에는 뱀파이어 역할을 하는 인물들이 등장한다. 그들은 자기 동료들의 정신과 피를 자양분으로 삼는다. 그런데 스트린드베리 자신도 그런 뱀파이어인 셈이다. 그는 자신의 문학에 유혹될 만큼 조심성이 없는 사람들의 심장과 두뇌, 혈관과 뼈에서 피를 빨아 마시고는 그들의 생명의 즙액과 산소를 강탈하여 그들을 창백한 빈혈증 환자로 만들어놓는다. 그는 영혼을 집어삼키는 자이다. 이는 분명 식인종보다 훨씬 더 위험한 일일 터이다.

섹스를 통한 인류의 타락과 분쟁, 지옥 같은 성의 문란, 이것은 스트린드베리가 계속 내던지는 장엄한 증오의 교향곡(Haßsymphonie)에서 나오는 어두운 주제이다. 그것은 세계문학에서 그의 전후로 누구도 시도한 적이 없는 형태로서 뇌우를 동반한 불꽃이 번쩍이는 푸리오소[98]와 매혹적인 간결한 스타카토[99] 형식을 띠고 있다. 지옥 같이 무자비한 결투와 칼부림이 일어나는 곳에서 여자는 늘 잔인한 악마로, 남자는 순진한 희생양으로 등장한다. 그런데 이것도 제대로 본 것일까? 스트린드베리가 예술 형태로, 바이닝거가 철학체계로 옮겨 놓은 것, 말하자면 여자는 남자에 의해 창조되었고 그래서 근본적으로 여자는 남자의 정신이 만들어낸 일종의 그림자이자 투영일 뿐이라는 것이 사실이라면, 바로 남자는 인간의 모습을 한 사탄이 되는 셈이다. 그러나 스트린드베리의 관찰방식이 순전히 **신화**

---

[98] Furioso: 악보에서 열렬하게 연주하라는 뜻의 음악 용어.
[99] Staccato: 한 음씩 매우 짧게 끊어서 연주하라는 뜻의 음악 용어.

적인(mythologisch) 방식이라는 점은 공공연한 사실이다. 악마로서의 여자, 마녀로서의 여자라는 이런 착상은 하늘은 별이 수놓여 있는 푸른 둥근 천장일 것이라고 보는 시선과 동일한 위치에 놓인다. 그런데 흔한 말로 하자면 삶을 좀 더 간명하게 폐부를 찌르는 형태로 그 양식을 바꾸는 것이 시인의 특권인 것이다. 그런데도 왜 여자를 요정과 천사로 만들지 않았을까? 노발리스[100]는 13살의 소녀 조피 폰 퀸(Sophie von Kühn)을 사랑했다. '역사적 연구들'은 조피가 별 의미 없는 한갓 어린 계집아이였을 것이라고 밝혀왔다. 이로부터 우리는 노발리스가 조피를 잘못 알고서 실제보다 더 성인으로 착각하여 감쪽같이 속아 넘어갔다고 추론해야만 할까? 아니다. 우리는 노발리스가 사랑한 여자는 의미 없는 계집아이일 수가 없으며, 경이로운 시적인 작품에 비기기에 손색이 없을 정도였을 것이라고 말할 수밖에 없다. 그 여자를 두고 보잘것없고 천박하며 악의적인 인물로 본다면 정확히 그럴 수도 있다. 그러나 그러면 더 이상 아무것도 아닌 것이다. 반대로 그 여자를 두고 신비롭고 고상한 존재, 부드럽고 매력적인 형상, 하늘의 천사, 요컨대 "너의 존재의 별(Stern deines Daseins)"로 본다면, 그녀는 당신에게 이 같은 별이 되는 것이다. 우리가 사물들 "속으로 나르고 있는" 그 대상을 사물들은 우리에게 성실히 되돌려주는 법이다. 이는 매우 단순한 자연의 법칙이다.

아직 덧붙일 것이 남아 있다. 그것은 자연현상의 폭력과 화려함이 정점을 이루는 스트린드베리의 강철처럼 굳은 증오가 노년의 작품에 이르면 나약해진 미움으로 위축되어 있다는 점이다. 이런 저녁

---

[100] Novalis(1772~1801): 독일 낭만주의의 시인이자 이론가. 본명은 프리드리히 레오폴트 폰 하르덴베르크(Friedrich Leopold von Hardenberg). 미완성 소설, 『푸른 꽃(Die Blaue Blume)』으로 유명함.

나절에 내뿜는 증오는 더 이상 영웅의 그것처럼 들끓는 것이 아니라 노익장의 목소리로 나무라는 투이다. 무뎌져 있고 더는 정확히 잘라내려고도 하지 않는다. 그는 더 이상 물어뜯을 이가 없다. 좀 더 정확히 말하면 겨우 틀니를 하고 있는 형편이다.

그렇다면 이 모든 것에 미루어 스트린드베리가 차라리 아무 작품도 쓰지 않았다면 더 좋았을 것이라고 말해야 할까? 우리는 그렇게 말하는 것을 삼갈 것이다. 왜냐하면 스트린드베리가 두들겨 만든 성품도 위대한 긍정적 인물들 못지않게 인류의 진화에 중요하기 때문이다. 세계는 둘 다 필요하다. 우리에겐 세계를 지지하면서 삶을 살아볼 가치가 있고 타당한 것으로 비치게 만드는 조화로운 정신을 지닌 이가 필요하다. 그러나 이와는 전혀 다른 사람, 이를테면 세계를 뒤흔들면서 삶을 수상쩍은 것으로 취급하고 올바르지 못한 것으로 비치게 하는 악마적인 정신도 필요한 법이다. 인류는 하나의 저울로서 믿음과 의심이 이 위에서 늘 새롭게 균형을 맞추도록 조절되어야 한다.

입센이 현대적 운동의 메시아로 얘기되어 왔다면, 스트린드베리는 이 운동의 프로메테우스라고 부를 수 있을 것 같다. 그에겐 전혀 고맙지 않은 아주 고통스러운 과제가 주어진 것이다. 그는 결코 목표에 도달하지 못할 운명을 타고난 역사의 순교자 반열에 들어간다. 이렇게 본다면 그의 인생과 작품을 두고서는, 그의 배역을 맡고 있다고 할 수 있는 그의 작품의 한 주인공이 호콘(Hakon) 왕에게 스클레(Skule) 백작의 주검 앞에서 다음과 같이 하도록 한 말을 모토로서 적용할 수 있을 듯하다. "그는 이 땅에 보낸 하느님의 양자였습니다. 이것이 그를 따라다닌 수수께끼였습니다."

폭뢰   스트린드베리와 정신적 친화성이 일찌감치 감지되는 니체가 정신적으로 파산하기 직전까지 이 두 사상가 사이에는 개인적인 교류도 있었다. 이들 사이에 이루어진 (지금까지도 거의 알려지지 않은) 통신에 대해 유럽 문학의 총판이라고 할 수 있는 게오르크 브란데스가 전해준다. 1888년 말, 스트린드베리는 니체에게 편지를 썼다. "존경하는 선생님, 의심할 것도 없이 선생님께서는 인류가 소장할 가장 심오한 책을 인류에게 선사하신 것입니다. (…) 저는 모든 편지를 제 친구에게 건넬 예정입니다. 니체를 읽자! 이는 저의 **카르타고는 멸망할지니**(mein *Carthago est delenda!*)라는 뜻입니다. 아무튼 선생님께서 알려지고 이해되기 시작한 그 순간에 벌써 선생님의 위대성이 깎이고 있는 형편입니다. 아첨을 떠는 하층민들이 자기 가족 가운데 한 사람을 대하듯 말을 놓는 태도로 선생님을 대하기 시작하고 있습니다. 그러니 선생님께서는 고결한 은둔 생활을 하시고 수만 명의 청중이 선생님의 성지에서 마음의 위로를 받도록 은밀히 성지순례를 하게 하는 것이 더 좋겠습니다. 비교도의 교리를 곧이곧대로 받아들이지 않도록 우리를 지켜주십시오." 니체는 페터 가스트[101]에게 이렇게 쓴다. "이건 내게 도달한 편지 중 세계사적 의미가 담긴 최초의 편지네." 스트린드베리에게 부친 니체의 마지막 소식에는 이미 정신 착란의 흔적들이 묻어 있다. 그는 젊은 황제를 총살하기 위해 영주 회의를 로마에 소집할 것을 명령했다고 전하면서 편지 끝에 '니체 케사르(Nietzsche Cäsar)'와 '십자가에 매달린 자(der Gekreuzigte)'라고 서명했다. 그런데 가장 이상한 일은 스트린드베리의 답장 역시 정신이상을 보였다는 점이다. 그 답장은 다음과 같은 말로 시

---

[101] Peter Gast(1854~1918): 독일의 작가이자 작곡가. 니체의 오랜 친구. 본명은 요한 하인리히 쾨셀리츠(Johann Heinrich Köselitz)임.

작한다. "**친애하는 박사님**! 제가, 제가 미친 듯이 달려가죠! **박사님의 편지를 감동 없이는 받질 못하겠더군요. 이 점에 대해 감사드립니다**.(*Carissime Doctor!* Θέλω, ϑέλω μανῆναι! *Litteras tuas non sine perturbation accepi et tibi gratias ago*)" 그리고 이렇게 서명했다. "스트린드베리, **최상의 신, 막시무스**(Strindberg, *Deus optimus, maximus*)." 이는 작가가 망가진 예언자의 참담한 절규를 저승에서 전하는 친한 친구의 안부처럼 받아들이고 있다는 인상을 준다.

근대 유럽 문화의 통로에는 니체라는 인물이 헤라클레스 시대 폭발물 전문가의 섬뜩한 그림자처럼 서 있다. 그는 일종의 폭약, 그것도 과학적 폭약이다. 이 폭약 덕분에 승승장구하는 테크닉을 곁들인 불가항력적인 자연력이 어마어마한 효력으로 뭉쳐져 있다. 거대한 천공기기가 동원된 터널이 뚫리고 있다. 이제 새로운 원경이 열리고 새로운 교류의 길이 활짝 트였다. 이 같은 '파괴자'가 니체였다.

그러나 이 때문에 그는 세계문학 전체에서 가장 비극적인 인물 가운데 하나가 되었다. 그는 물불을 가리지 않는 아방가르드로서 낯선 영역을 한참 앞서 깊이 강력하게 육박해 들어가는 인물이었다. 그의 사명은 가장 힘들고 가장 위험한 것, 곧 '계몽(Aufklärung)'이었다. 그리고 그의 운명은 정찰병으로서 피할 수 없는 운명, 즉 승리를 목격하는 것이 아니라 함정에 빠져드는 일이었다. 니체는 자신의 철학 때문에 몰락한 것이다. 그러나 이는 그의 철학의 문제를 반증하는 것이 아니라 오히려 반대로 그의 철학이 정상임을 증명하는 셈이다.

아마 다음과 같이 얘기할 수도 있을 것이다. 니체가 슈만이 독일의 사건일 뿐이지만 베토벤은 유럽의 사건이라고 말했다면, 우리는 그 자신을 두고서 그는 그의 민족과 대륙뿐만 아니라 지구를 뒤흔

들어 한참 지속된 지진으로 전 지구를 불안하게 한 **지구상**(tellurisch)
의 사건이라고 말할 수 있을 것 같다. 그는 물에 빠진 사람으로 비유
할 수도 있다. 그는 자신을 집어삼킬 심연의 바다를 찾아다녔다. 물
론 그 바다가 자신을 집어삼키리라는 것을 의식하고 있었다. 그 자
체가 하나의 경고 장치다. **여긴 너무 깊어!**(hier ist's tief!) 그의 말 하나
하나가 감동적인 경고다. **나를 따라 오지 마!**(folgt mir nicht nach!) 그는
유럽의 허무주의와 실증주의라는 몰록[102] 앞에서 가장 잔혹한 번제
물로서 자신을 희생하고 말았다. 그는 자신의 주요 저작 가운데 하
나를 '철학의 서막'이라고 제대로 규정한 바 있다. 그런데, 아니 바
로 그 때문에 그의 작품은 피날레로도 부를 수 있는 것이다.

　니체에 대한 후일담이 그의 역사에서 가장 우울한 장이다. 그 자
신도 이미 자신의 초기 글 가운데 하나에서 이렇게 말한 적이 있다.
"강한 물살은 수많은 암석과 덤불을 함께 쓸고 내려간다. 강한 지성
은 수많은 바보와 정신 사나운 머리를 함께 쓸고 내려간다." 사람들
은 그의 책들을 독약으로 규정했다. 실제로도 그랬다. 그래서 인류
의 상당수를 거기서 떼어놓으려고 애쓸 수밖에 없는 노릇이다. 여기
에는 미성년자와 정신질환자, 쇠약한 약물 중독자와 과민한 호색가,
자살자와 독살자가 포함된다. 그런데 이들은 해를 끼치지 않는 사람
들로서 그저 아주 겁쟁이이고 대인기피증이 있으며, 면역성이 없는
사람들이고 의사임이 드러나게 된다.

　니체의 작품 생산 전체의 시기는 별 무리 없이 세 시기로 분류할
수 있다. 1869년에서 1876년까지에 해당하는 첫 번째 시기는 고대
와 바그너 및 쇼펜하우어를 그리는 때로서, 비극의 탄생과 시대에

---

[102] Moloch: 고대 중동 전역에서 유아희생제물을 받은 신.

어울리지 않는 네 가지 고찰, 바젤 대학 교수 취임식에서 행한 호메로스에 관한 연설이나 〈우리 교양기관의 미래(Zukunft unserer Bildungs-anstalten)〉에 관한 강의와 『그리스 비극 시대의 철학(Die Philosophie im tragischen Zeitalter der Griechen)』 단편과 같이 유고집으로 묶인 중요한 몇몇 글을 포함한다. 수많은 중요한 잠언의 묶음으로 대변되는 1876년에서 1881년까지의 두 번째 시기는 분명 실증주의와 합리주의의 색채가 강한 시대이다. 이 시기를 열었던 『인간적인, 너무나 인간적인(Menschliches, Allzumenschliches)』 제1권은 "정신의 가장 위대한 해방자 가운데 한 사람"인 볼테르에게 바친 책으로서 데카르트에게서 빌린 다음과 같은 문장을 모토로 삼고 있다. "한동안 나는 이런 생활에서 사람들이 전념하는 여러 가지 일로 (…) 충분히 고민했다. 내 입장에서는 내가 계획한 것에 충실할 때보다, 다시 말해서 내가 내 삶의 전 기간을 나의 이성을 단련하는 일에 활용할 때보다 더 나을 것은 아무것도 없을 것처럼 보였다."(그런데 특이하게도 1886년의 새로운 판에서는 헌사도 모토도 누락되어 있다.) 가장 중요한 단면은 1881년에서 1888년 말까지 이르는 '가치전도의 시대(Umwertungszeit)'다. 이 시기는 『즐거운 학문(Die frőliche Wissenschaft)』으로 시작하여 『신들의 황혼(Götzendämmerung)』, 『바그너의 경우(Der Fall Wagner)』, 『이 사람을 보라(Ecce homo)』, 『디오니소스와 주신들(Dionysos-Dithyramben)』 등이 나오는 그야말로 현기증을 일으키게 하는 결실의 해인 1888년으로 마무리된다. 이 시기에 기념비적인 미완의 작품 『힘을 향한 의지(Der Wille zur Macht)』 가운데 1권이 완성되고 그 나머지도 상세하게 스케치된다. 시간상으로든 내용상으로든 이 시기의 중심에는 차라투스트라(Zarathustra)가 있다. 여기에는 칸트를 닮은 점이 있다. 칸트가 손을 댔던 자신의 마지막 원고 역시 『조로아스터 혹은 하나의 원칙

아래 핵심을 품은 전체로 요약되는 철학(*Zoroaster oder die Philosophie im Ganzen ihres Inbegriffs unter einem Prinzip zusammengefaßt*)』이라는 제목을 달았다는 것은 지극히 눈여겨볼만한 일이다. 칸트는 이 작품이 자신의 가장 중요한 작품이 될 것이라고 말했다고들 한다. 주지하다시피 니체도 『차라투스트라』를 두고서 똑같은 생각을 했다. 두 작품이 미완으로 남았다는 점까지 유사하다. 그도 그럴 것이 니체의 차라투스트라도 하나의 토르소(Torso)이기 때문이다. 이는 결론이 없다는 외형적인 의미에서뿐만 아니라 전체 구상에서도 그렇다는 것이다. 이 작품의 가치를 즉각 알아보려면 이것과 비교해볼 수 있는 세계문학의 독보적인 두 작품, 즉『파우스트』와 『신곡』에 견주어볼 필요가 있다. 니체는 1883년에 가스트에게 이렇게 편지를 썼다. "도대체 이 차라투스트라는 어떤 판에 들어갈까? 내가 생각하기엔 아마 교향곡에 들어갈 법하네." 그런데 이런 교향곡이란 처음부터 끝까지 악기로 연주되지는 않는다는 점을 간파하려면 베토벤을 떠올리는 것으로 충분할 것이다.

루터가 자서전에서 헤켈[103]의 '발생 반복 원칙(Biogenetisches Grundgesetz)'을 구현했다는 점에 대해선 이 책 1권에서 보여준 바가 있다. 요컨대 루터는 중세의 전 발전과정을 자기 자신의 삶의 궤적을 통해 개괄한 것이다. 이와 동일한 점이 근대를 고려할 때 니체에게도 적용될 법하다. 그는 성직자 가정환경의 후예로서 독일 프로테스탄티즘을 자신의 출발점으로 삼았다. 청소년 시기의 교양 수업을 인문주의 전통의 본산인 명문 슐포르타(Schulpforta) 김나지움에서 받았다. 저명한 교수들이 있던 본과 라이프치히 대학에서 신학과 고대문헌

---

[103] E. Häckel(1834~1919): 독일의 동물학자·진화론자.

학을 공부했으며, 에라스무스의 도시 바젤에서 야콥 부르크하르트[104]의 가장 젊은 동료로서 학생들을 가르쳤다. 그의 인생의 강 상류는 종교개혁과 계몽주의, 경건주의와 의고전주의의 정신세계를 관류한다. 이에 뒤따라 명확히 낭만주의 시기가 이어지고, 그다음엔 자연과학의 시기가 뚜렷이 나타나며, 결국에는 불가지론의 시기로 이어지더니만 마침내는 신비주의의 시기로 접어든다. 간단히 말해 그는 비텐베르크(Wittenberg)에서 세계대전에 이르기까지 근대의 모든 단계를 지나온 것이다. 말하자면 루터주의자로, 데카르트주의자로, 콩트주의자로, 다윈주의자로, 실용주의자로 지내왔으며, 심지어는 잠시 니체주의자로도 지냈다. 철학사에서 그의 위치를 검토하면 그는 분명 쇼펜하우어주의자가 된 것이 틀림없다. 그의 '체계'를 공식화하면 힘을 향한 의지로서의 세계라고 할 수 있다.

후세대의 기억에는 그가 결정적으로 완전히 달라진 모습으로 남아 있다. 그것은 우수에 잠긴 듯하면서도 주변으로 신비한 빛을 발산하는 고독한 방랑자의 모습이다. 그는 고산의 푸른빛 빙하세계를 방황하기도 하고 또 때로는 계곡을 거슬러 올라가기도 하지만 현란한 도시의 혼잡 속에서도 늘 고독하고 낯설게 느낀다. 지하 우물에서 그에게로 흘러온 예언의 말을 만들기도 한다. 결국에는 그 자신까지도 낯설게 느낀다. 자기 창작의 엄청난 경이로움 앞에서 화들짝 놀라 떨다간 어느 날 자신의 보화창고에서 밖으로 나와 방랑의 길을 나섰다. 그는 어디로 갔을까?

따분하기 짝이 없는 시대는 이 같은 파국 현상에 직면했음을 불

---

[104] Jakob Burckhardt(1818~1897): 스위스의 역사가. 최초로 예술사와 문화사를 동시에 연구함. 그의 중요한 작품 『이탈리아의 르네상스 문명』(1860)은 문화사 연구방법의 귀감으로 통함.

현듯 말해준다. 진실로 그 시대는 이런 파국을 **의학적으로**(medizinisch) 웅변해주고 싶었던 모양이다! 회고해보면 이 같은 결과는 그 삶에 이미 새겨져 있었다는 사실이 분명하게 드러난다. 그도 그럴 것이 그 삶의 박자가 언제나 프레스티시모[105]였고 마지막 해에는 푸리오소로 풀쩍 뛰어들었기 때문이다. 물론 이를 우리는 아주 값싼 지혜가 (아무튼 배운 게 있는 우둔한 사람이 언제나 '위험하기' 짝이 없는데) 어떤 것인지 경험하고서야 깨닫는 법이다. 그러나 니체는 이를 예견하고 있었다. 이미 1881년에 가스트에게 이렇게 편지를 썼다. "나는 **산산조각 날**(zerspringen) 수 있는 기계 꼴이라네!" 사실 1888년이 보여준 바대로 작품의 생산성이 높았지만 더 이상 계속할 수 있는 상황은 아니었다. 이미 우리가 한번 말한 바 있지만, 압력계의 눈금이 100을 가리키고 있었다. 그러나 이 압력은 외적인 의미에서만 그렇게 나타난 것은 아니었다. 말하자면 내적인 저항력도 작동하고 있었던 것이다. 니체의 발전은 분명 위기에 다다랐다. 핸들을 완전히 돌리는 것, 그리고 헤아릴 수 없을 만큼 풍부한 일생의 작업을 끝낸 뒤 말하자면 무한히 긴 새로운 정신적 시간을 염두에 두고 시작하는 하는 것, 이는 가장 강력한 현세적 지성의 힘이 역시 넘어가야 할 과제였다.

천재와 세인 사이에서 생기는 불가사의한 오차가 바그너와는 반대로 니체의 경우 잠정적 형태로라도 아직 결론은 나지 않았다. 우선 지금껏 말해온 그의 작품들과 관련하여 그의 예술적 기교의 의미는 바그너의 그것과 쌍벽을 이루는 것이 아주 확실하다. 이는 바그너가 음악 언어에서 발휘한 것과 유사한 역할을 그가 독일 산문

니체의
심리학

---

[105] Prestissimo: 음악 악보에서 최대한 빠르게 연주하라는 음악 용어.

에서 했다는 점에서 그렇다는 것이다. 니체 이후에 태어난 모든 작가는 (이는 외국의 경우도 마찬가진데) 대개 작가라는 직함을 달려면 불가피하게도 그의 영향권 아래 들어가기 마련이었다. 니체식 산문의 천부적인 상속자와 가장 성숙한 제자 가운데 한 사람인 토마스 만조차도 자신의 『한 비정치적인 인간의 고찰』에서 그 사실을 분명히 고백한 바 있다. 레싱을 훨씬 능가하는 이 같은 문장구성 전략의 필치와 타격력이 선을 보인 이후, 즉 지금껏 독일어로 들어본 적이 없는 그 같은 아리아풍의 강한 음향을 동반하여 귀를 먹게 하고 감정을 복받치게 하는 리듬이 경쾌할뿐더러, 우윳빛을 발하면서 여운을 남기는 새롭게 만든 어휘들이 사치스러울 만큼 넘쳐나지만, 전혀 억눌리지 않는 느낌을 주는 풍성함을 들려주고 수천 번의 터치로 머리카락처럼 섬세한 음색을 내게 하는 표현기법을 통해 순수성과 현란함이 울려나게 한 이후, 독일어는 새로운 템포, 실로 완전히 달라진 속도와 수많은 새로운 색조를 띠게 된다. 그것은 파도가 선박의 용골에 부딪혀 끊임없이 다른 색을 내는 것과 같은 모양이다. 때로는 오렌지색이나 연분홍빛을, 때로는 자줏빛이나 청색 유리 빛을, 그러다가는 또다시 우윳빛 백색을, 그러고는 녹청색을, 그리고는 유황색을, 또 그러고는 에나멜을 입힌 까만색을 뿜어낸다. 이렇듯 이런 유형의 산문은 쉼 없이 다채롭게 변색을 하지만, 각각의 순간, 상황, 맥락에서 꼭 맞는 그 색조 외에 다른 색조를 내는 것은 아마 불가능하리라고 사람들은 늘 생각한다.

양식 자체가 이미 심리이기 때문에, 엄청난 진보를 의미하는 니체의 완전히 새로운 심리학적 방법이 당연히 대가다운 그 자신의 언어 구사력에서 흘러온 것이다. 이는 여러 가지 우연적이면서 종종 강제성이 동반된 결과와는 별개의 문제다. 그 자신도 한번은 이렇게 말했다. "일반적으로 과학적 방법은 적어도 여러 다른 성과물만큼이나 중요한 일이다." 니체 이후에야 비로소 **철학**에서 복합심리학의 의미를 알게 된 셈이다. 그는 플로베르의 입체경과 공쿠르의 현미경을, 그리고 도스토옙스키의 심해 측연(測鉛)을 순수 사유의 영역에 활용했다. 그런데 그런 장치들은 소설에서보다 이런 사유 영역에서 다루기가 훨씬 까다로운 법이다. 지금까지는 사람들이 인간 인식의 심오함과 세계 직관의 범위를 종교적인 천재의 눈으로 봐왔다. 니체와의 친화성을 탐문할 때, 기껏 **외관상의 내용**(äußerlich am Inhalt)에 맞춘다고 해서 그 친화성을 이를테면 슈티르너[106] 부류의 자유사상 구역에서 찾을 것이 아니라 아우구스티누스나 파스칼의 집안에서 찾아야 할 것이다. 니체의 실증주의는 주지하다시피 누구도 벗어날 수 없는 바로 시대의 복장(Zeitkostüm)이었던 것만이 아니라 낭만주의가 자기치유로 시도한 반동현상이기도 했다. 실증주의는 그의 삶의 경제학에서 고전주의가 괴테에게 그랬던 것과 동일한 역할을 한 셈이다. 철학이 대개 데카당스 유형으로서만 가능한 한, 모든 철학은 필연적으로 '질병'이기 마련이다. 불교와 도교, 플라톤주의 등을 포함해서 더 이상 새로운 체계를 화두로 삼을 필요가 없는 영지(靈知:Gnosis)와 같은 고도의 사상적 창조물들은 훗날의 세계를 전제로 하고 있다. 니체는 이런 관계를 명쾌히 간파하고는 그 모순에서 자신의 철학을 개진한 당대 유일한 데카당이었다. 물론 이 철학도 데카당스의 **또 다른** 하나의 징후일 뿐이다. 허무주의에 대응한 그의 주의주의(Voluntarismus)는 그 이면의 전조일 뿐인 동일한 질병 현상이다. 말하자면 그것은 무의지증(無意志症: Abulie)의 단순한 변이형태일

---

[106] M. Stirner(1806~1856): 독일의 헤겔 좌파 철학자.

뿐인 과대의지증(Hyperbulie)에 불과한 것이다. 그러나 그 자신도 그런 사실을 알고 있었던 것으로 보일뿐더러 그런 모순의 신비주의적인 해결책도 이미 은연중에 준비한 것처럼 보이기도 한다. 이는 완결되지 못한 차라투스트라의 부분들과 『힘을 향한 의지』 제4권을 포함해서 유고로 남겨진 그의 글 몇몇 초안이 보여주고 있다.

니체의
기독교도
정신

니체는 자신을 그의 시대의 맞수라고 생각했으며, 이는 온전히 타당하다. 이런 관점에서 그를 사보나롤라[107]에 견줄 법도 하다. 무엇보다 그가 보이는 진리 의지에 대한 광적인 무조건성과 자신의 몸을 찢는 잔혹한 고행이 사보나롤라를 연상시킨다. 그러나 생(生: Leben)을 신격화하고 인간중심적 궤변을 늘어놓는 점에서 그 역시 저 포말회사 범람시대의 가장 뚜렷한 표현이기도 했던 셈이다. "인간은 만물의 척도다"라는 문장으로 그 세계상을 결정짓고 있는 궤변론은, 말하자면 그리스의 특수성이 아니라 정신적으로 몰락하는 모든 시대에 목격되는 불가피한 철학인 것이다. 인도의 궤변론도 있고 아랍의 궤변론도 있다. 우리가 이 책 1권에서 천착한 바 있는 후기 스콜라철학은 명확히 궤변론의 특성을 지니고 있다. 로코코 시대의 철학 전체가 궤변론적 경향을 띤다. 니체의 '생의 철학(Lebensphilosophie)'은 니체의 문체답지 않게 천박하다. 생은 생명을 원한다는 식의 무미건조한 동어반복 일색이다. 이런 동어반복에는 실로 모든 것을 으스러뜨리는 악마성이 필요치 않았던 모양이다. 그런 동어반복은 그의 내면에 잠재하는 신학자를 어설프게 흉내 낸 데서 비롯된 것으로 이해할 수 있을 따름이다.

---

[107] G. Savonarola(1452~1498): 이탈리아의 그리스도교 설교가 · 종교개혁자 · 순교자. 부패한 전제군주와 맞서 싸운 것으로 유명함. 그러다가 결국 화형당함.

그런데 이는 우리를 그의 본성의 진정한 핵심으로 안내해준다. 이미 우리가 넌지시 비쳤듯이 그가 기독교 문화의 역사와 깊이 관련되어 있다는 사실은 추호도 의심할 여지가 없다. 그것은 그가 일종의 '전향한' 기독교도로서, 말하자면 본의 아니게 반기독교도로서 그리고 동시에 본의 아니게 기독교도로서 그러한 것이다. 이는 최후의 형식으로서 그의 시대에 유일하게 가능했던 기독교도의 형식이다. 그의 반기독교도 정신은 기독교도 정신의 한 변이형태와 다름없다. 그것은 광물학자들이 말하곤 하는 식으로 하면 "동질이형 꼴의 변형(allotrope Modifikation)"인 셈이다. 그의 반기독교도 정신이 기독교도 정신과 갖는 관계는 가물가물 타오르는 석탄이 금강석과 관계하는 것과 같다. 외관상은 교환 불가능할 만큼 서로 다르지만 실제로는 완전히 동일한 원소로 되어 있는 것이다. 그의 아버지와 그의 외가ㆍ친가 할아버지, 그리고 증조부 모두가 목사였다. 그가 정신적으로 파산한 후에 사방으로 발송한 엽서에는 가끔 '디오니소스(Dionysos)'로 처리된 것도 있지만 대개는 '십자가에 매달린 자'로 서명되어 있다. 이는 아무튼 그의 삶에 있어서 무엇이 기본 문제였던가를 말해주는 셈이다. 곧 그것은 디오니소스 아니면 십자가에 매달린 자였던 것이다! 이를 두고 이교도 정신을 읽어낸다면 그것은 밋밋하고 외람된 목사들이 10여 년 동안 니체를 알리는 포교활동을 한 것과 같은 꼴로서 밑도 끝도 없는 오해의 소산이지만, 어느 시대서든 가장 위대한 철학자들과 가장 어리석은 철학 문하생들을 거느린 독일에서만 가능한 일이었다. 십자가와 헬라스를 두고 어느 한쪽만을 선택하는 것, 그것은 전혀 이도교적인 것이 아니다. 왜냐하면 진정한 이교도는 결코 반기독교도가 아니기 때문이다. 그는 그리스도 자체를 몰라본다. 그래서 유대교는 유럽의 온갖 교파 가운데서 합법적으로 유일한 이교도로 통하는 (이것이 매우 자연스러운 것은 유대교만이 유일한 **고대 종교**(antike Religion)로 통하기 때문인데) 것이다. 그러나 기독교 이외의 다른 분파, 이를테면 일신교 · 사회주의 · 프리메이슨 · 광명회[108] 등은 이교도로 통하지 **않는다**. 이들 모두는 기독교도 정신과 보이지 않는 관계를 맺고 있기 때문이다. 그런데 (물론 더 이상 순수 경험의 차원이라고 할 수 없지만, 좋게 생각해 지고한 깨달음의 발작으로 봐줄 수 있는) 정신착란에서 자신과 동일시할 정도까지에 이른 구세주 모습이 니체의 영혼을 채우기 시작했다는 사실은, 가장 위대한 이 배교자가 임종할 때도 "네가 승리했노라, 너 갈릴리 사람아!"라고 말한 점에서 드러난다.

니체 자신도 이런 맥락을 인식하고 있었다. 『이 사람을 보라』에서 이렇게 적고 있다. "나는 어느 날이고 사람들이 나를 두고 성인이라고 말할까봐 오금이 저린다. 나는 성인이 아니라 차라리 어릿광대가 되고자 한다. 아마 나는 어릿광대일지 모른다." 여기서 그는 분명 모든 종교적 천재의 본질을 구성하는 바보와 이단자와 성인이라는 숭고한 삼위일체의 성격을 스스로 갖춘 것으로 생각한다. 삼위일체의 성격은 바보로 살았고, 이교도로 판정받고서 성인처럼 죽은 소크라테스의 모습에서 이미 구현된 것으로 보인다. 외관상 볼 때 니체의 인생행로는 성담(聖譚)에 나오는 성인들의 그것과 전혀 구분되지 않는다. 하층민들로부터 숭배를 받지만, 자신의 친구들에게 악용되거나 오해를 사며, 무욕의 은둔자로서 세상을 등져 살고, 결코 여자와 접하지 않으면서 언제나 육체의 고통과 영혼의 시련으로 번뇌하고 밤낮으로 자신의 신에게 매달리면서 자기 형제들의 구원을

---

[108] 光明會(Illuminat): 16~17세기 스페인에서 시작된 계몽주의 종파.

갈구하는 그는 자기파멸에 이르기까지 순교자의 길을 걸었다. 아무도 그의 머리 위에 드리운 후광을 보지 못한 것이다. 그러나 이 또한 진정한 성인에게 나타나는 현상이다. 세계정신은 이렇게 분장한 모습으로 현시하길 좋아한다. 때로는 성인 프란체스코처럼 거지의 모습으로, 또 때로는 석가모니처럼 왕자의 모습으로, 또 때로는 잔 다르크처럼 시골처녀의 모습으로, 또 때로는 야콥 뵈메[109]처럼 구두장이의 모습으로, 또 때로는 셰익스피어처럼 희극 배우의 모습으로 나타나는 것이다. 한 다감한 독일 교수의 모습으로 나타나지 말라는 법도 없지 않겠는가?

니체는 『아침놀(Morgenröte)』에서 이렇게 말한다. "진지하고 유능하며 바르고 깊이 느끼는 사람들, 이들은 지금도 진심으로 기독교도들이다. 그러나 시험 삼아 한동안 기독교 없이 한번은 살아볼 필요가 있다. 그것은 **그들 신앙**의 의무이기도 하다." 종교에 보이는 그의 이반은 그의 고행 형태 가운데 하나일 뿐이다. 그는 낭만주의가 그랬듯이, 그리고 바그너와 쇼펜하우어가 그랬듯이 모든 성역(聖域)을 포함해서 종교를 외면했다. 그러나 사실 기존 신앙에 대한 이러한 기피는 인간 구원의 역사에서 불가피한 우회로의 하나인 새로운 신앙을 위해서 무조건 필요한 일이다. 기독교 정신이 중세 말 교황 체제가 그렇듯 너무 하찮은 상태에 이른 것이다. 여기에 니체식 우상파괴의 의미가 있는 것이다. 그것은 아마 근대의 완벽한 막간극의 의미일지도 모른다.

19세기에 살았던 몇 안 되는 기독교도 가운데 한 사람인 파울 데 라가르데[110]는 자신의 『독일성서(*Deutsche Schriften*)』에서 이렇게 말

마지막 교부

---

[109] Jakob Böhme(1575~1624): 독일 신비주의 기독교 신학자.

한다. "복음주의에서는 인간을 사랑한다. 왜냐하면 그들보다 훨씬 더 겸손한 상태에 있기 때문이다. 자유주의에서도 인간을 사랑한다. 왜냐하면 그들과 동일한 사소한 가치를 지니고 있기 때문이다. 복음주의에서는 인간애가 위로부터 기원한다. 기쁨과 경건에서 오는 것이다. 자유주의에서는 아래로부터 기원한다. 공포와 책임감에서 오는 것이다. (…) 예수는 선·악 위로 자신의 해를 떠오르게 하는 하늘 아버지의 자녀가 되려거든 우리에게 우리의 원수를 사랑하라고 명한다. 물론 그에게 중요한 것은 인간애 자체가 아니라 신을 닮아가려는 노력, 즉 완전성을 갈구하는 태도이다." (니체로서는 라가르데의 영향을 받지 않았지만) 니체에 앞서 기록된 것으로 보이는 라가르데의 이 같은 발언들과 이와 유사한 얘기들에서 알 수 있는 것은 초인이란 기본적으로 기독교적 구상에서 나온 것이라는 점이다. 이는 비도덕주의(Immoralismus)가 통속적인 윤리학의 고양인 것과 같은 원리인 셈이다. 니체는 자신의 유작(遺作)에서 이렇게 말한다. "열정이 있다면 본능적으로 위험한 것을 택한다. 예컨대 품행이 바를 때 비도덕적인 모험을 할 수 있다." 비도덕주의는 도덕의 과잉과 다름없다. 자명하지만 가장 고귀하고도 가장 천박한 품행, 가장 강직하고도 가장 연약한 품행을 겸비한 사람만이 도덕을 넘어설 수 있는 법이다. 비도덕주의는 일체의 학교 교육과 도덕의 성장 경험을 해본 사람들을 염두에 둔 것이지 아직 한 번도 도덕적 경험을 해본 적이 없는 사람들을 염두에 둔 것이 아니다. 요컨대 니체주의자들을 염두에 둔 것이다.

간단히 말해 니체는 도스토옙스키가 동방에서 마지막으로 그랬

---

[110] Paul de Lagarde(1827~1891): 독일의 성서학자이자 동양연구자.

듯이 서구에서 마지막 위대한 신앙의 목소리인 셈이었다. 우리가 도스토옙스키를 마지막 위대한 비잔틴 사람으로, 루터를 마지막 위대한 수도사로 규정한 것처럼 니체는 마지막 교부로 불러도 될 것 같다. 그리고 동시에 그는 그의 조국의 문헌이 배출한 가장 빼어난 민족적 인물 가운데 한 사람이다. 주지하다시피 그 자신도 독일 민중을 증오한 것으로 생각했다. 그는 독일 민중을 독일 대중과 혼동한 것이다. 독일 민족성을 특히 싫어함으로 그가 어부지리로 얻은 세 가지 능력은 르네상스 이탈리아의 정신이고 고대의 정신이며 프랑스의 정신이다. 그러나 그 자신의 활력성은 친퀘첸토[111]의 그것과는 완전히 다르며, 그의 현세성은 헬레니즘의 그것과는 아주 차이가 나고, 그의 예술 의지는 프랑스 사람들의 예술을 위한 예술(l'art pour l'art) 고백과는 아무 관계도 없다. 그는 독일 관념론적 · 감성적 에토스에서 최선두에 선 가장 강렬하고도 가장 섬세한 주자다. 그는 리얼리스트이자 예술가이며 고전주의자라고도 생각한 괴테를 닮았다. 평생 위대한 독일의 탐구자로 남은 것이다. 유럽 민족이 태어났을 때 신은 영국인들에게는 성공의 재능을, 프랑스인들에게는 형식의 재주를 선사했지만, 독일인들에게는 동경을 선사했다. 이의 모범적 대가 가운데 한 사람이 프리드리히 니체였다. 그는 렘브란트와 베토벤과 같은 정신적 형제들에 견줄만하다. 그러나 그의 마지막 글들에서는 이런 고귀하고도 기운찬 정신이 착란을 일으킨 모양을 취하고 있다. 적어도 어디서든 목격되는 바대로 그는 과대망상에 사로잡혀 있었다. 말하자면 스스로를 프리드리히 니체로 여긴 것이다.

동시에 그 마지막 글들은 니체가 데카당스의 핵심 본질로 본 인

---

[111] Cinquecento: 16세기 이탈리아 르네상스를 말함.

상주의를 세계상에서만 아니라 형식상으로서도 극복하려는 시도로 보인다. 그런데 바로 니체가 유럽에서는 인상주의를 결국 합법적으로 인정하고 독일에서는 마침내 승격시키는 역설적인 일이 일어났던 것이다. 90년대에는 **모든 것**이 인상주의의 수중에 들어가 있었다. 내적인 본성과 규정에서 볼 때 인상주의와는 완전히 배치되어 보이는 부문까지도 그렇기는 마찬가지였다. 인상주의는 로댕의 조각을, 드뷔시[112]의 음악을, 빌헬름 황제의 정치를, 알프레트 케르[113]의 비평을 장악했다. 18세기의 루소주의를 한 차원 높은 나선형 차원에서 되풀이하는 자연감각의 고양도 이런 범인상주의(Panimpressionismus)와 관계가 있다. 마테를링크는 '오래된 꽃(alte Blumen)'과 관련된 어떤 글에서 이렇게 말한다. "우리 선조들의 정원은 거의 황무지나 다름없었다. 사람들이 자기 주변을 돌아보고 자연생활을 함께 향유할 줄을 몰랐다." 이는 사람들 자신이 자연에 속하지 않았기 때문에 자연을 볼 줄 몰랐다는 뜻이다. 마지막 장에 해당하는 〈플리쉬와 플룸(Plisch und Plum)〉에는 피프(Pief)라는 이름의 한 남자가 등장한다. 그는 연신 자신의 망원경을 들여다보면서 이 이상한 행동방식에 대해서 다음과 같은 독백으로 설명한다. "그가 말했지, 내가 걷는 도중에 멀리 보지 말라는 법이 도대체 어디 있느냐고? 저기 다른 곳도 멋진데 하여간 나는 여기 있는 게지." 부슈의 수많은 심오한 철학 명제 가운데 하나는 아름다움이란 우리가 바로 여기에서 '그렇고 그런(sowieso)' 식으로 존재하기 때문에 여기로는 유혹하지 못하는 늘 '다른 곳(Anderswo)'에 있다고 하는 것이다. 그래서 서정적인 자연 감

---

[112] C. A. Debussy(1862~1918): 프랑스의 인상주의 작곡가.
[113] Alfred Kerr(1867~1948): 독일의 연극 비평가이자 에세이스트.

흥은 늘 오직 도시 문화에서부터 출발할 수밖에 없는 노릇이다. 최초의 '앞뜰'은 근대 초엽의 도시들과 함께 나타났으며, '영국식 공원(englischer Park)'은 런던이 대도시로 부상할 때 동시에 모습을 드러냈으며 알프스의 놀이공원은 근대적인 세계도시의 탄생과 함께 시작된 것이다. 풍경화도 이와 아주 유사한 발전 양상을 보였다. 그 전성기는 이탈리아와 네덜란드의 도시문화와 때를 같이 해서 제2제정과 빅토리아 시대, 그리고 빌헬름 시대에 거대 도시의 출현과 함께 정점에 도달했다. 중세 때는 고작 채소밭 정도만 알고 있었고 산과 협곡을 공포나 혐오의 대상으로만 받아들였지, 그것을 그대로 그려내고 연구하거나 노래할 필요가 없었던 것이다.

그러나 그 사이에 우선 회화에서 인상주의는 **제2기**(zweites Stadium)에 접어들었다. 그것은 현상학적이었다. 인상주의는 리얼리즘적 가능성 외에도 세계해석의 가능성도 내장하고 있다는 점에 대해선 이미 앞 장에서 상세히 다룬 바 있다. 우선 '신인상주의자들'이 출현했다. 이들은 모네의 점묘기법을 계승해서 철저하게 준수했기 때문에 '점묘주의자(Pointillist)'로 불리기도 했으며, 또는 눈에 들어온 모습을 마지막 분자로까지 분할한다고 해서 '분할주의자(Divisionist)'로 불리기도 했다. 한마디로 그들은 마하를 그린 셈이다. 그 외에도 그들은 단순한 색만을 이용했다. 이때 분명 그들은 혼합색조의 현상은 기껏 심리생리학적 반응에 의해 생겨날 뿐이며 사실은 오직 순수 분광색이 차례로 나타날 뿐이라는 생각에서 출발하여 이 분광색을 화포에 옮겨 시선이 필요한 방식에 따라 그 색들을 결합하도록 하게 했던 것이다. 말하자면 색의 혼합 과정을 팔레트에서 망막으로 옮겨 놓은 셈이다. 이로써 예술의 합리화와 과학화가 정점에 도달했다. 졸라의 경우 작가는 사회통계학자, 지역통신원, 법정 정신과 의사, 유전생물학자가 되듯 여기서 화가는 분광 분석가, 화학자, 실험 심리학자가 된다. 점묘법의 그림은 실제로 반응에 적합하게 일정한 거리를 취하여 올바른 인상을 만들어낸다. 인상주의가 그 정점에 있는 듯해 보이지만 사실은 이미 이의 해체가 시작된 셈이다. 그도 그럴 것이 뒤로 충분히 물러서게 되면 **윤곽**(Kontur)이 나타나기 때문이다. 좀 더 말하자면 모자이크 유리를 예로 들 수 있을 것이다. 사실 이 같은 사정은 오스트리아가 자랑삼은 탁월한 점묘주의자 조반니 세간티니[114]의 경우도 마찬가지다. 오스트리아가 그를 내세운 것은 그의 출생지인 남부 티롤의 국경도시 아르코(Arco)가 당시까지만 해도 이탈리아에 귀속되지 않은 상황이었기 때문이다. 그러나 혈통과 거주지 및 성장과정뿐만 아니라 그가 그린 그림의 소재 영역만 봐도 그는 영락없는 이탈리아계 사람이다. 그는 자신의 거의 모든 모티프를 스위스 라딘(Ladin) 지방의 고산지대에서 취했다. 붓으로 찍는 점들을 모르타르를 바르듯 하여 선묘법을 정상으로 끌어올려놓았다. 고산의 풍광을 깊게 눈 덮인 산봉우리, 무성한 고산식물 지대, 거의 만질 수 있을 듯한 짙은 하늘로 멋있게 감쌌다.

점묘화법을 통해 그림의 구성이 자체 활동하는 것처럼 보이게 할 때 그림은 추상화 작용을 일으킬 수 있다. 이를 위해서는 단 하나의 조치가 필요한데, 그것은 예술작품의 창작과정을 추상화하는 일이다. 분할에서 종합으로 가는 이 걸음을 반 고흐가 뗐다. 이 방식을 그는 종종 우악스러울 정도로까지 '공식화한다'. 흡사 인간 신체나 동물 몸뚱이의 활동 기능에 문법이라도 부여하듯 하고, 풍경의 경

---

[114] Giovanni Segantini(1858~1899): 오스트리아 티롤 출신 화가. 상징주의적인 내용을 신인상주의 기법으로 표현한 알프스 풍경화와 우의화로 유명함.

우에는 좀 더 진실한 (왜냐하면 흘러간 인상들까지 한 화폭에 모아서 보기 때문에) 꿈속 혹은 기억의 이미지를 제시하는 듯하다. 근대 유럽이 배출한 가장 짓궂은 화가들인 엘 그레코와 고야, 그리고 도미에[115]가 소름 돋게 부활한 듯한 그의 그림들은 유령이 출몰하는 악몽, 으스러뜨리는 듯한 캐리커처, 고문하는 듯한 소묘, 악마의 유혹과 같은 작용을 일으킨다. 그의 그림을 들여다볼 때면 가끔 소란스러운 유령들이 그린 것이 아닌가 하는 생각으로 전율이 일기도 한다.

이런 현상학적이고 종합적인 인상주의의 단계를 두고서 사람들이 나중에 새롭게 만들어낸 과도하게 모호한 용어가 '표현주의(Expressionismus)'다. 아무튼 반 고흐가 표현주의자라면 세잔[116]은 이미 후기표현주의자(Nachexpressionist)인 셈이다. 세잔은 졸라의 『작품(L'Oeuvre)』에서 과거와 완전히 단절하는 혁명적 예술가로 등장하는 주인공 클로드 랑티에(Claude Lantier)의 모델이다. 세잔에게도 이미 인상주의는 과거의 일이다. 그는 다시 비전을, 말하자면 플라톤적 이데아를 그려냈던 것이다. 물론 그는 인상주의 지대를 완전히 가로질러 와서 그것을 배후와 발아래 두고 관찰했다. 그는 인상들, 요컨대 개개 대상들을 사생하는 것이 아니라 항상 대상 자체를, 말하자면 세상 모든 컵과 오렌지와 나무들 자체를 그려냈다. 사람들은 이제 추상은 개념으로만 남았고 구체가 전면에 나타났다고 믿었다. 세잔은 이른바 그리는 '리얼리스트'인 셈이다. 이는 근대의 감각주의적인 의미에서가 아니라 중세의 **"보편이 실재**(universalia sunt realia)"라는

---

[115] H. Daumier(1808~1879): 프랑스의 화가이자 풍자만화가.
[116] P. Cézanne(1839~1906): 프랑스의 대표적인 화가. 현대 미술의 아버지로 통함.

의미에서 그런 것이다. 그는 색 자체도 그려냈다. 이 같은 색 자체는 이미지의 구성물로서가 아니라 창작의 이념으로서 형식을 떠받드는 일에서 벗어나 독자적인 삶을 영위한다는 뜻이다.

반 고흐는 네덜란드인이다. 그런데 눈여겨볼만한 일은 그 시대 가장 강렬한 예술적 자극은 그 수원지를 작은 나라들, 이를테면 노르웨이 · 스웨덴 · 덴마크 · 벨기에 · 아일랜드 등에 두었다는 점이다. 이는 물론 문화사에서 새로운 일은 아니다. 이 책 1권에서 이미 지적한 바 있는 위대한 정신적 혁신은 거의 늘 아주 작은 나라들에서 시작되었다. 오늘날의 우리 개념에서 보자면 페리클레스 시대의 아테네와 메디치가의 피렌체는 도청 소재지가 있는 중간 규모 정도의 도시였으며, 루터의 비텐베르크와 괴테의 바이마르는 좀 더 큰 규모의 도시였을 뿐이다. 여기서 중요한 것은 우리가 다른 맥락에서 말한 바의 '창조적인 교외(schöpferische Peripherie)'이다. 문화적으로 말하자면, 톨스토이와 도스토옙스키의 러시아도 이 같은 교외와 작은 나라의 개념에 들어간다. 그도 그럴 것이 러시아는 고작 대단히 넓은 농민 거주지로 몇몇 도시를 인위적으로 접붙인 모습을 하고 있었기 때문이다.

이 새로운 현상을 마주하고서도 노련한 비평이 나오지 않았다는 것은 아주 기괴한 일이다. 수백 가지 사례 중 한 가지를 제시해 본다면, 예컨대 문학사가 한스 지텐베르거[117]는 1890년의 상황을 다음과 같이 묘사한다. "꼬치꼬치 캐묻는 성미를 가진 부르제[118]가 거들었다. 여기엔 우둔한 신비주의자 마테를링크의 영향력이 가세한 셈

---

[117] Hans Sittenberger(1863~1943): 오스트리아의 작가이자 문학 이론가.
[118] P. Bourget(1852~1935): 프랑스의 작가이자 비평가.

이다. (⋯) 스트린드베리의 창작품이 창백하기 짝이 없고 우스꽝스러울 정도로 과장되어 있다고 여기저기서 난리다. (⋯) 입센에게서 그들은 그때그때 상황을 고려치 않고 사상과 변죽을 곁들인 대화로 잔뜩 채워 넣는 수법과 인물들을 두고 억지를 부리는 낡을 대로 낡은 성격묘사를 배운 것이다. (⋯) 주인공들의 대화는 바로 그 주인의 대화처럼 한스 작스[119] 이전에 나온 초보적인 광대놀이를 연상시킨다. 어디서든 주인공들은 저는 아무 아무개입니다, 제 취향은 이렇고 이렇습니다하는 식으로 깍듯이 예를 차려서 자기소개를 한다." 마테를링크를 두고 우둔하다고 하고, 스트린드베리를 두고서는 피가 모자라 생기가 없다고 하며, 입센을 두고서는 그 테크닉이 한스 작스식이 아니라 한스 작스보다 한참 이전의 것이라고 진술하는 사람이 있다면, 그는 엉터리 성격묘사를 평가하는 이들 중 분명 영예의 대상을 받을 것이 틀림없어 보인다. 1893년, 사람들 사이에 많이 읽힌 막스 노르다우[120]의 책 『타락(Enartung)』이 출간되었다. 이 책은 100쪽 이상에 걸쳐 쉼 없이 현대의 지도적인 모든 예술가를 난타한다. 딱 한 가지 사례를 한 번만 더 들어보면, 그 작품은 입센을 "사악한 멍청이", "현대성의 장돌뱅이(Modernitätsmarktschreier)", "테제 장사치(Thesenschwindler)"로 규정하면서 다음과 같은 결론을 들려준다. "내가 입센에게서 찾아낼 수 있는 유일한 통일성은 비딱함의 통일성이다. 실제로 그는 늘 한결같게 그런 상태로 있어서 단 하나의 생각을 명확히 생각할 수 없고, 자신의 작품들 여기저기에 덧입힌 표제어 가운데 단 하나도 이해할 수 없을뿐더러, 단 하나의 전제

---

[119] Hans Sachs(1494~1576): 독일의 시인이자 작곡가.
[120] Max Nordau(1849~1923): 유대인 출신 독일 작가이자 의사.

에서 제대로 된 결론을 전혀 끌어낼 줄도 모른다." 이런 식의 비방으로 신경질을 부리는 사이에 문학사적 비평은 새로이 뒤집기 전술로 장난을 쳤다. 요컨대 한동안 유명세를 탔던 모든 유행 작품을 성실히 등록해서는 분개하면서 산산이 분해한 것이다. 이전의 대응방식보다 덜 아둔한 것도 아니고 예견력 없기도 마찬가지인 이런 대응방식은 곡예사의 재주를 아주 열심히 따라하는 어릿광대를 연상시킨다.

툴레에서 온 가수

입센의 정신적 선조들은 그 자신의 나라에서 찾을 수 있다. 노르웨이에는 홀베르[121]가 있고, 덴마크에는 안데르센과 키르케고르가 있다. 홀베르는 종종 몰리에르에 비교된다. 철학적 문화와 형식의 우아함에서는 몰리에르와 멀지 않지만, 풍자의 신랄함과 펜 놀림의 예리함에서는 그를 훨씬 능가했다. 얼핏 천진난만해 보이는 안데르센을 기억하는 것만으로도 우선 놀라운 일이지만, 이 젊은 작가가 세계문학에서 가장 심오한 형식으로 인간을 계몽하고 가장 강렬한 필치로 형상화하는 반어작가 가운데 한 사람이라는 사실을 망각하고 있다는 점도 놀라운 일이다. 입센이 키르케고르와 맺는 관계는 바그너가 쇼펜하우어와 맺는 관계, 헤벨이 헤겔과, 쇼가 칼라일과, 실러가 칸트와 맺는 관계와 엇비슷하다. 그는 키르케고르에게서 자신의 이념적 도구 일부를 빌렸다. 이때 가끔 그는 예술가의 특권을 이용해서 철학자들을 오인하기도 한다. 또한 들려주고 싶은 것은 덴마크인 브란데스도 당시 작가 세대에게는 교류 재능에서 대단히 중요했다는 점이다. 그는 문학 분야에서 일종의 킹메이커로서 당대를 이끄는 힘에 대한 예민한 직감을 갖고서 유럽의 교양시민들에게

---

[121] Ludwig Holberg(1684~1754): 노르웨이 출신 철학자이자 극작가.

그의 고향의 풍부한 문학을 소개했으며, 거꾸로 유럽의 교양 조류를 스칸디나비아로 유입시켰다. 물론 취향에서든 적응력에서든 그에게 감동을 받은 부류는 늘 상류층 예술인사들뿐이었다. 그는 심해의 경이로움을 잘 손질된 수조에 담아 드러내는 섬세한 정신적 문학 에세이의 수준을 뛰어넘진 못했다. 그밖에도 노르웨이의 문학은 네덜란드의 회화가 벨기에의 그것과 구분되듯이, 덴마크의 문학과 구분된다. 노르웨이는 17세기 초부터 빈 회의 때까지 정치적으로도 덴마크에 합병되어 있어 완전히 덴마크 문화권에 들어간다. 수백 년을 거치는 사이에 노르웨이 전체에 교회와 법과 교양인의 언어가 덴마크어 일색이었다. 19세기에 이르러서야 노르웨이의 민족언어 요소를 덴마크어의 문어체에 집어넣으려는 언어 복권운동이 시작되었다. 입센과 비외른손은 노르웨이어로 도금한 덴마크어로 썼다.

『왕위를 노리는 자들(Kronprätendenten)』에 등장하는 음유시인 야게르(Jatgejr)는 이렇게 말한다. "어떤 노래도 밝은 일광 아래서는 태어나지 않는 법이다." 바로 음유시인 입센의 노래들이 이런 방식에서 나왔다. 말하자면 어제의 그늘이 드리워진 채 아침의 빛이 밝아오며, 이중적인 박명에 잠겨 **이러한 시간 사이에서**(zwischen den Zeiten) 어스름하게 내린 어둠 속에서 맑은 날은 좀처럼 보기 어려운 흐릿한 백야의 태양빛을 받고 있는 나라에서 태어났던 것이다. 이렇듯 입센의 모습이 몽상에 잠긴 후세대의 사념 앞에 북구의 가물거리는 불꽃으로, 툴레에서 온 신비로운 가수로서 서 있다.

입센을 목록에 정리하고자 한다면 분명 고전 작가의 계보에 넣을 수밖에 없다. 특정한 형식으로, 예컨대 운각을 넣어 창작한다고 해서, 혹은 특정한 소재를, 예컨대 비극적인 소재나 고대적인 소재를 선호한다고 해서 고전 작가로 이해할 수는 없고, 자신의 작품을 경

마지막
고전파 작가

험과 고통의 부침이 있는 **활력성**(Vitalität)의 산물일 뿐만 아니라 치밀한 계획과 고상한 숙고를 담은 **합리성**(Rationalität)의 산물이게 만드는 작가라야 고전 작가로 이해할 수 있을 것이다. 요컨대 정열을 과학으로 풀어가는 작가면 저마다 고전 작가인 셈이다. 이 같은 유형의 고전 작품에는 우리에게 모두 알려진 그리스 비극들이 포함된다. 가장 성숙한 예술 지식이 투입된 창작물들은 수공업 · 재료 · 법칙 · 비율 등에 대한 풍부하고도 확실한 지식 덕분에 고대의 사원이나 제단의 성유물(聖遺物)처럼 구석구석이 섬세하게 짜여 있을뿐더러 균형이 알맞게 잡혀 있다. 이 같은 작품으로는 괴테와 실러, 코르네유와 라신의 드라마가 있다. 이런 드라마에서는 모든 것이 서로 관계하면서 실마리를 제공하며, 명암이 오가게 한다. 세부사항 하나하나까지 무대의 완전한 입체를 구성한다. 레싱과 몰리에르 드라마의 대사들은 밝고 경쾌하게 조율된 완전한 건축술로 짜여 있다. 이런 유형의 마지막 고전파 작가가 헨릭 입센이다. 그는 가장 완벽한 고전 작가인 셈인데, 그 까닭은 그가 가장 복잡한 고전파 작가이기 때문이다. 괴테가 셰익스피어를 두고 한 말은 그에게도 어느 정도 통한다. "그의 인간들은 투명한 크리스털 상자에 문자반이 들어있는 시계와 같다. 그들은 자신들의 운명을 향해 시간이 얼마나 지났는지 말해준다. 그래서 그들을 움직이는 톱니바퀴와 태엽장치를 동시에 간파할 수 있는 것이다." 그렇다. 입센은 인간들이 투명하기라도 하듯 그들을 꿰뚫어 보았으며 우리의 세계를 밀고 가는 보이지 않는 구조와 그 세계 속에서 지칠 줄 모르고 맥동하는 조용한 심장을 간파했다. 그의 눈은 신비로운 X-선을 어두운 지구의 사건에 관통시켰다.

시민극장의 정점   입센은 시민적 리얼리즘의 정점을 의미한다. 그의 심리학과 기술은 극장 형식에 부합한다. 이 형식은 부르주아와 동시에 군림하게 된 것으로서 완전히 어둡게 만든 객석과 날카롭게 쏘아대는 강한 조명을 받는 무대와 천장, '소도구용' 가구와 3면으로 둘러친 벽을 그 특징으로 한다. 이 책 3권에서 괴테와 실러의 기술적 차이의 특성을 규정하면서 후자는 무대 심리학에 따라 단 **세 면**의 벽과 **그림으로 그린**(gemalt) 문을 이용한 반면에 전자는 완전한 현실, 즉 네 면의 벽과 실제의 문이 가동되게 했다는 점을 보여주었다. 그런데 통상의 차원을 넘어선 괴테의 방식 덕분에 무대 효과가 고양된 것이 아니라 오히려 저하되었던 것이다. 입센의 연극적 재능을 검토하려면 이제 실러와의 차이를 좀 더 정확하고도 면밀하게 따져보아야 할 것 같다. 둘 다 탁월한 연극술의 대가이지만 실러는 무대의 하늘 배경과 측면의 처리 기술, 그리고 문을 잘라서 끼워 맞추는 기술, 말하자면 연극술의 대가인 반면에 입센은 고정된 천장과 '건조한' 벽, 옮겨 세우긴 했지만 실물 같이 환상적인 인상을 주는 육중한 문을 다루는 무대장치의 대가였다. 이는 한마디로 표현하면 도달할 수 있는 최고의 **연극리얼리즘**(Theaterrealismus)인 셈이다.

　종종 의도하지도 않은 이 같은 확고부동한 리얼리즘을 두고 합리주의 심리학자들이 벌이는 온갖 토론은 극도로 부적합하게 이루어진다. 이는 "모든 것이 딱 맞아떨어지는지" 의심하면서 탐문하는 회의주의적 심리학자든 감흥을 받은 듯 특별히 '섬세함'을 확신하는 긍정적인 심리학자든 마찬가지다. 이 같은 두 입장은 문학 창작 행위에 대한 완전한 오해에 근거하고 있다. 자연의 생산물과 마찬가지로 예술의 생산물에도 전체가 부분에 앞서 존재한다는 아리스토텔레스의 명제가 적용된다. 우리가 이 책 3권에서 거론한 바 있듯이 이 그리스인은 '이념'·'형식'·'개념'이 (이 세 가지 표상들이 그

에게는 신비하게도 동일한 것을 의미하는데) 우선적이며, '현실'·
'질료'·'개별자'는 이의 결과일 뿐이라고 철두철미하게 확신한다.
예술가의 경우도 사정이 다르지는 않다. 요컨대 1차적인 것, 근원적
인 것과 생산하는 것이 '형태(Gestalt)'이며, 바로 여기서 예술가에게
서 독립해 있는 확실한 필연성과 더불어 모든 '면모'와 '사건줄거
리'가 흘러나온다. 그것은 유기체이며 따라서 외부에서 조종할 수
있는 기계적 인과율이 아니라 자체에 법칙을 지니고 있는 '생기적
인' 인과율에 따라 전개된다. 그래서 모든 것이 '조화를 이룰' 수밖
에 없다. 물론 그것은 모든 것이 제각각의 동일한 수준에서 이루는
조화를 의미한다. 그러므로 예술작품에 대한 심리학적인 모든 비평
은 '경의를 표할 수 없는' 것이 아니라 무의미하다. 그것은 미학적
인 문제에서 무지를 고스란히 노출한 꼴일 뿐이다. 경탄조로 '독창
적인 세부사항'을 지목하는 것만큼 편협한 일도 없다. 왜냐하면 진
정한 문학에서는 모든 세부사항이 독창적이며 진정한 문학치고 여
타의 문학보다 더 독창적이지 않은 것도 없기 때문이다. 모든 것이
독창적인 까닭은 그 모든 것이 자연스럽기 때문이다. 모든 것이 자
연스러운 까닭은 그 모든 것이 신성하기 때문이다. 칭송하는 평가나
제한적인 평가도 동물과 식물에게마저 평점을 부여한 바로크 시대
작가들의 우스꽝스러운 창작비평만큼이나 아둔한 짓이다. 이를테
면 애벌레는 그 생긴 모습이 역겹다고 해서 전혀 인정하지 않으려
한 반면에 예쁜 나비로 탈바꿈한 그 변이형태를 두고서는 가타부타
하지 않고 바로 인정한 것이다.

　모든 사람의 생활에는 저마다 완전한 시인 노릇을 하게 하는 두
가지 상황이 있다. 그것은 곧 꿈과 유치함이다. 아이들은 존재를 두
고 편협하고 생기 없는 비딱한 이미지를 갖고 있지 않다. 존재가

그러하다고 믿는 것은 성인들뿐이다. 꿈에서는 누구나 셰익스피어다. 유감스럽게도 깨어있는 동안 대부분의 사람은 성장한 단계에서는 분명 자신이 가지고 태어난 완전히 유기적인 형상화 능력을 잃어버리고는 그야말로 재능 없는 꼴이 되고 만다. 아는 체하는 비겁하고 무능한 인간의 오성이 어디서든 뒤섞여 들기 때문이다. 영원히 꿈을 꾸는 아이인 예술가만이 그런 재능을 보존하고 있다. 따라서 '잘못 그려진 문학'은 '가짜 꿈'만큼이나 무능을 말해주는 것이다. 반면에 공감 및 반감의 판단은 꼭 삶의 현상에서처럼 거리낌 없이 통한다. 여기서도 아이들은 우리에게 미학의 교사로서 봉사할 수 있다. 아이들은 자연에서든 인간의 모습에서든 문학에서든 늑대와 거미를 싫어한다. 이렇듯 어떤 문학들은 그 세계가 우리에게 거부될 때 '사악한' 것으로 받아들여지기 마련이라는 점을 생각해볼 수도 있다. 그러나 그렇다고 해서 세계가 틀린 것으로 표현해서는 안 될 일이다. 세계란 결코 틀릴 수가 없기 때문이다.

어떤 드라마의 (무엇보다 이 같은 예술 형식에 국한해서만) 모든 인물과 사건이 아주 완벽하다는 이론과는 반대로 실제로 완전히 실패한 연극작품도 있으며, 성공한 작품의 경우도 전혀 다른 가치를 갖고 있고 그 작품 가운데 최상의 작품도 실망스럽기 그지없을 때도 있다는 식으로 말할 수도 있을 것이다. 그러나 이런 항변에 대해 아주 간단히 응수하기도 한다. 요컨대 '실패한' 연극작품들은 문학작품이 아니라 자동인형이 인간과 구분되는 만큼이나 문학작품과 구분된다는 것이다. 아주 조잡한 인형도 있고 아주 정교한 인형도 있다. 그러나 양쪽 모두에 공통적인 것은 그것이 기계적 생산물이라는 사실이다. 그런데 그것들이 그러하다는 사실을 우리는 무엇을 통해서 인식하게 되는가? '감수성'을 통해서다. 이 감수성은 진열장에 놓인 인형과 가게를 찾은 손님, 요컨대 파노라마의 병풍과 자연의 풍경을 혼동하지 않게 하는 느낌으로서, 모든 사람에게서 확실히 살아 있는 그런 느낌이다. 그러나 이는 이른바 '극장 전문가들'에게서만 유독 보기 어렵다. 말하자면 이들은 전시실에서 부단히 활동함으로써 평범한 판별력을 잃어버린 것이다. 이 사실이 '실패'의 원인을 우리에게 설명해주는 셈이다. 말하자면 그런 실패는 예외 없이 작가에게서가 **아니라** '더 잘 아는 이들', 즉 소위 '극장의 필연성'을 계산하는 총감독, 연극평론가, 연출가, 배우에게서 비롯된다. 사실 그 원인은 그들 자신의 예술적 악의와 그들에게 늘 바보로 취급되는 허구적인 청중의 욕구와 관련 있다. 100년을 지나는 사이에 출판업자와 신문발행인, 콘서트 대행업자와 무대감독의 불평이 울려 퍼지고 있다. 이제 청중에게 새로운 것과 심오한 것, 혹은 진지한 것 따위는 내놓을 필요가 없고, 청중의 취향은 늘 진부한 대화거리, 키치와 관행을 좇을 뿐이라는 식이다. 그러나 이는 실상과는 완전히 반대되는 이야기다. 낡고 평범하며 피상적인 속성을 가진 이들은 바로 전문가 자신들이다. 청중은 자신 앞에 내놓는 모든 것을 빨아들이려고 활짝 벌리고 있는 거대한 입과 같은 것이다. 그러나 나쁜 것보다 좋은 것을 삼키길 좋아한다는 것은 의심의 여지가 없는 일이다. 이는 크게 활기를 띠었던 시대로 시선을 돌려보면 금방 명확해진다. 왕년에 히트를 쳐 그렇게 열렬히 소비된 모든 유행소설과 연극작품을 두고서 지금은 고작 몇몇 대학원 학생이나 설명할 줄 안다면 그 까닭은 어디서 연유하는 것일까? 성공한 유행가와 멜로 작품이 모든 사람의 입에 오르내리지만 늘 한 시즌밖에 못 가는 까닭은 무엇일까? 반대로 딱히 저명인사 대접을 받을 가치가 없지만 수백 년 이상 장수한 독보적인 저명인사가 있지 않은가? 도대체 호메로스와 단테가 실제로 가장 위대한 서사작가이고, 플라톤과 칸트가 실제로 가장 위대한 철학자인가? 지난 100여 년간의 연극 통계 자료를 만들고 싶다면 가장 많이 공연된 극작가로는 당연히 셰익스피어를 제시해야 할 것이다. 그렇다면 공평하고도 확실한 판단으로 이들에게 그럴만한 자리를 부여하는 이는 도대체 누구인가? 이를테면 문학 관련 교수들인가? 그런데 이들은 어떤 천재를 우체국 말단 직원까지 알아먹은 다음에야 겨우 그를 인정하는 수준이다. 청중 이외 누구도 예술적 감각에 바탕을 둔 이처럼 총명한 결정을 하지 못한다. 청중에겐 약간의 시간만 허용될 뿐이다. 이른바 권위 있는 중개인의 저속한 정견에 의해 보잘것없는 자양분이 그에게 제공될 때에도, 그가 그것을 수용하는 것은 더 나은 것을 받을 수가 없기 때문일 뿐이다. 청중은 주류 계층이 쳐놓은 온갖 장애물에도 불구하고 자신의 본능을 통해 좀 일찍 혹은 좀 늦게 올바른 수원에 다다르기 마련이다. '세포동맹'이나 '세포식민지'를 결성하는 원생생물이 있다. 그런데 이 생물은 두 개의 정신 기관을 갖추고 있다. 요컨대 하나는 개별 정신(Individualseele)이고 다른 하나는 세포 응어리 전체의 연대감으로 표현되는 이른바 공생 정신(Zönobialseele)이 그것이다. 이는 청중으로서의 인간에게 작용하는 정신과 유사하다. 인간은 자신의 개별 정신에 덧붙여 두 번째 정신을 취하고 있다. 그것은 곧 청중 정신(Publikumsseele)이다. 여기서는 유(類)의 현명한 의지가 반응한다. 샹포르[122]가 하나의 청중이 형성되는 데 얼마나 많은 바보가 모여야 하는지 물었을 때, 얼마나 많이 모여야 하는지는 당연히 그때마다 다를 수 있지만 충분히 모일 때마다 그들보다 훨씬 분별력 있는 무

---

[122] N. S. Chamfort(1740~1794): 프랑스의 극작가이자 좌담가.

엇인가가 형성된다고 응수할 수 있었을 터다.

희곡 문학에는 확실한 위계질서가 있다는 것과 관련해서 말하자면, 그 같은 모든 문학에는 확고한 현실 가치가 작동한다는 관점을 논박하지 않는다는 의미도 담고 있다. 그도 그럴 것이 등급이란 현실에도 있을뿐더러 살아 있는 인간들 사이에도 존재하기 때문이다. 그런데 이렇게 구분하게 하는 기준은 무엇에 의해 결정되는가? 나는 바로 실재에 대한 내용이 결정한다고 생각한다. 예컨대 우리가 비스마르크를 베트만-홀베크[123]와, 또는 괴테를 고트셰트[124]와 비교할 때, 그 차이를 아주 간략한 공식으로 표현하면 괴테와 비스마르크는 좀 더 현실적인 인물이었다고 간단히 말할 수 있다. 그래서 니체는 나폴레옹을 두고 **가장 현실적인 존재**(ens realissimum)라고 부른 모양이다. 이와 아주 흡사한 일이 우리의 일상생활에서도 일어난다. 어떤 사람들이 다른 이들보다 세계의 더 많은 부분을 반영하기 때문에, 소위 좀 더 확실한 적재량을 갖추고 있어서 우리에게 좀 더 믿음이 가고 좀 더 묵직하면서 좀 더 생생하게 비치는 것이다. 그러나 이들 모두 '심리적으로만 옳게' 반영한 셈이다.

진정한 작가가 한 인물을 그려내기에 적합한 최선의 의지를 담고 있다 해도 온전하게 그리기가 가능하지 않다는 사실은 단 하나의 사례로도 설명하기 충분할 것 같다. 『해뜨기 전(Vor Sonnenaufgang)』에 등장하는 주인공 알프레트 로트는 작가 하우프트만이 동일시하고 있어서 옳을 수밖에 없도록 설정된 이 작품의 주인공으로서 일종의

---

[123] Th. von Bethmann-Hollweg(1856~1921): 독일의 정치가. 독일 제2제국의 마지막 총리.
[124] J. Ch. Gottsched(1700~1766): 독일 계몽주의 시대의 비평가. 독일어의 통일과 순화에 정진함.

작가의 메가폰인 셈이다. 사실 그는 우리가 완전히 공감하는 일에 대해 아무 관심도 없는 매정하고 편협한 원리원칙주의자이다. 2막에서 그는 병약자들을 위한 책일 뿐인 재미없는 책,『베르테르』를 두고 헬레네 크라우제에게 설명한다. 헬레네가 좀 더 좋은 책을 추천해줄 수 없는지 그에게 묻자 그는 이렇게 대답한다. "읽(…) 읽고 있는지 (…) 노아를! (…) 단(Dahn)의『로마를 위한 전투』를 알고 있나요? 이 책은 사람들이 처한 상황이 어떤지를 그리는 것이 아니라 사람들이 장차 어떻게 변해야 하는지 그려내고 있는 거랍니다. 귀감이 될만하게 엮고 있습니다." 헬레네가 졸라와 입센이 위대한 작가인지 계속 그에게 묻자 그는 이렇게 대답한다. "그런 작가란 없고 필연적인 불행이 있는 거예요, 아가씨. 내가 시문학에서 구하고자 하는 것은 목 마를 때 마실 청량음료입니다. 난 아프지 않은데, 졸라와 입센이 내놓은 것은 약이랍니다." 이쯤에 오면 말하는 이가 갑자기 더 이상 작가의 영혼이 아니라 거만하고 우악스러운 학교 선생이 된다.『로마를 위한 전투』가『베르테르』보다 선호될 수 있다는 것이 하우프트만의 관점일 리가 없다. 그런데 무슨 일이 일어났는가? 작중 인물이 쉽게 독자적으로 움직인 꼴이다.

그러나 이제 하우프트만의 인물들과 입센의 인물들을 서로 나란히 놓고 보면 후자의 인물들이 훨씬 더 많은 실재 내용을 가지고 있다는 사실을 간파할 수 있을 것이다. 후자와 전자의 관계는 입체 조각이 양각과 맺는 관계와 같다. 그레거스 베를레와 렐링 박사는 로트와 의사 슈멜페니히가『해뜨기 전』에서 맺는 관계와 정확히 같은 모양을『들오리(Die Wildente)』에서 취하고 있다. 그러나 슈멜페니히는 기껏 한 가지 진단만 내리고 역할을 끝내는 단순한 등장인물에 불과하다. 그를 통해 우리가 알게 되는 것이라고는 그가 의심많은 시골의사이고, 헬레네의 가족이 음주벽으로 고통을 받고 있다는 사실뿐이다. 반면에 렐링에게서는 모순투성이의 인간 운명이 형상화된 동시에 니체의 유고 논문 네 편의 제목, 『도덕 외적인 의미에서의 진실과 거짓에 대하여(*Über Wahrheit und Lüge im außermoralischen Sinne*)』와 동일한 제목을 붙여도 될 법한 생의 철학이 구현되어 있다. 그리고 그레거스 베를레에게서는 메피스토와는 반대로 항상 선을 원하지만 언제나 악을 행하게 되는 희비극적인 인류의 사도가 겪는 고통의 역사가 고스란히 드러난다. 아니면 유전의 문제를 두고 『해 뜨기 전』과 『유령』이 다루는 방식을 비교해봄직도 하다. 전자의 경우 이 문제는 의사 전문가가 감정하고 일신교적 교리를 전파하는 기회로 그치지만, 후자의 경우 현재의 모든 도덕적·사회적 문제가 교착되는 지점이 된다. 앞의 경우에서는 그 문제가 생각할 수 있는 가장 원시적인 방식에서 해소되지만, 후자의 경우에서는 도무지 해소되지가 않는다. 이는 구구단이 미적분 확률론과 맺는 관계와 같은 꼴이다.

입센의 우주   아주 가끔 셰익스피어도 성취한 일이지만, 입센이 인생의 다의성과 심오함을 재현할 수 있었던 것은 그의 연극론에서 가장 오래 살아남을 일로 보인다. 그의 작품에 등장하는 사람들은 꼭 실제로 그를 만난 것 같은 인상을 풍긴다. 외부 어디선가에서 와서 작품 속 여기저기를 한참 헤집고 돌아다니다가 다시 외부로 사라진다. 그들은 작품이 시작되기 전에 이미 세상에 있었으며, 작품이 끝나도 계속 그렇게 살아갈 것이다. 그들과의 친숙성은 흡사 현실 인간과 꼭 마찬가지로 자주 함께함으로써 더 살갑게 형상화할 수도 있다. 그러나 그들을 속속들이 알 수는 없는 노릇이다. 예컨대 객관적이며 박식한 입센의 두 전문가, 이를테면 파울 슐렌터[125]와 로만 뵈르너[126]

도 헤드비그 에크달(Hedwig Ekdal)의 출생을 두고서도 완전히 다른 관점을 보인다. 전자는 에크달이 늙은 베를레(Werle)의 딸이라고 확신하는 반면에 후자는 얄마르(Hjalmar)가 그녀의 아버지라고 주장한다. 베를레의 눈병이 헤드비그에게 유전된 것으로 추정하는 전자의 관점이 일반적으로 확산되어 있지만, 후자의 관점을 뒷받침하는 데는 그녀가 그림 그리는 재능이 있다는 사실과 얄마르의 어머니도 눈병으로 고생했다는 사실을 증거로 제시할 수 있다. 가장 최근의 심리학적 방법을 따를 경우 헤드비그가 얄마르를 사랑한 것은 여지없이 '아버지 콤플렉스'를 보여주는 증거라고 말할 수밖에 없다. 그러나 역시 마찬가지로 그녀가 얄마르에게서 '아버지에 대한 대리만족'을 구했다고 가정할 수도 있는 일이다. 이런 식의 논쟁거리가 나오게 된 것은 아마 작가의 취향에 의한 것일지도 모른다. 그도 그럴 것이 그가 원한 것은 명료성이 아니라 바로 삶이기 때문이다. 한번은 사람들이 그에게 엥스트란드[127]가 숙소에 불을 지른 것이 아닌가 하고 물었을 때 그는 이렇게 대꾸했다. "그 친구는 처음부터 믿을만한 사람이 아닌가 싶은데요!"

심지어 입센의 리얼리즘은 **모호한 천재성**(obskures Genie)을 믿을만하게 묘사하는 전대미문의 일을 성취한 적도 있다. 작가의 손에 좌우되는 비극은 대개 비웃음을 살 위험이 있다. 그리고 작가를 직접 드라마의 주인공으로 등장시키는 일은 대개 재미없는 과제가 된다. 이미 강조한 바 있지만, 괴테의 타소[128]의 경우 그가 『해방된 예루살

---

[125] Paul Schlenther(1854~1916): 독일의 연극 비평가이자 감독.
[126] Roman Woerner(1863~1945): 독일의 문예이론가.
[127] Engstrand: 입센의 『유령』에 등장하는 인물.
[128] T. Tasso(1544~1595): 후기 르네상스 시대 이탈리아의 최고 시인.

렘(*Das Befreite Jerusalem*)』을 썼다는 것은 완전히 비본질적인 것이다. 그리고 라우베의 실러에 대해서는 우리가 그저 『군도』로 위안을 삼을 수밖에 없다. 그러나 『헤다 가블러(*Hedda Gabler*)』에서 철저히 확신할 수 있는 것은, 우리가 다시 하우프트만을 비교의 대상으로 삼고서 요한네스 포케라트(Johannes Vockeradt)의 논문에 의거해 그 작품을 별로 탁월한 업적이라고 믿지 않는 사이에, 보충할 수 없는 문학적 가치가 실제로 소실되고 있다는 점이다. 그러나 입센은 쉽게 납득이 가지 않는 상당히 위대한 일을 성취했다. 그것은 곧 알마르 에크달이라는 보통사람을 통해서 플라톤적 이데아를 구현한 일이다.

어떤 면에서 보면 자연은 극히 사치스럽지만, 또 어떤 면에서 보면 대단히 알뜰하다. 그것은 수천 가지 형태로 흩뿌려져 기괴한 형태를 취하며 충분히 즐기지도 못한 채 늘 새로이 변신하기 때문에 때로 자연에는 예술가를 그만큼 쉬지 못하게 하는, 말하자면 만족을 모르는 유희충동(Spieltrieb)이 지배하는 것처럼 비치기도 하는 것이다. 그러나 그럼에도 조금만 더 자세히 들여다보면 자연은 언제나 그저 단순한 몇 가지 이념을 실현하고 있다는 사실을 깨닫게 된다. 이런 식으로 해서 예컨대 우리가 포유동물이라는 이름으로 묶는, 거의 헤아릴 수 없을 만큼 많은 형태를 꿰뚫는 아주 쉽게 식별할 수 있는 단 하나의 형성 법칙이 작동한다. 요컨대 그 모든 형태의 포유동물이 하나의 동일 모형의 구조 계획에 따라 창조되었던 것이다. 목은 항상 일곱 개의 척추마디로 구성된다. 그것은 두더지든 기린이든 마찬가지다. 다람쥐든 코끼리든 심장은 항상 두 개의 심방과 두 개의 심실로 되어 있다. 이 같은 자연은 인간에게도 마찬가지다. 그도 그럴 것이 서로 완전히 동일한 두 가지 유형의 정신을 가진 인간이란 존재하지 않더라도, 인간은 극히 풍부하고도 다양한 등급으로 구분되는 정신형태를 취하면서도 늘 같은 유형을 반복하기 때문이다. 기본적으로는 세 가지 유형의 인간만 있을 따름이다. 관념론자와 리얼리스트와 회의주의자가 그것이다.

게르만 인종에서 가장 위대한 세 작가는 인간의 영혼을 세 가지로 정형화하는 형식을, 돋보이는 세 인물을 통해 구체화했다. 셰익스피어는 햄릿을 통해 회의주의적인 인물을 창조했으며, 괴테는 파우스트를 통해 관념론적 인물을 창조했고 입센은 알마르를 통해 리얼리스트적인 인물을 창조한 것이다. 햄릿은 엘리자베스 시대 르네상스의 귀족으로서 당시에 선을 보인 전통적 엄격함과 자유사상을 동시에 지니고 있었다. 그는 유령의 존재를 여전히 믿고 있었지만 벌써 몽테뉴[129]도 읽었었다. 그러는 사이에도 그는 부단히 더 많은 것을 모색한다. 그는 행동으로 옮길 수 있을 만큼 아주 많은 것을 아는 인간이다. 그를 간단히 뭉뚱그려서 말하면 그는 문화인이다. 그는 오늘날도 거리를 산보하며 돌아다닐 수 있다. 파리를, 베를린을, 런던을, 그리고 에피쿠로스의 정원과 미국에 있는 소로우[130]의 숲을 거닐고 있을지도 모른다. 우리가 사는 광기와 범죄의 세상에 넌더리를 내면서도 침착하게 바라보는 사람들을 양산할 만큼 충분히 성숙한 시간이 오면 언제든 다시 나타날 수도 있다. 헤벨은 파우스트의 비극을 두고 중세를 가장 완벽하게 그린 그림이라고 불렀는데, 이는 분명 타당한 얘기다. 그러나 그것은 18세기를 가장 완벽하게 그린 그림이기도 하지만, 19세기를 가장 완벽하게 보여준 그림이기도 하다. 파우스트는 아벨라르[131]와 토마스 아퀴나스[132]이며,

---

[129] M. E. de Montaigne(1533~1592): 프랑스의 사상가 · 문필가. 에세이 문학형식을 개발함. 『수상록』이 유명함.
[130] H. D. Thoreau(1817~1862): 미국의 철학자이자 시인이며 수필가.

피히테이고 니체이기도 하다. 간추려 말하면 천재이다. 어쨌든 그의 맞수 역을 하는 얄마르는 생각할 수 있는 가장 완벽한 편재성을 지닌다. 그는 주어진 현실을 고통과 함께 즐기는 사람이다. 고통스러운 문제를 재미있게 푸는 데 막힘이 없고 책임이 까다로운 문제를 곁눈질로 살피는 일에 능숙하며, 채색유리로 빛을 가리듯이 인생을 흔한 시로 덮으려고 항상 염두에 둔 그런 사람이다. 한마디로 하면 속물이다. 그가 이런 인간 문화의 어떤 영역에도 존재하지 않았고, 인류의 근간을 어느 시대에서도 마련하지 않았다고 생각할 수가 있을까? 그는 바로 육체를 지닌 일상의 인간이다. 이로써 작가는 그의 불멸성을 보여주는 셈이다.

이상이 인류의 세 가지 유형이다. 아니, 오히려 그것은 모든 인간에 깃들어 인간을 건축하면서 항구적인 투쟁과 균형을 조율하는 세 가지 유형의 영혼이라고 말하는 것이 더 타당할 법하다. 이미 누군가 이렇게 말하지 않았던가! "그런데 진짜 뭣 때문에 그렇게 해? 우리는 바보들이 살고 있는 처소야. 그 안에 섞여 들어가 살면 뭐하지? 만사가 무의미한데 말이지." 이렇게 말하는 순간 그는 햄릿이 된다. 그런데 또 누군가 벌써 이렇게 말했다! "만사가 다 잘 됐지. 그러니 이제 버터 바른 빵에 맥주나 한 병 마셔야겠다." 이 순간 그는 얄마르인 것이다. 그러나 그럼에도 누군가는 또다시 이렇게 느꼈을 법하다! "단조로워. 계속 가야 해, 더 높은 곳을 향해! 그러려고 우린 세상에 있는 게지." 이 순간 그는 파우스트가 되는 것이

---

131 P. Abälard(1079~1142): 프랑스의 초기 스콜라 신학자 겸 철학자. 실재론보다 유명론을 더 중요하게 다룸.

132 Thomas Aquinas(1224~1274): 중세 유럽의 스콜라철학을 대표하는 신학자. 이성과 신앙의 조화를 추구함. 대표작으로는 『신학대전』이 있음.

다. 그럼 인생의 진정한 의미는 무엇일까? 성숙한 회의? 아니면 영원한 노력? 그것도 아니면 버터 바른 빵? 이에 작가는 이렇게 대답한다. "우리는 **인간**(Mensch)이다. 우리는 의심해야 한다. 우리는 노력해야 한다. 우리는 맥주를 마셔야 한다."

노르웨이의 보복

이상하게도 작별의 세기를 형상화한 가장 위대한 작가가 노르웨이인이었다는 사실만큼 노르웨이인들을 격분시킨 일은 없었다. 그의 무대 데뷔가 이미 고국 사람들의 분노를 샀다. 이 분노는 극적으로 고양되었다. 크리스티아니아(Christiania)에서 초연되었던 『청년동맹(Der Bund der Jugend)』 공연은 끝까지 다 마치지도 못했다. '옹색한 다수'가 『유령』에 대해 보인 태도는 입센에게 『민중의 적(Volksfeind)』에 대한 아이디어를 제공한 셈이었다. 작가는 도움이 되지 않는 조국을 떠나 로마와 뮌헨에서 코즈모폴리턴으로 지냈다. 그러나 이때부터 노르웨이의 보복(die Rache Nerwegens)이라고들 말하는 일이 일어난다. 말하자면 입센의 모든 드라마가 노르웨이에서 공연되었던 것이다. 그의 작품 공연에서는 내·외국이 따로 없었다. 노라(Nora), 알빙(Alving), 슈토크만(Stockmann), 헤다(Hedda) 등의 문제는 유럽에서 멀리 떨어진 길쭉한 반도, 하늘로 덮인 땅에 길이 만곡으로 끝나는 나라, 당초무늬 모양의 작고 구석진 세계에서나 있을 법한 일이다. 여자와 혼인, 개인과 대중, 천재와 세상 등속의 사이에서 빚어지는 갈등이 꼭 인간 보편사의 갈등인 양했지만, 파리에서는 다른 색채와 다른 시각을 곁들여 다른 분위기로 각색됐다. 그래서 역설적이게도 사르두는 그 인간 조명의 온갖 피상성과 철학의 저속성, 갈등 해소의 조악함과 무대장치 기술의 낙후성에도 불구하고 좀 더 유럽적인 극작가로 비쳤다.

입센의 예술형식

입센과 프랑스 풍속희극 사이에는 어떤 연관성이 있다고 흔히들 말한다. 이런 얘기는 사실 입센이 시민극의 만화경무대(Guckkasten-bühne)에 없어서는 안 될 유일한 기술을 프랑스 풍속희극에서 전수받아 정상으로 탁마했다는 점에서 아주 지당한 사실임이 틀림없다. 파리의 사회극에 등장하는 모든 인물이 노련하게 덧씌운 성격 마스크를 덮어쓴 채 입센의 작품에 다시 출현한다. 이들은 잘난 체하는 인물(룬데슈타트, 렐링, 브라크, 모르텐스가르드), 가짜로 정직한 사람(슈텐스가르드, 베르니크, 페터 슈토크만, 베를레), **믿을만한 사람**(헤르달 박사와 폴달), **고향을 잃은** 귀족(브렌델, 뢰브보르그), 향락가(헤다, 리타), 순진한 윤락녀(레베카), **인정받지 못하는 사람**(엘리다, 노라), 순박한 사람(힐데 방겔) 등이다. 덧붙이면 그의 작품에는 폭로의 기술도 들어 있다. 『청년동맹』과 『사회의 기둥(Stütze der Gesellschaft)』은 아주 확실히 폭로하는 반면에 『인형의 집』과 『민중의 적』, 그리고 『유령』과 『들오리』는 은폐된 형태로 사회를 고발한다. 그뿐만 아니라 그는 프랑스 사람들이 고안한 '메타포의 기술' 마저 수용했다. 그러나 바로 여기서 그가 여러 많은 단계에서 그의 선례들을 훨씬 능가했다는 사실을 가장 명확히 볼 수 있다. 그러한 기술은 어떤 비유와 상징 혹은 경구가 사건줄거리의 중심을 이루게 하는가 하면 대개는 제목으로 쓰이게도 한다. 이의 고전적인 실례가 되는 것이 『절반의 세계(Demi-Monde)』일 것이다. 이 작품에서 잘난 척하는 레조뇌르가 갑자기 이렇게 말한다. "복숭아를 좋아하세요? 그렇다면 과일장수한테 가서 제일 좋은 걸로 달라고 하세요. 그러면 그가 과일들이 서로 닿아서 상하지 않도록 그 사이사이에 잎사귀를 끼워놓은 멋진 과일 한 바구니를 가져다줄 것입니다. 가격은 우리가 알기에는 20수(Sou) 정돕니다. 그런데 옆을 한 번 살짝 둘러보세요. 그러면 바로 근처에 다른 것하고 거의 구분되지 않을뿐더러 그저 약간 더 촘촘히 눌러 넣은 또 다른 복숭아 바구니를 보실 수 있을 거예요. 가격은 15수라고 적혀 있을 겁니다. 당연히 이렇게 물어보시겠죠. 이 복숭아들도 이렇게 좋고 이렇게 크고 이렇게 잘 익었고 이렇게 먹음직한데 가격은 왜 다른 것보다 더 쌉니까? 그러면 당장 가게 주인은 값이 더 싼 이유로 아주 작은 까만 반점을 하나 보여줄 겁니다. 자, 보세요. 이제 댁은 15수짜리 복숭아 바구니에 어울리는 사람처럼 된 거죠. 댁을 둘러싸고 있는 여자들도 모두 과거에 작은 오점을 하나씩 갖고 있었죠. 자신들의 이름에 작은 반점을 달고 있었던 것이죠. 그들은 가능하면 사람들이 못 알아보도록 서로 밀치락달치락하지요. 상류층에 버금가는 그런 신분, 그런 외모, 그런 거동, 그런 편견을 갖고 있음에도 그들은 더 이상 거기에 속한 처지가 못 되고 사람들이 절반의 세계라고 부르는 그런 세계를 형성하고 있는 것이죠. 이 세계를 움직이는 것은 귀족도 부르주아도 아니고 파리라는 대양에 떠 있는 작은 섬이랍니다." 렐링도 뒤마[133]식 기법을 따라 이렇게 말한 것이 틀림없을 것이다. "들오리를 한 번이라도 관찰해보신 적이 있습니까? 자, 들오리 한 마리가 총에 맞았다고 한번 생각해보십시오. 한동안 들오리는 자신이 놀며 다녔던 푸른 하늘, 깊은 연못, 빽빽한 갈대숲을 꿈꿀 것입니다. 그러나 점차 자유를 잊어먹고는 뚱뚱해진 몸으로 현재에 만족하면서 철망이 둘러쳐진 질척거리는 자신의 우리를 세계로 착각할 것입니다. 그런데 바로 **우리가 들오리의 우리에 있는 꼴이랍니다.**"

프랑스 희곡의 기법과 입센의 기법 사이의 유사성이 상당한 유보적인 조건을 달아야 유효하다고 한다면, 고대 드라마 연출과 흔히

---

[133] Alexandre Dumas fils(1824~1895): 프랑스의 극작가이자 소설가.

비교하는 일도 역시 완전히 부적절해 보일 것이다. 그도 그럴 것이 그리스 비극은 단지 오랫동안 알려져 온 정교한 방식의 결과에 기대어 새로운 길을 발전시킨 반면에 입센의 경우에서는 이 길 자체가 처음으로 그 모습을 드러냈기 때문이다. 그리스 비극에서 중요한 것은 친숙한 제식 진리에서 그 본래성을 도출하는 일인 반면에 입센에게서 중요한 것은 **고대적이지 않은 방식으로 긴장을 유발하면서**(unantik spannende) 어떤 수수께끼를 풀어내는 일이다. 두 형식은 모두 '분석적'이지만 그 차이는 기하학적 분석과 화학적 분석의 차이만큼이나 크다. 전자의 경우 주어진 합리적 방정식이 그저 직관적으로 재구성되지만, 후자의 경우 불분명한 사태가 먼저 관찰된 다음 해명 작업이 시작된다. 전자에서는 계기를 경험하게 되지만 후자에서는 구조를 경험하게 된다. 이런 전개가 『오이디푸스』에서는 변증법적 과정이 되지만 『유령』에서는 실험적 과정을 이룬다. 이는 헤시오도스의 우주진화론과 다윈의 그것 사이의 관계와 유사한 것이며, 능산(能産)의 근본원인자인 플라톤의 이데아와 찾아야 할 궁극 목적을 의미하는 칸트의 이데아 사이의 관계와 유사하다.

입센의 진정한 모범을 찾으려고 파리도 아테네도 갈 필요는 없다. 그의 모범은 그의 고향 아이슬란드와 노르웨이의 사가(Saga), 즉 담시(譚詩: Ballade)였다. 담시는 입센 작품의 내적 기본형식에 결정적 의미를 지니는 모든 특색을 공유하고 있다. 여기에는 물론 사람들이 나중에야 깨닫는 일이지만 희곡은 파국으로 시작한다고 처음부터 확신한 듯이 답답할 정도로 파국으로 몰아가는 형태, 언제나 임박한 듯 다시 곧 뒤따라 붙는 후렴구, 타격을 날리는 듯한 압축, 수수께끼와 비극의 이중적 모호함, 잠재된 낭만주의 등이 포함된다. 엘리다(Ellida)와 낯선 남자의 이야기, 그리고 자그마한 힐데(Hilde)와 장대한 솔네스(Solneß)의 이야기가 설화시(Romanze)라는 점, 백마(die weiße Ross)가 로스메르 저택(Rosmersholm)에서, 그리고 시골아가씨가 광에서 시작된다는 점, 그리고 『유령』이 **실제 같은**(wirklich) 기괴한 연극이라는 점에 대해 오늘날 누가 의심하려고 들겠는가? 단지 너무 황당해서 납득이 가지 않는 것은 빨랫감에 숨어 있는 물의 요정, 외출복에 달라붙어 있는 악몽, 전깃불에 깃든 성담(聖譚)이 그런 것들이다.

이때 현실성과 상징성이 삼투하고 있는 형태는 그야말로 절묘하다. 졸라처럼 침투력이 탁월한 자연주의자조차도 그의 의지에 완전히 반해서 불식간 대개 의인화에 이르고 말았음은 이미 우리가 살펴본 바 있다. 그런데 졸라의 경우 이 의인화가 종합의 기계적 결과이고 거대한 집단제도의 산물이다. 따라서 그것은 한갓 합리적 '상징물'이나 고작 냉정한 알레고리의 표현일 뿐이다. 그러나 입센의 경우 그런 의인화가 완전히 비합리성을 띠며 마법의 동화같이 스산함과 모호함을 담고 있다. 그것이 심화될수록 그만큼 더 신비에 둘러싸이지만, 이상하게도 또 그만큼 더 구체적이게 된다. 이를 확인하려면 등장하는 인물과 작품의 제목을 거명하는 것만으로도 충분할 것이다. 『사회의 기둥』에 등장하는 깡마른 '인디언 아가씨', '인형의 집', 불타고 있는 시종 알빙의 처소, 『민중의 적』의 장면에 나오는 오염된 목욕탕, 『들오리』의 지붕 밑 다락방, 로스메르 저택, 『바다에서 온 부인(Eine Meerfrau)』의 바다, 『건축가 솔네스(Baumeister Solneß)』의 탑 등이 그야말로 환상적이면서 일상적이고, 비현실적이면서 구체적인 공포의 이미지를 풍긴다.

니체와 마찬가지로 입센의 경우도 세 시기로 아주 뚜렷이 구분할 수 있다. 1863년에서 1873년까지의 첫 번째 시기는 본질적으로 중요한 이력과 시극을 포함한다. 1890년에까지 미치는 두 번째 시기는 혁명적인 사회 드라마를 포함하고 이후의 마지막 시기는 신비주의적인 작품을 담고 있다. 1877년에서 1899년까지 입센은 대단히 규칙적으로 2년마다 새로운 작품을 한 편씩 출간하는데, 각 작품은 언제나 이전 작품을 계승하는 형태를 띠었다. 그러나 모든 작품은 기본적으로 동일한 주제를 취했다. 이에 대해 그는 브란데스에게 보낸 한 편지에서 다음과 같은 말로 축약했다. "대체로 내게는 세계사 전체가 단 하나의 거대한 난파선처럼 보이는 그런 시대들만 존재합니다. 그러니 자기 자신을 구조하는 일이 중요한 것이죠." 말년의 모든 작품을 관류하며 울려 퍼지는 소리는 그의 최초의 희곡 『카틸리나(Catilina)』에서 이미 시작된다. 그 주인공은 허무주의적인 입장에서 사회를 적대시하는 인물의 전형으로 보이지만 적어도 입센의 관점에서는 혁명적인 새로운 창조자가 되고자 하는 모습으로 비친다. 골똘히 생각하는 북국 출신 전사 입센에게서 다시 한 번 저항의 프로테스탄트 정신이 육화된 것이다. 그 정신은 루터와 후텐[134], 밀턴과 칼라일의 정신이며 브랑(Brand)과 로스메르의 내면에서 살아 숨 쉬고 있는 칸트식의 숭고한 도덕 정신이다. 야게르는 이렇게 말한다. "나는 고통의 선물을 받아들였지. 그때 나는 음유시인이었다네. 신앙이나 쾌락, 혹은 의심이 필요한 또 다른 사람들은 있을 수도 있지. 그러나 아무튼 의심하는 자는 강하고 건강해야 한다네." 강한 생명력을 지니고서 두려움을 모르고 자기 자신을 포함해서 모든 것과 씨름하는 이처럼 자유분방한 의심이 입센의 힘의 원천이었다. 여기서 그는 세상을 밝힌 자신의 어두운 노래들을 길어냈다. 물론 그가 표방한 그 사악한 정신은 권태로운 그 시대가 휴식을 찾아 앉

---

[134] U. von Hutten(1488~1523): 독일 인문주의자 · 풍자시인.

아야 할 '이상'과 같은 것이었다. 그래서 그는 지칠 줄 모르고 냉소를 쏟아내면서 낡을 대로 낡은 그 시대의 고루함과 공허함, 그리고 위선적 태도를 지적했고, 새로운 별자리의 필연성을 짚었다. 그러나 이 새로운 이상을 제대로 실현하지는 못했다. 그리하여 헤르만 튀르크[135]는 그다지 나쁘지 않은 자신의 책 『천재인간(Der geniale Mensch)』에서 그를 무정부주의자의 전형이자 '궤변 혐오가(Misosoph)'로 소개할 수 있었던 모양이다. 물론 이때 그는 입센이 어마어마한 도덕적 책임감 때문에 건설보다 부정을 더 가까이하게 되었다는 사정을 고려치 않았다. 『작은 아이욜프(Klein Eyolf)』의 주인공 알메르스(Allmers) 박사는 인간의 책임에 관한 책을 한 권 집필하려 하지만 완성하지는 못한다. 입센도 이와 같은 책을 쓰느라고 평생 작업을 했지만 완간하지는 못했다. 이 위대한 마술사는 자신의 마지막 비밀을 무덤으로 가져갔다. 음유시인 야게르처럼 부끄러워서 그랬던 것이지만, 또 울리크 브렌델(Ulrik Brendel)처럼 우쭐대면서 혼잣말로 이렇게도 말한다. "내 작품 중 가장 의미 있는 것들은 어떤 남자도 어떤 여자도 모른다. 나 외에 아무도 모른다. 왜냐하면 쓴 적이 없기 때문이다. 내가 나의 고유한 이상을 순수한 상태로 오직 나만 향유할 수 있다면 뭣 때문에 그것을 굳이 세상에 내놓아야 할까?" 아마 여기서도 약간 고약한 심보가 발동한 것처럼 들릴 것이다. 그러나 무엇보다 그럴만한 까닭은 그가 위대한 시인이기 때문일 터이다. 그도 그럴 것이 진정 심오한 시는 마음으로만 그려지는 까닭에 활자로 얼어붙는 것을 싫어하기 때문이다. 이 영웅은 자신의 계시적인 최후의 지혜를 마지막 작품을 통해 알렸다. "우리 죽은 자들이 깨어

---

[135] Hermann Türck(1856~1933): 독일의 작가이자 평론가.

나면 그때 우리는 살았던 적이 없다는 사실을 알게 될 것이다." 이 작품을 두고 입센 스스로 에필로그라고 한 것인데, 이 작품은 또다시 일종의 고도의 상징적 사건으로서 정확히 그 세기 마지막 날, 즉 1899년 12월 마지막 날 출간되었다.

이 에필로그에는 끝에서 두 번째에 해당하는 그의 드라마의 마지막 장면도 실려 있다. 기이하게도 보르크만(Borkman)의 죽음은 톨스토이의 종말을 상기시켜 준다. 이 두 사람은 그 빛이 사라지기 직전에 신비로운 방랑충동이 일어났다. 그들은 자신들을 지켜주는 집을 벗어나 인기척 없는 외딴곳을 헤매고 다닌다. 이는 현실에서의 일종의 도피인 셈이다.

산비탈과 능선을 담고 있는 경치가 계속 천천히 바뀌면서 점점 더 험한 모양새를 취한다.

엘라 렌트하임(Ella Rentheim)**의 목소리**: 그런데 도대체 뭣 때문에 이렇게 높이까지 계속 올라가야만 하죠?
보르크만의 목소리: 휘감아 돌아가는 저 오솔길을 따라 올라가야 해요.

그들은 높은 곳에 위치한 숲속 빈터에 이르렀다.

엘라: 전에 저 벤치에 우리가 자주 앉곤 했죠.
보르크만: 저기는 당시 우리가 내다본 꿈의 나라였지.
엘라: 우리 인생의 꿈의 나라였죠. 그런데 지금은 눈으로 덮여 있네요. 그리고 저 고목은 말라 죽어 있고요.
보르크만: 저기 물 위에 떠 있는 큰 증기선에서 뿜어 나오는 연기가 보이나요?

엘라: 아뇨, 안 보여요.

보르크만: 난 보이는데. 배들이 들어오고 나가고 하네. 온 대륙을 연결해 주지. 저기 아래 강어귀에서 나는 소리가 들리나요? 공장들이 돌아가고 있네. 내 공장이지! 연동 장치들이 끽끽거리고 롤러에서 불꽃이 튀지. – 언제나 빙빙 돌고 또 돌아! 저기 저 멀리 있는 산맥이 보이나요? 능선에 능선을 물고 있네. 봉긋 솟아오른 것도 있고, 우뚝 솟은 것도 있어. 저기에 끝도 없이 무궁무진한 깊은 나의 왕국이 있지!

엘라: 아, 욘! 그런데 저기 왕국에서 찬 기운이 불어오네요!

보르크만: 저 미풍이 내겐 산소 같아요. 공손한 정령들이 인사하듯 내게 불어오는 게지요. 목숨 걸고 간청할만한 너희 가치들을 난 사랑해! 너희 빛나는 권세와 영광의 수행원 모두를 난 사랑해! 사랑해, 사랑해, 사랑해 너희 가치들을! (소리를 지르며 가슴을 움켜쥔다.) 아!

엘라: 이게 뭐예요? 욘!

보르크만: 그건 내 가슴을 움켜잡는 얼음 손이에요. 아냐, 얼음 손은 없지. 그건 청동 손이오.

보르크만 부인 (나무 사이로 모습을 나타낸다): 주무시나?

엘라: 영면하신 것 같아.

보르크만 부인: 엘라! (감정을 억누른 채) 어떻게 이런 일이, 스스로 그러셨나?

엘라: 아냐.

보르크만 부인: 그러니까 당신 손으로 그러진 않았다는 거지?

엘라: 그래, 아냐. 그의 가슴을 움켜잡은 것은 얼음 같은 청동 손이었어. 그게 너무 차서 돌아가신 거야.

보르크만 부인: 그 냉기 때문이라면 벌써 오래전에 돌아가셨을 텐데.

엘라: 그래, 맞아. 그랬다면 우리 둘을 그림자로 바꿔 놨을 텐데.

보르크만 부인: 그래, 네 말이 맞아. 엘라, 그렇다면 이제 우리 둘은 서로 화해할 수 있겠어. 우리 둘이서 사랑했던 그를 사이에 둔 우리는 쌍둥이 자매잖아.

엘라: 우리 둘은 죽은 저 사람 위로 드리우는 그림자야.

벤치 뒤에 서 있는 보르크만 부인과 벤치 앞에 서 있는 엘라가 서로 손을 잡는다.

이 끝 장면은 (중심 사상이 좀 더 뚜렷이 부각되도록 간결하게 연출되고 있지만) 『파우스트』의 마지막 장면을 고스란히 빼닮았다. 극도의 낙관주의, 말하자면 행복을 안겨줄 듯했던 인간 활동력과 노동의 전망이 사그라진다. 오히려 엘라 렌트하임을 전율케 만든다. 왜냐하면 한때 꿈의 나라였던 것이 이제는 눈으로 덮여 있고, 인류 생명의 나무는 말라 죽어 있기 때문이다. 연동 장치와 롤러는 쉬지 않고 빙빙 돌아간다. 빙빙 도는 것이 무의미한 자기 목적이 돼버린 꼴이다. 보르크만은 짐짓 권세로 보이는 가치를 사랑한다. 그것은 그에게 산소와 같다. 그러나 그가 생명으로 여긴 그것은 곧 죽음으로 통한다. 심장의 차가운 얼음 손, 물질의 청동 손이 그의 가슴을 움켜잡았다. 그리고 그 주검 위에 그림자들이 드리워진다. 사실 보르크만은 파우스트가 그만둔 곳에서 계속 일을 밀고 나간 것이다. 그는 온 세상을 인간의 힘 앞에 굴복시켜 땅에서 보화를 낚아채려 했다. 바다와 산과 하늘에 다리를 놓고 밤을 낮으로, 모든 땅을 과수원으로 만들고 싶어 했다. 그런데 그 끝은 보르크만 공작의 통렬한 지혜, 즉 '인과응보'였다. "넌 그저 죽음의 바보일 뿐이네." 우리는 이 책 1권에서 '파우스트'는 근대의 편람이라고 말한 바 있다. '욘 가브리엘 보르크만'은 근대의 유언장인 셈이다.

이런 맥락에서 보면 입센의 가장 고유한 의미가 해명된다. 그는 셰익스피어 바로 다음으로 근대의 유럽을 잘 그려낸 가장 위대한 **역사창작자**(Historiendichter)였다. 만일 그의 등장인물들이 입었던 옷이 **유행복**(Kostüm)이 된다면 그는 최초로 셰익스피어와 완전히 똑같은 영향력을 발휘하는 셈이 될 것이다. 그러나 그를 '현대화'하려는 것은 '연미복을 입은 햄릿'만큼 예술과는 거리가 먼 장난일 수 있다. 오스왈드와 얄마르라면 벨벳 재킷과 팔락대는 라발리에르-넥타이[136]만을 하고 다녔을 터이며, 베르니크와 보르크만이라면 구식의 프록코트와 하얀 공단 스카프만을 신뢰할만한 것으로 여겼을 법하다. 노라는 항상 파마에 짧은 머릿결만을 하고 다녔고 헤다는 공주복장에 시뇽(Chignon) 헤어스타일을 하고 다닌다. 이런 복장이 언젠가 청중에게 밀퍼드(Milford) 여사의 아드리아풍 헤어스타일과 프란츠 모어의 모대만큼이나 멀리 느껴지게 될 때, 깨닫게 되는 사실은 『군도』나 『간계와 사랑』처럼 작품이 비록 작가에 의해 경향적인 시대문학(Zeitdichtung)으로 구상된 것이라 할지라도, 아니면 바로 그렇게 구상되었기 때문에, 영원히 살아남는 문제적인 문학(Ewigkeitsdichtung)이 된다는 점이다. 만일 셰익스피어의 궁정 희곡과 클라이스트의 『헤르만 전투(Hermannschlacht)』와 『홈부르크의 왕자(Prinz von Homburg)』가 그렇듯 경향적이지 않았다면 바로 어떤 당 정책의 힘에 의한 듯 그렇게 인기를 끄는 작품이 될 수 있었을까? 단지 오늘날 우리는 그런 작품을 더 이상 알아보지 못할 뿐이다. 그도 그럴 것이 당시 핵심 사항이었던 '이념들'이 바람에 흩뿌려졌고 사람들은 고작 그

---

[136] Lavallière-Krawatte: 루이 14세의 애첩 라발리에르의 이름을 따서 만든 넥타이.

이념들의 심부름꾼으로만 남아 있을 뿐이기 때문이다. 그러나 이런 작가들이 즉흥적으로 단순하게 '형상화'하지 않은 점을 유감으로 생각하려 든다면 이 또한 아주 어리석은 일이 될 것이다. 왜냐하면 바로 이런 덧없는 이념들이 작품에는 덧없지 않은 감흥과 형태화의 힘을, 말하자면 '열정의 핵심어'를 부여하기 때문이다. 가끔 우리는 입센의 경우를 두고서 그의 문제는 **우리** 시대의 문제가 아니라고만 생각한다. 그러나 그가 얼마나 **자기** 시대의 문제를 감동적일 만큼 입체적으로 형상화했는지 언젠가 알게 되면 감탄이 절로 쏟아져 나올 것이다. 여기서도 앞 장에서 설명한 바 있듯이 거의 모든 위대한 극작가를 통해 목격할 수 있는 사회적 인정의 특수한 곡선이 어떻게 그려지는지 알 수 있는 열쇠를 얻게 된다. 우선 그들은 공포를 자극하는 혁명가로, 기성의 모든 것을 노리는 위험천만의 암살자로 활약함으로써 격렬하기 그지없는 공격을 받게 된다. 그런 후에는 그들을 정신적인 해방자로 인식하고는 과장해서 말하면 메시아처럼 떠받든다. 그다음엔 그들이 쟁취한 새로운 세계상에 친숙해져 가는 만큼, 그들을 두고 지나치게 과장되어 있어 진이 빠진 진부한 진리의 메가폰이라면서 그들에게서 등을 돌린다. 그러고는 마침내 딱 어울리는 평가, 즉 순수 인간적 평가와 예술적 평가를 받는 지점에 이르게 되는 것이다. 이때서야 사람들은 그들이 자기 시대의 가장 강렬하고 가장 예리하며 가장 순수한 거울, 말하자면 과거를 들여다볼 수 있게 해주는 일종의 거대한 망원경이었다는 점에서 그들의 진정한 가치를 알아보게 된다. 그리고 그들이 자기 시대의 가장 위대한 사람들이었다는 점도 깨닫게 된다. 그런데 이 같은 작가들도 결코 완전하지는 않으며, 불을 깜박이면서 탐색하는 도깨비불이고 소망과 방황의 혼혈아다. 그러나 그들이, 요컨대 모든 이 가운데 오직 그들이 **참**(wahr)이었고 그들이 **전부**(ganz)였다는 점을 망각할 수는 없는 일이다. 이 진리는 지금도 여전하며 한 은하수에서 다른 은하수로 뛰어넘는다.

제1기의 입센의 희곡 가운데서 우선『왕위를 노리는 자들(Kron-prätendenten)』[137]만 독일 무대로 가는 길을 찾았을 뿐이다. 이 작품을 당시 흥행한 먼지투성이의 기사 연극으로 혼동한 것이 분명했다. 이 작품은 마이닝겐 극단 배우들이 출연해서 부르크 극장에서 공연되었다. 조잡한 번역이 이미 그 제목에서부터 보인다. '권세욕이 있는 사람들(Prätendenten)'과 같은 근대적 개념이 완전히 잘못 사용된다.(우리는 이 연극작품의 제목은 번역할 수가 없다고 이미 언급한 바 있다. 그것을 단어 그대로 옮기면 '왕의 재질(Königsmaterie)', 혹은 '왕을 조각해 내게 하는 목재'를 뜻한다. 가장 충실하게 번역한 것이라면 '왕이 되고 싶은 생각(Königsgedanke)' 정도 될지도 모르겠다. 왜냐하면 사건의 내적 줄거리 전체가 그것을 맴돌고 있기 때문이다.)『왕위를 노리는 자들』이 출간되고 바로 1년 뒤 1878년에 나온 『사회의 기둥』이 베를린에서 한 번에 세 무대에서 동시에 공연되었지만 (스칸디나비아 언어권의 문학 생산이 당시 독일에서 아직 법적으로 보호를 받지 못한 탓에) 레클람(Reclam) 출판사에서 나온 번역이 또다시 비참하기 짝이 없는 모양새를 보였다.『인형의 집』도 노르웨이어판이 나온 1년 뒤 1880년에 레클람 출판사를 통해 출간되어 독일의 이름난 여러 무대에서 선을 보였다. 빈에서는 라우베 감독 아래서 공연되었으며 베를린에서는 헤트비히 니만-라베[138]가

---

[137] 원제목은 『Kongsemnerne』임.
[138] Hedwig Niemann-Raabe(1844~1905): 독일의 여배우.

주연으로 출연해서 공연되었다. 두 경우 연극의 제목을 '노라(Nora)'로 함으로써 김을 뺐고, 작가에게 결론을 각색하도록 권유하기도 했다. 결국 노라는 집에 남게 된다. 그 이유가 아이들 때문이라는 것이다. (이와 관련하여 논쟁에 끼어들어보면 작품 전체를 바꾼 동기가 단순하다는 사실을 알 수 있다. 노라가 정신적으로 아직 엄마가 아니라는 사실을 알고 있지만, 아이들 때문에 그렇게 가야 한다는 식이다.) 여기서 또다시 분명히 드러나는 사실은 라우베가 천재적 직감을 갖춘 배우를 평가할 때 목공 같은 감독의 무딘 시선을 연극적 창작기술에 동원하고 있다는 점이다. 인기 높았던 프랑시용(Francillon)은 노라가 아이들을 버릴 수가 없어서 그렇게 결론을 내릴 수밖에 없는 노릇이며, 노라의 이야기는 아주 흥미롭지만 지극히 사적인 사건일 뿐이고 자신도 프랑스 사교계 부인들의 경우 그들 자신의 인생편력에서 보이는 그 같은 모순들을 결코 장애로 생각지 않는다고 설명했다.

『유령』을 두고 파울 하이제는 이렇게 말한다. "사람들은 그런 책을 쓰지 않는다." 그의 입장에서는 완전히 옳은 얘기다. 1881년에 출간된 이 작품은 1886년에 이르러서야 겨우 처음 독일어로 마이닝겐 극단에 의해 공연되었기 때문이다. 물론 이 극단은 이 작품을 1887년 베를린에서도 공연하지만, 검열기관에서 더 이상 공연을 허용하지 않았기 때문에 딱 한 번의 오전 공연으로 그치고 말았다. 1888년 가을, 『들오리』가 오전 1회 공연으로 제한되긴 했지만 역시 무대에 올랐다. 반면에 『바다에서 온 부인』은 1889년 궁정극장에서 제대로 된 궁정연극으로 공연되었다. 에마뉘엘 라이허[139]가 방겔

---

[139] Emanuel Reicher(1849~1924): 독일의 배우.

(Wangel) 역을, 파울라 콘라트[140]가 힐데 역을 맡았다. 그런데 그해에 '자유무대(Freie Bühne)'라는 극단이 느닷없이 창립되었다.

일시적이나마 권리가 점점 더 줄어들 수밖에 없었던 자연이 다시 그 힘을 발휘하기 시작했다. 실재에 대한 열렬한 갈망이 분출되면서 그것이 시대의 신호가 되었다. 왕왕 그렇듯이 또다시 청년 세대는 자신들이 자연을 처음으로 발굴해냈다는 식으로 생각한다. 전체 운동이 그들의 기질적 격렬함 덕분에 과대평가되었던 것이다. 기본적으로 그들의 운동은, 그 활동 에너지를 충돌의 힘에서가 아니라 자체에서 뽑아낸 반발작용일 뿐이었다. 그러나 강력한 정화작용을 일으키긴 했다. 이 운동은 뮌헨에서 미하엘 게오르크 콘라트[141]가 『사회(Die Gesellschaft)』라는 잡지를 창립하며 그 시작을 알렸다. 그 서문은 이렇다. "우리는 심미적인 탐닉과 감정적 이론에 대한 편애, 그리고 이른바 가문에 대한 도덕적 편견을 사변적으로 배려함으로써 인식·창작·비판에서 지극히 위태로워진 다양성에 그 명예를 회복하고자 한다. (…) 속물성의 황당한 관념론, 도덕성에서의 궁색한 거짓, 낡은 당파 혹은 패거리 경제에 도전하고자 한다." 이에 곧 뒤따라 베를린에서 특히 아르노 홀츠[142], 하르트 형제[143], 브루노 빌레[144] 그리고 빌헬름 뵐쉐[145]가 포함된 『철저(Durch)』라는 단체가 구

---

[140] Paula Conrad(1860~1938): 오스트리아 태생의 여배우.

[141] Michael Georg Conrad(1846~1927): 독일의 작가이자 철학자.

[142] Arno Holz(1863~1929): 독일 자연주의 시인이자 극작가. '철저 자연주의자'로 유명함. 이에 따르면 훌륭한 예술은 가능한 한 작가의 주관을 배제하고 자연의 객관을 최대한 살리는 것에 있다고 보고 '예술=자연-X(주관 요소)'라는 공식을 세우기도 함.

[143] Brüder Hart: 독일의 비평가이자 작가로 활동한 하인리히 하르트(Heinrich Hart: 1855~1906)와 율리우스 하르트(Julius Hart: 1859~1930) 형제를 말함. 독일 문학에 자연주의를 소개하는 데 일조함.

성된다. 그 기본원칙은 이렇게 밝히고 있다. "우리에게 예술의 최고 이상은 더 이상 고대가 아니라 현대다." 이런 의미에서 고전주의는 확실히 보잘것없는 것으로 평가된다. 이 같은 평가는 특히 실러를 겨냥한 것이다. 오토 에른스트(Otto Ernst)의 희곡 『오늘의 청년(Die Jugend von heute)』에서 근대를 대변하는 한 주인공이 실러를 두고 '빈 깡통머리(Blechkopf)'라고 부른다. 한번은 맥줏집에서 고트프리트 켈러[146]가 옆 테이블에 앉아서 그와 비슷한 말을 하는 한 낯선 청년 때문에 화가 나서 그의 뺨을 갈긴 적도 있다. 오토 율리우스 비어바움[147]은 자신의 소설 『슈틸페(Stilpe)』[148]에서 당시 청년들의 전향에 대해 아주 구체적으로 묘사했다. 김나지움 학생 네 명이 이중적인 의미, 요컨대 정신적인 봄(spring)과 문학적 성인(聖人)의 수장을 뜻하는 '렌츠(Lenz)'라는 이름의 동아리를 결성한 일도 있다. 이 토론회에서 "발렌슈타인의 작가 쉴링거(Schillinger) 선생"은 논외로 취급되고 다음과 같은 주제가 다뤄진다. "예술의 유일한 원칙으로서의 진리", "자연주의와 사회주의는 얼마나 유사한가", "에밀 졸라와 헨릭 입센: 새로운 문학의 기둥들", "이른바 관념론의 공공연한 위험성은 어디에 있는가?", "고액 벌금에 20페니히 과태료를 물더라도 거명해서는 안 될 이름이 있다면, 파울 하이제와 율리우스 볼프를 두고

---

[144] Bruno Wille(1860~1928): 독일의 작가이자 정치가. 독일 자연주의 연극의 발전에 기여함.

[145] Wilhelm Bölsche(1861~1939): 독일의 작가이자 언론인.

[146] Gottfried Keller(1819~1890): 스위스의 소설가. 교양소설 『초록의 하인리히(Der Grüne Heinrich)』로 유명함.

[147] Otto Julius Bierbaum(1865~1910): 독일의 작가.

[148] 원제목은 『슈틸페. 개구리 관점에서 이루어진 소설(Stilpe. Roman aus der Froschperspektive)』임.

하는 말이다." 1890년 거듭된 자살소동 끝에 겨우 28살 나이에 죽은 헤르만 콘라디[149]가 서정시적인 신호를 보냈다. 그의 시집『한 죄인의 노래(Lieder eines Sünders)』에는 이렇게 적혀 있다. "위대한 영웅들이 창조한 시대가 죽었네. 위대한 영혼들이 깃들었던 그 시대가 죽었네. 우리는 한갓 가련한 피그미 종족일 뿐. 우리가 하는 일이라곤 천편일률적인 모양이네. 우리의 심장은 돈과 창녀를 달라고 고동을 치고 있네. 우리 **모두**는 우상 앞에 무릎을 꿇고 우리의 자유에 만가를 읊조리고 있다네." 1889년 아르노 홀츠와 요하네스 슈라프[150]가 (노르웨이식 특색을 살려) 필명 브야르네 P. 홀름젠(Bjarne P. Holmsen)이라는 이름을 빌려 엄격한 자연주의적 정신병리학적 스케치인『파파 햄릿(Papa Hamlet)』을 출간했다. 게르하르트 하우프트만은 나중에 나올 판과는 거리가 있는『해뜨기 전』의 헌사에서 "그 책에서 받은 결정적 자극"에 대해서는 "기꺼이 인정하는" 투로 말한다. 1890년 철저히 베를린 말투로 이루어진 상황극『젤리케 가족(Die Familie Selicke)』이 나왔다. 드라마의 상황이『화해(Das Friedensfest)』의 경우와 마찬가지로 크리스마스 이브를 배경으로 하고 있지만, 집안의 풍경이 보기 민망하기는 역시 마찬가지다. 가난한 환경에서 불행한 결혼생활로 술주정꾼이 되어 겨우 부기계원으로 살아가고 있는 아버지는『해뜨기 전』에서와 마찬가지로 딸을 성적으로 가까이한다. 그딸은 순교자처럼 밤늦게까지 바느질을 하면서 희생정신을 발휘하여 자신이 좋아하는 신학 공부까지 포기한다. 아주 어린 딸은 병석에 누워 죽어간다. 1891년 홀츠와 슈라프는 뜻은 같지만 원칙이 서

---

[149] Hermann Conradi(1862~1890): 독일 자연주의 작가.
[150] Johannes Schlaf(1862~1941): 독일의 극작가.

로 맞지 않아 갈라서게 된다. 1892년에 출간된 『명인 욀체(Meister Ölze)』는 슈라프가 단독으로 쓴 작품이다. 사실 이 작품은 통속극으로서 죽음에 임박하여 유언을 바꾸고 음독자살을 하는 것을 중심 내용으로 하고 있다. 그 외에도 폐결핵과 방언을 연구하는 장면도 있지만, 전체적으로 보면 통속적이다. 그럼에도 이 같은 작품들은 거칠기 짝이 없는 그 둔감성과 고루할 정도의 충실한 관찰 덕분에 일종의 해방의 기능을 발휘하기도 했다.

'자유무대' 프랑스 혁명 100주년이 되는 해인 1889년 9월 30일 극단 '자유무대(Freie Bühne)'가 꼭 바스티유 감옥 습격 때처럼 그렇게 갑자기 창단되었다. 그 취지를 이렇게 적고 있다. "우리를 하나로 묶어주는 목표는 기존 극장의 운영방식과 경쟁에 돌입하지 않고 거기서 독립해서 극장의 검열과 수입을 고려하지 않는 극단을 설립하는 것에 있다. 창단 그해 동안 베를린 1류급 극장 가운데 하나에서 성격상 상설무대에 올리기에는 어렵지만 이목을 집중시킬 현대 드라마를 10회 정도 공연하도록 할 것이다." 최초 공연 작품은 『유령』이었다. 그 구성 배우로는 오스왈드 역을 맡은 당대 가장 비극적인 배우이자 가장 비현실적인 배우였던 부르크 극장의 에머리히 로베르트(Emerich Robert)를 포함하여, 바로 직전까지 베를린 국립극장에서 활약하면서 화려한 이력을 갖춘 노장 크라우스네크(Krausneck)가 만데르스 역을 맡았으며, 유명한 성격배우 로베(Lobe)가 엥스트란드 역을, 조르마(Sorma)가 레지네 역을, 한스 폰 뷜로브(Hans von Bülow)의 아내 마리 샨처(Marie Schanzer)가 알빙 부인 역을 맡았다. 샨처를 제외하면 당시 생각할 수 있는 최고의 배우들로 구성된 셈이다. 10월 20일에는 『해뜨기 전』이 기념할만한 초연으로 선을 보였다. 폰타네는 그 인상을 두고서, 게르하르트 하우프트만은 "처음부터 끝까지 빼어난 문체를 발휘한 리얼리스트"인 것 같다는 말로 요약한다. 당시엔 아주 심각하게 받아들였지만 회고해보면 흥을 돋우는 몇몇 막간 얘기가 거기엔 담겨 있다. 3막에서 호프만이 로트에게 이렇게 말한다. "내 말하지만, 너희 조합은 지금까지 그랬던 것보다 훨씬 더 심각한 모양새를 취할 거야. 민중의 유혹자들, 네들이 그 꼴이야! 너희가 뭘 할까? 너희는 광부들이 불만을 품게 하여 많은 것을 요구하게 하면서 그들을 선동하고 분노케 하며, 적의를 갖게 만들어 불복종하게 하고 사고를 치게 만들며 그들에게 황금 산을 비춰주면서 그들의 호주머니에 담긴 몇 푼 안 되는 비상금마저 슬쩍하려는 게지." 이로써 우레와 같은 박수갈채를 받는다. 이에 슐렌터는 자신의 소책자 「자유무대의 발생사(Genesis der Freien Bühne)」에서 적절한 논평을 달았다. "투쟁심에 불타 게르하르트 하우프트만 선생을 선뜻 로트와 동일시하는 사이에 망각하고 있는 것처럼 보이는 것은 박수갈채를 받는 호프만도 동일한 작가정신에서 태어났다는 사실이다. (…) 호프만이 거둔 빛나는 성과는 작가정신으로 하여금 로트의 성과도 계속 좀 더 생생하고 좀 더 완벽하게 형상화하도록 고무할 것이다." 5막에서는 카스탄(Castan) 박사가 단호하게 개입한다. 그는 개업의사를 부업으로 삼았지만 주업으로 하는 주무관청에서의 활동으로 악명을 떨치는 최고참 호랑이로 통한다. 이로써 그는 자연주의 운동사에서 지속적인 지위를 확보한다. 이미 2막에서 그는 크라우제(Krause) 가족을 염두에 두고 맞는 말이긴 해도 몰인정하게 비판하면서 '청루'라는 모욕적인 언사까지 동원한다. 책의 속성을 잘 아는 전문가로서 그는 마지막 막에서 옆방 산모의 울음소리를 들을 수 있을 것이라는 사실도 알았다. 이 장면은 공연에서 빠졌지만, 그는 자신의 계획을 수행하는 데 전혀 방해를 받지 않고 오히려 그 빠진 자리를 대신해서 무대를 향해 협박하듯 큼직한 분만 겸자를 비치하게 했다. 이는 홀에서 뺨을 때리는 꼴과 같은 하나의 엄청난 스캔들의 신호탄이었다. 갈채와 야유를 받는 가운데서도 작가가 모습을 드러내 부드럽게 인사를 해야 하는 관행을 두고 폰타네는 이렇게 적었다. "많은 사람은 위생 추밀고문이었던 카스파르(Caspar)가 법정 자문의사로서 활동한 자신의 경험에 관해 쓴 유명한 한 책을 다음과 같은 말로 시작했다는 사실을 기억하고 있다. '내가 만난 살인자는 모두 젊은 아가씨 같았습니다.'"

1890년 초 『현대의 삶을 위한 자유무대(Freie Bühne für modernes Leben)』라는 잡지가 출간되기 시작했다. '시작에 부쳐(Zum Beginn)'라는 서문에는 다음과 같이 나온다. "우리가 노력하는 중심에는 예술이 서 있을 수밖에 없다. 이 예술은 현실과 당면 존재를 직관하는 새로운 예술이다. 한때 밝은 낮을 피하고 오직 과거의 어스름한 불빛에서만 시문학을 구한 예술이 있었다. (…) 오늘날 예술은 감싸 안는 기관을 겸비하고 있어서 살아 있는 모든 것을 담아낸다. (…) 우리는 어떤 공식도 주문하지 않으며 영원히 운동하고 있는 것, 이를테면 삶과 예술을 경직된 규칙의 강제에 매달기를 감히 원하지 않는다. 우리의 노력은 생성에 가치를 두고 있다. 우리의 시선이 좀 더 예의주시하고 있는 것은 다가올 미래의 일이지, 한때 영원한 것으로 보인 인류의 무한한 가능성을 관습과 규칙에 외람되게도 붙잡아 두려 하는 영원한 저 과거의 일이 아니다." 이런 기획의 정신은 오토 브람[151]과 파울 슐렌터에게서 비롯된 것이다. 이들 둘은 현명하고 건실하며 현실을 다소 뛰어넘는 북독일 사람들이며 (독일에서 거의

---

[151] Otto Brahm(1856~1912): 독일의 문학 비평가이자 연극 연출가.

독보적인 지위에 있는 기예를 통해 극히 읽기 쉬운 문학사를 저술하는 데 성공한 탁월한 빌헬름 셰러[152]의 제자들로서) 판단의 예리함, 대상에 대한 몰두, 예술의지에 대한 엄격함을 겸비했음에도 기본적으로는 고도의 재능을 타고나 '현대'로 도피한 세미나 참석 학생들에 불과했다.

자연주의는 일종의 방황이다. 그러나 그것은 유익할뿐더러 활발하고도 결실 있는 방황 아니겠는가! 자연주의는 그 방식에서 보자면 자유와 진리에 대한 의지가 마치 이글거리며 타오르는 화염과 뜨거운 광천에서 솟아오르는 빛처럼 특정한 세대 전체에서 치솟아오르는 아주 거대한 구경거리다. 오늘날 자연주의식 연극작품은 민숭민숭하며 회색빛으로 탁하고 우울하게 작용하기도 하고 무례할 만큼 무감각하게 작용하기도 한다. 그러나 처음 모습을 드러냈을 때는 아주 감동적으로 마술적일 정도로 감흥을 일으키지 않았겠는가! 형언할 수 없는 마술과 공포의 분위기가 그런 연극작품에서 연출되었다. 바로 이런 분위기 앞에서 공포심이 조성되었던 것이다. 이는 백주 대로에 유령이 출몰하여 가까이 다가와 손을 내미는 듯한 느낌이었다. 바로 이런 드라마에서 가장 일상적인, 심지어 아주 천박한 말투와 사건이 연출되기 때문에 사람들은 깜짝 놀라며 신비스럽게 생각했던 것이다. 예술의 자리에 삶이 들어섰다. 이 삶은 위험천만한 것이지만 늘 가까이 있다. 이 같은 거대한 전치에 황당하지만 사람의 마음을 사로잡는 자연주의의 성격이 들어 있는 셈이다. 그러나 오늘날 이 모든 것은 몹쓸 낡은 허섭스레기로 채워진 커다란 쓰레기통처럼 보인다. 펜은 산산조각이 났고, 색채가 흐릿하게

---

[152] W. Scherer(1841~1886): 독일 문학사가.

날아가버렸으며, 남은 것이라고는 값싸고 평범한 재료뿐이다. 자투리 몇 조각과 넝마 따위는 교외의 온갖 부류의 사람이 볼품없이 초라한 폴터아벤트[153]에서 걸치는 천 조각에 불과한 것이다. 당시 예술의 신비가 벗겨진 것처럼 보였다. 이제 예술은 현실을 차갑게 투명하게 그리고 말짱한 정신으로, 말하자면 어떤 사진처럼 객관적으로 반복해야 한다. 예술은 이미 수백 번 일어났던 것, 그리고 매시간에 일어날 수 있는 것만을 묘사해야 한다는 것이다. 인류가 이제야 이렇게 단순하고도 확실한 사유에 도달한 것을 납득할 수 없다는 식이었다. 그러나 오늘날 역시 납득할 수 없는 것은 어떻게 그렇게 재능을 타고났던 사람들이 그 당시 예술의 본질을 그렇게 오인할 수 있었던가 하는 점이다. 요컨대 그들은 결코 예술의 과제일 수 없는 것을 바로 예술의 과제로 제시한 것이다.

당시 아르노 홀츠는 이렇게 명제를 세웠다. "예술은 다시 자연이고자 하는 경향이 있다." 그러나 적어도 다음과 같이 주장하는 것이 좀 더 타당할 것 같다. 즉, 예술은 자연을 **거역**(wider)하고자 하는 경향이 있다고 말이다. 예술이 자연을 단순히 반복한다는 것은 논리상 그리고 심리상 불가능한 일이다. 왜냐하면 늘 예술에는 자연이 아닌 어떤 것이 덧붙기 마련이기 때문이다. 말하자면 인간이 덧붙는 것이다. 그리고 도대체 자연이란 무엇인가? 우리는 자연이 무엇인지 알지 못하며, 그것을 경험하지도 못할 일이다. 모든 것이 예술이다. 즉, 모든 것은 인간을 통과해 지나가는 자연인 것이다. 눈이 주관적 예술가이고, 귀와 다른 감각기관도 그러하며, 무엇보다 우

---

[153] Polterabend: 축하객이 악마를 쫓고 축복을 빌어주려고 신부 집 앞에서 병이나 기구 따위를 깨뜨리면서 법석대는 결혼식 전날 밤의 떠들썩한 행사.

선 두뇌가 그런 것이다. 자연은 계속 변화하는 그 무엇이지만, 어휘만큼은 동일한 것으로 남는다. 고대 사람들의 자연은 우리의 자연과 동일한 것이 아니며, 로마 사람들의 자연도 이웃 그리스 사람들의 그것과 약간 다른 것이었으며, 카토[154]의 자연이 케사르[155]의 자연과 달랐고, 청년 케사르의 자연도 노년 케사르의 자연과 다른 어떤 것이었다.

자연주의의 과제에 대해 한번은 람프레히트[156]가 결정적인 주장을 한 적이 있다. 그는 이렇게 말한다. "모든 자연주의는 심연으로 몸을 던진 일종의 쿠르티우스[157]와 같다. 그는 필연적인 것으로 인식된 진보를 위해 자신을 희생한다." 모든 자연주의의 역사적 사명은 새로운 현실을 확립하고 그것을 예술에 등재하여 보편적 의식으로 관철되게 하는 것에 있다. 이는 늘 개착공사일 뿐이다. 이 공사는 무조건적 필연이지만 완공되면 이미 잉여가 되는 처지에 놓인다. 자연주의는 준비작업인 셈이다. 말하자면 그것은 우선 새로운 실재에 대한 일종의 초안을 구성한다. 그래서 자연주의는 항상 원료, 즉 예술 이전(Vorkunst)의 물질을 의미한다. 자연주의 작품은 1차 기록인 셈이며, 그래서 아직 정리되지 않고 형상화되지 않은 상태이지만 1차 기록이라는 점에서 원천적인 만큼 매력적이기도 한 것이다.

---

[154] M. P. Cato(BC. 95~BC. 46): 로마의 정치가.

[155] Cäsar(BC. 100~BC. 44): 로마의 유명한 장군이자 정치가.

[156] K. Lamprecht(1856~1915): 독일의 역사가. 역사에 작동하는 심리학적 요소에 관한 체계적인 이론을 구축함.

[157] M. Curtius: 고대 로마의 전설적인 영웅. 전설에 따르면 BC 362년경에 로마의 공공광장에 깊은 틈이 패었는데, 예언자들은 그 구덩이 안에 로마에서 가장 귀한 것을 집어넣어야 메워질 것이라고 말하자 쿠르티우스는 용감한 시민보다 귀한 것은 없다고 부르짖으면서 완전무장을 한 다음 말에 올라타고 구덩이 속으로 뛰어들었다고 함.

여기서 무엇보다 자연스럽게 해명되는 것이 바로 어째서 90년대의 문학들이 그렇게 감동을 유발할 수 있었던가 하는 문제이다. 말하자면 그 시기의 문학들은 1차 기록으로서 새로운 정신적 내용을 고지했다. 혁명적인 기술적 · 사회적 · 산업적 · 정치적 현상들, 그리고 현대적 심리학이 확실히 촉진시킨 수많은 혁신적 전망이 자연주의에서 처음으로 한꺼번에 집결된 구체적 형태로 모습을 드러냈던 것이다.

내가 철저한 자연주의자였을 때만 해도 나는 이렇게 주장한 적이 있었다. "상상으로 꾸며내는 일은 아이들이나 원시인들이 하는 짓이다. 그러니 공상 따위는 블루스타킹[158]과 부엌데기들이나 하게 내버려두는 것이 나을 것이다." 사실 공상(Phantasie)은 부엌데기면 누구나 하는 일이다. 그러나 부엌데기는 바로 부엌데기의 공상을 가질 뿐이다. 그렇다면 부엌데기의 허풍과 단테나 셰익스피어의 그것 사이에는 무슨 차이가 있을까? 단지 차이가 난다면 이들 두 사람은 압도적인 강렬한 인상과 구체화를 통해 자신들의 환영을 불러일으켜 누구나 그들의 환영을 현실처럼 믿게 만든다는 것이다. 좀 더 정확히 말하면 환영을 누가 봐도 그럴싸하게 현실로 가공하는 것이다. 전체가 하나의 환상이고 시각적인 착각이며, 일종의 최면술사와 요술사의 농간인 셈이다. 여기저기서 농간을 부리지만, 그저 어떨 때는 실패하고 또 어떨 때는 성공한다. 물론 가난한 부엌데기가 공상에서 성공하지 못했다 하더라도 창작에 대한 올바른 개념만큼은 있다. 다만 내놓는 것이 고상한 희극이 아니라 아주 값싼 소설일

---

[158] Bluestocking: 18세기 유럽, 특히 런던의 사교계에서 문학에 취미를 가진 여성들이 푸른 스타킹을 신고 살롱에 모인 데서 유래함.

뿐이다. 그녀가 우리 앞에 풀어놓으려는 이야기보따리를 도대체 어떻게 마련했는가 하고 그녀에게 묻는다면 아마 그녀는 약간 "꾸며냈다"고 대답할 것이다. 그런데 셰익스피어에게도 어떻게 『리어왕』에 다다랐는가 하고 묻는다면 그 역시 아마 "약간 꾸몄다"고 답할 것이다. 그런데 이것이 모차르트와 뉴턴, 레오나르도와 비스마르크 같은 사람들의 창작활동에 대한 보편적 규명은 아니지 않겠는가? 여기서 도출되는 결과를 말하면 창작은 풍부한 감성과 힘의 조합을 의미한다는 것이다. 그것은 곧 정신적 용기, 관습에서의 독립, 많든 적든 신에게 더 가까이 다가가는 것 등의 문제이다. 아무튼 지금까지 주어지지 않은 것을 성취하려면 정신적 생산자 누구에게나 적어도 선의를 요구할 수밖에 없다. 왜냐하면 이 같은 선의란 모든 창작에 요구되는 첫 전제이자 마지막 전제이기도 하기 때문이다.

자연주의 문학, 예컨대 연극작품들을 좀 더 정확히, 다시 말해 현미경으로 관찰해보면 정확히 그 작품들은 앞선 작품들과 마찬가지로 현실을 선택 · 배열 · 개조 · 해석한 결과라는 점이 드러난다. 자연주의 문학은 독백과 방백을 비자연적인 것으로서 비웃으면서 방백을 대신해서 자세히 계산된 **막간 휴식**(Pause)을 배치하고 독백은 꼼꼼히 다듬은 **팬터마임**(Pantomime)으로 대신했다. 팬터마임 역시 연출일 뿐이지만 독백보다는 훨씬 세련된 형태여서 더 많은 효과를 발산한다. 자연주의는 포말회사 범람시대의 문화와 유사하게 일종의 양식 없는 양식인 셈이다. 이미 모파상[159]이 '**일상생활 사진**(*photographie banale de la vie*)'에 대해 말한 바 있다. 그러나 사진은 평범할 수 있지만 동시대인들에게나 자연주의적일 뿐이다. 후대 사람들에

---

[159] G. de Maupassant(1850~1893): 프랑스 자연주의 대표 작가.

게 그것은 당초무늬를 넣은 듯 고풍스러우면서 지극히 양식적인 목재 조각품처럼 비칠 수 있다.

하우프트만 이런 면모는 90년대의 가장 강렬한 자연주의 작가였던 게르하르트 하우프트만의 경우에서 가장 뚜렷이 나타난다. 그의 드라마는 민중가요에 해당한다. 강하면서도 부드럽고, 신랄하면서도 감성적이며, 기초적이지만 헤아리기 어렵고 대지를 가까이하면서도 속세를 등진 듯한 분위기가 연출된다. 그의 절정기는 『해뜨기 전』에서 『플로리안 가이어(*Florian Geyer*)』에 이르는 7년의 기간이다. 이 시기에 그는 자기 방식의 연극 장르를 구현하여 많은 작품을 쏟아내면서 즉각 예술가의 정상에 도달했다. 『화해』에서는 한 가족의 파국이 다뤄지며, 『직조공들(*Die Weber*)』에서는 대중의 비극이, 『비버 털코트(*Der Biberpelz*)』에서는 현대적인 시대 풍자가, 『플로리안 가이어』에서는 자연주의적인 역사가 연출된다. 『한넬레의 승천(*Hanneles Himmelfahrt*)』은 모든 세계문학에서 비견할 작품이 없을 만큼 독보적일뿐더러 독일 연극론에서 볼 때 가장 리얼리즘적이면서 가장 환상적이고, 가장 섬세하면서도 가장 감동적인 영혼의 그림으로서 후세 사람들의 심중에 영원히 계속 살아남을 법하다. 하우프트만은 이미 지화하는 점에서는 거의 입센 그 이상의 분위기를 연출하지만, 사유하는 점에서는 판에 박힌 듯 섬세하지 않고 어긋나 있으며 딜레탕트적인 면모를 드러내는 학생 기질을 풍긴다. 『침종(*Die versunkene Glocke*)』은 은은하게 비쳐 보이는 그림종이와 실패한 사상 실험으로 내려가는 길목이다. 그것은 일종의 뵈클린[160]의 오일 인화법으로 뽑은 그림이나 니체의 값싼 보급판과 같은 꼴이다. 그리고 그의 후기

---

[160] A. Böcklin(1827~1901): 스위스의 화가.

의 수많은 다른 작품도 너무 조급하게 쓰여 균형이 잡혀 있지 않을 뿐더러 한창때 쓴 초안들의 흐릿한 복제품에 불과하다. 하우프트만은 괴테처럼 먼 것과 가까운 것 모두를 서서히 장악하는, 말하자면 느리지만 쉬지 않고 성장해가는 그런 지성 축에도 포함되지 않고, 니체처럼 화산의 용암분출을 통해 세상을 늘 새롭게 기습적으로 뒤덮어 깜짝 놀랍도록 마술로 홀리는, 영원히 변화하는 지성 축에도 속하지 않는다. 그러나 그의 인물들은 저마다 공명의 심장이 박동한다. 때로는 거친 수레꾼의 박동이 또 때로는 여린 초등학생의 박동이, 때로는 카를 대제의 박동이 또 때로는 거지 야우의 박동이, 때로는 천재의 박동이 또 때로는 마을의 제일 멍청이의 박동이 요동친다. 그는 자신을 둘러싼 민감한 세계의 한 기관이자 애쓰지도 않고 의도하지도 않은 채, 말하자면 '기교'를 부리지도 않고 창작하는 인간의 아이이다. 그도 그럴 것이 이 아이는 가장 내적인 필요에 따라 창작하기 때문이다. 좀 더 간단히 말하면 그는 시인이다.

주더만은 거의 같은 날 하우프트만과 동시에 조명을 받았다. 우선 이들 둘은 대개 쌍벽으로 통한다. 이는 전문비평가 사이에서도 마찬가지다. 1891년 브란데스는 외국 비평가가 어떤 측면에서라도 주더만에게 제기될 법한 항변을 말하기란 불가능할 것이라고 썼다. "그는 어떤 그룹 안에서 뉘앙스에서만 차이가 있을 뿐인 다른 그룹에 대해 가장 혹독한 감정이 생겨난다는 점에 대해 알고 있었다." 『명예』의 초연을 앞두고 당시 레싱 극장의 감독이었던 오스카르 블루멘탈[161]은 어떤 시녀 한 명이 자기 여주인의 이름을 들먹이면서 초연 극장표를 내일 것으로 교환해달라고 간청했을 때 이렇게 말했

주더만

---

[161] Oskar Blumenthal(1852~1917): 독일의 극작가이자 연극 평론가.

다. "댁 마님께 표를 그냥 갖고 계시면 된다고 여쭤세요. 왜냐하면 내일은 『파우스트』가 공연되니까요. 그리고 이 작품은 언제든 종종 구경하러 오실 수 있을 테니까 말입니다. 그런데 『명예』는 오늘 저녁에만 관람하실 수 있을 겁니다." 그러나 그는 잘못 짚었다. 왜냐하면 그 작품은 독일 연극사에서 가장 큰 성공을 거둔 작품 가운데 하나가 되었기 때문이다. 『명예』는 철저히 프랑스 연극작품을 모델로 삼아 만들어졌다. 주인공 트라스트(Trast)는 오로지 경구만을 들먹이면서 무대에 등장하는 행세주의자의 고전적 전형인 동시에 온갖 극적인 갈등을 해소하는 데 수백만 원을 뿌려대는, 미국서 건너온 아저씨의 고전적 전형이기도 하다. '**한쪽의 이야기**(*parler à part*)'만 듣고 자기주장만 하는 흔하다. 한 번에 두 배 이상으로 써먹기도 한다. 이 점에서 트라스트는 늙은 하이네케(Heinecke)의 주장에 대해 '혼잣말하듯' 이렇게 응수한다. "단순하게도 자네는 꼭 엄마들이 하는 말투로 말하는구먼." 그리고 '골똘히 생각하는 척하면서' 이렇게 덧붙인다. "쳇, 트라스트, 그건 보기가 안 좋아." 앞집과 뒷집도 인간적인 환경으로 그려진 것이 아니라 무대의 대비 효과를 염두에 두고 그려진 것이다. 특히 살롱에서 나누는 '기지 넘치는' 대화는 참기 어려울 만큼 부자연스러운 신문기사를 읽는 말투다.

90년대 마지막 세대의 작가 가운데 주더만만큼 많이 욕을 먹은 작가도 없다. 그것도 모든 진영에서 들어먹었다. 자연주의자들은 그의 희곡을 두고 향수를 뿌린 키치라고 비방했는가 하면, 고전주의자들은 그를 지목하여 지저분한 리얼리즘이라고 비방했다. 아티스트들은 그를 편협한 도덕주의자로 몰아붙였으며, 도학자들은 그가 호색한이며 뻔뻔하다고 지적한다. 요컨대 그가 후안무치하게 남의 지적 재산을 훔쳤으며, 청중을 기망하고 같잖은 농간을 부려 시간과

돈을 우려먹었다는 것이다. 만일 '연극 장사를 하는 상인 조합'이
있다면 분명 조합은 그의 부정한 경쟁 수법 때문에 그를 조합에서
탈퇴시켰을 것이라고 한다.

주더만이 나오기 전부터 이미 무대는 훨씬 더 맑고 더 깊은 울림
을 듣게 해주었다는 사실은 확실히 맞는 얘기다. 그리고 그가 항상
피상에 머물렀다는 것, 그리고 입센의 시대에서 그는 늘 분장술로만
가장 강렬한 효과를 얻어내는 식으로 연극문학을 손질했다는 것,
함순과 마테를링크 그리고 쇼가 자신들의 심리학적인 미분계산법
을 세우고 있는 사이에 그는 스크리브[162]와 사르두와 푀이에[163] 덕
분에 그 효과가 보존되는 조잡한 명암 대비의 기술로 항상 만족했
다는 것도 맞는 말이다. 그러나 그럼에도 불구하고 이 모든 것이
중죄(重罪)일 수는 없다. 온 세상 사람이 그는 작가가 아니라 위선적
인 제작자라고 떠들었다. 그러나 무엇보다 연극 부문에서 제작자와
작가를 뚜렷이 가를 선을 명확히 그을 수 있는지는 확실히 의문이
든다. 우리는 이 책 3권에서 실러도 여러 작품에서 세련된 제작자였
다는 점을 살펴본 바가 있다. 그리고 바그너 역시 팽팽하게 긴장의
끈을 당겼다가는 우선 좀 더 심한 긴장을 촉발하기 위해 다시 느슨
하게 풀기도 했으며, 때로는 집중시키고 때로는 분산시키면서 오도
하고, 한번은 거칠게 몰아가는가 하면 또 다른 때는 간교하게 뒷전
을 피웠으며, 한마디로 청중을 기대와 자극으로 완전히 매료시키려
고 자신의 지성과 상상의 모든 수단을 총동원해서 효과에 효과를
쌓아올리지 않았던가? 이미 2000년 전에 에우리피데스도 이와 똑같

---

[162] A. E. Scribe(1791~1861): 프랑스의 극작가. 300편 이상의 작품을 썼음.
[163] O. Feuillet(1821~1890): 프랑스의 소설가이자 극작가.

이 하지 않았던가? 수작업이 설령 온전한 예술의 수준에 이르지 못하더라도 결국 그것은 모든 예술의 찬연한 황금 지반(goldener Boden)인 셈이다. 그리고 모든 연극은 어느 정도까지는 '속임수'이기 마련이다. 따져보면 바로 이 때문에 연극이 존재하는 것이기도 하다. 배우는 호텐토트족의 사제처럼 파랗게 희게 붉게 분장을 하고, 마치 자신이 해부학적 논증의 대상이나 되는 듯이 아주 환하게 밝은 조명 불빛 아래로 걸어들어가서는 일상생활 속에서 극도의 정신장애자가 하듯이 아주 큰 목소리로 아주 또렷하게 꼭꼭 찌르듯이 말해야 하며, 강렬한 시선과 많은 것을 말해주는 자세, 신중한 몸짓 등을 통해 모든 것을 네 배 이상 강하게 표현해야만 한다. 그렇지 않으면 주목을 받지 못한다. 그러므로 공연용으로 쓰인 텍스트도 분장과 과다한 조명과 과도한 태도를 담을 수밖에 없는 것은 아주 당연한 일이다. 따분하지 않도록 한 것이 진정 그렇게 용서받을 수 없는 일일까? 주더만은 그의 공허한 제작에도 불구하고, 혹은 바로 그 덕분에 윤곽이 뚜렷하고 깊은 감명을 주면서 의연히 무대에 서 있는 일련의 인물을, 그리고 비록 실제로 살아 있는 인물은 아니라도, 세 시간 동안 널빤지 위에서 강인하고도 인상적인 존재를 끌고 갈 수 있게 하여, 미터부르처[164]와 두세[165]와 같은 계열의 예술가조차도 늘 새로이 표현하고 싶은 마음이 생기도록 자극한 그런 인물들을 창조했던 것이다. 게다가 그는 소수에게만 주어지는 진정한 연극적 안목 덕분에 지극히 암시적인 상징 장면을 담은 여러 작품을 무대에 올릴 수 있었다. 예컨대 『요한네스(Johannes)』의 화려한 결말,

---

[164] Anton F. Mitterwurzer(1844~1897): 오스트리아의 배우.
[165] E. Duse(1858~1924): 이탈리아의 여배우. 입센의 『바다에서 온 부인』과 『헤다 가블러』의 주역을 맡아 공연한 것으로 유명함.

『소돔의 종말(Sodoms Ende)』에서의 아틀리에 장면, 그리고 전체는 물론이고 각 부분에서도 비유적인 기지가 넘치는 『모리투리(Morituri)』의 단막극 시리즈와 그 외 여러 작품의 장면들이 그런 것이다. 그렇다면 그토록 광신적인 경멸과 분노는 어디에서 온 것일까?

이 물음에 대한 답은, 순수 연극적 재능을 두고 말하자면, 자연이 주더만에게 바로 그 같은 재능을 사치스러울 정도로 넘치게 채워주었지만 이때 그에게 덤으로 선사했던 또 다른 일상적인 흔한 재능을 까마득히 잊게 했다는 점에서 구할 수 있다. 이렇듯 반감을 주는 기괴한 불균형이 아무래도 그토록 자극적으로 작용하게 만든 것으로 보인다. 그는 2000명의 사람들이 긴장한 채 청취하도록 연설하는 데 필요한 말투와 몸짓과 뇌구조를 갖추고 있었다. 그는 사상을 끌어들이진 않았지만 연극의 틀에서 거의 그렇게 보이는 어떤 것을 가져왔으며, 열정을 드러내진 않았지만 어두운 객석에서 보면 그렇게 간주할 수 있을 법한 불꽃을 드러냈으며, 진정한 갈등을 보여주진 않았지만 아주 흡사한 소음을 일으키는 장치를 썼다. 모조 모형에 번쩍거리는 금빛 종이로 감싼 많은 소품을 동원한 것이다. 이런 소품들은 야간조명에 가장 빛을 발했다. 그런데 그에게는 가장 기초적인 제동장치가 없었다. 그는 배열하며 방향을 제시하고 가려내는 오성이라고는 없었다. 이 점에서 그는 유랑 극단의 배우를 연상시킨다. 그는 부단히 사람들을 현혹하려 하면서 자신을 보여주고 싶어 공중제비를 하려 했다. 이런 봐주기 힘든 교태 때문에 그는 종종 바로 웃음거리의 경계에 서기도 했다. 그러나 이런 교태는 — 허영심이 있는 곳에 늘 있기 마련이지만 — 지능의 결핍에 그 원인이 있을 뿐이다. 흥미로울뿐더러 유창하게 끌어간 재치 있는 그의 언변 한가운데서 항상 갑자기 황당하기 짝이 없는 진부한 얘기가 시작되면서 해괴하게 중언부언하는 행태가 2차, 3차, 4차로 이어진다. 그러면 우리는 단 몇 분 사이에 소나기처럼 쏟아 붓는 고지식한 거만함과 몰취미로 가득 찬 상투적인 말투로 귀가 멍멍한 상태에 놓이게 된다. 이는 주더만의 또 다른 파행적 결점과 관계가 있다. 불꽃처럼 번쩍이는 유머가 없는 것이다. 극작가 이상으로 긴요하게 유머가 필요한 이도 없을 터이다. 극작가에겐 희극적인 유머뿐만 아니라 그 못지않게 비극적인 유머도 필요하다. 그도 그럴 것이 그 재간의 뿌리는 지상에서 일어나는 사건과 이에 연루된 모든 사람을 위에서 내려다볼 뿐만 아니라 사방에서 관찰할 수 있는 재능과 관련 있기 때문이다. 그런데 그는 자신도 마찬가지지만 자신의 인물들도 거기에 어울리도록 진지하게 대우하지 않았다. 이는 칼리다사[166]로부터 카이저[167]까지 포함하여 존재했던 모든 극작가의 공통된 계보적 특성에 해당하는 일이다. 세계문학에서 가장 위대한 세 명의 극작가는 (우리의 관점에서 보자면 여기에는 에우리피데스와 셰익스피어, 그리고 입센이 포함되는데) 동시에 그들의 세계를 최소한 진지하게 다룬 그런 작가들이었다. 그런데 만일 주더만이 중간급 정도 되는 도시극장의 최초의 성격극 작가가 겸비한 정도만큼의 유머감각만이라도 갖추었다면, 그리고 감각이 좀 더 뛰어난 실내장식가 정도의 취향만이라도 지녔다면, 그리고 문학사 교수가 갖춘 정도의 오성만이라도 가졌더라면, 아마 그의 동시대인들은 그를 연극의 1급 스타로 환영했을지도 모른다.

폰타네   장년 세대의 작가 가운데 테오도르 폰타네만이 청년파와 교류를

---

[166] Kalidasa: 5세기경에 활동한 인도의 극작가이자 시인.
[167] G. Kaiser(1878~1945): 독일의 대표적인 표현주의 극작가.

했다. 그는 인생에서 저물어가는 연령기에 접어들었을 때 농도가 가장 진하고 가장 원숙한 작품을 창작한 이른바 때늦게 성숙한 작가 축에 들어간다. 이들 작품에는 가끔 기지 없는 형태를 드러내는 것도 있지만, 온화한 지혜와 정화된 문화가 지배한다. 그의 예술의 기본 형식은 일화인데, 일화의 본질은 설명해야 할 인물이나 사건을 불필요할 정도로 상술하며, 적어도 조명을 통해 부각시키는 - 이는 독창적인 것으로 이해되는 - 단 하나의 특색만을 드러내는 점에 있다. 이렇듯 이 같은 돋을새김에 의존해서 그의 작품에 등장하는 개개 인물은 타고난 그 역량에 맞도록 정제된 아주 섬세한 감정을 겸비하고 있다. 그리고 대개 일화가 그렇듯 기본 색조는 유머와 반어 및 웃음을 자아내는 도도한 태도에 어울림직한 분위기를 연출한다. 당연히 그 핵심 요지는 감춘 상태로 둘 때가 흔하므로 그만큼 더 정교한 형식을 띤다. 그리고 현세적인 모든 것을 탈신화화하고 다소 사소한 것으로 취급하는데, 이는 허무주의가 아니라 인간성에서 비롯된 셈이다. 폰타네는 자연주의자로 통한다. 사실 그는 풍속을 좋아하는 섬세한 인간 관찰자로서 앙시앵 레짐에서 살아남은 전형에 속한다. 요컨대 그는 이민 2세대에 속하는 구(舊)베를린 사람으로서 프로이센의 로코코 시대, 말하자면 앙시앵 레짐 시대를 경험했던 것이다. 그가 자연주의 운동에 그의 동년배들보다 더 많이 소통한 것은 놀랄 일이 아니다. 그는 이 운동을 18세기에 근거해서 이해한 것이다. 디드로[168]라도 하우프트만을 즉각 알아봤을 테고, 레싱이라면 입센을 즉각 알아봤을 것은 물론이며, 폰타네가 모든 것을 인정하면서도 레싱을 두고서 "꼬치꼬치 캐고 수수께끼 같은 말을 늘어

---

[168] D. Diderot(1713~1783): 프랑스 계몽주의를 이끈 프랑스 계몽사상가.

놓는다"고 비방할 때 서 있는 바로 그 경계 지점이 어디쯤인지도 레싱은 알아차렸을 법하다. 또 레싱이라면 이런 예방책을 내놨을 듯하다. "작가는 자신의 인물을 두고 우리로 하여금 검사관원이 되게 해서도 안 되고 그 애호가가 되게 해서도 안 된다. 우리의 오성은 그렇게 차갑게 형상화된 위대한 인물을 숭배하는 반면에 우리의 마음은 그에게서 그보다 더 작은 형태를, 즉 내가 말하고자 하는 것은 우리를 닮은 형태, 그러니까 좀 더 인간적인 형태를 기대하기 마련이다."

베데킨트   프랑크 베데킨트는 하우프트만과 같은 시기에 데뷔했다. 그러나 늦게서야 겨우 의미 있는 주목을 끌었을 뿐이다. 그는 매너리즘 작가 부류에 들어간다. 어느 시대든 존재하는 이 같은 그룹을 두고 괴테는 자신의 논문 「고대와 현대(Antik und Modern)」에서 이렇게 논평한다. "우리는 (⋯) 매너리즘 작가들이 대단한 즐거움은 아니지만 우리에게 많은 즐거움을 제공한다는 점만큼은 인정한다. (⋯) 이런 명칭으로 거명되는 예술가들은 결정적인 재능을 타고난다. 그런데 당장 그들은 그 시대와 자신들이 소속된 유파의 사정에 따라 여유가 주어지는 것이 아니므로, 결연한 자세를 취하면서 일을 완결하도록 해야 한다는 사실을 알고 있다. 그래서 그들은 고민하지 않고 눈에 보이는 상황을 쉽고 대담하게 다룰 수 있게 하고, 썩 잘 되든 조금 덜 하든 아무튼 온갖 세계상을 우리에게 그럴싸하게 비쳐 보일 수 있게 하는 언어를 만들어내는 것이다. 이런 식으로 해서 민족 전체가 마침내 자연과 한 차원 높은 감각방식으로 다시 되돌아갈 때까지 수십 년간 미몽의 상태로 남은 것이다." 베데킨트는 본질적으로 '질풍노도'의 입장을 반복했다. 그의 리얼리즘은 종종 아주 강한 감동을 주긴 하지만 실제의 경험과 같은 것이 아니라 황량한 꿈과 같은 것으로 그러했다. 아마 베데킨트만큼 인생의 모든 파노라마를 그렇게 명쾌하고 다채롭게 재생산한 사람도 별로 없을 것이다. 그러나 인생의 모든 법칙 가운데 하나인 연속성이 그의 작품에서 보듯 그렇게 묘사될 수는 없으므로 우리는 그에게서 실재에 대한 인상을 받지 못한다. 사실 현실의 삶은 비논리적이고 비합리적이며 비약적이기까지 하다. 신비로운 하나의 끈이 이 삶을 꿰고 나간다. 그러나 베데킨트의 문학에는 이 끈이 없다. 한번은 실러가 희곡을 쓰려면 내장이 아주 길어야만 한다고 말한 적이 있다. 그런데 프랑크 베데킨트는 비정상적일 만큼 짧은 내장을 갖추고 있었다. 그의 희곡에는 의상분일증이 지배하거나 극작가의 언어로 번역된 형상분일증(Gestaltenflucht)이 지배한다. 극작가가 이용하기에 가장 효과적인 보조수단 가운데 하나는 제도를 할 때 흔히 쓰는 용어인 여백이다. 그런데 베데킨트의 경우 여백은 현명한 예술적 경제학이나 대가의 면모를 살릴 때에나 발휘되는 예능 책략에 의한 것이 아니라 그가 긴밀하게 작업하지 않은 데서 비롯된 단순한 자연적 균열과 틈에서 생겨난 것이다. 우리는 앞 장에서 인상주의 기법이 상기시키는 것은 자주 끊겨 간헐적으로 흐르지만 바로 이 덕분에 더욱 강하게 형성되는 것이 교류라는 점에 대해 말한 바가 있다. 그런데 베데킨트의 경우 과연 5분마다 **쇼트**(Kurzschluß) 작용이 일어난다.

그의 세계관을 두고 말하자면 개개 경구 조각의 짜깁기로 이루어져 있다는 점에서 일상의 성윤리를 단순히 부정하는 현상을 드러낸다. 속물은 누구든 마땅히 '도덕적으로' 행동해야 한다고 훈계한다. 그가 이해하는 도덕은 우리 모두가 자신이 사랑하는 사람과 결혼해야 한다는 것과 관련 있다. 그런데 베데킨트는 누구든 마땅히 '비도덕적으로' 행동해야 한다고 훈계한다. 그가 이해하는 도덕은 우리가 처녀성·결혼·충실과 같은 따위에 가치를 부여해서는 안 된다는 식과 관련 있다. 이런 입장은 단지 편의주의적인 평범치 않은 입장일 뿐 자유주의적인 입장은 아닌 셈이다. 그것은 속물의 입장을 그저 교조적으로 뒤틀어놓은 꼴일 따름이다. 요컨대 여기서 확인되는 것은 비도덕주의자로서도 얼마든지 언제나 속물일 수 있다는 점이다. 자신에게 좋은 법칙은 다른 사람에게도 당연히 좋을 수밖에 없다는 관점에서 출발하는 사람은 누구나 속물인 셈이다. 반면에 자유는 누구든 자신의 개성이 자신에게 규정하는 것을 행하는 일과 관련이 있다. 만일 누군가가 나에게 성행위의 자유를 강제하려 한다면 이런 관계를 우선 자유롭지 못하고 구속적인 관계로 보는 것이 나의 천성인 한, 그는 나의 자유를 **제한하는**(beschränkt) 꼴이 된다. 누군가가 내게 도덕적인 문제에서 속물이 되어서는 안 된다고 요구한다면 설령 그것이 내게 바로 부합되는 일이라 할지라도 그는 내게 **속물적인**(philiströs) 요구를 하는 꼴인 것이다. 베데킨트의 성의 철학은 뒤집어진 속물성의 표현과 다름없다.

그의 연극작품은 전적으로 선정적 연극론(Sensationsdramatik)에 포함된다. 당연히 무대장치는 요란스럽고 유별날 수밖에 없다. 그러나 구경거리 일체가 대형 곡마단에서 나온 결과가 되는 (이에 대해선 베데킨트 자신도 『지령(Erdgeist)』의 에필로그에서 자기 인식의 계기로써 말했듯이) 상황을 막을 재간이 없는 노릇이다. 기이한 모습의 어릿광대, 불을 먹는 마술사와 협잡꾼 따위가 그런 것이다. 모든 게 거기엔 다 있는 셈이다. 철학과 그로테스크, 통속적인 것과 심리학까지도 들어 있다. 수많은 장면이 셰익스피어에게서 나온 것일 수 있고, 또 다른 수많은 장면은 영국의 멜로드라마에서 가져온 것일 수도 있다. 이 떠들썩한 큰 장의 노점에는 누구든 입맛대로 고를 수 있는 것이 마련되어 있었던 꼴이다.

베데킨트는 그 본성에서 도미에를 이웃에 둔 마성적인 캐리커처 작가인 셈이다. 그는 흉악한 밀랍 마스크를 한 모습, 히죽거리는 찡그린 얼굴, 흔들흔들하는 꼭두각시 인물 이외 다른 것을 만들어내지 않았다. 그의 인물들이 지닌 모든 공통된 성격적 특색은 공포를 유발하는 숙명에서 벗어나 있다는 점이다. 그의 인물들은 순전히 기계 인간들이고, 달그락거리는 기계장치로서 고정된 철삿줄에 매여 버둥거린다. 그런데 바로 이 때문에 아주 깊은 비애를 자아내고 암시를 주기까지 한다. 이는 1년 대목장의 '모리타트[169]'와 유랑극단의 풍경을 연상시킨다. 현관이 흔들흔들 춤을 추고 가로등 기둥이 꺾여 있으며, 어떤 사람은 자전거로서, 또 어떤 사람은 클라리넷으로서 모습을 드러낸다. 어떤 사람은 엉덩이에서 꺼낸 미사일이 되어 쏜살같이 날아가고, 또 다른 사람은 손도끼가 되어 그의 머리를 찍는다. 그러면서 동정하듯 묻는다. "눈치 채뻤쏘?(Aben Sie das bimörkt?)" 이 모든 것의 뿌리는 베데킨트의 무신론(Atheismus)이다. 이의 상대 개념이 2부로 구성된 룰루 비극(Lulutragödie)에서 정점을 형성한 그의 비도덕주의(Amoralismus)다. 베데킨트 전집에서 룰루라는 인물은 괴테에게서 파우스트가, 셰익스피어에게서 리처드 3세가 갖는 의미와 동일한 의미를 지닌다. 룰루는 리처드 3세의 극단적 대극인 셈이다. 후자가 철두철미한 의도와 확고부동한 의식에 근거한 악의 극단적 권력을 의미한다면, 룰루는 전혀 알지 못한 상태서 의지도 없이 그 같은 악의 화신이 된다. 리처드 3세에서 룰루로의 해소가 기독교 윤리학

---

[169] Moritat: 살인이나 공포 사건을 소재로 떠돌이 가수들이 부른 발라드풍의 노래.

을 이룬다. 신을 부정하는 정점에는 자신의 타락에 대해 알고 있는 검은 천사인 악마가 서 있는 것이 아니라 **영혼 없는 천사**(Engel ohne Seele)가 서 있다.

모파상   그 시대 대부분의 예술가 주변을 맴돈 것이 가족에 대한 저주와 마찬가지로 허무주의였다는 점은 모파상과 같은 완전히 다른 부류의 지성에게서도 드러난다. 모파상은 그야말로 철학자나 정신분석가가 갖는 그런 명예욕 없이 그저 마냥 쓰고 묘사하고 싶은 마음에 그냥 들려주려고 보고하는 이야기꾼의 영원한 전형을 구현했다. 일어났던 모든 일, 일어날 수 있을 법한 모든 일을 이 열정적 수집가는 자신의 창고에 모아 쌓았다. 여기에는 사람 · 관계 · 용모 · 열정 · 모험 · 일상 등등이 포함된다. 이야기에는 '비판'도 '선별'도 필요 없다. 말하자면 모든 것이 얘깃거리라는 것이다. 그에겐 흥미로운 것도 흥미롭지 않은 것도 없으며, 모든 게 자신의 것으로 통한다. 그저 이야기를 풀 수만 있다면 충분하다! 그의 장르는 시대를 넘어 서 있다. 그것은 '현대'도 아니고 '낡은 것'도 아니다. 그는 보카치오[170]만큼이나 거의 늙어가지 않을 것이다. 그도 그럴 것이 그는 새롭지도 않기 때문이다.

그가 그려내는 윤곽의 선명성과 예리함과 섬세함은 따라잡을 수가 없다. 그는 지극히 단순한 도구를 활용하여 항상 서너 줄로 손가락 하나 혹은 어떤 상황의 윤곽을 잡아내지만, 너무 정확해서 꼭 그 윤곽이 우리에게 와락 덤벼들 것처럼 보여 감탄스럽기 그지없을 정도다. 그는 여타 사람 같은 인상주의자가 아니라 단순한 소묘가일

---

[170] G. Boccaccio(1313~1375): 이탈리아의 작가. 초기 인문주의자로서 근대 소설의 선구자. 『데카메론』으로 유명함.

뿐이지만 마술의 연필을 가진 소묘가인 셈이다. 그의 본질을 이루는 이 완벽한 소묘 기질은 그로 하여금 스치듯 재빨리 창작되는 스케치북과 같은 단편소설을 극히 선호하게 만들었다. 그리고 그가 그의 파리 동료 대부분과 구별되는 차이도 그들과는 달리 병적 허약성이 없으며, 그러나 다른 한편 그들이 지닌 거의 병적일 만큼의 격정적인 작업 열정도 없었다는 점에 있다. 한편으로는 즐기기 위해서 그랬지만 다른 한편으로는 그의 작업이 손으로 하는 일이라서 대충 마무리하고 치울 때도 있었다. 그는 농부와 대도시 시민의 절묘한 행복한 혼합체였다. 이는 미식가와 감식가로서 모든 취향, 이를테면 색깔과 냄새, 그리고 현대 세계의 진동을 충분히 제대로 음미할 수 있게 만들었다. 그는 핵심에서는 자연과의 관계를 아직 상실하지 않은 채 사실에 대한 건강한 갈망과 꿰뚫어 보는 눈을 갖고서 예술을 향해 돌진하면서 현실에 확고히 뿌리를 내리고 있는 노르만인으로 항상 남아 있었다. 그밖에도 그는 생활에서 순수한 것을 즐겼다. 이를테면 진한 포도주, 두꺼운 여송연, 만찬회의 화려한 손님, 신체 건강한 여자들의 친구였던 것이다. 이런 강렬한 감각성이 그의 예술의 가장 훌륭한 조력자 가운데 하나였다. 그가 쓴 모든 문장이 이런 감각성에서 빚어진 것인데, 이는 그가 어떤 사상이나 애정 장면 혹은 풍경을 그릴 때도 마찬가지였다.

그러나 이때 그는 자신이 묘사하는 대상과 공감했다고 말할 수는 없다. 말하자면 그는 그런 대상들과 함께 느끼지만, 그것은 단지 말초신경에 의한 것이지 가슴으로 느끼는 것은 아니었다. 여기서 그는 자연과 동일한 모습으로 파토스 없이 파괴하는 완벽한 서사 작가임을 입증해 보인다. 모파상의 가슴은 동요하지 않고 어느 편에 가담하지도 않기 때문에 자신의 시적 시각에 희생되지도 않는다. 그는 삶 자체와 동일하게 거친 비인격성을 드러낸다. 인간을 적나라하게 보여주면서 그 천박성과 흉측함의 가장 은밀한 면모를 그대로 폭로한다. 이를테면 모파상만큼 속물을 이기심과 조야함, 상투성과 교만함 덩어리로 묘사하는 데 더 필사적인 작가도 없을 것이다. 그에게는 농부조차도 반쯤 동물과 다를 것 없이 사악하고 교활한 욕심꾸러기로 비친다. 그의 가장 유명한 소설 『벨 아미(Bell-ami)』는 모든 신분, 모든 직업, 모든 사회계층이 보이는 천박한 행태를 모아놓은 거대한 창고처럼 보인다. 그는 아이라고 봐주지도 않는다. 아이들을 음험하고 방종한 모습으로 그려냈던 것이다. 그에게 사랑이란 인간의 기만적 행태의 세련된 형식과 거의 다르지 않다. 그의 난잡한 결혼생활을 보면 그는 꼭 난잡한 결혼생활의 고전적인 화가라고 해도 상관 없을 듯하다. 그래서 그의 이야깃거리는 거의 항상 깊은 우울증을 드러낸다. 여기서 **삶의 환멸**(désenchantement de la vie)이 그의 정점을 이룬다. 르네는 낭만주의자이고 플로베르는 은밀한 감상주의자이며, 졸라는 병리학적인 사회윤리학자이지만 모파상은 금수 같은 엉터리 인간을 두고 귀청 떨어지게 웃는 사탄의 웃음소리와 다름없다.

자신의 가장 아름다운 단편소설 가운데 하나인 『쓸모없는 미인(L'inutile beauté)』에서 모파상은 막간극을 이용해서 주인공 로저 드 살린(Roger de Salins)으로 하여금 한 친구와 철학적 대화를 나누게 한다. 무엇보다 여기서 그는 이렇게 말한다. "자네, 내가 신을 어떻게 생각하고 있는지 알고 있지? 그는 거대한 물고기가 바다에서 산란하듯이 우주에 수백만의 생물의 씨앗을 뿌리는 거대한 창조적 에너지로 존재한다네. 그가 창조하는 까닭은 신으로서의 자신의 사명 때문이지. 그런데 그는 자신이 무엇을 하고 있는지 모르며, 흩뿌려놓은 이 모든 씨앗이 무엇으로 이루어져 있는지 예감하지도 못하네. 인간의 사상은 우연의 하잘것없는 장난이며, 예감할 수 없는 지엽적이고 일시적인 하나의 사건에 불과하네. 그것은 꼭 새로운 화학적 혼합이나 연결을 통한 전기의 생성만큼이나 예감되지 않는 것이지. 우리가 현재 그렇듯이 세계는 존재를 위해서 창조된 것이 아니라는 사실을 깨달으려면 잠시 한순간만 생각하면 충분하다네." 여기서 우리는 몇 마디 듣지 않고도 사람들이 제대로 알지 못하는 철학, 즉 모파상의 예술의 출발점 혹은 결과를 구성하는 철학이 무엇인지 알게 된 셈이다. 그것은 일종의 망상의 철학이자 체념의 철학이다. 신은 거대한 청어이고 우리는 무한한 대양에 떠 있는 미꾸리 유충들이라니! 이제야 우리는 이 작가가 짐짓 그토록 차갑고 명쾌한 객관성에도 불구하고 바로 그 때문에 어느 날 자기 시각의 희생양이 될 수밖에 없었다는 점, 그리고 결국 자신의 인물들이 그 자신보다 키가 훨씬 더 커서 습기를 잔뜩 물고 있는 먹구름이 그렇듯 그의 감각을 어둡게 덮었다는 점을 이해할 수 있게 된 셈이다.

당시 독일의 회화는 인상주의에 이르기까지 극히 몇 안 되는 작품에서만 선두에 서 있었고, 가상의 자연주의라 할지라도 대개는 자연주의에 머물고 있었다는 점에 한해서 독일 문학과 완전히 쌍을 이룬다고 말할 수 있다. 결정적인 사건은 1893년에 발족한 뮌헨 분리파(Münchener Sezession)의 창립이다. 여기에 이어 10년 사이에 유사한 단체가 드레스덴과 빈과 뒤셀도르프, 그리고 베를린에서 생겨났다. 그 초대 회장은 초라한 목공소의 성가정(聖家庭)을 그림에 담았고, 사도들을 순박한 어부와 수공업자의 모습으로, 구세주를 오늘날의 농부와 어린이와 공장 노동자 한가운데 서 있는 모습으로 그린 프리츠 폰 우데였다. 격분한 보수주의자들은 이탈리아와 플랑드르의

분리파

위대한 화가들도 달리 그리지 않았다는 사실을 망각한 것은 물론이고, 바로 교묘한 현대화를 빌어 모든 이의 영혼 속에서 다시 태어나듯 빛을 보게 되는 복음의 영원성과 편재성 및 초시간성이 마침내 시각화하고 있다는 점도 망각했다. 라이블도 현대작가로서 환영과 혹평을 동시에 받았지만 그는 어디까지나 어느 시대에나 있기 마련인 단순한 리얼리스트였을 뿐 나이가 500살 더 많은 얀 반에이크[171]만큼의 리얼리스트도 되지 못했다. 그의 그림은 둔탁하면서 구체적이며, 고상한 단순성과 수작업의 능숙함이 배어있다. 그는 페터 피셔[172]와 한스 작스가 그랬던 것처럼 옛 의미에서 대가이다. 그는 자신이 본 것 이외 다른 것을 그리지 않았으며, 그리고 본 것뿐만 아니라 가장 충실하게 관찰하여 자기 자신의 일부로 삼은 것도 그렸다. 그의 예술관의 특색은 그가 로엔그린(Lohengrin)을 관람하러 가서는 1막이 끝났을 때 "날 말리지 마, 저 기사양반 정말 못 봐주겠어!(Laßt' mi aus, i kann koan Ritter sehn!)"라고 외친 점과 한번은 어떤 화가에 대해 분개하면서 "내가 보기엔 그 친구 유약을 발랐구먼!"이라고 말한 데서 드러난다.

막스 리버만은 요제프 이스라엘스[173]에 관한 자신의 소책자에서 이렇게 말한다. "예술이 자연주의적이고자 하면 할수록 그 수단에서는 그만큼 덜 자연주의적이어야 할 것이다. 발렌슈타인 역을 맡은 연기자가 - 마이닝겐 극단 배우들처럼 - 진짜 그 시대에서 가져온

---

[171] Jan van Eyck(1395~1441): 플랑드르의 화가. 주로 초상화와 종교적 주제를 많이 다룸.
[172] Peter Vischer(1455~1529): 독일의 조각가.
[173] Jozef Israels(1824~1911): 네덜란드의 화가·판화가. 주로 유대와 네덜란드의 역사를 소재로 창작활동을 함.

기사의 윗옷에 승마장화를 신고 등장하면 그만큼 진짜라는 인상을 덜 풍기게 된다. 배우는 우리가 실로 그가 진짜 기사의 윗옷을 입고 승마장화를 신었구나 하고 믿을 정도로만 연기를 하면 충분하다. 이스라엘스는 우리의 풍속화가들보다 더 자연주의적인 방식으로 창작활동을 하고 있다. 이는 그가 그들보다 더 자연주의적인 방식으로 그리고 있어서가 아니라 바로 덜 자연주의적이기 때문에 더 자연주의적인 것이다." 리버만 자신도 정통적 이해 방식에서 보면 자연주의자가 아니다. 오히려 그는 다음과 같은 자신의 주장을 늘 고수했다. "그린다는 것은 생략하는 기술이다." 그는 라이블처럼 바로 정반대의 측면에서 자연을 취한다. 그의 풍경은 친숙하고 명료하다. 이는 예민한 대도시 시민의 동경에서만 태어날 수 있다. 리버만의 예술은 고풍스러운 베를린 출신의 폰타네와 같은 특성을 지니고 있다. 그의 예술은 따사롭지만 비감상적이고, 예민하지만 간결하며, 열정은 없지만 안목은 풍부하다. 그래서 초상화에는 보이지 않는 유머가 넘친다. 프롤레타리아트를 두고 그는 영웅적인 형태로 묘사하지도 않고 동정을 유발하는 투로도 그리지 않는다. 그저 한 편의 작품으로 그려놓은 삶으로서 내놓을 뿐이다.

뵈클린의 명성은 독일 청중의 굼뜬 반응 덕분에 (그는 필로티를 빛내는데 기여했을 듯하므로) 아주 늦어서야 빛을 발했지만, 지금은 그 빛도 벌써 다시 바래지고만 형국이다. 뵈클린을 로마 연구에서 독일 전문가 가운데 마지막 인물로 규정해도 될 법하다. 그도 그럴 것이 그는 이들이 예부터 추구한 모든 것, 이를테면 고대 양식을 모방하는 빙켈만의 알레고리즘, 게르만풍으로 엮어내는 나자렛파의 낭만주의, 코르네유 문파의 의고전주의적 구성, 포이어바흐의 사유 색채론(Gedankenkoloristik) 등, 말하자면 멩스[174]에서 마레[175]에까

뵈클린

지 이르는 발전 전체를 요약하고 있기 때문이다. 그는 종종 화려하게 그리긴 하지만 자신의 색채문학에 덤으로 메타포와 일화를 끼워 넣는 데 별로 어려움을 겪지 않는다. 그런데 일화는 아주 생생하며, 메타포는 아주 구체적이다. 그는 자연감각도 겸비했을뿐더러 문학적 감정도 곁들이고 있었다. 이는 물의 요정과 숲의 정령들이 그야말로 순수 동화의 정서에 근거하고 있어서 그 탄생을 자명한 것으로 받아들이는 데 아무런 문제도 없는 슈빈트[176]와는 정반대가 되는 것이다. 그의 형상들이 슈빈트의 창작 형상들과 갖는 관계는, 대형 오페라와 민요의 관계이자 거창한 작품과 아이들의 동화와 갖는 관계의 꼴이다. 그리스 사람들도 신들을 그리고 또 조각했지만, 숲의 요정 님프와 바다의 요정 네레우스, 나무의 요정 드라이어드와 바다의 신 트리톤, 외눈박이 퀴클롭스와 반인반마(半人半馬)의 켄타우루스 등의 존재를 **믿었다**. 이는 **정령들을 직관**(Geister anzuschauen)하는 그들의 신기한 재주 덕분이다. 그들에게 강은 강의 신과 **동일하며**(identisch) 우물은 우물의 여신과 **동일하다**. 그래서 포세이돈은 바다의 관념인 동시에 바다 자체이며 오케아노스는 '하나의 신'이자 '대양'이다. 이런 표상 방식은 우리로선 반복 불가능한 일이며, 따라서 그같은 재구성의 모색은 그저 형성하는 놀이이고 아틀리에의 예술적 장난이며, 흡사 마이닝겐 극단과 바그너의 게르만 신화학이 선보인 것과 같은 고고학적인 무대설치의 기예일 뿐이다. 90년대 '상징주의자'로 지목된 뵈클린은 그 시대 가장 강력한 세력의 하나인 포말

---

[174] Raphael Mengs(1728~1779): 독일 태생의 이탈리아 화가. 고전주의에서 출발하여 신고전주의를 개척함.

[175] Hans von Marées(1837~1887): 독일의 화가.

[176] Moritz von Schwind(1804~1871): 오스트리아 태생의 독일 화가.

회사 범람시대에 속했다.

오스트리아의 토양에서는 아예 자연주의가 존재하지 않았다. 헤르만 바르[177]는 자연주의를 극복한 최초의 인물 중 한 사람으로 알려져 있다. 아르투르 슈니츨러[178]는 풍속극(Sittenstück)을 프랑스인들이 도달하지 못한 인간적 · 예술적 수준으로 끌어올렸다. 그의 주요 등장인물들은 더 이상 한두 명으로 구성되는 것이 아니라 부단히 변화를 보이며 상호 운동하면서도 언제나 합법칙적이게 균형 잡힌 모습을 취하는 사람들로 형성된 사회적 집단 전체로 구성된다. 꼭 천태만상의 풍경을 보는 듯하다. 이와 밀접히 관계된 일로써, 그는 인간 잠재의식의 어두운 비밀의 방 아래까지 깊숙이 내려가서는, 과학적 해명이라면 지그문트 프로이트[179]의 이름과 맞닿는 바로 그 의미심장하지만 모순투성이인 교착상태 · 회귀관계 · 대극상태 등을 탐문하는 용기와 힘을 겸비하고 있었다. 그는 심리분석을 이제 막 이론적 싹을 보이고 있던 바로 그런 시절에 벌써 연극의 주제로 삼았다. 그리고 그는 자신의 소설과 연극작품으로 세기말(Fin de siècle)의 빈을 포획하여 후세대들에게 물려줬다. 그의 작품들은 일회적인 문화를 담고 있는 그 도시의 전모를, 그리고 이 문화로 영양을 공급받으면서 특정한 시점에 성숙하기도 하고 난숙하기도 하면서 발전하는 인간의 모습을 담고 있는 그런 도시의 전모를 아련한 불빛에 은은한 종소리로 들려준다. 이로써 그는 네스트로이가 3월 혁명 이전의 빈을 위해 한 것과 유사한 일을 한 셈이다.

---

[177] Hermann Bahr(1863~1934): 오스트리아의 극작가이자 소설가.

[178] Arthur Schnitzler(1862~1931): 오스트리아의 극작가이자 소설가.

[179] Sigmund Freud(1856~1939): 오스트리아의 정신과 의사. 정신분석학파의 창시자.

1900년경 빈의 심리상태를 두고서 비록 완전히 다른 수단을 통해서이긴 하지만 그와 유사한 지형학을 그려낸 이는 페터 알텐베르크였다. 그는 처음부터 끝까지 일관성을 보인 유일한 인상주의자로서 독일 문학 안에서 중요한 의미를 지닌다. 그가 스케치해놓은 것을 접한 독자면, 나중에 공개 강의를 하더라도 지금은 강당 구석에 웅크리고 앉아 긴장한 채로 연설자의 말을 귀담아들으려는 사람의 자세를 당장 취할 것이다. 처음부터 들리는 소리는 맥락이 잡히지 않는 모호한 단어와 문장들이다. 공간의 울림과 화자의 발성기관에 겨우 적응해서 결국 개개의 파편들에서 어떤 의미를 조합할 수 있을 때까지는 그렇게 들릴 수밖에 없다. 무엇보다 많은 사람은, 맥락 없이 작용하는 것이 그렇고 그런 수많은 연결고리를 훌쩍 뛰어넘는 사유의 유별난 간결성과 신속성일 뿐이어서 혼동을 야기할 수밖에 없는 그런 첫인상을 넘어서려고 애쓰질 않는다. 그것은 초특급 열차와 자동차, 그리고 활동사진의 시대에 부합하는 '전보 양식'인 셈이다. 알텐베르크의 특징은 간결체에 대한 그의 집요함이다. 이를테면 그 대표적인 작품으로는 『5분 장면(Die Fünfminutenszenen)』을 꼽을 수 있다. 물론 실제 작품은 5분 안에 끝나는 것이 아니라 기껏 2~3분이면 끝난다. 그것은 하나의 극적 계기만을 설정하고는 나머지는 독자에게 맡긴다. 어떤 위험한 정신의 상황, 말하자면 문제적인 교착상태에 일순간 빛을 조명하고는 막이 내려진다.

알텐베르크가 마음이 비장해졌을 때는 완전히 새로운 색조를 띤다. 그의 파토스가 이전 작가들과 맺는 관계는 압연공장이나 스크루 증기선이 내는 소음이 트롬본 취주와 비교되는 것과 같다. 그밖에도 그는 언어를 자기 앞에서는 다른 누구도 다룰 수 없는 양 취급했다. 그의 스케치에서 만나게 되는 수많은 구절은 전시용 카탈로그나 요리책, 혹은 패션 잡지에서나 볼 법한 것들이다. 간혹 그는 신문 광고 양식으로까지 내려가기도 한다. 그러나 가령 도시와 농촌의 여름을 그린 그의 소묘처럼 점묘화법으로 표현한 세밀한 묘사들, 이를테면 『진짜 작은 물건들(*Newsky Roussotine-Truppe*)』이라는 사생문(寫生文)의 서문에서 볼 수 있는 묘사들은 그때까지만 해도 아직 누구도 구상하지 못했던 일이다.

"수도에서 여름 저녁을 보낸다는 것은 참으로 불행한 일이다. 얼마나 멸시당하는 꼴인지! 얼마나 무시당하는 꼴인지! 예컨대 내가 하는 꼴이란 게 저녁에 공원 산책로를 따라 걷는 일 아닌가! 나나 지나가는 행인들이 인생의 시험에서 낙방한 꼴 같고-, 성적이 우수한 학생들은 대가로 방학을 즐길 자격을 받은 모양새다. 우리한텐 그저 꿈같은 이야기다.

아, 나무말뚝에 달라붙었던 바다의 거품! 아, 고독에 잠긴 작은 호수! 아, 성긴 초원과 갈색 늪지의 개망초로 둘러싸인 개활지! 여기서는 모든 가정교사가 이렇게 말한다. '여기는 저녁마다 사슴들이 물을 마시러 온다.' 아, 검은 하늘소와 자그마한 금빛 딱정벌레, 바글대는 꽃무두와 밝은 갈색의 벌새를 거느린 서양말오줌나무! 큰 돌 위로 쏴아 거리며 빠르게 흐르는 개울물! 그런데 서양말오줌나무가 곤충들의 세계를 먹여 살리는 것 아닌가! 아, 수온 22도의 수원지를 둔 넓은 저수지! 그 위엔 보리수 꽃이 떠다닌다. 그도 그럴 것이 온천장으로 가는 가로수는 온통 보리수이기 때문이다. 그래서 사방이 온통 보리수 꽃이다! 하얀 돛에 에나멜 칠을 한 요트에서의 놀이. 부인들은 황갈색 선탠을 한다. 하나같이 날씬하다. 요트 경기에서 누가 승리할까?! 리자, 개울을 건너게 손을 줘! 정오에는 전함의 무게나 되는 만 톤의 태양열이 내리쮜다. 오후에는 살구와 버찌에 구스베리 열매. 저녁에는 냉장 보관한 기센(Gießen)산 포도주. 밤엔-백조들이 주둥이를 벌렸다 닫았다하는 소리를 너는 듣고 있지?! 그리고 다시 벌렸다 닫았다하는 소리가 들리지?! 그리곤 더 이상 아무 소리도 들리지 않는다. –

그런데 우린 수도에서 공원길을 걷는다. 저녁 8시에. 길가엔 영세한 상점이 즐비하다. 어린 청어 옆에 복숭아. 바구니 세공물. 해수욕 모자. 까만 무. 자전거가 사방에서 반짝인다. 마치 바람이 향수공장에서 풍기는 제비꽃 향유 향기처럼 감자 샐러드 향과 함께 화강암 포석들 사이를 때운 타르 냄새를 동시에 실어 나르는 듯하다. 기진맥진한 사람들의 물결! 여름밤 개똥벌레의 야망이 실린 아크등 빛이 일을 더 잘 되게 해주진 않는다. 불빛에 덴 여름의 참상! 불은 어둠에 맡기자, 제발 침묵하고 있는 그늘에! 그런데 아크등 빛이 소리친다. '그래, 꼴좋다!' 그리고는 생활의 모든 것에 쉭쉭거리며 파고들어 하얀빛으로 마음껏 지껄인다!"

페터 알텐베르크는 데카당의 전형으로 통한다. 그러나 그의 페미니즘은 약체가 아니라 강체이다. 말하자면 모든 것을 여성의 정신적 활동의 입장에서 살펴볼 정도로 지금까지 누구도 도달한 적이 없는 강화된 힘을 발휘한 것이다. 이전의 모든 작가는 여성에 대해서 다소 호의적인 해석자의 입장을 취했다면 알텐베르크는 가장 완벽한 방식으로 여성의 일을 그 자신의 일로 경험했다. 그가 여성을 묘사할 때는 낯선 영혼으로써가 아니라 바로 자기 자신의 영혼으로서 읽었다. 여성들은 불치의 몽상가들이자 이상주의자들이며, 마법에 걸린 동화 속 공주들처럼 하루 종일 돌아다니는, 인생에 크게 실망한 사람들이다. 그들 자신의 불완전성 때문에, 남성들의 불완전성 때문에, 그리고 온 세상의 불완전성 때문에 우울증에 사로잡힌 자들이다. 끝도 없는 극도의 긴장과 히스테리를 담고 있지만, 근본적으로는 삶에 무기력한 그들의 이상주의로나마 그들이 애타게 바라는 것은 남자들이 그들을 완전히 이상적으로 대접해주는 것, 그들을 눈에 보이는 현재의 모습만으로 바라보지 않는 것, 그리고 남자들이 낭만주의자가 되는 것뿐이다. 이 같은 낭만주의자가 페터 알텐베르크였다. 그는 어디서든 바다의 요정 멜루시네(Melusine)나 장미공주(Dornröschen)와 같은 '인생의 동화'를 읽어냈다. 소박한 모든 달구지 국화가 그에겐 낭만주의의 푸른 꽃이었던 셈이다.

이탈리아에서는 자연주의를 **베리스모**(verismo)라고 부른다. 그 창 베리스모
시자는 『시칠리아의 짧은 이야기(Novelle rusticane)』로 새로운 문학의 시대를 열었던 조반니 베르가[180]이다. 그 이야기 중 하나로서 작가가 연극화한 작품 『시칠리아 농부의 명예(Die siziliannische Bauernehre)』는 마스카니[181]가 곡을 붙임으로써, 아마 이탈리아에서만 목격할 수 있을 광경인 소용돌이치는 흥분의 도가니로 극장을 생동감 있게 들끓게 한 점에서는 2년 뒤에 나온 레온카발로[182]의 「팔리아치(Pagliacci)」에 버금가는 세계적인 성공을 거두었다. 이런 평행현상은 당시 유럽 내륙을 향해 개선행진한 두 명의 천재적인 연극의 대가, 즉 노벨리[183]와 차코니[184]를 만들어냈다. 특히 노벨리는 정점에 섰을 때 미터부르처와 맞먹을 정도의 큰 힘을 발휘했다. 그는 무대 변장술이 대단히 뛰어난 배우 중의 한 사람이었지만, 늘 악마적인 배역만 담당했다.

---

[180] Giovanni Verga(1840~1922): 이탈리아의 소설가이자 극작가. 이탈리아 베리스모 운동의 대표적인 작가로 통함.
[181] P. Mascagni(1863~1945): 이탈리아의 오페라 작곡가.
[182] R. Leoncavallo(1858~1919): 이탈리아의 오페라 작곡가.
[183] E. Novelli(1851~1919): 이탈리아의 배우이자 극작가.
[184] E. Zacconi(1857~1948): 이탈리아의 연극배우이자 영화배우.

파리에서 자연주의의 중심을 이룬 것은 **핑크 코미디**(*comédie rose*)를 **심술 코미디**(*comédie rosse*)로 대체한 앙드레 앙투안[185]의 '자유극장 (Théâtre libre)'이었다. 런던에서는 윌리엄 아처[186]가 사르두와 그의 영국 침투에 맞서 싸웠다. 1891년 그레인[187]이 『유령』으로 개막식을 알린 '독립극장(Independent Théâtre)'을 창립했다. 같은 해에 쇼의 『입센 주의의 정수(*Quintessence of Ibsenism*)』가 출간되었다. 와일드의 살롱연극 작품들도 겉으로 보면 사르두를 겨냥한 듯하지만 사실은 은밀한 패러디인 셈이다. 그는 작품을 통해 후세대에게 개인적으로 친숙한 인물처럼 환대받는 몇 안 되는 세계문학 작가 부류에 포함되는 (근대의 작가 중 이 그룹에 속한 작가로는 볼테르 · 하이네 · 비스마르크 · 쇼펜하우어를 꼽을 수 있는데) 동시에 그의 전기는 일찍이 삶이 작품으로 엮어낸 가장 감동적인 비극 가운데 하나에 해당한다. 그는 "보어인 가족들을 보호한다"는 명분으로 살벌한 정치범수용소를 설립하고, 아이들을 "탈선에서 지킨다"라는 명분으로 여덟 살배기 아이들의 노동의무를 인정한 그 영국식 캔트 정신의 말도 안 되는 희생자 가운데 한 사람으로서 쓰러졌다. 영국이 와일드를 상대로 한 소송에서 패소했더라도 인도는 영국 국민에게 가치 있는 것으로 통했을 것이다. 그러나 이 비극이 가장 비애적인 감동을 주는 것은 그 자신이 이런 비극을 원했다는 점이다. 그는 도주할 기회를 꼭 소크라테스처럼 물리쳤다.(만일 그러지 않았다면 그는 소크라테스와 별로 닮은 데가 없고 오히려 그의 상대역을 맡은 알키비아데스를 닮는 꼴이 되었을 것이다.) 그의 이런 파국은 향락주의적인

---

[185] André Antoine(1858~1943): 프랑스의 배우이자 극장 매니저.
[186] William Archer(1856~1924): 영국의 극작가이자 비평가.
[187] J. Th. Grein(1862~1935): 네덜란드 출신 영국 연극인.

회의의 근대정신이 이끈 자기 고행과 예술가의 비도덕성이 빚어낸 셈이다.

확실히 오스카 와일드만큼 추한 것을 깊이 열정적으로, 심하게 이야기하면 병적으로 혐오한 작가는 별로 없다. 품위 있는 사람의 삶을 에워싸고 있는 수천 배 소중하고, 유용성과는 거리가 먼 섬세한 것들에 대한 그의 사랑은 특별하다. 그는 그것들을 기술하는 것만으로는 만족하지 않는다. 그러나 그는 시인이었으며, 시인이란 아름다운 대상들에 대한 서술자 그 이상을 의미한다. 그도 분명 악습을 사랑했다. 그러나 예술가로서 사랑한 것이다. 이 예술가는 늘 마술적인 힘에 이끌려 삶의 탈선과 어두운 열정에 얽혀든다. 인간의 후안무치함의 가공할만한 창고가 바로 셰익스피어의 드라마나 단테의 신곡이 아니던가! 이 예술가는 이런 일들을 찾아다닌다. 그도 그럴 것이 거기에 배울만한 복잡하게 얽힌 사연이 있고, 심오한 비밀이 있으며, 건축가에게 돌이 필요하듯이 그가 필요로 하는 흥미로운 움직임이 있다는 사실을 알고 있었기 때문이다. 그러나 동시에 이 예술가는 가장 도덕적인 사람이다. 왜냐하면 그는 모든 사람과 모든 사물에 대해 완전히 공감하고, 그가 동경하는 것은 한 단계 높은 인류의 발전이기 때문이다. 와일드의 모습은 바로 이렇다. 원죄와 사랑에 빠지며, 마음으로는 오직 성스러운 것만을 구하면서도 쾌락에 쾌락을 좇으며 자기 목표에서는 모든 것을 완전히 단념한 고행이 자리 잡고 있다.

이 모든 것을 그는 마음을 다해 『도리언 그레이의 초상(*Das Bild des Dorian Gray*)』에서 기술했다. 이 책은 다루는 초상만큼이나 하나의 역사를 지니고 있다. 이 책의 변천 과정은 모순된 과정이다. 처음 출간되었을 때 이 책은 반감을 주는 흉측한 인상을 한 것으로 세상에 비쳤지만, 오늘 우리 앞에 그것은 흠 하나 없는 아름다운 모양으로 서 있다. 이처럼 기묘한 환각을 일으키는 이 작품이 출현했을 때 사람들은 그것을 두고 질 낮게 생각하는 방탕한 한 인간의 작품으로 생각했으며, 그것은 악마에 합당한 복음서로 비쳤다. 오늘날 우리는 그것이 순결의 복음서이자 선을 애타게 동경함으로써 혈색이 도는 철저한 도덕서이고, 삶에 대해 아무것도 모르면서 사순절에 행하는 수백 가지 설교보다 훨씬 더 예리하게 악습을 몸으로 느끼게 하는 도덕책이라는 사실을 알고 있다.

쇼의 반어　와일드의 동향인이자 그와 동시대를 살았던 쇼도 오랫동안 오해되어 왔으며, 오늘날까지도 그렇기는 여전한 듯하다. 『캔디다(Candida)』는 마치뱅크스(Marchbanks)가 퇴장하고 부부가 서로 껴안는 장면으로 막을 내린다. 그런데 쇼는 여기에 이렇게 덧붙인다. "작가의 마음속에 있는 비밀을 그들은 알지 못한다." 아마 많은 청중이 작가 쇼와 갖는 관계는 모렐(Morell)의 가족이 시인 마치뱅크스와 맺고 있는 관계와 아주 흡사할 법하다. 아마 쇼도 노심초사 감추고 싶었던 비밀을 갖고 있었을지 모른다. 그는 겉보기와는 다른 사람이기도 했다. 막이 내릴 때면 그는 자신만이 아는 진실을 마음에 담고 조용히 그 자리를 떠났다.

작가란 신문에 오르내리는 그 시작 때부터 늘 불리한 입장에 있기 마련이다. 사람들이 쇼에게 꼬리표처럼 붙인 것은 그가 반어작가(Ironiker)라는 것, 그리고 자신의 모든 연극작품을 숨은그림찾기 놀이처럼 다루곤 한다는 것이었다. 이 놀이 가운데는 이런 질문도 있는 모양이다. 반어는 어디에 숨어있지? 그러나 아무튼 그럼에도 쇼 문학의 기본 특색 가운데 하나가 반어라는 것은 맞는 말이다. 다만 그의 반어는 단순한 것이 아니라 하나의 복잡한 현상이다. 그의 반어는 적어도 세 가지에 뿌리를 내리고 있다.

　그 한 뿌리는 시문학에 대한 쇼의 내면적 경멸이다. 극작가는 대중연설가이고, 소설가는 낯선 사람들을 찾아다니는 밀정이며, 서정시인은 노출증 환자라는 것이다. 이런 활동이 쇼에게 수치심을 불러일으킨 모양이다. 그는 함순식 '미스터리'의 주인공 요한 나겔(Johann Nagel)의 관점을 따른다. "위대한 작가가 어떤 사람인지 아십니까? 위대한 작가란 부끄럼도 모르고 자기 자신의 허풍장사에 대해 얼굴 하나 붉히지 않는 그런 사람입니다. 그 외 바보들은 자기 자신만이 아는 일로도 낯부끄러워 얼굴을 붉히는 그런 시선을 가지고 있죠. 그러나 그들은 위대한 작가가 아니랍니다." 그리고 그는 '세계의 일곱 가지 기적 가운데 최초의 기적'에 해당하는 알렉산드리아 도서관이 불타고 있다는 아연실색할 소식을 접하고서도 어린 파라오 프톨레마이오스의 박식한 스승 테오도투스에게 조용히 응수하는 케사르의 견해에 공감한다. "테오도투스, 나 자신이 한 사람의 작가라네. 내 자네에게 말하지만, 이집트인들이 그들의 책의 도움을 빌려 공상에 잠기기보다 자신들의 삶을 살았더라면 더 나았을 것이라네. (…) 저기서 불타고 있는 것은 인간의 사념이고, 그 사념은 부끄러운 것이니 그냥 타게 내버려 두게. (…) 착각해서 휘갈겨 쓴 글이 새겨진 몇 장의 양 모피가 탈 뿐이라네."

　두 번째 뿌리는 쇼의 자연주의다. 위대성이란 수많은 특징 가운데 오직 하나의 특징에 불과할 뿐이다. 내가 나폴레옹이나 비스마르크를 **모든**(all) 측면에서 보여줄 때 반어적인 묘사를 동원하는 것은 필연적일 수밖에 없다. 자칭 자연주의적이라고 부르는 일반적 권리를 가졌을 법한 예술적 경향은 괴테에 그 출발점을 두고 있지만, 최초로 거기에 합당한 구체적인 인물은 클라이스트에게서 (예컨대

『홈부르크의 왕자』에서) 취하고 있다. 이 드라마에서 남녀 주인공의 배역 성격 탓에 왕자라는 단 하나의 위대성(Nurgröße)은 이미 분쇄되고 만다. 입센이라면 **오직**(bloß) 비극적으로만 전개되는 드라마는 올바른 비극으로 간주하지도 않았을 것이다. 이런 사정은 스트린드베리의 경우도 마찬가지고 마테를링크의 경우에서까지도 마찬가지다. 이는 예컨대 『말렌 공주』에서 확인된다. 이 작품에서 늙은 왕은 살인과 공포에 휩싸인 하룻밤을 보내고서 이렇게 말한다. "샐러드라도 조금 먹었으면 하네." 샐러드는 거대한 비극적 충격 못지않게 바로 정확히 인간생활에 필요한 온전한 이미지가 되는 셈이다.

그런데 이 모든 것에 비추어 사람들은 지금도 그렇지만 반어가 쇼에게 자체 목적을 의미하는 것이 아닌가 하고 늘 생각해온 것 같다. 그러나 그에게 반어는 하나의 수단일 뿐이다. 그것도 교육의 수단으로서 말이다. 사람들은 그를 오직 익살꾼으로만 생각한다. 그도 그럴 것이 그는 그의 대부분의 선배보다 훨씬 더 유쾌하고 더 영민한 교육자이기 때문이다. 그의 선배들은 장면들을 손쉽게 법정으로 만들어버렸으며, 한순간도 자신들이 원하는 것과 자신들이 어떤 사명감을 느끼는지 감추려 하지 않았다. 그러나 쇼는 자신이 알고 있는 진리를 간접적으로 가르친다. 그는 자신의 인물들을 그것의 물부리와 설교자로 앉히는 방식으로 해서 그 진리를 쉽게 내뱉지 않고 자신이 가르치고자 하는 이상을 복선적인 운명과 삶의 방향전환에 초점을 두어 드러나게 한다. 이때 그는 목격하게 될 사건들에서 특정한 공식과 법칙을 추상화해내는 일은 관객에게 맡긴다.

거의 언제나 인간은 자연이 자신에게 정해놓은 자리와는 다른 어떤 위치에 서고자 한다. 자신의 자리를 지키지 않고 늘 이웃을 염탐한다. 그러나 모든 인간은 자연의 법칙에 순응할 때도 귀중한 법이다. 오직 법칙에만 부여된 어떤 은총과 힘은 초라한 인간 누구에게라도 작동하기 마련이다. 바로 이러한 것이 인간이 자신의 생명을 유지하는 실존의 덕을 누릴 수 있게 하는 것이다. 이것이 없었다면 인간은 단 한 번 존재하는 일회적 사건으로서의 개인이 되지 못했을 터이다. 그러나 인간은 이처럼 독특한 자신의 능력이나마 깨닫기에는 대개 자기 자신에 대해 너무 정직하지 못하고, 자기 자신에 대해 너무 사랑하지 않는 형편이다. 동시에 악마가 인간이 신에게서 받은 이런 재능을 인간이 깨어있지 않은 시간에 이용하여 인간에게 일종의 해독제, 요컨대 결코 원하지 않는 그런 불행한 습성을 제공한 모양이다. 이런 특수한 정신적 질병은 기본적으로 이미 아담과 이브가 걸렸던 것이다. 파라다이스보다 더 아름다운 것이 있을까? 그런데 아담과 이브에게는 단 한 번의 실수가 있었다. 요컨대 그것이 그들의 운명이었다. 그런데 인간은 자신에게 운명으로 정해지지 **않은**(nicht) 오직 그것만을 파라다이스로 여기는 모양이다. 그래서 최초의 인간들은 신의 계율에 순종하지 않을 때 완전히 논리적으로 일관되게 행동하는 것으로 이해했던 모양이다. 물론 그것은 악마가 고안한 논리에 따른 것일 뿐이다.

이제 쇼는 대부분의 사람이 자신의 본질이 폭로되는 운명의 시간이 올 때까지 평생 다른 사람들 앞에서뿐만 아니라 자기 자신 앞에서도 낯선 마스크를 쓰고 다닌다는 점을 보여준다. 그래서 쇼의 대부분 작품에는 사건의 국면이 180도로 바뀌는 급전의 상황이 있다. 예컨대 우리는 이와 관련된 인물로 『악마의 제자(Der Teufelsschüler)』에서 주위의 모든 사람이 냉소적인 모험가, 무례하기 짝이 없는 거친 친구로 여길뿐더러 그 자신도 그렇게 생각하는 리처드 더전(Richard Dudgeon)을 목격하게 된다. 그 외에도 온 세상을 다 사랑하며, 그 대가로 또 온 세상 사람들에게서 사랑을 받는 부드럽고 선량한 목사 안토니 앤더슨(Antony Anderson)을 만나기도 한다. 그러나 생사가 갈리는 어떤 계기가 발생하자 갑자기 역할이 완전히 바뀐다. 앤더슨 목사의 가운은 한갓 주름 잡힌 장막일 뿐이고, 리처드의 악마 같이 찡그린 얼굴은 한갓 화장발일 뿐이다. 『캔디다』에서도 상황은 마찬가지다. 여기에는 응석받이로 자라 자기 확신에 붙잡힌 운명의 총아로서 부인들에게 총애를 받는 목사 모렐, 그리고 가련하게 버림받아 다시는 사랑을 받지 못하는 시인 마치뱅크스가 등장한다. 여기서도 캔디다가 선택을 해야만 하는 중대한 결정적 순간이 다가온다. 그녀는 진정 여성적인 결정을 하기에 이른다. 말하자면 약자를 선택한 것이다. 그런데 이 약자는 겉으로만 강자로 보인 모렐이다. 그도 그럴 것이 그는 캔디다 없이는 하루도 못 견딜 만큼 부단히 응석을 부리기 때문이다. 반면에 세상물정 모르고 고향 없이 지내는 그 시인은 인생의 진정한 왕이다. 그는 아무것도 누구도 필요치 않다. 왜냐하면 그 자신이 전부이기 때문이다. 이런 식으로 해서 그는 작별을 고했다. 겉으로는 체념한 듯하지만 사실은 승리자인 셈이다. 내가 쇼를 제대로 이해하고 있다면 여기에 그가 출발점으로 삼고 있지만 모렐 부부가 전혀 눈치를 채지 못한 비밀이 있다고 생각한다. 그런데 괴테의 자전적 논평에 뒨처(Düntzer)는 바로 이 같은 비밀에서 괴테가 헤매고 있다는 유명한 각주를 달았지만, 나는 다음과 같이 말함으로써 내가 분명 뒨처만큼 세련된 바보가 아님을 증명해 보였다고 말하고 싶다. 오히려 쇼가 헤매고 있다. 캔디다가 그 비밀을 알아버렸기 때문이다.

유사한 방식으로 『영웅(Der Held)』에서 세르비아계의 소령 세르기우스 사라노프(Sergius Saranoff)도 고상한 영웅 귀공자의 전형으로 등장한다. 이에 비하면 판에 박힌 무미건조한 블룬트쉬리(Bluntschli) 대위는 초라하기 그지없다. 그러나 실제로는 완전히 정반대다. 블룬트쉬리가 영웅이고, 세르기우스는 영웅 복장을 하고 있는 겉모습만 영웅일 따름이다. 말하자면 영웅이란 어떤 조건에서든 아무것도 두려워하지 않는 그런 인간이 아니다. 그런 인간은 한갓 백치에 지나지 않는다. 오히려 영웅은 사태를 용감하고도 명확하게 파악하고 예리한 눈으로 성실하게 따지는 사람이다. 바로 이런 맥락에서 쇼는 『시저와 클레오파트라(Cäsar und Cleopatra)』에서도 천재의 본질에 관한 자신의 관점을 남겼다. 위대한 시저는 누구보다도 더 단순한 사람이다. 그의 위대성의 비밀은 그의 자연성에 있다. 그것은 곧 고유한 유기체의 법칙에 조응하는 일이다. 그는 삶의 개개 상황에서 놀랍고도 예외적인 것을 실현하는 그런 사람이 아니라 오히려 그 반대이다. 말하자면 모든 상황에서 자명한 것과 적절한 것을 행하는 사람일 뿐이다. 모두가 이렇듯 시저처럼 살고 행동한다면 세상은 온통 천재로 우글거릴 것이다. 사람들 사이의 서열 차이를 규정하는 것은 그들 자연성의 수준과 관련 있다. 위선을 떨지 않는 사람들이 늘 위대한 사람들이다. 시저는 거창한 일을 도모함으로써가 아니라 자기 차원의 적절한 비율 조정을 통해서 자신의 탁월한 면모를 드러낸다. 그리고 쇼는 여기서만큼 반어를 문학적으로 잘 구현한 적이 없었다. 이 반어는 세계를 꿰뚫어보는 천재의 반어이다.

쇼는 거짓을 지옥의 웅덩이 아래로 요란하게 집어던지는 것이 아니라 모든 거짓이 얼마나 **우스꽝스러운**(lächerlich) 것인지를 보여준다. 그는 위선적인 모든 인간은 물리쳐야 할 존재라고 말하는 것이 아니라, 위선적인 모든 인간은 하나의 캐리커처가 된다고 말한다. 그리고 여러 가지를 입증해 보인다. 그는 거짓이 지극히 비실용적이며, 죄는 극히 따분한 일이라는 점을 보여준다. 그러나 청중이 이 불편한 진실이라도 꿀꺽 삼키도록 유도하려고 그는 교육적인 트릭을 쓴다. 이때 그는 마치 타마린드 환약을 초콜릿으로 싸듯이 달콤한 맛이 나는 통속드라마나 광대극 혹은 멜로드라마로 자신의 도덕적 설사약의 표면을 쌌다. 그러나 청중이 쇼보다 좀 더 교활하다. 맛좋은 초콜릿의 겉만 핥아 먹고 타마린드는 남긴 것이다. 그래서 마치뱅크스가 "작가들이란 늘 자기 자신과만 대화를 나눌 뿐이다"고 말했을 때는 맞는 얘기를 한 셈이다.

공간 사랑 후고 폰 호프만슈탈[188]은 상상의 대화를 통해 발자크에게 이렇게 말하도록 한다. "1900년경 작가들의 정신적 질병, 이를테면 과도하게 고양된 감정, 낙심한 시간에 나오는 형언할 수 없는 공포, 아무리 보잘것없는 것에도 담겨 있는 상징적 힘에 굴복하는 그들의 기질, 감정을 표현할 때 현존하는 어휘로 만족하지 못하는 그들의 불만, 이 모든 것이 상류층 젊은 남녀 사이에 널리 퍼져 있는 만성적 질병이랍니다." 그리고 오스카 와일드는 자신의 철학적 대화편 가운데 하나에서 책임 상담원으로 하여금 **"불가능한 연애**(*amour l'impossible*)"에 대해 말하게 한다. 그것은 곧 "광기로서 온갖 해악 앞에서도 자신을 굳건히 믿는 사람을 불시에 덮친답니다. 그러면 그는 잠재울 수 없는 갈증의 독에 병이 드는 것이죠. 그래서 이룰 수 없는 것을 한없이 좇다가는 지쳐 시름시름 앓거나 푹 쓰러지게 됩니다." 이상의 두 사람이 암시하는 질병은 회의주의다. 물론 이런 회의주의는 아주 오래된 것으로 분명 인간의 사유만큼이나 오래된 것일 것이다. 그러나 이런 회의주의에도 다양한 형식과 수준이 있다. 교조적·비

---

[188] Hugo von Hofmannsthal(1874~1929): 오스트리아의 시인이자 극작가.

판적 회의주의자가 있는가 하면 약체인 자의식과 비대한 자의식에서 비롯되는 회의주의자도 있으며, 유희충동과 종교성에서 비롯된 회의주의자도 있고, 거절하고 싶은 욕구와 기본적인 긍정충동에서 비롯되는 회의주의자도 있으며, 누구나 알고 있는 수많은 다른 변종 회의주의자도 있다. 그런데 이 변종의 세대가 아마 그 방식에서 새로울 법한 어떤 전형을 만들어온 것 같다. 이전의 시대는 회의를 가르치고 논증하기도 했지만, 이 변종 시대의 인간들은 회의를 먹고 살며, 그래서 그들 자신이 체화된 회의주의 자체였다. 모든 실재성에 대한 의심이 그들 행위마다 따라붙는 비밀스러운 전조였다. 새로운 인종이 극도로 위협적인 모습으로 출현한 것이다. 그가 곧 인생의 회의주의자다.

우리는 에피쿠로스나 흄 혹은 몽테뉴 같은 이의 회의를 읽고 있지만, 이들은 이런 회의주의를 대면할 때도 활기차고 독단적이며 극히 적극적이다. 우리가 받는 인상은 이들 사상가는 오로지 회의주의로만 실험하면서 이 회의주의를 인간들 사이에 실제로 머물고 있는 어떤 구체적인 것으로 취급하지 않는다는 점이다. 여전히 존재나 비존재를 두고 철학적 사유를 하는 한, 사정이 나쁜 것은 아니다. 그런데 이 새로운 회의주의자들은 이미 철학적으로 사유하는 일을 중단해버렸다. 여기서 위험이 시작되었다. 그들은 자기 시대에 자신들은 모든 도로와 공간, 클럽과 병영, 교회와 사무실, 강단과 댄스홀을 포함한 어디서든 볼 수 있다는 인상을 주었다. 그들은 냉소주의자들이 아니었다. 그러나 그럼에도 아무도 자신들 근처에 실증적으로 존재함을 보여주려 하진 않았다. 그들의 **힘은 타성**(vis inertiae)이고 그들의 열정은 **공간 사랑**(amor vacui)이다.

그릴파르처[189]는 이렇게 말한다. "극도로 예민한 사람만큼 둔감해질 위험에 빠지는 사람도 없다." 사실 극도로 민감함과 극도로 둔감함은 시대의 보편적 상황이다. 이처럼 흥미로운 퇴화 상황에 있는 인간, 말하자면 조정할 수 없는 어중간한 인간(Zwischenmensch)을 요제프 카인츠만큼 생생하고도 인상 깊게 구체적으로 보여준 사람도 없다. 카인츠는 짐에 눌려 지친 몸이지만 무거운 부채까지 잔뜩 짊어진 상속자, 즉 휴식을 향해 걷고 있는 문화의 상속자였다. 그는 문장을 잘게 썰거나 쏜살같이 흩어지게 만들었으며, 바로 이를 통해 새로운 기묘한 아름다움을 부여했다. 그리고 그는 예민한 몸짓과 번개 치듯 번쩍이는 표정연기, 신체에 불빛이 깜박이게 하는 완전한 이지적 형식화 등의 양식을 선보였으며, 모든 인물을 통해, 이를테면 이들이 셰익스피어의 인물이든 입센의 인물이든 네스트로이의 인물이든 상관없이 세기전환기의 인간으로 진동하게 만들었다. 정신의 과잉 충전과 과다 복용된 지성적 성격에서 빚어진, 말하자면 머리와 마음에서 더 이상 유기적인 종합을 구성하지 못하는 전형적인 **평형장애인**(*maléquilibré*)과 오성 · 성실 · 지식과 같은 대용물로 구성된 임시변통의 인간을 보여주었다. 무엇보다 이 같은 인간은 부분들을 정확히 서로 접붙이고 통제한 계산의 산물로서, 섬세하게 가동할 수 있는 정밀기계에 견줄 수 있다. '자연예술가'의 시대는 지나갔다. 연극을 연출하는 법을 까먹어버렸다. 이는 인디언들이 말을 타는 것이나 물개가 수영하는 것을 잊어먹은 것과 같은 꼴이다. 카인츠는 그때까지만 해도 예술에는 낯설었던 노동의 계기를 자신의 예술에 도입했다. 그는 극기와 드릴과 사념과 사변 따위와 같은 10,000볼트 이상의 전압 아래서 작업을 했다. 기계의 시대에 그는

---

189 F. Grillparzer(1791~1872): 오스트리아의 극작가.

자신의 신체를 가장 민감하고 가장 고분고분한 표현의 도구로 삼았다. 요란하게 달그락거리고 덜커덩거리는 그의 파토스는 알텐베르크의 그것과 비슷하게 일종의 메커니즘(Mechanismus)을 연상시킨다. 그것은 대포의 불꽃, 기관총 사격과 같은 모양이다. 이를 통해 그가 분명 연극예술의 수준을 한 차원 끌어올렸음에도 다른 한편 그에게는 생리학적인 신비극이라고 부를만한 것이 빠져 있다. 그의 효과에는 수수께끼 같은 신비라고는 없다. 그의 효과를 모방할 순 없어도 추정할 수는 있다. 이후에 존넨탈이나 로베르트가, 그리고 레빈스키나 호엔펠스 부부가 무대에 등장했을 때 동시대 젊은이들과 이전 시대 예술 사이에 거대한 균열이 생겨났다. 하여간 누구도 이들의 마술적인 영향에서 벗어날 수가 없었다. 그들은 순수 생리학적으로, 말하자면 식물이나 동물처럼 그저 존재하는 것만으로도 영향력을 발휘했다. 한쪽에선 잎이 삐죽삐죽하고 푸른 길쭉한 전나무 한 그루가 높이 치솟아 미련스러운 듯 달콤하게 두꺼운 스노드롭을 꿈꾸고 있으며, 다른 한쪽에서 녹색으로 몸단장한 개구리 한 마리가 평발에 돌출된 눈을 하고서 폴짝폴짝 뛰어다니고 강청색 딱정벌레 하나가 극히 중요한 일이나 있다는 듯이 내달리고 있다. 이런 신비로운 존재가 내뿜는 사실적인 동시에 낭만적인 효과는 어디에서 나오는지 말할 수가 없다. 그리고 역시 저 노령의 배우들은 숲과 공기와 땅을, 그리고 이때 비현실적인 꿈과 비전을 상기시키는 수수께끼 같은 분위기가 감싸 돌고 있다.

세기전환기가 자신의 음향의 웅대한 메아리를 카인츠에게서 찾았다면, 이 음향의 천재적 악사는 가장 위대한 화가이자 사색가의 한 사람인 리하르트 슈트라우스였다. 그런데 슈트라우스의 철학은 바로 바그너의 경우와 마찬가지로 다른 사람의 철학으로부터 취한 것이 아니라 자기 내면에 심취된 오케스트라에서 취한 것이다. 말하자면 음악의 정신에서 철학이 탄생한 것이다. 동시에 그는 쇼가 탁월하게 표현한 바 있듯이 바그너의 즉흥 불협화음을 불용성의 화음으로 대체하면서 완전히 새로운 음향의 외투를 걸친 창작자의 모양새를 취했다.

양식의 거대한 반복 과정에서 1900년경에 다다른 곳은 비더마이어 양식이었다. 실내건축에서 선은 눈에 띄게 더 단순해졌으며 형식은 더 소박해졌고 색채는 전혀 요란하지 않은 형태를 띠었다. 그런데 이러한 르네상스는 단지 외관상만 시대정신에 조응할 뿐 이전과 마찬가지로 시늉만 냈을 따름이다. 볼초겐[190]의 '카바레(Überbrettl)'에뿐만 아니라 살롱문학과 멋쟁이들 사이에서 또다시 꼬리 깃 달린 허리가 잘록한 저고리와 폭이 넓은 넥타이, 그리고 3월 혁명 이전에 유행한 빌로도 칼라와 빌로도 조끼가 선호되기 시작했다. 세기전환기 무렵 서서히 시작된 날씬한 자태의 유행이 낭만주의와 접합되었다. 『짐플리치시무스(Simplizissimus)』에서 드러난 비더마이어의 특색은 동명이인인 하인리히 하이네와 마찬가지로 우수적인 감성을 냉소적인 풍자로 감추었던 토마스 테오도르 하이네[191]가 대변했다. 10년간 유럽 데카당스의 선두에는 가브리엘레 단눈치오[192]가 서 있었다. 그의 생산물은 달콤한 향기를 풍기는 후끈한 온실 공기 속에서 자라서 무른 이상야릇한 식물들로서 암시적인 그 시대의 온갖 강한 것을 다 모아놓았다. 여기에는 쓰다 남은 인상주의의 팔레트, 바그

---

[190] Ernst von Wolzogen(1855~1934): 독일의 문화비평가이자 작가. 독일 카바레의 창시자.
[191] Thomas Theodor Heine(1867~1948): 독일의 화가이자 삽화가.
[192] Gabriele d'Annunzio(1863~1938): 이탈리아의 시인이자 소설가 및 극작가.

너의 후텁지근한 오케스트라, 라파엘로 이전의 화풍에서 선보인 연한 색감, 나중에 노련하게 모방 연출되는 니체의 생철학 등이 포함된다. 그의 작품들은 호프만슈탈이 아주 예리하게 간파했듯이 "살아있은 적이 없는" 사람이 쓴 것 같은 분위기다. "철저히 그것은 직관으로만 삶을 다루는 이의 경험들이다. 완전히 메두사와 같은 것, 요컨대 굳혀서 죽게 만드는 어떤 것을 책으로 옮겨놓은 듯하다."

상징주의자들

'데카당' 혹은 '상징주의자들'의 유파는 80년대에 프랑스에서 생겨났다. 그 창립자이자 지도자는 르콩트 드 릴[193]이 고답파에서 한 것과 똑같은 역할을 한 말라르메[194]였다. 그의 서정시는 지독히 성적인 데다가 철저히 기교적이며, 일부는 의도적으로 의문투성이로 만들어놓은 듯하다. 그것은 일종의 '절대 시(absolute Poesie)'인 셈이다. 여기서는 어휘들과 이의 배치가 의미와 맥락, 서술과 논리에서 독립된 자체의 고유한 가치를 지닌다. 이 그룹의 보들레르로 통하는 사람이 폴 베를렌[195]이다. 그도 비극적인 연애정사에 연루되었지만, 고대 그리스적인 에로스에 헌신했으며, 밤 카페와 양로원 사이를 오락가락하면서 실제로는 전혀 즐겁지 않은 예술가 집시의 삶을 끌고 다녔다. 그는 영혼의 흐릿한 중간세계를 그려내기에 적합한 말을 찾아낸 최초의 인물이었다. 말하자면 그는 색 바림의 대가였다.

상징주의자들의 가장 독특한 특성 가운데 하나가 색채와 청각, 음향과 시각, 냄새와 미각과 같은 공감각(Synästhesie) 혹은 감각혼용(Sinnesvermischung)의 문학적 활용이다. 그들은 비웃음 세례를 받았지

---

[193] Leconte de Lisle(1818~1894): 프랑스의 시인.
[194] S. Mallarmé(1842~1898): 프랑스의 시인.
[195] Paul Verlaine(1844~1896): 세기말의 프랑스 상징주의 운동을 주도한 상징주의 시인.

만, 이때 사람들이 잊고 있었던 사실은 그들은 이미 오래전에 예술을 포함해서 과학에서도 인정한 바의 것을 그냥 일관되게 형성화했을 뿐이라는 점이다. 그도 그럴 것이 사람들이 늘 하는 말이 색조(Farbenton)니 음색(Klangfarben)이니 하는 따위이기 때문이다. 10여 년 전부터 실험심리학은 우리가 개개의 감각인상을 받아들이는 것이 아니라 서로 관계되어(miteinander) 있고 서로 침투되어(durcheinander) 있으며 서로 마주하고(gegeneinander) 있는 다수의 감각인상을 항상 받아들인다는 사실을 관찰해왔다. 여기서 중요한 것은 인상주의의 단순한 사건, 요컨대 실제 인상으로의 회귀이다. 우리는 보고 듣고 만지고 냄새 맡고 맛보는 일을 따로따로 하는 것이 아니라 늘 동시에 한다. 단지 우리가 실제 감각이라고 부르는 그것은 감각 자극이 일으킨 천차만별적인 특질들의 풀 수 없는 혼합체인 것이다. 이 혼합체는 대개 의식되지 않는 (상황, 온도, '상태' 등의) 공통감각에 나름의 특수한 색깔을 입혀놓은 것이다. 특정한 유의 감각, 예컨대 청각의 배제는 **병리학적**(pathologisch) 현상이며 이는 장애현상에 속한다. 그렇다. 후각과 미각, 이 두 감각은 해부학적으로 서로 뗄 수가 없다. 왜냐하면 3차신경(nervus trigeminus)은 혀와 비점막(鼻粘膜)으로 합류해서 두 지각을 매개하기 때문이다. 그래서 우리는 제비꽃의 맛과 장미꽃의 맛에 대해 말하면서 쓰고 달콤하고 신 냄새를 말하기도 하는 것이다. 어떤 것이 맵다거나 얼얼하다고 말할 때 역시 촉각이 작동하는 것이다. 시각을 고려해야 한다는 것쯤은 제과점 주인이면 다 아는 일이다. 온도 감각이 특별한 사람은 미온의 라인 포도주와 차가운 부르고뉴산 포도주를 구분할 수 있다. 요컨대 우리가 '미각'이라고 부르는 이 단순한 감각에도 거의 모든 감각 자극이 깃들어 있는 것이다.

상징주의자들이 만들어낸 이 새로운 형식이 위스망스[196]가 "한 방울의 시로 응축되는 산문의 바다"라고 한 것처럼 **기름 친 예술의 정수**(*l'huile essentielle de l'art*)"라고 하는 **산문시**(*poéme en prosa*)이다. 위스망스는 이미 1884년에 데카당스의 고전적 소설을 『거꾸로(*À rebours*)』라는 제목으로 발표한 바 있다. 사실 지루하게 계속되는 주인공의 단순한 자기 분석적 독백으로 이루어진 이 소설은 온갖 유의 감각에서 규칙을 넘어서 있거나 규칙에 어긋난 것만을 대상으로 삼고 있다. 여기에는 부조화, 병약함, 비도덕적인 것, 비사회적인 것, 도착증은 물론이고 광기와 범죄까지 포함된다. 말과 구성에서도 무정형, 접속법의 생략, 정신병적인 형태 등과 같은 현상을 드러낸다. 장 플로리자크 데 제셍트(Jean Florissac des Esseintes) 공작에게서 '**로마네스크의 정신**(*esprit romanesque*)'에서처럼 한 원형이 창조된 셈이다. 이 원형은 80년 뒤 르네[197]로 나타났다.

벨기에의 상징주의는 완전히 다른 성격을 드러낸다. 그 최초의 작품은 죽음의 접근을 묘사한 샤를 반 레베르게[198]의 감동적인 짧은 드라마 『추적자(Les Flaireurs)』이다. 공공연한 사실이지만 이 작품은 마테를링크의 『침입자(L'Intruse)』의 모범이었다. 마테를링크의 처녀작 『말렌 공주』를 두고 옥타브 미르보[199]는 1890년 『피가로(Figaro)』를 통해 다음과 같은 말로 광고를 해준다. 요컨대 그 작품은 "이 시대에서 그야말로 가장 독창적이며 가장 기발하고 가장 순수한 창

---

[196] J. K. Huysmans(1848~1907): 프랑스의 소설가.
[197] René: 프랑스 작가 샤토브리앙(Chateaubriand: 1768~1848)의 소설 『르네』(1802)의 주인공.
[198] Charles van Leberghe(1861~1907): 벨기에의 상징주의 시인.
[199] Octave Mirbeau(1848~1917): 프랑스의 예술비평가이자 저널리스트.

작품이다. 셰익스피어에게서 찾아낼 수 있는 가장 아름다운 면모 그 이상이다. 숭배할만한 영원한 순수 걸작이다. 그것은 지금까지 가장 고상한 예술가들이 열정을 쏟아 부으면서 꿈꿔온 그런 작품과 같은 것이다." 이는 결코 과장해서 한 말이 아니다.

　마테를링크의 인물들은 상상의 공간에서 떠돌거나 아니면 어느 공간에서도 떠돌지 않는다고 말할 수도 있다. 왜냐하면 구체적이지 않고 미끄러지듯 사라지는 그림자로 보이기 때문이다. 그래서 그를 '2차원의 작가' 그룹에 편입시키려는 모종의 움직임이 있기도 했다. 이는 그가 자신의 연극예술을 세계문학에서 독보적인 지위에 있게 할 매우 본질적인 것이 없어 그들과 구분되게 할만한 것이 없다는 시각에서 비롯된 것인데, 이에 대해선 다른 장에서 다룬 바가 있다. 요컨대 그 같은 그룹의 경우 하나의 결점, 즉 이른바 그들 드라마의 구성에서 보이는 유기성의 결핍이 문제였던 반면에 마테를링크는 완전히 의식적으로, 그리고 완전히 예술적인 의도에서 3차원을 회피하며, 그럼으로써 완전히 전대미문의 기이한 어떤 것을 취한다. 그는 4차원의 세계를 무대에 올리는 데 성공한 셈이다.

　다수의 청중은 우리가 쇼의 경우로써 이미 예시한 바 있듯이 새로운 모든 정신적 현상에 즉각 꼬리표를 달아 붙이고, 단숨에 손에 잡을 수 있는 별명을 붙여 이해하려 하는 아주 특이한 경향이 있다. 그리고 그럼으로써 그 새로운 현상을 실제로 정신적으로도 소화해야 할 막중한 책임과 같은 괴로운 의무에서 어쨌든 방면되었다고 생각한다. '암호에 대한 의지'라고 부를 수 있을 법한 이같이 고착된, 그렇지만 허약한 군중적 경향은 마테를링크를 두고서도 그 천박화하고 오도하는 작용을 시험했다. 한번은 그가 자기 자신과 관련해서 쥘 위레[200]에게 한 말을 사람들이 붙잡고서는 그때부터 그를 두고 계속 '꼭두각시놀이에 어울리는 셰익스피어(*un Shakespeare pour marion-ettes*)'라고 불렀다. 요컨대 그가 인생의 풍부한 다채로움과 유동성에 대해 완전히 눈을 감진 않았지만, 인위적으로 이 모든 것을 뻣뻣한 기계적 인형극의 초보단계에서 선을 보임으로써 양식의 수준을 끌어내린 작가에 불과하다는 식이다. 마테를링크가 이미 한 세대 이상 지나는 동안 달고 다녀야 했던 이런 공통분모는 모든 유행어가 그렇듯 일면적일 뿐만 아니라 애초부터 큰 오해에서 빚어진 것이기도 했다. 그도 그럴 것이 그는 기교를 살릴 어떤 마음에서 기껏 귀엽게 봐줄만한 재치 있는 놀이에 불과할 인형극이라는 유치하고 케케묵은 형식을 다시 부활시키려 결심한 것이 아니라, 인생이 일종의 인형극이며 꼭두각시놀이가 우리 실존의 가장 심오하고 가장 감동적인 상징이 된다는 점을 간파했기 때문이다. 요컨대 우리가 몇 걸음만 뒤로 물러서서 생각해보면 우리 자신이 우리 신체와 정신을 움직이는 원인자라는 믿음은 시각적 착각에서 비롯된 것이라는 사실을 깨닫게 된다. 크든 작든 모든 운동에서 우리 존재 전체를 조종하는 신비로운 숭고한 힘, 이를테면 우리가 보이지 않는 우리 인생의 시인이라고 이름 붙일 수 있을 법한 바로 그 힘은 우리의 지구 무대 위에서 작용한다. 이 같은 관점 아래서는 모든 것이 아주 차분히 비인격적으로 실현되기 시작하는 법이다. 높은 산 정상에서 도시와 들판, 이동하는 가축 떼, 바람에 흔들리는 나무, 소리는 들리지 않고 저마다의 일로 분주한 모습들, 예컨대 차를 몰고 있는 사람들, 말을 타고 있는 사람들, 달려가고 있는 사람들을 내려다보면 언제나 꼭 기계적인 듯한 낯선 인상을 받기 마련이다. 우리가 삶에 대해서도

---

200 Jules Huret(1863~1915): 프랑스의 저널리스트.

충분한 **정신적**(seelisch) 거리를 취하면 그와 똑같은 일이 일어난다. 그러나 충분히 이렇게 항변할 수 있을 듯하다. 즉, 마테를링크가 우리의 숙명을 바라보는 그 같은 방식을 통해 세계에서 정신을 즉각 배제하지 않음으로써 인식 차원에서는 좀 더 풍요롭게 했지만, 활력성의 차원에서는 이루 밀할 수 없을 만큼 더욱 빈곤하게 만든 것이 아닌가? 그래서 설령 진리가 그의 편에 있다고 하더라도 마테를링크는 인류를 앞질러 간 것은 아니지 않겠는가 하고 의심할 수도 있을 듯하다. 그러나 실제 사정은 전혀 그렇지 않다. 정신을 그 왕좌에서 떼어내는 일과는 거리가 아주 멀다. 그는 정신을 실제로 찾아내어 실제의 주권적 권위의 자리에 배치한 것이다. 그도 그럴 것이 지금까지처럼 우리 개개 정신의 무기력한 날갯짓에 의존하는 대신 이제 우리는 세계정신(Weltseele)이 시간을 넘어서서 웅대한 작용력을 발휘한다는 사실을 깨닫게 되었기 때문이다. 우리가 자기감정(Selbst-gefühl)이라고 부르는 그 보잘것없고 불확실하며, 애초부터 의심스러운 그런 감정을 대신해서 보편감정(Allgefühl)을 얻은 셈이다. 이 보편감정은 결코 우리를 실망하게 하지 않을 것이다. 왜냐하면 우리보다 훨씬 위대하기 때문이다. 그리고 우리를 혼란스럽게 하지도 않을 것이다. 왜냐하면 그것은 자기 자신과 일치하는 명료성을 지니고 있기 때문이다. 기만하지도 않을 것이다. 왜냐하면 그것이 우리를 낳았기 때문이다. 우리를 떠나지도 않을 것이다. 왜냐하면 우리보다 오래 살 뿐더러 불멸성과 관계하기 때문이다.

우리는 누구인가? 무엇 때문에 존재하는가? 우리는 어떤 확실한 것을 향해 노를 저어가고 있는가? 어떤 확실한 것에 기대어 쉬고 있는가? 도대체 확실한 것이 있기라도 한 건가? 이와 비슷한 우울한 물음들이 마테를링크의 짧막한 드라마들에서 원망과 탄식처럼 흘러나오며, 그리고 수많은 변이형태로 언제나 다시 반복된다. 그러나 한결같게 신비로우며 한결같게 공포를 불러일으키며 한결같게 답을 찾을 수가 없다. 다만 **어떤** 무거운 예감이 흐리멍덩하게 살아가는 영혼을 고통스러운 전율로 각성케 만든다. 황당한 사건이 벌어지며, 공포스러운 일, 말로 표현할 수 없는 일, 이해할 수 없는 일, 다시 좋아지지 않는 불행한 일이 일어난다. 이 불행에 맞서 싸울 재간이 없다. 불행은 늘 다가오지만, 무적이라 대적할 수가 없다. 방어하고 쳐부수고 무장을 하고 예상해봤자 아무 소용이 없다. 인생은 다가와 우리를 함께 데리고 간다. 모든 피조물이 고통을 느끼며 통과해가야 할 인생에 대한 공포가 지금까지의 어떤 작가보다 마테를링크로 하여금 더 깊이 폐부를 파고드는 감동적인 인물을 만들어내게 한 것이다. 그의 인물의 경우 삶에 대응하는 자세는 대체로 두 가지 방식으로만 이루어진다. 곧 그것은 항상 당황하거나 결코 당황하지 않는 자세이다. 첫 번째 그룹에는 부인들과 소녀와 아이들, 이를테면 감정을 갖고 살아가는 모든 사람이 포함된다. 이들은 가장 미미한 것에서 가장 놀라운 움직임을 포함한 존재의 온갖 운동을 만난다. 심지어 인생을 늘 과도하게 남용하는 그런 단순한 일도 접하게 된다. 그들은 잔혹성과 무의미성을 포함해서 동물적 존재와 같은 도착증에 대해 너무 민감한 기관을 갖고 있다. 그들은 항상 무엇인가를 피해 도망하고 어떤 운명을 모면하려 생각하면서 그 앞에서 벌벌 떨 수밖에 없기 때문에 어떤 행동도 하지 못한다. 그들은 삶을 접하자마자 죽을 것 같다는 두려움 때문에 삶에 다가가지를 못한다. 이미 본능 속에서, 상상·신경·예감 속에서 온갖 공포를 지니고 있는 인생을 예감한다. 그래서 그들은 막강한 강령술사들이 만들어놓은 무용한 물질적 형상들 주변을 배회하는 것이다. 그런데

강령술사란 더 고차원적인 실존의 집사로서 한갓 **현상하게**(erscheinen)
만 할 뿐 이 세계와 유익한 교류를 하지는 못한다. 그들은 이해할
수도 없고 이해하려고도 하지 않는다. 왜냐하면 그들은 현세의 파악
불가능성을 깨달았기 때문이다. "… 해야만 하고", "… 할 수밖에
없을 텐데", 이것이 임박한 숙명의 힘을 밝고도 흐릿한 기묘한 충동
본성으로 해소할 수 있는 극단적 진동인 셈이다. 곳곳에 중개할 수
없는 변화와 시련이 도사리고 있다. 그중 누구도 대처할 수 없는
그런 착종들이 매복하고 있는 것이다. 그러나 이와 반대로 결코 당
황하지 않는 다른 그룹이 있다. 여기에는 현인들, 노장들, 늙은 유모
와 어머니들, 성인들, 왕과 거지가 포함된다. 이들은 어디서든 아주
많은 것을 알고 있다. 그러나 그들도 꼭 카발라[201]의 천사들처럼 수
천 개의 눈을 겸비하고 있어서 온갖 형태로 다양하게 얽히고설키는
숙명을 포함한 모든 것을 보기 때문에 아무런 행동도 하지 않는다.
이토록 소란스러운 관계들을 두고서 그는 더 이상 어느 확고한 단
하나의 관계를 취하지는 않는 것이다.

정신감응을
일으키는
드라마

　이 책 1권에서 말했듯이, 마테를링크의 무뚝뚝한 선조들이 14세
기와 15세기에 창작한 그림들은 신비설을 그림으로 옮겨놓은 셈이
었다. 마테를링크를 두고 말할 수 있다면, 그것은 그가 그런 그림을
연극화했다는 사실이다. 그의 작품에 등장하는 인간들은 비록 그가
우리 시대에 데려다 놓았지만 기억이 흐릿한 과거에서 온 인물이나
미래의 사람처럼 느껴진다. 말하자면 전혀 현재의 존재처럼 보이지
않는 것이다. 마술적인 빛의 제작 자체만도 분명 그의 신비를 의미
하지만, 아무튼 그는 마술적인 불빛을 그들에게 비춘다. 그러자 갑

---

[201] Kabbala: 유대교의 비의적인 신비주의.

자기 그들은 감각적으로 명확한 일체의 구체성과 일체의 진부한 사실성의 껍질을 벗은 상태가 된다. 한번은 아나톨 프랑스[202]가 빌리에 드 릴라당[203]을 두고 이렇게 말한 적이 있다. "그는 몽유병자처럼 세계를 돌아다녔다. 우리 모두가 보고 있는 것을 그는 전혀 보지 못했지만, 우리 눈에는 닫혀 있는 것을 그는 본 것이다." 마테를링크 인물들의 사정도 이와 같다. 현실적인 삶, 일상적인 삶, 익숙한 삶, 즉 눈에 비치고 평범한 감각에 잡히는 실용적인 삶을 그들은 보지 않는다. 오히려 그런 삶을 만나면 그들은 기겁하고 무기력증을 보인다. 마치 어린아이처럼, 그리고 거의 정신박약아처럼 말을 못하고 난감해한다. 그러나 반면에 조잡한 현실에서 눈을 감고 더듬어나가는 사이에 그들만이 지닌 신비로운 내면의 감각을 향해 조잡한 현실만큼 실재적인, 아니 그 이상으로 훨씬 더 실재적인 다른 세계가 열린다. 이 세계는 예감과 꿈의 세계, 원격작용과 원격감응이 일어나는 세계이다. 여기서는 모든 정신과 영혼이 서로 분열되지 않은 완전으로, 통일과 조화로 느끼게 되며, 그래서 오해도 불확실성도 없고 투쟁도 없다. 물론 그들도 '**추적자**(flaireurs)'인 셈이다. 그러나 이때의 추적자는 우리 존재의 진정한 비밀이 감춰져 있는 붙잡을 수 없는 것과 볼 수 없는 것을 좇는다는 의미에서 그런 것이다.

그런데 지금 우리가 비밀이라는 말을 거론하고 있지만, 모든 시대에 그렇듯 비밀을 두고 결국 풀 수 없거나 그 암호를 판독할 수 없다고 규정하려는 것이 아니라, 단지 아직 우리가 그 최종적인 언어를 취하지 못했을 뿐 우리 앞에 곧 계시될 형성되고 생성되는 어

---

[202] Anatole France(1844~1924): 프랑스의 작가이자 비평가. 풍자적이고 회의적인 비평 덕분에 당대 프랑스의 이상적인 문인으로 평가받기도 함.
[203] Villiers de l'Isle-Adam(1838~1889): 프랑스의 상징주의 작가.

떤 것으로 규정하고 싶은 것이다. 비밀이 아직 망설이고 있다. 아니, 혹시 우리가 망설이고 있는 바로 그 주체가 아닐까? 한마디로 말해서 중요한 것은 우리가 '잠복 중'이라고 말하는 그 모든 에너지와 징후다. 분명 다른 모든 것처럼 법칙적이면서도 헤아릴 수 없고, 선의로우면서도 위험하며, 지금도 여전히 우리에게 '감추어져 있는' 그런 자연의 힘이라는 것이 있다. 마테를링크는 잠복적인 감각, 이를테면 '영혼'의 감각과 같은 정신감응을 지닌 최초의 극작가이다. 지그문트 프로이트는 정신분석과 관련된 강의를 하면서 지금까지 인간의 자기애(自己愛)는 과학이 준 세 가지 중대한 모욕을 참아 내야만 했다고 말한다. 그 첫 번째 모욕은 우리의 지구가 우주의 중심이 아니라고 한 코페르니쿠스에게서 경험했다. 두 번째 모욕은 다윈이 인간을 두고 동물왕국의 혈통이 있으며, 인간의 동물적 본성은 지울 수 없다고 지적했을 때 받았다. 그리고 세 번째 모욕은 가장 민감한 것으로서, 오늘날의 심리학적 연구가 나(Ich)라는 자아는 자기 집의 주인이 아니라 정신활동 중에 무의식적으로 나타난 어떤 것이 궁색하게 알려준 곳에 머물고 있을 뿐이라는 점을 들려줬을 때 받았다. 사실 이는 마테를링크의 드라마의 심중에 살아 움직이는 인식이기도 하다. "사람들이 이렇게도 저렇게도 말하지만 영혼은 제 갈 길을 간다." 그러나 자신의 재능을 빌려 단지 현세적인 것만 연구하고 신적인 것에 대해서는 눈길을 보내지 않았던 프로이트는 정신분석이 싸늘한 태도로 기피할뿐더러 거의 경멸적인 말로써 부르는 잠재의식(Unterbewußtsein)이라는 것은 우리를 영원히 능가하며 그래서 이해가 되지 않는 정신의 의식일 뿐이라는 점, 그리고 아직 우리가 우리의 독자적인 자아라는 최후의 보루가 무너진 이후 더 이상 교란시킬 수 없는 내적인 은화식물[204]의 상태에서 세계정신과

교류하는 우리를 인식한 바로 지금 이 순간만큼 위대한 적이 없었
다는 점을 확실히 깨달음으로써 우리가 성취한 어마어마한 도덕적
성숙을 간과하거나 그에 대해서 침묵하고 있는 형편이다.

　지금껏 극작가들에게 자신의 강렬한 표현을 구사하고 사람의 마
음을 강력하게 사로잡는 효과를 취할 수 있게 해준 모든 수단, 이를
테면 명확함과 예리함, 중압과 타력, 이야기 줄거리와 사건의 풍부
함, 생동감 있게 밀고 나가는 사건의 전개, 개별적이면서 다채로운
성격의 인물들, 이 모든 수단이 마테를링크에게는 낯설다. 그의 인
물들은 심오한 신비의 안개 장막 아래를 배회하며, 그들의 운명은
일목요연한 것이라고는 없으며 도무지 해석이 불가능하다. 어떤 인
물도 극적인 효과를 얻을 수 있는 의지의 영역을 빌려서 성장하지
는 않는다. 아무도 뭘 하려고도 하지 않고 아무도 행동하지 않으며,
겉으로나마 관심을 두는 일도 거의 일어나지 않는다. 그야말로 인색
하기 짝이 없게 스케치해놓은 극히 모자라는 인물들이다. 그들은
정신이상자나 신들린 자들처럼 고집스럽게 늘 똑같은 문장을 반복
한다. 이들은 거의 동일하게 성격화한 인상을 풍긴다. 모두가 동일
한 감정에 동일한 표정을 짓고, 동일한 인상에 대해 동일한 감정을
갖고 있을 따름이다. 여기서 피상적 의미 그 이상으로 그림자 연극
이 연출되는 것이다. 그도 그럴 것이 작가가 보여주는 것은 인간의
정신에서 얻은 적이 없고 얻을 수도 없는 그런 행위에 의해 앞으로
내던져지는 그림자일 뿐이기 때문이다. 입센은 주문을 걸어 이 그림
자를 과거로부터 불러내지만 마테를링크는 그 반대로 그림자에서

---

204 Kryptogamie: 隱花植物. 꽃을 피우지 않고 포자에 의하여 번식하는 식물을
　통틀어 이르는 말.

과거를 불러낸다. 그러나 실제로는 똑같은 일이다. 두 사람 모두 실재만 작동하게 하려 하기 때문이다. 그 실재는 정신이다. 과거와 미래는 단지 투사된 현상일 뿐이고 언제나 거기에 있는 영원자의 반영일 뿐이다. 그것은 사건줄거리가 아니거나 사건줄거리이며, 완전히 비연극적이거나 겉으로 안정적으로 보이는 물체에 들어 있는 원자들의 회전운동에서처럼 혹은 단조롭게 운행하는 별들의 조화에서처럼 극도의 긴장상태를 유지하고 있다. 그것은 연극연하지 않는 연극, 침묵과 경청의 연극, 세계의 조화가 합류하는 수동성의 연극이다. 이런 드라마가 연출하는 '긴장'은 우리가 익숙해 있는 조악한 물질적 긴장이 아니라 충전된 갈바니 축전기에 내장된 것과 같이 잠재된 긴장이고 따라서 그만큼 더 자극적인 긴장이다. 마테를링크 자신도 이에 대해 기막히게 멋진 관찰을 통해 표현한 바다. "우리의 정신은 뇌우 치는 밤에만 꽃을 피우지 않는가? (⋯) 팔걸이가 있는 의자에 앉아서 수수한 램프 등 불빛을 응시하고 있는 백발노인이 자신의 집 주변을 지배하는 영원한 모든 법칙을 개념으로 이해하지 않고 귀 기울여 듣고 있다고 나는 거의 믿고 있다. (⋯) 실제로 승리를 쟁취하는 지도자는 자신의 애인을 교살하는 정부(情夫)보다 훨씬 더 깊고 훨씬 더 인간적이며 훨씬 더 보편적인 삶을 살아간다."

오늘날 셰익스피어라면 더 이상 자신의 연극작품 가운데 단 한 편도 쓸 수 없을 것 같다. 그가 틀림없이 할 법한 말은, 오셀로가 정작 술에 취하지 않았다면 데스데모나를 살해하지 않을 것이며, 겉으로 보기엔 별로 의미도 없고 부차적인 듯하고 예측하기도 어려운 어떤 것이지만, 그의 단검보다 의표에 더 깊이 적중할 법한 그런 어떤 것을 하거나 연설할 것이라는 점이다. 셰익스피어 시대의 오셀로와 같은 인물의 경우 방정식이란 눈앞의 일처럼 명약관화하다.

즉, 그가 그녀를 살해한다는 것이다. 술도 취하지 않았는데 도대체 왜 그렇게 행동해야 한다는 건가? 바로 당시의 인간들은 너무 명료하고 너무 단순하며 너무 도식적이었다. 천재적이고 전문지식이 풍부한 정신연구자라면 갈릴레이가 별을 갖고 천문학을 다룰 때처럼 그렇게 했을 법하다. 말하자면 그들을 기술하려면 소원(小圓: Epicycle)의 법칙들만 알기만 하면 될 일이었다. 세익스피어 자신도 어떤 비유에서처럼 이미 『햄릿』에서도 연극술의 운명에 대해 묘사한 바가 있다. 그것은 주인공이 헤매고 다니는 동안 밤에 출몰하는 유령들에게 쫓기게 하여 고통을 당하게 하며 몹시 시끌벅적한 사건으로 내몰아 살해와 타살, 싸움과 행동에 휘말려들게 만든다. 이렇듯 모든 생활표현의 의미와 가치를 시험하는 가운데 그 연극술에서 깨닫게 되는 것은 생활의 표현이 어떤 내적인 생존권도 가지고 있지 못하고 그저 용인된 것에 불과하며, 우리가 사는 환경에 맞춰, 즉 사람들이 인류라고 말하는 현명하지도 못하고 선의가 있지도 않은 거대한 정신병동에 맞춰 연출된 것일 뿐이라는 점이다. 이 같은 반성을 하는 가운데서조차도 햄릿이 스스로 무너지면서 생활에 무기력해지듯이 연극술은 자기반영의 굼뜬 과정에서 자기해체에 이른다.

　나는 여기서 미래파풍이라고 할 법한 어떤 연극술의 요란한 막간극을 염두에 둔 것이 아니다. 물론 이런 연극술은 완전히 과거의 일이고, 역사가 된 수단들을 동원하여 예술적 표현을 구하려고 필사적으로 애쓴 마지막 몸부림에 불과하다. 그러나 문제는 행동주의와 자구책이나 의욕이 아니라 새로움이 우리 안에서 작용할 수 있도록 하기 위한 의연한 태도다. 새로움이란 영혼을 의미한다. 영혼은 당연히 늘 있어온 것이다. 그것은 입과 목이 인간이 말하는 데 그것을 사용하기 훨씬 전부터 이미 있어온 것과 꼭 마찬가지다. 그러나 영혼은 오늘날에서야 말을 걸려고 몸짓한다. 마테를링크는 그의 거의 모든 동시대인과 마찬가지로 끝이 아니라 이제 첫 시작인 셈이다. 여기는 여전히 불확실한 상태에서 더듬고 있는 미성숙한 새로운 인간정신이 자신의 출발점으로 삼는 지점이다. 그는 합류점이 아니라 원천이다. 언제나 정신사의 새로운 단면의 도입부를 형성하는, 말하자면 극도의 의심과 극도의 확신으로 구성되는 독특한 반대의 일치(coincidentia oppositorum)라는 관점에서 볼 때 마테를링크만큼 대단히 강렬하게 집약되어 있고 대단히 내면적으로 경험되어 있으며 대단히 감동적인 그런 연극적 표현을 찾아냈던 살아 있는 사색가는 없다.

균열 　세기전환기와 세계대전 사이의 시대에 출현한 예술적 발산 현상을 두고서는, 우리 설명의 틀 안에서는 더 이상 논구할 수가 없다. 이 책의 서술 방식이 원칙상 비과학적이라는 점에 대해서는 서문에서 이미 밝힌 바 있다. 당연히 여기서 중요한 것은 이상적인 요청뿐이다. 물론 이를 송두리째 충족시킨다는 것은 한 개별자의 보잘것없는 힘으로서는 감당하기가 버거운 일이다. 그래서 가끔 선의가 실천의 자리를 대신하기도 하는 것이다. 그러나 어떤 객관적 판단도 이런 선의를 필자에게서 박탈하게 내버려 둘 수는 없는 일이다. 그나마 필자의 건강한 본능이 자신이 전혀 의도하지 않은 의사과학적인 결과 쪽으로라도 자신을 이끌어주었으면 하는 희망이 위로가 됐던 셈이다. 그러나 이 같은 관찰방식은 1900년 이후의 예술에는 적용할 수가 없다. 왜냐하면 이 분야에서는 (그러나 어떤 인정도 부적절한 호의 끌기로 이해해서는 안 되겠지만) 전문 학자도 필자 못지않게 대단한 딜레탕트에 해당하기 때문이다. 따라서 필자의 탐색들은 애초부터 과도할 여지가 있는 위험이 있었다. 비과학적으로만 다룰 수 있을 뿐인 것이 벌써 과학의 대상이 된 것도 분명하다.

그런데 이 같은 고민은 어쩌면 과민한 양심상에서 흘러나오는 것일지도 모른다. 물론 우리의 이 특별한 방식으로만 구할 수 있는, 가장 최근의 현상들을 배제한 훨씬 더 결정적인 두 번째 이유도 있다. 요컨대 문화사의 척도는 미학의 그것과 동일한 것이 아니다. 미학은 자신의 절대적 의미에 따라 예술작품과 그 창작자를 평가하지만, 문화사는 그 대상들을 골상학적 성격에 입각해서 관찰한다. 말하자면 햄릿과 대화를 나누면서 그 시대에 그들이 그의 형상에 제시한 모습의 강도를 살핀다는 뜻이다. 이런 시각에서는 영원을 내용으로 한 작품은 스쳐지나가듯 언급만 하고 말로 할 수 없을 정도로 낮은 수준에 있는 것으로 취급되어온 작품은 상세히 논의되는 대접을 받은 일이 있으며, 조형예술이나 문학 또는 음악의 역사에서는 어떤 조건에서도 빼서는 안 될 수많은 작품이 아무런 주목도 받지 못하는 일이 생겨나기도 하는 것이다. 그래서 우리는 몇몇 사람의 이름을 실례로 드는 것만으로 해서, 이를테면 퐁사르[205]와 같은 시인들, 토마[206] 같은 화가들, 로체[207]와 같은 철학자들, 생상스[208]와 같은 작곡가들이 눈에 띄는 어떤 문화사적 의의를 지니지는 않는다는 견해에 동조하는 것이다.

그런데 근대의 마지막 10년에서 15년의 기간은 진기하게도 대부분 '시간을 넘어선' 현상들을 동반했다고 볼 수 있다. 이 모든 현상

---

[205] François Ponsard(1814~1867): 프랑스의 시인이자 극작가.
[206] Hans Thoma(1839~924): 독일의 화가.
[207] R. H. Lotze(1817~1881): 독일의 철학자. 독일 고전주의 철학과 20세기 관념론 사이에 다리를 놓았고 유신론적 관념론을 창안함.
[208] Camille Saint-Saëns(1835~1921): 프랑스의 작곡가.

은 그 시대로서는 통제 불능의 상황이었으며, 그 시대의 도해도 아니었다. 사실 토마스 만이 빌헬름 마이스터의 동시대인일 수가 없지 않겠는가? 그리고 하인리히 만[209]이 스탕달의 동시대인일 수 없고, 막스 라인하르트[210]가 전성기 바로크의 연극 마술사일 수는 없으며, 한스 피츠너[211]가 뒤러 시대의 고풍스러운 독일 음악의 대가일 수는 없지 않겠는가? 심지어 슈테판 게오르게[212]를 두고 군돌프[213]는 고대적 현상이라고 말한 적도 있다. 우리가 은밀한 시간의 결합을 느끼는 데는 역사적 거리감이 없다고까지 말할 수 있는 모양이다. 그러나 묘하게도 우리는 이 거리감을 전쟁 이후 발언권을 갖게 된 젊은 세대에게서 아주 명확히 보게 된다. 그들의 작품은 가치 면에서 보자면 매우 심오하긴 하지만 어떤 특정한 역사적 상황과 호환될 수 있는 표현이 아니며, 다른 상황으로 전환해서 생각할 수도 없다. 연극에서도 그렇기는 마찬가지다. 바서만[214]과 베르너 크라우스[215]와 같은 작가들의 알프레스코 예술[216]과 발다우[217]와 귈슈토르프[218]의 수채화법 예술은 (이 모든 것은 아직 전쟁 이전에 나온 것들이지

---

[209] Heinrich Mann(1871~1950): 독일의 작가. 시대비판적인 풍자소설로 유명함.

[210] Max Reinhardt(1873~1943): 오스트리아의 연극연출가.

[211] Hans Pfitzner(1869~1949): 독일의 작곡가이자 지휘자.

[212] S. George(1868~1933): 현대 독일시의 원천을 만든 독일의 서정시인.

[213] Friedrich Gundolf(1880~1931): 바이마르 공화정 시기의 뛰어난 시인이자 문학가.

[214] A. Bassermann(1867~1952): 연극 및 영화배우. 입센의 작품을 가장 훌륭하게 소화해낸 배우로 통함.

[215] Werner Krauß(1884~1959): 독일의 연극 및 영화배우.

[216] Alfreskokunst: 프레스코 화법으로 갓 바른 회벽 위에 수채로 그리는 화법의 예술.

[217] Gustav Waldau(1871~1958): 독일의 배우.

[218] M. Gülstorff(1882~1947): 독일의 배우이자 무대감독.

만) 최근 연극사의 단계에서나 생각할 수 있을 법한 일이다. 반면에 두세[219]나 이베트 길베르[220]를 두고 표현주의로 선전하는 식의 규정에 따라 인상주의로 선전할 수 있는 배우들도 있었고 현재 있기도 하다.

괴테는 색채론과 관련된 자신의 시에서 '균열(Lücke)'의 개념을 여러 번 사용한다. 그런데 그 같은 균열의 시대는 1914년 이전에 시작되었다. 근대가 세계대전을 향해 굴러내려 간다. 이 전쟁은 어쩌면 어떤 상황에서라도 일어날 일이었는지도 모른다. 그러나 어쩌면 그 전쟁이 그렇게 불가피하게, 그렇게 빨리 그리고 그런 식으로 다가온 것은 유럽의 외교정책이 만들어낸 작품이었는지도 모른다.

염세주의자들은 인간에게 유감스럽게도 악한의 기질이 어느 정도 체화되어 있다고들 말한다. 이것이 정말 우리에게 꼭 전형적인 (사적이든 공적이든) 행실로 드러나고 있다는 것이다. 그러나 낙천주의자들은 아니라고 말하면서 악한의 기질은 유감천만의 예외적인 경우일 뿐이라고 주장한다. 그래서 평소에는 그런 기질이 자신을 거역하는 (사적이든 공적이든) 도덕적 의식으로 표출되지는 않는다고 한다. 예컨대 공무로 인정된 어떤 업무나 국가가 운영하는 업무에서 그 내용이 악한의 기질을 드러내는 것이 있는가? 염세주의자는 확신을 갖고 그런 것이 있다고 응수한다. 그것이 곧 외교라는 것이다.

인간 전체 계급, 그중 특히 대체로 무위도식하고 여자 꽁무니를 좇고 도박을 즐기는 자들, 요컨대 상류층(Creme)이라고 부르는 기름

---

[219] E. Duse(1858~1924): 이탈리아의 여배우.
[220] Yvette Guilbert(1865~1944): 이탈리아의 연극영화 배우이자 샹송 가수.

기 번들거리는 음침한 부류의 계급은 정부에 의해 특수학교에 다니게 되며, 자금을 공급받고 자신들이 음모와 첩보, 기만과 매수를 하는 일에 평생을 바치겠다고 명확히 자백하는 대가로 명예훈장과 작위를 받기도 한다. 그러니까 이들은 국가가 인정한 보수를 받는 사기꾼이자 백수건달인 셈이다. 말하자면 **독침이 있는 식객들**(Drohnen mit Giftstachel)이다. 그들은 사기의 대가이고 지옥의 앞잡이이며 악한 가운데 가장 악질적인 변종, 즉 양심이 있는 악한들이다. 왜냐하면 그들은 꼭 '조국을 위해서' 거짓말을 하기 때문이다. 그들은 르네상스 시절에 서로 초콜릿에 독약을 넣었다. 그때도 역시 조국을 위해서였다. 그런 행위는 오늘날 우리에겐 인간적 수치심을 불러일으킨다. 그런데 차이는 아주 미세하다. 지금도 여전히 독약을 타고 있지만 좀 더 정제된 더 독한 독약을 태우는 것이다.

거짓으로는 가치 있는 것을 지속적으로 성취할 순 없다. 거짓이란 무용한 것이며, 언제나 어떤 현실의 부정일 뿐이다. 이렇듯 무용한 것과 부정적 행위에 근거해서 그렇게도 확고한 어떤 것을 성취하는 것이 도대체 어떻게 가능할까? 정신적으로 열등한 사람들이 특별한 편애를 갖고서 외교관의 직업으로 몰려드는 일은 흔히 목격되는 일이다. 끊임없이 사기를 치고 작당을 부리면서 모든 사람과 일을 상대로 순수하지 못하고 애매모호한 속임수의 관계를 맺는 인생은 희망을 안중에 두지 않고 지내는 영악한 바보일 때에만 계속 유지할 수 있을 따름이다.

속임수는 외교 업무상 없어서는 안 될 도구라고 하는 것은 외교관들이 늘어놓는 거짓말이다. 이와 관련해서 우리는 프리드리히 대왕은 물론이고 비스마르크 역시 승승장구할 수 있었던 원동력이 철두철미한 그들의 진실성에 있었다는 점에 대해서는 앞서 논의한 바가 있다. 율리우스 케사르의 위대성은 암울한 혼돈 한가운데서도 수정처럼 맑은 영혼을 지녔다는 점에 있다. 나폴레옹의 타고난 결정적 재능도 현실을 가슴으로 바라보고, 그 현실과 곧바로 관계를 맺을 수 있었던 능력이었다. 그가 사태의 아들로 남아 있는 동안 그는 기꺼이 환영받는 유럽의 황제였다. 그러나 그가 세계를 속이기 시작했을 때 그의 별은 이미 지기 시작했다.

물론 외교관들이 전쟁을 고안한 것은 아니다. 그러나 그들은 전쟁의 가장 강력한 조력자이자 요구자인 셈이다. 그들이 없다 해도 전쟁이 중단되진 않겠지만 아마 덜 빈번할 것이고 확실히 좀 더 고상해지고 좀 더 정직해질 것이며, 더 많은 억제 노력을 동반할 것이다. 그리하여 전쟁은 우리의 생각과 감정의 경제학에서 지금까지 누려온 위상을 점점 잃어가다가는 결국 중단되고 마는 날이 올 것이다.

발칸 전쟁

터키를 상대로 한 이탈리아의 선전포고가 있었던 1911년 9월 29일, 북아프리카 창공에서 사자자리 가운데서 나날이 빛을 더 밝게 내는 혜성 하나가 목격되었고, 이 혜성과 반대편에 위치한 또 다른 혜성 하나가 곧 목격되었는데, 이 혜성은 날선 검처럼 북쪽을 가리키는 것처럼 보였다.

아르메니아인들과 아랍인들과 알바니아인들 사이에서 벌어진 동요와 유혈전투는 이탈리아를 격앙시켜 이탈리아가 합병의 축제를 벌인 그해에 리비아에 군사를 주둔하게 만들었다. 이는 또다시 발칸 지역 국가들로 하여금 유럽의 터키를 둘러싼 갈등에 가담하는 결의를 강화하도록 했다. 이 목적을 이루기 위해 1912년 봄에 불가리아와 세르비아, 그리고 그리스와 몬테네그로가 더욱 특수한 조약으로 세밀하게 나눠질 4국 동맹을 맺는다. 불가리아와 그리스간의 조약은 오직 터키를 상대로 한 것에 초점이 있었기 때문에 마케도니아의 분할에 관한 세부 조항을 담고 있지 않았다. 불가리아와 세르비아간의 조약은 세르비아에 구 세르비아 영토와 잔트샤크(Sandschak) 지역의 회복을 약속했으며, 불가리아에는 마케도니아의 약 5/6를 보장했고 그 나머지는 중재재판관 역할을 한 차르의 판단에 위임하기로 했다. 그러나 그 사이에 이번에는 불가리아가 그리스와 분쟁할 수밖에 없는 상황에 직면한다. 그 외에도 불가리아와 세르비아 연합도 분명 루마니아와 오스트리아를 겨냥하고 있었다. 조항 2에 따르면 루마니아가 불가리아를 공격하면 세르비아는 루마니아를 상대로 즉각 전쟁을 선포할 의무를 졌으며, 조항 3의 경우 오스트리아-헝가리가 세르비아를 공격하면 불가리아도 이에 맞서 전쟁을 선포하는 의무를 졌다. 불가리아와 세르비아, 그리고 그리스가 발칸 지역의 기독교 민족들에게 자율권을 보장할 것을 요구하는 통첩에 터키가 거부하는 답변을 들었을 때 이 세 나라는 10월 17일 전쟁을 선포한다. (몬테네그로는 벌써 9일 앞서 선전포고를 했지만, 또 일찍이 종전을 선언하는데 그 이유는 단순하다. 이를테면 니키타[221] 왕이 전쟁에 의한 불황을 염두에 두고 수백만을 투기한 것이 실패하여 그와 그의 파리 은행가가 엄청난 손해를 입었기 때문이었다.) 10월 18일, 술탄은 한숨 돌리기 위해 이탈리아와 로잔(Lausanne) 강화조약을 체결해야겠다고 생각한다. 이 조약에서 그는 트리폴리와 키레나이카(Cyrenaica)를 '자신의 통치권 아래' 자율권을 보장한다는 식의 조건을 달고 할양했다.

터키 군대는 절망적인 상태에 있었다. 비록 영국과 프랑스산 적

---

[221] Nikita(1841~1921): 몬테네그로의 영주이자 왕. 니콜라(Nikola) 1세를 말함.

국 대포에 적어도 대적할만한 독일제 크루프 대포로 무장하긴 했지만, 군수품 조달이 거의 마비된 상황이었던 것이다. 수천의 신병들이 훈련도 받지 않은 채 포화 속에 투입되었기에 소총도 다룰 줄 몰랐다. 결코 용납할 수 없는 것으로 드러나긴 했지만 어쨌든 터키 청년 혁명 이후 기독교도들도 병역복무를 하도록 되어 있었다. 그런데 훈련은 아예 없었다. 병력 대부분을 우선 아시아에서 징발해야 했기 때문에 동원이 매우 느리게 진행되었다. 지휘도 전혀 먹혀들지 않았다. 10월 말 같은 날에 불가리아는 커크-킬리스(Kirk-Kiliss) 전투에서, 세르비아는 쿠마노보(Kumanowo) 전투에서 승리를 거뒀다. 그리고 이어서 불가리아는 닷새간에 걸친 륄레-부르가스(Lüle-Burgas) 전투에서 또다시 승리했다. 터키가 절멸한 듯이 보였다. 불가리아의 페르디난트[222]는 벌써 콘스탄티노플로 진입해서 그곳에서 동로마 황제 시메온[223]으로 등극할 수 있을 것이라고 기대했다. 그러나 수도가 있는 반도를 완전히 바다에서 바다로 갈라주는 차달차(Tschadaltscha) 해안선은 그가 30년대 중후반에 술탄의 군사 고문이었을 당시에 이미 몰트케가 넘어설 수 없는 선이라고 선언해놓은 경계선이었다. 사실 돌격은 여기서 멈추게 된다. 터키의 반격으로 돌격부대가 피비린내 나는 좌절을 맛보았으며, 연대병력을 잃게 되는 패배를 경험한다.

발칸 문제에 하나같이 내밀하게 관여한 열강은 처음부터 항구적

---

[222] Ferdinand(1861~1948): 불가리아의 통치자.
[223] Symeon(864(5?)~927): 시메온 대왕(Simeon the Great)으로 불리기도 함. 불가리아 왕국의 차르(925~927). 호전적인 군주였으나 자신의 궁정을 문화의 중심으로 만들기도 함. 비잔틴 제국의 황제가 되려는 야심으로 비잔틴과 수차례 전쟁을 벌임.

인 평화선언을 기치로 해서 위협적인 태도를 보였다. 이미 전쟁 발발 직전에 러시아는 오스트리아-헝가리와 터키를 겨냥해서 일종의 시위성 '동원연습훈련'을 했다. 당시만 해도 이들 정부보다 러시아가 군사적 우위성을 확보하고 있다고들 믿었다. 그리고 이어서 열강은 '현상 유지'라는 문건을 제출했다. "전쟁이 발발하더라도 열강은 이 갈등으로 생겨날, 터키 영토를 점유한 유럽의 현재 상황에서 어떤 변화도 용인하지 않을 것이다." 오스트리아-헝가리 정부는 다음과 같은 강령을 내세웠다. "알바니아의 자유로운 발전을 보장한다. 아드리아 해협까지 뻗고 싶어 하는 세르비아의 영토 확장 욕구는 즉시 접도록 해야만 한다. 루마니아의 정당한 소망을 충족시킨다. 발칸에서 오스트리아-헝가리의 중요한 경제적 이점, 특히 에게 해로의 항로연결과 관련된 이점을 확보한다." 이러한 요구들은 이탈리아에게서 분명 부당한 동의를 얻어낸다. 그도 그럴 것이 이탈리아는 불가리아에 대한 원칙적 불가침을 선언할 수가 없었기 때문이다. 다만 이로써 오스트리아는 살로니키(Saloniki)로 통하는 길을 덤으로 얻는다. 오스트리아에는 콘라트 폰 회첸도르프[224]가 이끄는 영향력이 큰 당이 있었는데, 이 당은 우선 이탈리아와의 관계를 청산해야 한다는 입장을 대변했다. 회첸도르프가 합병 위기 때는 연합국에 맞설 것을 제안해놓고선 이제는 반대로 자신의 요구를 받아들일 것을 계속 되풀이했다. 이 같은 전쟁은 어떠한 인간적 예측에서 보더라도 이탈리아의 패배로 끝날 법했다. 물론 이는 이탈리아만을 문제의 대상으로 삼을 때에만 그런 것이었다. 그러나 이런 전제는 유치

---

[224] Conrad von Hötzendorf(1852~1925): 오스트리아-헝가리 2원정부의 야전사령관이자 정치가.

하기 짝이 없는 것으로 드러난다. 그도 그럴 것이 이탈리아에 대한 선전포고는 당장 세계전쟁으로 이어질 수 있었기 때문이다. 다만 차이가 있다면 중앙 열강이 1908년까지도 여전히 터키에 영향력을 행사했고 1912년까지 발칸동맹에도 영향을 행사하면서 전쟁 시작부터 이미 이탈리아를 염두에 두었음을 전제로 한 것이다. 그러나 이로써 남부전선을 지탱하기 어렵게 만들 수 있고, 프랑스 전선은 파국적인 방식으로 증원할 수 있을 따름이었다.

패배 이후 터키는 평화를 모색했으며, 이 평화와 관련해서 열강의 특사들이 런던에서 협상을 벌였다. 승전국들은 정복지를 소유하려 했을 뿐만 아니라 점령한 세 요새, 아드리아노플(Adrianopel)과 스쿠타리(Skutari)와 야니나(Janina)도 요구했다. 이러한 조건들을 터키가 받아들이지 않았다. 다시 점화된 전투에서 제일 먼저 야니나가 무너졌고, 그다음엔 아드리아노플이, 마지막으로 스쿠타리가 쓰러졌다. 그러나 스쿠타리는 열강의 연합군대에 의해 알바니아에 할양되었다. 1913년 5월, 다시 런던 평화회의가 열렸다. 이 회의는 유럽의 점령지 가운데 에게 해에서 흑해로 연결되는 에노스(Enos)-미디아(Midia)의 협소한 해안지대를 포함한 콘스탄티노플만 터키의 수중에 남겨두었다.

그러나 그 사이에 동맹국들 사이에서 분쟁이 발생한다. 세르비아가 조약 수정을 요구하면서 세르비아는 본래 할양받기로 한 두로스(Durrus) 항구 도시를 포함한 북알바니아를 오스트리아의 항의로 받지 못한 반면에 불가리아는 애초 계산에도 들어있지 않던 트라키아를 받았다고 항변했다. 그리스는 살로니키와 마케도니아 남부의 상당 지역을 요구했다. 루마니아도 처음부터 제기한 아주 간소한 요구사항들을 전달했다. 그러나 이 요구들은 정신박약과 경계에 있는 착각 상태에 빠져 있던 불가리아의 수상 다네프[225]에 의해 일거에 거부되었다. 그리하여 1913년 여름에 제2차 발칸 전쟁이 터졌다. 이 전쟁에서 불가리아는 모든 발칸 세력의 집중 공격에 (그도 그럴 것이 터키까지도 새로이 무장한 탓에) 속수무책으로 당해야만 했다. 군사적 우위를 보이고 있던 세르비아와 그리스 연합 부대가 불가리아를 포위해서 위협함으로써 불가리아는 굴복할 수밖에 없었다. 루마니아 군단이 도나우 강을 건너 아무 저항도 받지 않고 소피아(Sofia)로 행군해 들어갔다. 아드리아노플 지역은 방어할 부대가 부족했기에 터키가 휩쓸었다. 부카레스트(Bukarest) 강화조약에서 북부 마케도니아 대부분 지역이 세르비아의 수중에 들어갔으며, 남부 마케도니아는 그리스에, 중요한 전략적 요충지인 실리스트리아(Silistria)를 포함하여 불가리아의 곡창지대인 도브루드사(Dobrudscha)는 루마니아에 넘어갔다. 콘스탄티노플 강화조약에서 터키는 아드리아노플은 물론이고 마리차(Maritza) 강을 포함한 동부 트라키아를 할양받았다. 그리스와 세르비아, 그리고 몬테네그로가 전쟁을 통해 거의 두 배의 이득을 취했으며, 루마니아는 한 번의 단순한 시위 행군을 통해 남부국경을 가장 유리한 조건에서 마무리한 반면에 최대의 전투력을 갖췄던 불가리아는 로도페(Rhodope)에 있는 마케도니아의 작은 지역 하나와 서부 트라키아로 만족해야만 했다.

발칸의 위기를 통해 양해각서를 둘러싼 중앙 열강 사이의 대립이 극도로 첨예해졌다. 러시아와 독일 사이의 긴장이 다시 발생했다. 오스트리아의 공격적인 발칸 정책이 비스마르크의 지지를 끌어내지는 못했지만, 독일 정부는 알바니아 문제에서는 오스트리아와 완

---

[225] S. Danew(1858~1949): 불가리아의 정치가.

전한 의견일치를 보였다. 그런데 아르메니아를 자신의 긴요한 이해관계 지역에 포함하고 있던 러시아는 '베를린-바그다드', '엘베 강-유프라테스 강', '북해-페르시아 만'이라는 구호 때문에 신경이 예민해졌다. 독일의 근동 계획은 당연히 '인도까지 직선으로 가는 길'이라는 영국의 구상도 뒤흔들어 놓았다. 오스트리아의 태도 때문에 이탈리아와의 동맹은 서류상으로만 아직 유효할 뿐이라는 점은 고작 외교관들만 의심했을 따름이다. 1912년 겨울에서 1913년으로 넘어가는 사이에 이 두 동맹국은 만성적인 전쟁 돌입의 상황에 부닥치게 된다. 이탈리아는 베네치아와 베로나 지역을 기점으로 현대식 전차 공장을 갖추고서 오스트리아에 대한 경계를 강화하고 베네치아 전역을 통해 행군로를 확보했다. 몬테네그로와 세르비아를 상대로 한 오스트리아의 군사소집 역시 이탈리아를 겨냥한 것이었다. 게다가 오스트리아의 무례한 외교술이 발칸과 루마니아에 인접한 마지막 친구를 서운하게 만들어놓았다. 부카레스트 강화조약에 대한 오스트리아의 무의미한 요구는 엄청난 분노를 샀고, 시위 행군의 물결이 다음과 같은 구호를 내걸고 수도로 밀고 들어갔다. "불성실한 오스트리아를 타도하자!"

성 파이트제(Sankt Veitstag)가 열린 6월 28일, 1389년 그날 세르비아는 암젤펠트(Amselfeld) 전투에서 끔찍한 패배를 경험한 바 있고, 1919년 그날 독일은 베르사유 강화조약에 서명했으며, 1914년 그날은 오스트리아 왕위를 계승할 왕자가 권총암살의 희생자가 되었다. 살인은 오스트리아 땅에 사는 오스트리아 신민(臣民)에 의해 감행되었다. 그래서 그 행동은 군주정 내부의 사건이었던 셈이다. 잡지『전진(Vorwärts)』은 사건이 있었던 다음 날 그 사건의 의미를 다음과 같은 말로 요약했다. "프란츠 페르디난트가 분명 자신이 짊어지고 가게 될 수명이 다한 잘못된 체제의 희생양으로 쓰러졌다. (…) 왕위 계승자를 넘어지게 한 그 탄알들은 낡을 대로 낡은 이 국가가 계속 존속할 것이라는 믿음도 쏘아 넘어뜨렸다. (…) 사라예보의 이 섬뜩한 사건은 우리에게도 진지한 경고의 메시지를 준다. 졸렬한 정책은 우리 민족의 운명이 오스트리아의 운명을 고스란히 답습하게 만들어놓은 꼴이다." 사건기록을 검토하려고 현장에 파견된 부검위원 비스너[226]는 보름 뒤 전보를 쳤다. "세르비아 정부가 암살기도에 대해 미리 정보를 알고 있었다거나 사전 준비를 시키고 무기를 조달해주었다는 점을 입증할만한 어떤 증거도 없다. (…) 그렇게 하는 것이 불가능하다고 보는 것이 오히려 정황증거에 맞는 일이다." 7월 7일, 각료 회의는 "세르비아가 도무지 받아들일 수 없도록 해서 군사적 개입 방식만을 근본적 해결책으로 남겨두는 포괄적 요구"를 세르비아에 제출할 것을 결의했다. 티스차[227]만이 동의하지 않았다. 7월 23일 오후 6시에 전달될 최후통첩이 바로 이런 식으로 작성된 것이다. 최후통첩이 48시간 안에 오직 예스 아니면 노우만 허용할 뿐이어서 이미 더 이상의 협상이나 여타 강대국의 외교적 개입을 아예 불가능하게 만들어놓았다. 『더 타임스(The Times)』는 이렇게 적고 있다. "보편적 평화를 심중에 둔 모든 이는 오스트리아-헝가리가 세르비아에 통보한 통첩에 결정적인 말이 없기를 염원한 것이 틀림없다. 그렇게 되면 우리는 전쟁의 벼랑 끝에 서게 될 것이기 때문이다." 『데일리 메일(Daily Mail)』은 이렇게 전한다. "오스트리아가 기한 연장에 대한 러시아의 요구를 거절하면 갈등은 지엽적인 문제로만

---

[226] J. Wiesner(1838~1916): 빈 대학의 생물학 교수.
[227] S. Tisza(1861~1918): 오스트리아-헝가리 2원정부의 중요한 정치지도자.

그치지 않고 3국 협상이 3국 동맹에 부딪히게 될 것이다." 분명 전쟁을 바라지 않았던 그레이 경[228]은 오스트리아의 통첩과 같은 통첩을 아직 본 적이 없다고 설명한다. 결코 주전론자도 아니고 화친 국수주의자도 아니었던 쇼는 이렇게 적었다. "세르비아에 전달한 최후통첩은 미친 착상이다. 그것은 이 같은 원인을 제공한 암살사건보다 더 사악한 범죄이다." 세르비아 정부는 최후통첩의 모든 요구를 다만 전혀 표가 나지 않는 완화조건을 달고서 받아들였다. 이를테면 세르비아는 해당 공모에 대한 조사를 할 때 오스트리아-헝가리 황실 및 왕실 정부의 기관이 배석할 수 있게 한다는 요구까지 받아들인 것이다. 이는 사실 세르비아의 주권과 헌법 및 형사소송법에 배치되는 일이었다. 이에 대해 오스트리아-헝가리 정부는 공식 논평을 내놨다. "황실 및 왕실 기관이 세르비아 재판절차에 참관할 수 있다는 것은 우리 측에서 구상한 것이 아니다. 그리고 이 기관은 심문 자료를 찾아내고 확인하는 경찰의 예비조사에만 관여하게 되어 있다." 그런데 이 논평은 다른 지점에서도 불손하고 천박하기 짝이 없을 정도로 온갖 것을 꼬치꼬치 캐묻는 행태도 담고 있었다. 세르비아의 답변은 다음 식으로 끝을 맺는다. "세르비아 왕실 정부는 이번 사태의 해결을 조급하게 다루지 않는 것이 공동의 관심사라고 믿고 있습니다. 따라서 황실 및 왕실 정부가 이번 답변이 만족스럽지 않다고 여기신다면 늘 그랬듯이 평화적 해결을 강구하기 위해 이 문제에 대한 결정을 헤이그 국제 재판소에 위임하고 강대국의 결정에 맡길 각오가 되어 있습니다." 이에 대해 오스트리아는 어떤 논평도 내지 않고 침묵한다. 빌헬름 황제는 세르비아의 답변을

---

[228] Sir Edward Grey(1862~1933): 영국의 정치가.

듣고 이렇게 기록했다. "단 48시간의 유예 시간에 나온 절묘한 응수다! 이 이상 기대할 답변은 없을 터다! 빈에게 명분을 준 중대한 도덕적 성과다. 그러나 이로써는 전쟁의 어떤 원인도 제거되지 않는 법이다." 독일 정부는 오스트리아의 요구를 나중에서야 알게 되었다는 베트만-홀베크[229]의 설명은 의심할만한 추호의 계기도 없다. 다만 독일 정부는 세르비아 문제를 두고 오스트리아에게 백지 위임장을 줬다는 비난만큼은 피할 수 없었다. 그밖에도 당 내부의 집요한 반대자들은 황제와 총리의 원칙적 평화 의지를 문제로 삼을 수도 있었을 듯하다. 프랑스의 경우 전쟁을 전혀 내키지 않아 했다는 사실 역시 입증됐다고 할 수 있다. 물론 전쟁을 전혀 원하지 않은 것은 아니지만, 시점이 아직 아니라는 것이었다. 그때는 군복무 기간이 2년에서 3년으로 연장되어 있었다. 그런데 1890년 출생자로서 1911년에 입대한 병사들은 2년의 의무 복무 기간을 채운 뒤인 1913년 가을에 1년 더 연장해서 군대에 남을 생각이 없었으므로 당국은 이들을 제대시키고, 대신 1892년 출생자들과 1893년 출생자들을 동시에 한꺼번에 신병으로 입대시키기로 했다. 이를 법적으로 인준하려면 의무 복무의 시작 연도를 한 해 늦춰야만 했다. 그래서 상비군으로서 1915년에 입영할 대상자의 연령 차이는 4살까지 났다. 여기에는 1892년 · 1893년 · 1894년 · 1895년의 출생자들이 포함되었으며 마찬가지로 1916년 입영 대상자는 1893년에서 1896년 사이에 태어난 사람들이었다. 따라서 이 두 해가 전쟁을 개시하기에 가장 유리한 해가 되었던 셈이다. 덧붙이면 그 같은 계획에는 모로코와

---

[229] Th. von Bethmann-Hollweg(1856~1921): 독일의 정치가. 독일 제2제국의 마지막 총리.

튀니스, 그리고 알제리의 토착민들을 지금까지 유럽 군대에서 그랬던 것보다 훨씬 더 대규모로 이용하고, 아프리카에 있는 유럽 군대를 흑인들로 편성된 부대로 대체하려는 움직임도 들어 있었다. 전쟁을 치르기에는 다음 해나 그 이듬해가 승산의 전망이 훨씬 더 밝았다. 그리고 러시아와 폴란드를 잇는 전략적 철도망 건설이 프랑스의 10억 프랑의 원조를 받아 차질 없이 완료되어 1916년경이면 충분히 현실화할 판이었다. 한편 차르의 궁전에서는 전쟁 지지파의 힘이 늘 막강했고 침략 정책은 지도층이 가진 혁명에 대한 항구적인 공포로 이미 징후를 드러내고 있었다. 말하자면 그들은 범슬라브주의 본능의 폭발을 통해 내적 갈등의 방향이 바뀔길 내심 기대했다고 볼 수 있다. 사실 오스트리아와 러시아의 경우만을 두고서는 노골적으로 뻔뻔하게 취한 단절정책을 거론할 수도 있다. 가장 복잡한 처지에 놓인 경우는 영국이었다. 그런데 영국은 사업에 눈이 너무 밝아 범유럽적인 전쟁이 모든 당사국에 경제적으로 심대한 손실을 의미할 수밖에 없다는 사실을 이해하지 못했다. 그래서 반 세대 전부터 취해온 봉쇄 정책은 독일이 저항을 염두에 둘 수 없을 만큼 독일을 정치적으로 불리한 상황으로 몰아가는 것만을 목표로 삼은 것이다. 그러나 그럼에도 전쟁이 터졌을 때, 언제나 정확한 예측 재능을 겸비했던 영국은 중앙 열강이 오직 프랑스와 러시아만을 적국으로 삼는다면 중앙 열강이 틀림없이 승리할 것으로 점쳤다. 그러나 아무튼 영국으로서는 개입을 강요받을 수밖에 없는 처지였다. 게다가 이탈리아는 오스트리아뿐만 아니라 이웃 프랑스에 대해서도 탐욕적인 태도를 취했으며, 영국이 협상국임을 자임했을 때 중립성을 내비쳐 신뢰할만한 국가로 대접까지 받을 수 있었다. 영국 정부에 제기될 수 있는 단 하나의 비난은 독일을 두고 영국 정부가 명확한 입장을 적극적으로 천명하지 않았다는 점에 있다. 그러나 그도 그럴 것이 독일은 전쟁의 성격을 잘 알고 있어서 도발하지 않을 것 같았다. 1919년 3월 윌슨[230]은 이렇게 말한다. "우리는 영국이 프랑스를 비롯해서 러시아와 손을 잡고 등장할 것이라고 독일이 한순간만이라도 생각했다면 독일은 이 군사작전에 개입하지 않았을 것이라고 확신한다." 1912년 11월, 그레이 경과 영국 주재 프랑스 대사 폴 캉봉[231]이 양해각서를 육군 및 해군 조약으로 확대한다는 내용의 서신을 교환했다. 형식상 사적이긴 하지만 실제로는 구속력이 있는 이 협정을 독일 정부는 1913년 3월에서야 알게 된다. 그러나 진지하게 받아들이지 않았다. 그것은 영국 정부가 얼마나 개입할지 완전히 명확한 입장을 보이지 않은 점에서 보자면 어느 정도 일리가 있는 반응이기도 했다. 벨기에의 상황을 통해서 문제가 엄청나게 단순해진다면 적어도 영국이 주저하지 않을까 하는 가능성은 아무래도 떨쳐내기가 쉽지 않을 법했다. 여기에서도 독일의 책임을 한 차원 높여서라도 거론할 수밖에 없는 까닭이 있는 것이다. 어쩔 수 없는 강요된 상황에 처했어도 말이다. 전쟁은 러시아보다 동원력이 더 빠른 프랑스를 신속하게 진압하는 작전을 염두에 둔 슐리펜 작전에 따를 때만 승리를 거머쥘 수 있었다. 그러나 이 진압 자체만 보더라도 넘어서기가 극히 어려운 프랑스 동부 국경의 봉쇄 진지 때문에 벨기에를 거쳐서 가는 길밖에 생각할 수가 없었다. 국가와 공간의 관계에 대한 탁월한 연구자인 루돌프 키엘렌[232] 교수는 다음과 같이

---

[230] Woodrow Wilson(1856~1924): 미국의 28대 대통령. '민족자결주의원칙'이라는 독트린으로 유명함.
[231] Paul Cambon(1843~1924): 프랑스의 외교관.
[232] Rudolf Kjellén(1864~1922): 스웨덴의 과학자이자 정치가.

말한다. 벨기에는 "프랑스의 머리 위에 아주 자연스럽게 그렇게 씌워져 있는 모자처럼 앉아 있다. 여기 북동부가 제국의 취약지대다." 이 같은 탈선적 행태는 전략상 불가피한 필연적 선택이긴 하지만, 국제법상으로는 변호될 수 없는 일이다. 이를 감행하려는 시도는 부당한 행위의 가능성을 더욱 넓혀놓기 마련이다. 그래서 헬몰트[233]의 세계사와 같은 이른바 학술 작품에서 보듯, 고트로프 에겔하프[234]와 같이 평소 그토록 정직하고 성실한 역사가조차 벨기에가 1831년까지만 해도 존재하지 않았기에 독일은 벨기에의 중립국 조약을 엄수할 의무를 지니지 않아도 된다는 식의 논평을 세계대전이 끝난 뒤에도 서슴없이 하는 (그 논평에 대한 논박은 할 필요도 없는 일이지만) 태도는 아주 낯설게 느껴질 수밖에 없다. 중앙 열강이 형식적으로는 전쟁선포뿐 아니라 실제로도 오스트리아가 고안하고 독일이 승인할 수 없다는 부인을 하지 않은 최후통첩으로도 전쟁을 개시했다는 사실은 온전한 정신이 있다면 누구도 부정할 수 없는 일이다. 그러나 전쟁 책임의 문제를 두고서는 함부로 말할 수가 없다. 그도 그럴 것이 세계사에는 실제로는 강요된 방어 전쟁이었던 침략 전쟁의 사례가 수없이 많기 때문이다. 이와 관련해서는 7년 전쟁을 떠올리는 것만으로도 충분할 것이다. 그 전쟁에서 평소 '중립' 지역이었던 작센이 세계전쟁에서 벨기에가 한 것과 꼭 같은 역할을 한 셈이다. 그러나 그 전투에서 프리드리히 대왕이 승리했을 때, 쇼펜하우어가 근거가 없진 않았지만 창녀라고 부른 성공의 연모자인 클리오(Klio)가 그에게 화관을 씌어줬다. 독일이 오스트리아를

---

[233] Hans F. Helmolt(1865~1929): 독일의 역사학자이자 정치 평론가.
[234] Gottlob Egelhaaf(1848~1934): 독일의 역사가이자 정치가.

무조건 지원한 이야기는 역사적으로 희미하게 비치는 그림과 같은 추억을 담아내는 니벨룽겐의 낭만주의에서도 흘러나온다. 그러나 이 같은 낭만주의는 정치적으로는 용납되지 않지만 그렇다고 해서 인간적 공감까지 얻을 수 없는 것은 아니다. 왜냐하면 대개 저 세계 화재(火災)의 문제가 그렇듯이 한 시대 전체가 통째로 저무는 문제는 결의론이나 국제법상의 관점을 수단으로 해서가 아니라 **신화학적** (mythologisch) 관찰의 고차원적 차원에서만 해결될 수 있기 때문이다. 독일 민족의 상황은 사실 사방의 적들에 둘러싸여 헤어날 길 없는 깊은 곤궁에 빠져 짐짓 평화의 교란자로 변해가는 니벨룽겐의 참담한 운명을 상기시킨다.

이 같은 사정에 대해서 로이드 조지[235]가 전후에 최종적으로 요약한 바 있다. 그는 이렇게 말한다. "여러 나라에서 전쟁의 발발과 관련해 쓴 회상록과 저술을 많이 읽으면 읽을수록 그만큼 더욱 분명하게 깨닫게 되는 사실은, 지도자 가운데 누구도 전쟁을 실제로 원하지 않았다는 점이다. 그들은 이른바 전쟁 속으로 미끄러져 들어갔다. 아니, 오히려 이렇게 말하는 것이 더 정확할 것 같다. 그들은 몸을 가누지 못하고 비틀거리며 걸어 들어갔다. 어리석어서!"

구름   그리하여 이제 유럽에 먹구름이 드리운다. 그 구름이 다시 갈라질 때면 근대의 인간은 사라지고 없을 것이다. 바람에 실려 존재했던 그 밤의 세계로, 영원의 심연 속으로 날아간 모양이다. 아슴푸레한 전설, 우울한 소문, 창백한 기억이 아른거린다. 인간의 수많은 놀이방식 가운데 하나가 그 목적을 성취하여 불멸의 존재로 남을 영상(映像)이 되었다.

---

[235] Lloyd George(1863~1945): 영국의 수상을 역임한 정치가.

에필로그
현실의 함몰

우리는 우리가 꿈꾸고 있다는 사실을
꿈꾸고 있을 때 막 깨어나려 했다.

― 노발리스

중세를 주도한 주요 모티프는 **보편이 실재이다**(*universalia sunt realia*)였다. 그러나 중세의 대단원을 이룬 명제는 보편은 없다는 것이었다.

근세의 종음(終音)을 그려내는 인식은 실재는 없다는 것이다. 이로써 우리는 새로운 잠복기에 들어선 셈이다.

이는 그저 알레고리적인 표현으로 받아들일 수 있다. 모든 역사 시대는 두 무한 사이에 있는 신의 특정한 사념이자 단 한 번 반짝이는 빛과 같다. 기하학적인 의미에서 보면 세계사의 여정에서 서로 닮은 것은 하나도 없다. 그래서 그 여정을 재구성할 수 있다고 상상하는 것도 미학적 관념일 뿐이다. 반면에 예술적 오성의 관점에서 보면 모든 것이 서로 닮았다. 즉 유사한 것이다. 중세의 전환기가 그랬듯 근세에서도 우선 우리가 목격하는 것은 세계상이 용해되고 있다는 점뿐이다. 그런데 너무나 명약관화한 점은 유럽 사람들이

새로운
잠복기

반 천 년 동안 현실이라고 말한 바의 것이 그들의 목전에서 바짝 마른 부싯깃처럼 바서졌다는 사실이다.

분자로서의 우주

근대가 출발점으로 삼은 우주의 무한성에 대한 사유를 시종일관 끝까지 사유하다 보면 비현실성에 다다르고 만다. 그도 그럴 것이 무한은 비현실성을 수학적으로 공식화한 표현과 다름없기 때문이다. 은하수라는 것이 10억 개 이상의 항성으로 구성되어 있고, 그 가운데 그 지름이 태양에서 지구까지의 거리보다 더 큰 것이 무수히 많다는 점, 그리고 태양은 가만히 있는 극을 형성하고 있는 것이 아니라 초속 600km의 속도로, 말하자면 포탄의 수천 배만큼이나 빠른 속도로 어디론가 날아간다는 점을 실제로 상상해보면, 이것도 역시 현실과 관계되는 일일 수 있을 것이라는 가정은 한갓 사변적 유희로 떨어지고 말 것이다. 그러나 그러한 영상은 모든 별무리의 총체는 자전하는 타원체 형태로 완결된 유한한 체계를 구성한다는 가장 최근의 추측을 따를 경우 더욱 비현실적인 것이 되고 만다. 이럴 경우 이 유한한 체계는 훨씬 더 큰 물체를 구성하게 하는 분자들의 체계일 뿐이라는 생각을 떨쳐버릴 수가 없다.

우주로서의 분자

원자에서 볼 수 있는 바처럼 올림 차수가 어마어마해서 파악하기가 어렵듯이 내림 차수도 그렇긴 마찬가지다. 가장 최근의 계산으로는 원자의 반지름이 평균 10^{-8}cm이거나 1억분의 1mm이며, 수소 원자의 질량이 물 1g의 무게와 갖는 관계는 10kg짜리 우체국 소포 하나가 우리 지구와 맺는 그것과 같다. 앞 단락에서 이미 보았듯이 이렇듯 모든 원자는 양극으로 충전된 중심 물체의 둘레를 음극의 전자들이 어마어마한 거리를 두고 타원형의 궤도를 그리고 있는 태양계라고 생각해 볼 수 있다. 이런 전자의 반지름은 극히 작다. 그것은 3조분의 1mm 정도 되며, 전자 하나를 박테리아에 견주면 그것은 지구에 달라붙어 있는 박테리아 하나 크기 정도에 불과하다. 그런데 가장 중요한 것은 다음과 같은 것이다. 즉, 핵의 양극 전하(電荷)는 원자의 비중을 결정지으며, 결국 원자의 질량은 일종의 핵전하의 결과인 셈이다. 다만 이런 전하는 비물질적인 것으로서 그 자체는 사람들이 대개 물질의 속성이라고 명명하곤 하는 식의 어떤 무게나 중력이나 부피도 없을뿐더러 관성도 없다. 말하자면 원자의 질량은 가상일 뿐이며 물질로서는 존재하지 않는다. 따라서 지금의 물리학은 **빈 공간**(leere Räume)과 여기에 놓여 있는 **물체의 원자**(körperliche Atomen)를 염두에 둔 지금까지의 표상을 포기하고 **에너지자장**(Energiefeld)과 **절점**(Knotenpunkt)이라는 기본개념을 도입할 수밖에 없다고 본다. 자장과 전하에 대해 아직 우리는 모르고 있다.

실증주의는 자신의 마지막 퇴각을 두고 이 같은 모든 전압 및 전위 차, 기능·궤도·속도·역선(力線)과 그 밖의 놀라운 상징을 정확한 수학적 방정식으로 표현할 수 있다는 말로써 위안을 삼는다. 요컨대 놀라울 것이 없다는 것이다. 지나가는 모든 것은 비유일 뿐만 아니라 하나의 방정식이거나 약간 점잖게 표현하면 모든 과학은 실재의 다른 표현일 뿐이기 때문이다.

새로운 세기의 가장 위대한 정신적 사건으로밖에 볼 수 없는 상대성이론은 물질에 대해서도 동일한 관점을 취한다. 고대의 세계상에서는 우주가 창공의 종 안에 들어 있다고 생각한 것처럼 지금까지 시간도 모든 존재가 영원히 의존하고 있는 속이 깊이 들어간 청람색 쟁반으로 비쳤다면, 이제 시간도 우주가 근대의 출범과 더불어 겪었던 것과 동일한 운명을 겪을 수밖에 없는 노릇이다. 지난 100년 동안 유럽 사람들은 코페르니쿠스로 품격을 높이는 일에 관대했다. 그들은 퀴비에·콩트·마르크스·프로이트와 그 외의 다

시간은
장소의
한 기능이다

른 사람들에게 코페르니쿠스와 같은 위치를 차례로 부여했던 것이다. 상대성 이론이 나옴으로써 이제 유럽 사람들은 코페르니쿠스의 업적을 거론하기에 가장 적절한 기회를 얻은 셈이었다. 향후 세대가 우리 시대를 일컬을 때도 일단 아인슈타인의 시대로 언급할 개연성이 없지 않다.

100km 길이의 고속열차가 초속 1km의 속도로 움직인다. 이 같은 고속열차는 존재하지 않는다. 그도 그럴 것이 현재 도달할 수 있는 최고 수준에서 보자면 그 같은 길이는 300배로 느껴질 것이고, 그 속도는 30배나 더 빠르게 느껴질 것이기 때문이다. 이 열차의 제일 앞 칸에는 A라는 사람이 타고 있고 제일 후미에는 Z라는 사람이 타고 있다고 가정해보자. 그들은 열차 바깥에 있는 관찰자 B의 통제에 따라 서로 동시에 등화신호를 보낸다. 이 세 사람은 1초를 30만 분의 1로 나눌 만큼 아주 정확한 초정밀 시계를 갖고 있다. 열차가 정지하고 있는 한, 그 신호는 세 참석자 모두에게 동시에 그들의 수신 장소에 도달한다. 즉 (빛의 속도는 초속 30만km이기 때문에) 빛이 방사된 후 1/3000초에 접수되는 것이다. 열차가 움직이고 있다 하더라도 그 신호는 A와 Z에 동시에 도달한다. 그러나 B에게는 Z가 A에게로 보낸 광선이 초속 101km로 다가오며, A가 Z에게로 보낸 광선은 초속 99km로 다가온다. 따라서 그 광선은 A의 경우 Z의 경우보다 30만분의 2초 늦게 도착하게 된다. 다시 말해서 동일한 시간에 일어난 사건도 같은 운동체계 안에서만 동시적인 형태를 취하게 되는 것이다. 말하자면 시간이란 관찰자의 운동 위치에 달려있는 셈이다. 모든 물체의 경우 그 운동 위치에 따라 시간 계산은 달라지기 마련이다. 각 장소에 따라 특정한 시간이 부가된다는 말이다. 시간은 장소의 한 기능을 나타낸다고 할 수 있다.

모든 사건의 장소는 시간을 통할 때에야 비로소 명확히 규정되기 때문에 시간은 4차원과 다름없다. 따라서 시간과 공간에는 공통된 척도를 둘 수 있다. 그 단위는 **시간미터**(Zeitmeter), 다시 말해 광선이 1미터 통과하는 데 필요로 하는 시간, 즉 3억분의 1초이다. 그런데 어떤 물체가 움직이는 데 필요한 에너지, 즉 '살아 있는 힘'은 물체의 무게(m)에 그 속도의 제곱을 곱함으로써 산출된다. 이 공식은 우리가 알기로는 라이프니츠가 발견한 것으로서 mv^2(좀 더 정확히 하면 $\frac{mv^2}{2}$)이 된다. 속력은 거리(s)를 시간(t)으로 나눈 값이다. 이제 시간미터로 계산해보면 에너지와 질량은 동일한 측량단위를 갖는다는 것을 알 수 있다. 이 공식대로 하면, 에너지가 $m \cdot \left(\frac{s}{t}\right)^2$과 같다는 것은 예컨대 초속 300미터의 속력을 갖는 탄알 한 발의 운동에너지를 의미한다. 이는 $300m$**의 거리**(Meter Weg)를 곱하고 3억m**의 시간**(Meter Zeit)으로 나누어($=1/100$만) 제곱한 값($=1$조분의1)의 질량과 맞먹는다. 말하자면 이때의 에너지는 1조분의 1의 질량에 해당하는데, 이를 뒤집어 말하면 질량은 살아 있는 힘의 출현형태인 많은 양의 에너지를 의미한다. 이 사실을 일반 공식으로 옮기면 $E=mc^2$이 된다. 이때 c는 빛의 속도를 나타낸다. 이 공식이 말해주는 것은 물질이란 비물질성을 지니며 질량은 존재하지 않는다는 사실이다.

그런데 이 같은 시간 개념에서 근저를 훨씬 더 깊이 흔들어놓는 인식이 뒤따른다. 요컨대 모든 운동은 거리의 변화를 의미한다. 절대적 운동 개념에는 우리가 이 운동과 연관 지을 수는 있지만 귀착시킬 수는 없는 절대적으로 정지하고 있는 물체가 반드시 필요하다. 요컨대 모든 운동은 상대적이다. 말하자면 한편으론 정지하고 있고 다른 한편으론 운동하고 있는 그런 하나의 체계란 없고 늘 상대적으로 운동하고 있는 두 개의 (혹은 그 이상의) 체계가 있을 뿐이다.

이미 뉴턴은 일방적인 인력은 없으며 지구가 떨어지는 돌을 끌어당기듯이 떨어지는 돌도 지구를 끌어당긴다는 점에 대해 강조했다. 그러나 돌의 질량이 지구에 비해 극히 미미하므로 우리는 그 영향을 무시할 수 있다. 이와 비슷한 상황에서 우리는 지구가 태양을 공전한다고 말하는 것이다.

우리가 시간의 상대성을 느끼지 못하는 까닭은 그 길이 때문이다. 좀 더 정확히 말하면 우리 삶의 느림이 우리가 장소의 상대성을 느낄 수 있게 하는 원인이 되기도 한다. 만일 우리의 파악력이 대충 빛의 속도를 따라잡을 정도가 된다고 한다면 시간이 움직이는 사실을 지각할 법하지만 실제로는 그렇게 지각할 수도 없고 기껏 '천문학적인' 관찰을 통해 돌 하나 떨어지는 사실을 해명할 수 있을 따름이다. 우리의 감각이 받아들이는 운동과 변화는 속도에서 빛과는 도무지 비교조차 되지 않지만 우리의 실생활은 프톨레마이오스 체계가 태양 중심 체계에 밀려났을 때와 마찬가지로 아인슈타인이 상대성을 발견했을 때에도 아무런 영향을 입지 않았다. 이렇듯 완전히 달라진 근대에도 태양은 지금까지 그랬듯이, 그리고 앞으로도 늘 그러할 것처럼 떠올랐다. 그러나 세계감정은 결정적인 방향전환을 경험했다. 이 방향전환은 우주를 처음으로 어마어마하게 거대한 것으로 봄과 동시에 수학적으로 계산하고 가늠할 수 있는 크기로 이해했던 과학정신의 승리를 의미했다. 그런데 상대성이론은 이와는 역방향을 가리킨다. 말하자면 우주를 무한한 어떤 것으로서 여기지만 완전히는 이해할 수 없는 어떤 것, 그리고 과학의 지각능력을 무색하게 하는 어떤 것으로 이해한다.

오로지 관찰자의 위치에 좌우되는 위와 아래의 공간개념이 그렇듯이 이전과 이후라는 것도 특정한 시간상의 위치와 관계할 때에만 내용을 갖는 표상일 뿐이다. 두 사건이 동시에 발생했다고 주장하는 것은 특정한 운동체계를 고려할 때에만 의미를 가질 따름이다. 이 운동체계 바깥에 서 있는 관찰자라면 그러한 사건이 발생한 장소에 따라 그 사건들은 좀 더 일찍 혹은 좀 더 늦게 나타날 수 있다는 사실을 알기 마련이다. 즉자적으로 두 사건은 **동시적이지도 않고 비동시적이지도 않은**(weder gleichzeitig noch ungleichzeitig) 셈이다. 이는 그 사건들이 어떤 체계의 상대성으로 정리되기 때문이다. 크다/작다, 가깝다/멀다, 동시적이다/비동시적이다라는 것은 '주관적' 척도에 따른 것이 아니라 그런 척도 자체가 없는 셈이다. 왜냐하면 이러한 것은 절대적 측량 단위와 관련시킬 수 없기 때문이다. 그러나 절대적 동시성 개념과 함께 공간 크기에 대한 절대적 척도도 소용없게 된다. 요컨대 **두 선분**과 **평행선**의 **동일성**(Gleichheit zweier Strecken und der Parallelität) 개념도 무색하게 된다. 말하자면 평행선이 교차하기도 하는 것이다.

우주 속으로의 폭발

한 시대의 모든 '진리'는 어떤 연관된 하나의 태양계를 형성한다는 점에 대해선 상대성이론과 동시에 등장한 한스 회르비거[1]의 '빙하설(Welteislehre)'에서 읽어낼 수 있다. 이 '빙하설'을 두고 그는 좀 더 명확히 규정해 '대빙하설(Glazialkosmogonie)'이라고 명칭하면서 타당하게도 〈우주와 태양계의 새로운 한 발전사(eine neue Entwicklungsgeschichte des Weltalls und des Sonnensystem)〉라는 부제를 달았다. 이 같은 관점을 취하게 된 것이 그가 야금기사로서 시도한 실용적 관찰 덕분이었다. 이에 따르면 액체 용암 불길에 잠겨 있는 얼음덩어리는 녹지 않고 오히려 용암덩어리처럼 굳어져 속돌 모양을 한 해면질의

---

[1] Hanns Hörbiger(1860~1931): 오스트리아의 기술자.

절연층을 이루었다가 100도까지 가열되는 물로 서서히 바뀌고, '비등점이 지체되던' 가운데 결국 그것을 넘어서면서 마침내 '속돌의 폭탄'으로 폭발한다. 이로부터 유추하여 이제 회르비거는 우리의 은하계도 다음과 같은 방식으로 생겨났으리라 생각한다. 비둘기자리 방향에 위치한 우주 어디엔가 태양에 비해 2억 배나 큰 형태로 작열하고 있는 거대한 별자리 '성모(星母: Sternmutter)'가 있다. 태양 크기에 4만 배 정도 되는 '아이스링(Eisling)'은 성모로 둘러싸여 있지만 용해되지 않은 채 그 속으로 파고 들어가 천천히 비등하기 시작한다. 대폭발이 일어나고 나면 흩뿌려진 별무리 가운데 가장 큰 무리는 다시 원상회복되지만 대략 25%가 폭발의 압력을 통해, 그리고 추후 중력의 장에서 밀려오는 가스를 통해 별무리를 형성하게 된다. 이처럼 우주 속으로 일어난 폭발이 우리의 태양계를 형성하고 있다고 말할 수 있다.

이 같은 회르비거의 구상은 지금까지 구상과는 여러 점에서 본질적으로 뚜렷이 구분된다. 이는 우선 그의 구상이 구성성분으로서 얼음에 부여한 대단히 중요한 역할에서 드러난다. 그리고 무엇보다 차이가 나는 것은 **역동적 형태**(dynamische Form)다. 칸트의 세계상은 정태적이다. 요컨대 가스 성운이 부드러운 양털구름처럼 천천히 자신의 궤도를 따라 움직이면서 조용히 둥근 모양으로 뭉치고 뜨거워지면서 딱딱하게 굳어졌다는 것이다. 그런데 소위 대빙하설의 신화는 이와는 전혀 다른 색조를 드러낸다. 게다가 칸트와 라플라스에 따르면 지구는 성운 고리에서 형성되었으며, 달은 별무리의 다발로 남았다. 또 다른 라플라스 추종자들은 달이 가스 상태에 있는 동안 원심력의 작용을 받으면서 지구에서 분리되었으며, 그것은 지구가 이전에 태양에서 떨어져 나온 것과 같은 이치라고 믿고 있다. 그러나 이런 '분리설(Abschleuderungstheorie)'에는 두 가지 형태로 반론이 제기된다. 즉, 몇몇 행성은 전혀 다른 크기와 거리 및 모양의 (그 공전주기가 지구의 12시간과 지구의 2년 6개월 사이를 오가는) 위성을 두고 있으며, 천왕성과 해왕성의 위성은 역행운동을 보여준다는 것이다. 이 위성이 자전하는 가스덩이의 일부로서 이 가스덩이에서 폭발해서 떨어져 나오지 않았더라면 아마 그 같은 역행운동은 전혀 불가능했을지도 모른다. 이 지점에서도 회르비거의 이론은 지금까지 해명되어온 것과는 정반대를 제시함으로써 위성 생성 문제를 별 무리 없이 해소한다.

위성은 유성 무리에 속하지 않는다. 그러나 일단 유성 무리로 분류되는 것이 모든 위성이 겪는 운명이다. 작은 유성이 더 큰 유성과 맺는 관계에서도 같은 운명이 점쳐진다. 완전히 비어있지는 않은 우주의 저항 때문에 별은 위성이 행성 속으로 떨어지고 행성이 태양 속으로 빨려 들어가는 결과로 빚어지는 궤도수축을 감수하기 마련이다. 대략 열 개 정도의 '사이 수성들(Zwischenmerkure)'이 이미 태양과 결합했고, 다수의 '사이 화성들'이 지구와 결합했던 것이다. 이 화성들은 처음에는 지구의 위성이었지만 결국에는 지구에 '끌려온' 형국이다. 지금 우리의 달도 애초에는 화성과 지구 사이에 있는 루나(Luna)라는 행성이었고, 화성은 우리의 마지막 위성이 되어가고 있다.

말하자면 위성의 시대가 위성이 없는 '낙원과 같은', 그러나 '도깨비에 홀린 듯한' 시대로 교체되고 있는 것이다. 노아의 홍수는 끝에서 두 번째의 위성이 해체되면서 동반된 재앙이었다. 얼음과 철의 찌끼로 이루어진 엄청난 양의 우박이 지구에 쏟아진 것이다. 요컨대 달의 인력을 잃어버린 상황에서 일어난 적도의 홍수지대는 극지방으로 물길의 방향을 틀었다. 약 14,000년 전, 당시 우리 달의 인력이 미치는 반경에서 일어난 그 대홍수는 일종의 높이 치솟은 간만으로서 지구의 모습을 본질적으로 바꿔놓았다. 이 홍수에 휩쓸려 사라진 것이 아메리카와 아프리카 사이에 있는 아틀란티스 대륙과 남아메리카 서부에 위치한 이스터 섬, 그리고 동아프리카와 인도를 잇는 넓은 다리 역할을 한 레무리아[2]였다. 위성이 떨어지기 직전에 자연이 보여준 모습은 극도로 복잡하면서도 그림같이 아름다웠다. 요컨대 달이 지구 둘레를 하루 네 번 돌았으며, 그 크기가 너무 커서 별들의 1/3을 가릴 정도였다. 그래서 온전한 낮도 없었고 온전한 밤도 없었다. 하늘은 두터운 얼음구름(Eiswolken)과 요동치는 뇌우로 들끓었다. 육지와 바다는 쏴쏴 소리 내며 내리치는 금속 운석과 번쩍이며 충돌하는 기체의 방전, 그리고 따다닥 내리치는 우박세례로 인해 북 치듯 쿵쾅거리는 소리와 불꽃으로 뒤덮여 있었다.

대빙하설은 하나의 천변지이설(天變地異說)이다. 여기서 추론되는 것은 생물학의 영역에서도 이 같은 발전이 폭발적인 세계의 출현과 세계의 소멸 형태로 진행되기 마련이라는 점이다. 그런데 이런 식의 출현과 소멸 형식은 다윈주의와는 완전히 상충한다. 그리고 그러한 테제는 뉴턴의 세계상과도 상충한다. 물론 이러한 빙하설이 타당하다고는 (이는 권선징악을 소재로 한 문학과 같은 예술 장르에나 어울릴 법한 것인데) 누구에게도 강제할 수 없지만, 적어도 그것이 상기시킬 수 있을 법한 일은 소위 '고전적인 역학'에 입각한 우주는 존재하지 않는다는 사실이다. 이 점에서 빙하설은 상대성이론과 은

---

[2] Lemuria: 여우원숭이(Lemur)의 분포에 미루어 인도양에 있었던 것으로 추정되는 고대의 육지.

밀히 조화를 이루는 셈이다.

빙하설을 통해 '전설'의 세계도 자연을 해명해주는 원리라는 새
로운 명성을 얻기에 이른다. 모든 민족의 신화에서는 '대양'에 관한
이야기가 마치 담시의 후렴구처럼 늘 반복된다. 그것은 노아와 데우
칼리온의 이야기로 반복되며, 칼데아 사람들과 아스텍 사람들 심지
어 에스키모인 사이에서도 떠돈다. 역사에 대한 그 같은 기억이 역
시 기묘하게도 점성술의 교리와 부합한다. 역사가들을 배후에 둔
역사에 대한 우리의 표상이 점성술적인 경향을 띄기 마련이라는 것
은 의심의 여지가 없어 보인다.

우리 시대에 오롯이 되살아난 옛날 옛적 점성술의 교훈에 따르면
태양의 춘분점과 수대(獸帶) 모양(Tierkreiszeichen)의 위치에 따라 결정
되는 세계사의 변천은 2,100년마다 일어난다. 우리가 고대라고 규
정하는 중세 이전 시대는 '백양궁(白羊宮)의 시대(Widderzeit)'에 해당한
다. 그것은 기원전 2250년에서 기원전 150년에 걸쳐 있다. 대략 150
년경에 역시 같은 주기로 저물 때까지 가는 물고기자리의 시대가
시작된다. 이는 '서양'의 시대에 해당한다. 실제로 그리스도가 출현
하기 전 200년 무렵에 구세주에 대한 기대감이 농후해지기 시작했
다. 기독교의 시대, 제대로 이해하자면 정확하게는 진정한 기독교
문화의 전조일 뿐인 서양의 시대가 시작된다. 뭉뚱그려서 말하자면,
근대의 말미를 가장 완벽하게 그리고 가장 극단적으로 장식한 두
세력, 즉 제국주의와 인상주의가 실제로는 그 시대 전모를 규정해주
는 셈이다. 그 서두에서는 로마가, 그 말미에서는 앵글로색슨계가
세계를 제패했다. 그러나 중세 기간 내내 주도한 사상도 교회와 정
치의 세계왕국이었다. 비록 심하게 흔들리긴 했어도 세계를 파악하
는 일에서 주도원칙으로 널리 행해진 것은 인상의 모사였다.

우리는 물고기자리에서 물병 모양의 별자리로 옮겨갈 순간에 이르렀다. 물병자리는 고독·성찰·투시·심층전망을 의미한다. 물병자리는 사회적인 것을 우선하고 피상적인 것을 중요하게 여기는 시대의 종말을 의미하며, 눈앞의 것을 믿고 실재의 실재성을 신봉하는 시대의 종말을 뜻한다. 이 과도기에 점성술은 그리스도가 출현하기에 앞서 세 번째 천 년의 전환기 즈음 이집트에서 황소자리가 백양궁으로 바뀔 때 그랬던 것과 같이 새로운 힉소스 왕조[3]의 지배를 예고한다. 이를 이해하는 데는 볼셰비즘을 떠올리는 것만으로 충분하다.

역사의 몰락 　슈펭글러는 분명 점성술의 신봉자는 아니다. 그러나 문화권에 관한 그의 학설은 점성술과 다르지 않은 면모를 보여준다. 아무튼 지금까지 받아들여진 세계사 발전 단계의 구조, 특히 본질적으로 말해 계몽시대를 구성한 구조가 그의 학설에 의해 완전히 분쇄된다. 그런데 그의 새로운 구상이 일으킨 혁신의 바람은 대단히 강력하다. 그것이 우리에게 보여준 바는 우리가 다른 문화를 도무지 이해할 수 없으며, 우리의 문화조차도 수많은 형식 가운데 가능한 하나의 형식일 뿐이라는 점이다. 그래서 슈펭글러는 지금까지의 역사(Historie)에 대해 취해온 프톨레마이오스적인 역사상(歷史像)을 화두로 삼는다. 그리스인이 지구 중심의 체계를 신봉한 것은 그들이 그토록 '낙후한 상태'에 있었기 때문이 아니라 그 체계가 그들 나름의 내적 생활형식에 부합했기 때문이다. 같은 이유에서 열반을 신봉하는 인도인이 숫자 영의 고안자가 되었으며, 무한충동을 지닌 '파우스트적' 인간이 미적분의 창안자가 되었던 것이다. 바빌로니아 사

---

[3] Hyksos: 기원전 1700년경~1580년경 이집트를 지배한 유대인 권력.

람들에게 점성술의 방식이란 아랍인들에게 연금술이 그렇고 우리에겐 천문학과 화학이 꼭 그렇듯이 '과학적' 확신의 대상으로 통했다. 아마 언젠가 사람들이 우리의 무선전신탑의 잔해를 두고서 우리가 이집트의 사원 유적지를 둘러볼 때처럼 알 길 없다는 듯 망연히 쳐다볼 날이 올 것이고, 우리의 대수표(對數表)를 두고서도 순전히 문화사적인 관심을 보일 날이 올 것이다. 이는 칼데아(Chaldäa) 사람들이 간을 관찰하면서 미래를 점치고 설명할 때 이용한 색표를 우리가 이런 문화사적 관심에서 관찰하는 것과 같은 이치다. 그런데 완전히 달라진 근대의 역사 연구는 역사를 항상 근대의 입장에서만 관찰해왔다. 이런 입장은 버릴 수도 있지만 고대를 관찰할 때조차도 엉터리로 작동하는 유럽의 입장만큼은 포기하지 못하고 있는 사정이다. 역사는 존재하지 않는다. 우리는 아무리 잘 해봐야 개념파악할 수는 있지만 관통해나갈 수는 없는 그런 역사적 선험주의에 망연자실하게 유폐된 꼴이다. 근대는 이른바 지나온 것이기 때문에 근대를 벗어난 시각에서 그것을 관찰하려는 이제까지의 시도란 가망이 없어 보인다. 그러나 그러한 시도가 가능했던 것은 근대를 수단으로 할 때뿐이었다. 그래서 그 같은 시도는 우리가 무능하게도 근대의 창조적 의미를 알아보지 못하고 한갓 부정적인 뜻에서 '현실의 함몰(Sturz der Wirklichkeit)'로서만 명명할 따름이었던, 그 명명의 대상 — 근대와 마찬가지로, 거대한 파도가 신비롭게 부서지듯 나락으로 떨어지고 만다.

합리주의의 막간극이 끝나고 있음을 알리는 가장 뚜렷한 전조는 '근대적 사유'의 수호신이라고 할 수 있는 규범적 논리학이 이미 흔들리기 시작한 점이다. 규범 논리학의 창시자는 아리스토텔레스다. 서구의 오성에 비춰볼 때 플라톤은 논리학자가 아니었다. 아리스토텔레스가 세운 논리학을 떠받치는 두 기둥은, 모순적인 것을 동시에 생각해서는 안 된다는 의미를 제공하는 **모순율**(*principium contradictions*)과, A나 비(非)-A(non-A)만 있을 뿐 제3항이나 중립항은 생각할 수 없다고 확신하는 **배삼율**(排三律: *principium exclusi tertii*)이다. 그의 표현으로 말하면, "동일한 규정이 동일한 대상에 적합하기도 하고 아니기도 한 것은 불가능하며", "하나의 모순적인 대립 고리들 사이에는 어떤 중간항도 있을 수 없다." 그런데 이런 명제는 서류상의 말로만 타당할 뿐이다.

그도 그럴 것이 모든 예술적 사유가 그렇듯 모든 자연적 사유도 (따라서 거의 모든 사유가) 논리를 넘어서 있는, 말하자면 상징적인 것이기 때문이다. 우리가 '상징적인' 표상으로 이해하는 것은, 무엇인가를 의미하는 동시에 이 무엇과 가끔 정반대가 되는 다른 어떤 것을 뜻하는 표상이다. 상징에서 완전히 벗어나서 사유한다는 것은 아마 학문에서는 결코 가능하지 않은 일일 터이다. 단지 그렇게 하고 있다고 착각할 따름이다. 엄청나게 우세한 힘을 발휘하는 것은 동어반복의 세계에서 보는 순수한 수와 부피의 세계, 그리고 (공놀이나 카드놀이를 할 때처럼) 백치의 세계에서 만나는 순수한 기호 세계이다.

아주 단순한 사유를 문법과 혼동하는 아리스토텔레스의 논리학은 그 온전한 재능이 법학과 전술에까지 뻗쳐 있는 로마 사람들 사이에서 논란의 여지 없이 통용되어 왔다. 그 시기는 알렉산드리아 학풍과 후기 스콜라철학이 형성되던 때와 헬레니즘과 고딕 문화로의 분화가 이루어지던 때, 그리고 근대의 기간 전체에 걸쳐져 있다. 그러나 그 논리학의 해체는 오해된 '범논리주의(Panlogismus)' 덕분에 극단적 합리주의자로 통하는 헤겔이 이미 예고하고 있지만, 실제로 헤겔은 '진리'를 테제와 안티테제의 통일, 말하자면 일종의 비합리성에서 찾는다. 그가 남긴 불후의 인식활동은 **진테제**(synthetisch) 사유형식을 배치한 점, 좀 더 정확히 하면 그것을 재배치한 점에 있다. 이 사유형식은 지극히 반아리스토텔레스적인 입장으로서 모순의 명제는 물론이고 배척된 제3항의 명제도 지양하면서 모순적인 것을 동시에 생각할 수 있어야 한다고 주장한다. 왜냐하면 바로 이 점에 사유의 과제가 놓여 있고 모순적인 대립의 두 고리 사이에 제3항이 있으며, 엄밀히 말하면 오직 제3항만 있을 뿐이기 때문이다. 오로지 A와 오로지 비-A만 존재한다고 여기는 것은 모두 틀렸다는 것이다. 테르툴리아누스[4]도 같은 생각이다. 그는 그리스도의 구원의 진리를 두고서 그것이 불합리하기 때문에 믿을만하며, 그것이 불가능하기 때문에 확실하다고 설명한다. 이렇듯 부조리함을 인정한다고 해서 이는 피상적으로 생각하듯 이성을 포기하는 것이 아니라 또 다른 한 형태의 이성을 인정하는 것이다. 이 같은 형식이 좀 더 풍부한 발전 가능성을 이미 내포할 수 있는 까닭은 논리적인 이성이란 기껏 하나의 이성일 뿐이지만 논리를 넘어선 이성은 무지개의 다채로운 빛깔로 모든 영혼의 형태를 반영하는 이성이기 때문이다. 삼단논법의 전횡은 평소 작용하는 이 논법을 염두에 두면 고작 역사적 특색을 드러낼 뿐인 실증주의자의 입장에서나 통할 법한 것이다. 범주들의 12동판법(Zwölftafelgesetz)은 문화사가에게나 실재가 될 뿐이다.

다다이즘(Dadaismus) 선언에서 합리주의를 '부르주아적 허세'로 규   다다

---

4   Tertullianus(155년경~220년경): 초기 그리스도교의 주요 신학자·모럴리스트. 최초의 라틴 교부(敎父)로서 그 뒤 1000년 동안 서방 그리스도교의 어휘 및 사상 형성의 기초를 이룸.

정한 점에 미루어볼 때 다다이즘은 합리주의의 역사적 제약성에 대해 본능적으로 간파한 셈이다. '다다(Dada)'는 흡사 목마놀이를 할 때 유아가 내지르는 더듬거리는 말투와 같은 소리다. 그러나 이 새로운 예술 원리도 별다른 것이 아니다. 그 고전적인 표현은 다다이즘의 성격을 드러내는 한 소설의 주인공 모라바진(Moravagine)이 "La vie est une chose vraiment idiote"라는 문장을 발음할 때 내는 소리에서도 목격된다. 그러나 이 같은 발음을 명시하는 일도 다다이즘 이전의 수많은 예술적 업적이 남김없이 성취해놓았다. 요란할 정도로 두터운 구름과 함께 확산한 표현주의 일체에서도 완전히 새로운 경향을 찾기란 좀처럼 쉽지 않다. 표현주의(Expresseionismus)는 고작 그 몸짓에서만 혁명적이었을 뿐이다. 그것은 그저 'Im'을 'Ex'로 대체한 것뿐이라고 말할 수 있다.[5] 낭만주의가 의고전주의에 대해 지독히 신랄하게 논박했음에도 낭만주의의 연출방식은 결국 의고전주의의 하나일 뿐이었던 것처럼 사실 표현주의는 새로운 탄생이 아니라 기껏 인상주의의 한 특화에 불과했다. 그것은 인상주의가 자기 해체의 과정을 밟는 과정에서 출현한 불가피한 현상이었을 뿐이며 그 작품 다수는 일탈한 인상주의의 캐리커처로 남았던 것이다. 표현주의가 낭만주의와도 공통된 지점을 갖는 것은 그 최고의 강점을 강령에 두었던 점이다. 기존의 강령을 정반대로 뒤집어놓으려는 단호한 결단은 어떤 경우든 즐겁긴 하지만 그 자체만으로는 여전히 창조적이진 못하다. 어떤 경향이 시문(Poesie)을 혁신하는 대신 시학(Poetik)을 혁명화하는 일로부터 일을 벌이려고 할 때는 늘 문학에서

---

[5] Im-presseionismus(인상주의)를 Ex-presseionismus(표현주의)가 대신했다는 뜻.

시작할 수밖에 없다. 표현주의가 도도하고도 삭막한 오피츠풍[6]을 띤 점에서는 제1차 슐레지엔 시파(詩派)를 닮았으며, 열정을 소음으로 대체한 듯 요란을 떠는 그 행태에서는 예술을 정치학과 사회학으로 음울하게 하는 저널리즘적인 경향 때문에 '청년독일'[7]을 연상시키는 제2차 슐레지엔 시파를 닮기도 했다. 표현주의가 극히 단명에 그친 까닭은 '청년독일'에게 늘 반짝이는 멋진 암시적인 자극을 부여한 그런 것이 제대로 작동하지 않은 점에서 찾을 수 있을 것 같다. 즉 억압에 대한 순교 정신과 같은 일이 없었다. 요컨대 청년세대 모두를 휩쓸었던 정신적 조류가 완전히 빠져나가 그 흔적 하나조차 남기지 않은 탓에 더는 그 같은 순교 정신이란 존재하지 않는 것과 같은 셈이다.

세계대전의 군사 정신에서 취한 간결한 형식도 바로 드러난 몸짓 뿐이었던 꼴이다. 표현주의자들은 관사의 생략과 도치, 그리고 과감한 생략법을 통해서 집중력을 끌어낼 수 있다고 믿었지만 고작 얻은 것이라고는 일종의 전보 수준의 잡담과 같은 것이었다. 이는 아주 일찍이 니체가 확언한 다음과 같은 말이 적중하는 바다. "문학 초년생이 화두로 삼아 칭송하거나 비난하면서 시를 짓는 그 말투"란 "아주 시끌벅적하지만 꼭 허공에서 음향의 힘을 얻는 천정으로부터 울리는 소리처럼 둔중한 동시에 모호하기도 하다." "자신들이

---

[6] Opitzerei: 17세기 독일의 유명한 시인이자 평론가 마르틴 오피츠(Martin Opitz: 1597~1639)의 이름에서 유래함. 오피츠는 독일 바로크 문학의 이론적 지도자로 통하기도 함. 그의 작품 『독일 시학서(Buch von der deutschen Poeterey)』(1624)는 최초의 독일 문예이론서로서 18세기 초에 이르기까지 창작을 할 때 작가가 따라야 할 규범서로 통함.

[7] Junges Deutschland: 청년 문인들을 중심으로 19세기 독일에서 일어난 사회 및 문화의 혁신운동 집단.

그려낸 인물이 생생하지 않다고 사람들이 생각하지나 않을까 하는 조바심 때문에 침울한 취향의 예술가들은 그 인물들이 격렬하게 행동하도록 그려야겠다는 충동에 사로잡힐 수밖에 없었다." 그들은 청년독일파가 '시대정신(Zeitgeist)'을 갖고서 그렸던 것처럼 '정신 (Geist)'이라는 핵심어를 갖고서 장난을 쳤다. 그러나 이제는 정신이 없는 사람 이외 누구도 정신에 대해서 말하지 않으며, 자연을 등진 사람 이외 누구도 자연에 대해 더는 말하지 않는다. 브뤼겔[8]이나 라블레[9]가 스스로 자연주의자라고 칭했고, 니체가 정신을 경멸한 적이 없다고 생각할 수 있겠는가? 반대로 루소식의 "자연으로 돌아 가자"는 말은 데카당스가 지배하는 파리의 살롱보다 더 감동적이게 설파된 곳이 없으며, 80년대의 자연주의 운동은 베를린의 지하 맥 줏집과 다락방에서 시작되었다. 표현주의자들이 보이는 유치할 정 도의 훈련되지 않은 딜레탕티즘 역시 진정한 정신성과 완전히 동떨 어진 것이 결코 아니었다.

드라마의 파국 무대 분야에서는 드라마가 표현주의에 의해 파국을 맞는다. 이 파국의 증세는 그리스 비극의 발전에서 에우리피데스[10]가 한 것과 거의 동일한 역할을 부르주아 연극사에서 발휘하는 쇼[11]의 희극에 서 이미 나타났다. 이 두 작가의 경우에서 그 파국은 폐쇄적인 연극

---

[8] Pieter d. Ä. Breughel(1528~1569): 네덜란드의 화가. 최초의 농민 풍속화가 로 널리 알려져 있음.

[9] F. Rabelais(1494~1553): 프랑스 르네상스 시대의 대표적인 작가.

[10] Euripides(B. C. 484~406): 아이스킬로스와 소포클레스를 포함한 고대 아테 네의 3대 비극 작가 가운데 한 사람.

[11] B. Shaw(1856~1950): 아일랜드 희극작가·문학비평가. 사회 비판적인 풍자 극을 많이 썼음. 『홀아비의 집』(1891), 『워렌 부인의 직업』(1883) 등의 희극 에서 여성 문제를 다룸. 대표작으로는 『하트브레이크 하우스』(1913~16)와 『성녀 존』(1923)이 있다.

형식을 철학·심리학·에세이·논쟁 등의 형식으로, 양가감정·반어·희비극·상대주의와 같은 형태로 해소하는 모양을 취한다. 에우리피데스도 꼭 쇼의 방식으로 소크라테스의 변증론과 연설법뿐만 아니라 여성해방과 같은 사회적 문제를 무대에 올렸다. 『향연(Symposion)』이 설명하는 바, 결국 끝에 가서 모든 사람이 술에 취해 테이블 아래로 쓰러졌지만 소크라테스와 아가톤, 그리고 아리스토파네스만이 여전히 말짱한 상태였으며, 소크라테스는 이 두 시인에게 비극 작가와 희극 작가는 동일한 사람일 수밖에 없다는 점을 입증하려 한다. 그러나 이들은 더 이상 그의 말을 온전히 따라잡진 못하고 가끔 꾸벅꾸벅 졸아댄다. 그러나 그 자리에 없었던 에우리피데스는 그의 말을 이해하고서 그 같은 예술 장르를 실제로 만들어 냈다. 극장의 와해는 거의 언제나 2차에 걸친 추세로, 그것도 상반된 추세로 이루어지곤 한다. 요컨대 극장은 일련의 공허한 광경, 말하자면 잡동사니 무대장치와 원시적인 볼거리로 분해된다. 이 두 경우도 거의 동시에 이루어졌다. 수중에 설치된 경기장에 등장하는 수천의 수병과 사공이 서로 잔혹한 전투를 펼친 고대의 해전과 검투사의 시합은 영화관과 레뷰[12]를 연상시킨다. 이제 우리에게 적합한 극장 형식이 곡마단이라는 사실에 대해선 이미 수년 전에 라인하르트[13]의 천재적 본능이 간파했던 셈이다.

그러나 표현주의는 벌써 드라마의 저편에서, 즉 주인공의 심리가 무대 역할을 하는 모노드라마(Monodram)에서도 그 모습을 드러낸다. 다시 말해 그것은 순수 서정시로도 표현되며 심지어 예술 이외의

---

[12] Revue: 같은 시대의 인물과 사건들을 묘사하거나 풍자하는 노래나 춤, 촌극, 독백 등으로 이루어진 오락극의 일종.
[13] M. Reinhardt(1873~1943): 오스트리아의 연극연출가.

부문에서조차 나타난다. 요컨대 표현주의는 과학의 과제가 무엇인지 원칙적으로 그 유형까지 제시한다. 이를테면 살인자는 법학의 연구대상이고 광기는 정신병리학의 표현대상이며, 인간은 원숭이가 동물학으로 분류되듯 철학의 테마에 포함된다는 것이다. 반면 예술은 이런 유형과는 아무 관계도 없을뿐더러 부슈[14]나 안데르센[15]을 떠올려볼 때 동물을 개체화하지 않고 오히려 반대로 개체를 그 피조물의 정상에 두는 완전히 다른 유형으로 고양시킨다. (그 방식에서 역시 현실의 함몰을 뜻하는) 극장 와해의 원인은 놀이에 담긴 어린아이의 진지함과 순박성의 고갈에 있다. 사람들은 이제 더는 사건을 연출하는 것이 아니라 사건으로 장난을 친다. 마드리드 대학의 형이상학 교수이자 청년 스페인의 지도자인 호세 오르테가 이 가세트[16]는 『현대의 과제(El tema de nuestro tiempo)』라는 아주 재기발랄한 책에서 이렇게 말한다. "예술은 그 마술적인 힘을 자기 조롱의 형식보다 더 멋지게 보여주지는 못한다. 왜냐하면 스스로를 지워 없애는 듯한 태도를 통해 그것은 예술로 남게 되기 때문이다. 이 신비로운 변증법 덕분에 예술을 부정하는 행태는 예술을 보존하고 승리하게 하는 것이다." 말을 근사하게 한 것처럼 들린다. 그러나 예술이 스스로를 꿰뚫어보기 시작할 때 쇠퇴가 시작된다는 사실도 부정할 수는 없다. 하여튼 이 점에서도 표현주의는 또다시 낭만주의를 연상시킨다. 그런데 오르테가는 훨씬 더 멀리까지 나아간다. 그는 '예술의 탈인간화(Enthumanisierung der Kunst)' 원리에 대해 보고한다.

---

[14] W. Busch(1832~1908): 독일의 화가 겸 시인. 재치 있고 풍자적인 압운시가 딸린 드로잉으로 유명함.

[15] H. Ch. Andersen(1805~1875): 덴마크의 동화작가.

[16] José Ortega y Gasset(1833~1955): 스페인의 철학자이자 문화비평가.

"근대인은 예술에 대해 어떠한 인간적인 것의 개입도 금기로 여겨 왔다. 예술에서 인간적인 것에 대해 가진 이 같은 거부감은 무엇을 뜻하는가? 그것은 인간적인 것 일반, 이를테면 현실이나 삶에 대한 거부감인가? 아니면 그것은 정반대로 삶에 대한 경배이자, 삶을 예술과 혼동하는, 말하자면 예술과 같이 하위적인 문제와 혼동해서 보려는 것에 대한 역겨움을 의미하는가?" 역시 말을 아주 멋있게 한 것처럼 보인다. 그러나 이는 예술가의 기본 관점에서 보면 예술에 파산선고를 내린 것이나 다름없다.

사실 미래파의 이 같은 심층적인 원인은 모든 예술 영역에 걸친 일종의 자살 충동의 해방에서 비롯된 것처럼 보인다. '무조파(Atonale)'가 선율학(Melodik)은 이제 더는 화음에 속박되지 않을 것이라고 선언했을 때, 그리고 재즈밴드가 워낭과 자동차 클랙슨에 더해 아이들의 트럼펫을 악기로 선을 보이고 탭댄스로써 춤을 바보의 걸음걸이로 해소했을 때, '절대적 조형예술'이 여전히 어떤 대상의 리듬만을 형상화하고 입체파가 오로지 기하학적 형태만을 형상화하고 싶어 했을 때, 그리고 절대적 회화가 오직 '대상성 없는' 그림만을 용인하고 '구성주의'가 공학건축만을 용납하려 했을 때, 정물화가 철사 뭉치, 수레바퀴, 목조덮개, 천 조각과 오려낸 신문 쪽지(동시에 현존재의 일반적 힘을 과시하는 상징)를 전시용으로 장식했을 때, 이들은 하나같이 핵심을 건드린 셈이었다.

계기가 있을 때마다 이미 강조한 것은 회화란 거의 언제나 시대 감정의 가장 발 빠르고 가장 강력한 표현이라는 점이었다. 이 시기에도 사정은 마찬가지다. 그도 그럴 것이 회화로 나타난 표현주의는 문학적 표현주의만큼 그렇게 간단히 처리할 수 없기 때문이다. 그런데 회화의 표현주의가 의도하는 바는 상당히 명쾌하다. 헤르바르트

발덴[17]은 자신의 「예술 일별(Einblick in Kunst)」이라는 안내서에서 이렇게 말한다. "우리가 음악을 감상하지만 이해할 수는 없다. 음악은 우리를 감동시켜 무언가를 하도록 강제하지만 우리에게 아무것도 말해주지도 않고 설명해주지도 않는다. 회화의 경우도 이런 식으로밖에 이해할 수 없다. 사실의 세계에서 우리는 색조의 이 같은 결합에 대해 들어본 적이 없다. 어째서 우리는 감동을 받고 무언가를 할 수밖에 없게 하려면 색채와 형식을 결합할 수밖에 없을까? 인상이 아니라 표현을 하려고 하는 예술가는 이렇게 느낀다." "예술가라면 이미지를 그려야지 숲을 그려서는 안 될 일이다. 덧붙이자면 황소를 만드는 일은 황소의 일이지 예술가의 용무가 아니다." "그 비평가 양반은 어떤 그림이 자신에게 렘브란트[18]를 상기시킬 때 그 그림을 두고 아름답다고 생각한다. 그러나 어떤 그림이라도 그것이 그림을 상기시키지 않을 때에만 아름다운 법이다. 그렇지 않다면 그것은 한갓 복제일 따름이다." 원근법도 이 같은 화상(畵像) 파괴에 희생된다. 사실 수백 년 동안 묵과해온 것은, 근대적인 그리기 방식의 법칙에서 사람들이 지극히 자명한 것으로 여겼던, 규정적 타당성의 성격을 요구해서는 안 된다는 사실이었다. 그 같은 법칙은 그림이란 단 한 사람의 관찰자 시점을 빌린 관찰자의 환영으로서 출현한다는 식의 자의적인 전제를 갖고 있을 때만 통한다. 그것은 사진기 렌즈의 착시이자 파노라마극장의 착시이고 연극적 리얼리즘의 착시이며, 우리가 대개 시민적 예술형식이라고 인식하는 바로 그런 예술형식의 착시이기도 하다. 페리클레스 이전 시대의 그리스인은

---

[17] Herwarth Walden(1879~1941): 독일의 표현주의주의 예술가.
[18] Rembrandt(1606~1669): 바로크 시대 유명한 네덜란드 화가. 유럽 미술사에서 가장 위대한 화가이자 판화가의 한 사람으로 꼽힌다.

줄지어 서 있는 인물을 중첩된 형태에 같은 크기로 그렸다. 이집트인은 자신들의 부조에 시간의 순서도 새겼으며, 주지하다시피 표현주의도 이와 같은 일을 모색했다. 요컨대 절대적 동시성이란 없는 것인데도 표현주의는 이러한 인식을 뒤집어 비동시적인 두 가지 사건을 동일한 화면에 담아내는 것도 주저하지 않는다. 이렇듯 표현주의는 어느 정도 회화로 표현된 상대성이론인 셈이다. 어디서든 빗금과 곡선을 고집스럽게 선호하여 그린 전원 풍경과 도시의 모습이 흔들린 사진과 같은 인상을 풍기게 한 태도도 다분히 상대성이론과 관련 있다. 이 상대성이론을 통해 평행선 원리와 유클리드 기하학 전반을 지양하게 된다. 이로써 표현주의에서 집의 정면은 항상 붕괴 직전에 있는 모양새를 취하며, 혼란스러운 공간 일체는 평면과 직선을 거부하는 양태다. 그러나 표현주의도 불가사의할 정도로 특수한 방식을 영위하는 분열된 부분 표상과 실재에 혼입되어 있는 난해한 상징을 편애해 그리면서, 구체적인 것과 상상화한 것을 서슴없이 동시에 내보임으로써, 그 그림들은 우여곡절이 있는 신기한 꿈의 세계와 같은 인상을 풍긴다. 그러니까 표현주의는 다소 회화로 표현된 정신분석이라고 할 수 있을 법하다.

근대 회화의 발전사는 중대한 핵심주제, 즉 운동의 표현에서 결정체를 이룬다. 이 문제는 렘브란트에서 마르크[19]까지 회화 예술 전체에 드리워져 있다. 르네상스는 어떤 운동도 추구하지 않았고 이 문제를 전혀 인지하지도 못했다. 바로크 시대 예술가들은 이런 운동을 모사하려 한 최초의 인물들이지만 기껏 찾아낸 방식은 **모호함**

---

[19] F. Marc(1880~1916): 독일의 화가이자 판화제작자. 표현주의 화가 그룹인 청기사(Der Blaue Reiter)의 창립 회원.

(Undeutlichkeit) 하나뿐이었다. 의고전주의는 견강부회한 자세를 취하여 다시 '고정된 체계'로 되돌아감으로써, 퇴행성을 드러내면서 근대의 발전에서 진정한 불운아임을 증명해 보였다. 인상주의는 이 문제를 가장 역동적인 자세로 다시 취한다. 우리에게 인상주의 그림은 자명한 것으로 비친다. 그러나 80년대 사람들은 드가[20]의 「발레 수업(Ballettprobe)」과 같은 작품을 만나게 되면 말 그대로 모든 것이 빙빙 돌아가는 느낌을 받았다. 이는 꼭 세베리니[21]의 화려한 (표현주의의 표준 작품, 좀 더 정확히 말하면 전성기 표현주의의 표준 작품에 해당하는) 「팡팡 댄스(Pan-Pan-Tanz)」와 같은 그림이 오늘날 우리에게도 어지럼증을 일으키게 하는 것과 같은 이치이다. 인상주의의 경우 그 후기의 모든 단계가 앞선 단계와 구분되는 것은 시선의 움직임이 덧붙은 점에 있다. 예컨대 모네[22] 단계의 광학이 앙시앵 레짐의 광학과 맺는 관계는, 열 현상을 최소의 질량을 가진 물체가 번개 같이 빨리 움직이는 운동으로 파악하는 열역학이론이 열은 '열소(熱素: Wärmestoff)'가 더해져 발생한다고 이해하는 18세기의 연소이론(Phlogistontheorie)과 맺는 관계 정도이다. 분명 이 같은 연소이론은 대단히 정태적이고 느린 표상의 산물이다. 그러나 표현주의는 이제 분자가 아니라 천상의 전하(電荷)라고 부름직한 역동적 원자만을 신봉하는 새로운 원자론에 부합한다. 표현주의가 영사기와 비행술과 독가스전, 그리고 (영구기관이 실현되었다고 말해도 무방할 법한) 라듐과 동시대에 나타난 것도 우연한 일이 아니라는 점은 더는 주석을 달 필요가 없게 되었다. 어디에서나 마찬가지로 — 일이

---

[20] E. Degas(1834~1917): 프랑스의 인상주의 화가.
[21] G. Severini(1883~1966): 이탈리아의 미래파 화가.
[22] C. Monet(1840~1926): 프랑스의 화가. 인상주의의 선구자로 통함.

어떻게 진행될지 아직 우리가 파악할 수 없지만 – 여기서도 회화의
해체가 잠복하고 있는 형국이다.

누구나 알고 있듯, 그러는 사이에 표현주의는 '**초현실주의**(surrél-
isme)'로 대체된다. 그런데 사람들은 여기서 '**초**(sur)'가 무엇을 뜻하
는지 몹시 궁금해 한다. 왜냐하면 그 경향의 프로그램을 보면 예술
가는 '기록기', 즉 자기 인상의 '저장소'일 뿐이기 때문이다. 이는
곧 앞 장에서 설명한 인상주의의 초기 단계로 되돌아간 꼴이다. 회
화에서 이 유파는 스스로 '신즉물주의(neue Sachlichkeit)'라고 부른다.
이때 또다시 사람들은 여기서 '신(neue)'이란 무엇을 뜻하는지 몹시
알고 싶어 한다. 왜냐하면 그 정역학이 인상주의와 표현주의가 구현
하는 역동적 원리를 완전히 뒤집는 꼴이기 때문이다. 곧 그것은 인
상주의 이전에 진행된 리얼리즘 방식의 복제, 이를테면 비더마이
어[23] 방식 복제를 의미했다. 그래서 간혹 초현실주의가 '마술적 리
얼리즘(magischer Realismus)'으로 규정되기도 하는 것이다. 그러나 완고
한 인상주의자인 나로서는 초현실주의에서 마술적 요소를 찾아내
지는 못했다. 초현실주의는 표현주의의 추상화와 인상주의의 감정
이입 사이를 조정하려고 한다. 물론 예술사에서 이 같은 중용(juste
milieu)의 처세가 신기원을 이룬 적은 없었다. 그것은 말뜻 그대로 하
나의 반동을 의미했다. 요컨대 그것은 반동일 뿐만 아니라 역행이기
도 했다. 이미 분명히 말했듯이 근대 회화의 발전사에서 그것은 전

---

[23] Biedermeier: 19세기 독일에서 유행한, 시골 풍경처럼 단순 소박한 삶의 방
식을 일컫는 말임. 우직·우매·편협·성실 등의 뜻을 담은 '비더마이어'라
는 말은 독일 작가 루트비히 아이히로트(Ludwig Eichrodt)의 풍자소설,『슈
바벤의 교사 비더마이어와 그의 친구 호라티우스 트로이헤르츠의 이야기
(Die Geschichte des schwebischen Schulmeisters Biedermeier und seines
Freundes Horatius Treuherz)』(1850)에서 유래함.

혀 새롭지 않다. 카르스텐스[24]와 게넬리[25]와 코르넬리우스[26]도 로코코 이전으로 되돌아가는 것을 의미했다. 그것은 꼭 퓌비 드 샤반[27]과 모로[28], 그리고 이들의 제자들이 시간을 인상주의 이전의 시대로 되돌리려 한 것과 같은 꼴이다. 심지어 나자렛파[29]는 친퀘첸토[30]를 지워 없애고 초기 르네상스로 선회하려고까지 했다. 이는 라파엘로 전파 단원들도 시도한 일이지만, 실패한 것은 다행히도 이들이 극도로 퇴폐적이고 복잡미묘한 세계 시민이었기 때문이다. 당연히 초현실주의자들은 자신들이 이전 예술 형식에 대한 반동분자가 아닐뿐더러 복제자도 아니며, 오히려 자신들의 리얼리즘은 표현주의를 관류한다는 점에서 지금까지의 모든 리얼리즘과는 구분된다고 항변한다. 이런 논지가 자명할 수밖에 없는 까닭은 헤켈[31]의 '발생론적 기본원칙'이 예술사에도 적용되는 것이 불가피한 일이기 때문이다. 바로 인간의 정신 속에서 염원하고 생각하며 상상하는 그 모든 것은 우리에게 보존되는 법이다. 우리는 그것을 우리가 원하든 원하지 않든 간직할 수밖에 없는 노릇이다. 그러나 그럼에도 이렇듯 억지로 실현된 이 모든 고풍화 시도가 불모성이라는 저주를 받기 마련이라

---

[24] A. J. Carstens(1754~1798): 덴마크 출신 독일 화가.

[25] G. B. Genelli(1798~1868): 독일의 화가.

[26] P. von Cornelius(1783~1867): 독일의 화가. 나자렛파의 중심인물 가운데 한 사람.

[27] Puvis de Chavanne(1824~1898): 프랑스의 화가. 문학적 · 상징적 · 신화적 주제를 많이 다룸.

[28] Gustav Moreau(1826~1898): 프랑스의 상징주의 화가.

[29] Nazarener: 1809년 독일의 젊은 화가들이 중세의 예술정신으로 되돌아가자는 취지에서 형성한 화파(畵派)를 말함. 일명 종교화파라고도 함.

[30] Cinquecento: 16세기 이탈리아 르네상스 예술을 일컬음.

[31] E. Häckel(1834~1919): 독일의 동물학자 · 진화론자.

는 주장도 타당한 말이다. 토르발센[32]은 페이디아스[33]처럼 하려 했고, 슈노르[34]는 페루지노[35]처럼 하려고 애를 썼다. 그러나 이런 의지가 보여준 것이라고는 그들이 자신들의 모범으로 삼은 이들보다 훨씬 못한 결과를 내놓았고, 자신들이 실로 할 수 있었던 만큼도 하지 못했다는 점이다. 그들은 이들 예술가가 자기 시대를 뒤돌아본 것이 아니라 자기 시대를 앞질러간 점을 망각했던 것이다. 요컨대 페루지노의 붓은 미래를 얘기했으며, 페이디아스는 아테네 사람들이 그를 독살할 만큼 아주 자극적인 현대성으로 들끓었다. 떨쳐버릴 수 없는 것은 흡사 '흰옷을 입은 여인'처럼 가끔 유럽 사람들을 괴롭히고 싶어 하는 석고형 의고전주의가 '신즉물주의'에 또다시 출현한 것이 아닌가 하는 의구심이다. 프란츠 로[36]는 그의 훌륭한 저서 『표현주의 이후(Nachexpressionismus)』에서 이렇게 말한다. "최신 회화는 절대적으로 완성된, 말하자면 철두철미하게 완벽히 형상화한 완전한 그림을 제출하려고 한다. 이는 영원히 미완으로 남을 수밖에 없는, 한갓 조각조각 잇댄 형태로 된 삶을 두고서 가장 미세한 것에서조차도 남김없이 완전하게 구성하려는 모범을 제시하려고 하는 짓과 같다." 이 같은 짓은 완전히 의고전주의적인 방식으로 사유한 꼴이다. 마무리와 완성 및 자체 안정과 같은 이러한 경향을 통해 표현주의 이후의 그림들은 멋지게 다듬어져 유리처럼 맑고 투명하며 깔끔하

---

32 B. Thorvaldsen(1770~1844): 신고전주의 시기 덴마크의 조각가.
33 Phidias(BC 480~BC 430): 고대 그리스의 조각가. 서양 고대 최고의 조각가 · 건축가로 알려져 있음. 그 유명한 파르테논 신전 조각에서도 중요한 역할을 했음.
34 J. Schnorr von Carolsfeld(1794~1872): 독일의 화가.
35 Perugino(1450~1523): 이탈리아의 초기 르네상스 화가. 라파엘로의 스승.
36 Franz Roh(1890~1965): 독일의 역사학자 · 사진작가 · 예술비평가.

게 도금처리된 인상을 풍겨 마치 명인이 그린 지도나 고급 아동그림책을 연상시킨다. 여기서 예술은 비싼 장난감으로 전락하거나 앞서 언급한 바 있는 오르테가[37]의 이론에 딱 어울리는 것으로 고양된다. 이때까지 이루어진 프란츠 로의 표명에 따라 판단해볼 수 있다면, 표현주의 이후는 예술이 얼마나 쇠약해진 것인지 말해줄 따름이다. 모든 민속예술이 기민한 일본인을 포함하여 둔감한 에티오피아인에 이르기까지 복제됐으며, 크레타 섬에서 시작된 양식에서 빅토리아 시대 양식까지 망라한 유럽의 모든 양식이 늘 반복해서 다시 출현했던 것이다. 유일하게 올바른 근대 양식인 인상주의는 자신의 잠재능력을 바닥까지 소진했다. 놀란 듯 인간은 자신의 역사에서 아마 처음으로 도대체 예술이 무슨 의미가 있는가 하는 물음에 직면한 것 같았다.

의상의 역사에서도 있을 법하지 않은 일이 전후시대에 일어났다. 요컨대 상류 사회에서 기피한 남성복이 선을 보였다. 언제부턴가 신사라면 어깨부위에 솜을 채운 허리띠가 달린 상의를 아무도 입지 않았다. 여기서 또다시 우리는 잠복기가 비현실성을 갖는다는 사실에 대해 작지만 확실한 증거를 하나 확보하게 된 셈이다. 즉 그것은 세상에서 가장 실제적인 힘 가운데 하나로 알았던 풍조란 사실 실존하지 않는다는 점이다.

바벨탑   이미 우리는 영사기를 표현주의의 대응개념으로서 언급한 바 있다. 영사기는 벌써 19세기 말에 고안된 것이지만 10년 뒤에야 세계에 유행하기 시작한다. 현재 그것은 후기 로코코 시대에 그림 오려

---

[37] José Ortega y Gasset(1883~1955): '생의 철학'에 기반을 둔 스페인의 철학자. 대표적인 저작으로는 『대중의 봉기』를 꼽을 수 있음.

붙이기, 그리고 제2제국에서 파노라마가 지녔던 의미와 동일한 의미를 지닌다. 처음 그것은 꼭 무성(無聲)의 상태로만 이루어지는 새로운 어떤 예술형식을 예고하기나 하는 것처럼 보였다. 말하자면 가장 쌀쌀맞으면서도 가장 완고한 사람의 공상(Phantasie)조차도 발화된 세상의 어떤 말보다 언제나 수백 배 더 매력적이고 더 멋져 보인 것이다. 제아무리 아름답고 심오한 싯구절도 단순하기 그지없는 영화관의 방문객이 말로 명료하게 드러내지 않은 채 느끼는 바를 근사치로나마 표현할 수 없는 노릇이다. 영사기가 무성인 한 그것은 필름으로 잡히지 않는, 말하자면 영혼의 가능성을 지니고 있는 셈이다. 그런데 유성 영화는 영사기의 본질을 드러냈다. 곧 그것은 우리가 조야한 죽은 기계와 관계하고 있다는 사실을 모든 이의 눈과 귀 앞에 펼쳐 보인 것이다. 활동사진기는 인간의 몸짓만 죽일 뿐이며, 유성 영화 역시 인간의 목소리를 죽일 따름이다. 라디오도 마찬가지다. 그러나 동시에 그것은 집적력 덕분에 사람들이 일에 묶이는 것에서 해방해준다. 이제는 소금으로 배추를 절이면서 모차르트를, 일요일 설교를 들으면서 카드놀이를 동시에 즐기는 일이 가능해졌다. 라디오처럼 영화도 예술가를 포함해서 관람객에게서 나오는 신비로운 정신적 감응력을 일소한다. 이런 정신적 감응력은 일체의 연극 공연과 콘서트, 그리고 모든 강연을 일회적인 영혼의 사건으로 만들어준다. 그러나 이제 인간의 목소리는 사방에 편재하고, 인간의 몸짓은 영원성을 취한다. 이는 물론 영혼의 희생을 그 대가로 치른다. 바벨탑이 세워진 것이다. "그런데 주께서 말씀하시길, 자, 이제 내려가서 저들의 말을 혼란스럽게 만들어 누구도 다른 이의 말을 알아듣지 못하게 하자." 이미 라디오 방송을 통해 꾀꼬리 목소리를 내는 가수들의 콘서트와 교황의 연설이 전해지는 판이다. 이는 곧 서구의 몰락을 의미한다.

　더 이상 실재는 없고 장치만 있을 뿐이다. 그것은 음흉하고 광적인 기적(Mirakel)이라는 박사의 머리에서 고안된 자동장치의 세계이다. 이제 더는 상품도 없고 고작 광고만 있을 따름이다. 가장 값진 품목은 가장 효과적으로 광고한 덕분일 뿐이다. 이 광고에 자본이 최대로 투입된다. 이 모든 짓이 아메리카 문화(Amerikanismus)로 통한다. 볼셰비즘도 그렇게 부를 수 있을 법하다. 왜냐하면 정치적·사회적 영역에서 지구의 상황이 메두사 같은 절멸의지를 가진 양측에서 겁박당하고 있기 때문이다. 이 절멸의지의 집행 세력은 단지 동구와 서구로 이름만 다를 뿐이다. 양쪽은 물질주의적인 허무주의를 구현하면서 자기 소모의 네메시스[38]로 인해 몰락할 운명에 처해 있다.

　러시아와 아메리카에서는 기술 숭배와 이데올로기에 대한 경멸이 지배한다. 볼셰비즘은 기계를 두고 '가시적인 신'이라고 말하면서 그리스도를 모방하는 대신 '기계 추종'에 대해 설파하고 레닌과 같은 탁월한 인물을 '거대한 나사못'쯤으로 여긴다. 그래서 볼셰비즘은 온갖 형태의 일신론뿐만 아니라 목적론과 심리학, 생기설, 비결정론, 역사철학 따위 일체도 추방한다. 왜냐하면 목적·심리·생기·의지의 자유·세계 이성에 대한 믿음, 그리고 볼셰비즘이 당연히 가정하는 바의 의미에 대한 그 어떤 믿음도 위장된 종교일 뿐이기 때문이다. 이것이야말로 순전히 실증주의일 따름이다. 외교 정책에서 소비에트 연방은 서구와 다를 바 없이 꼭 그대로 제국주의적이다. 그 회고록 가운데 하나에는 이렇게 적혀 있다. "페르시아는 혁명

---

[38] Nemesis: 그리스 신화에 등장하는 율법의 여신으로 인간에게 행복과 불행을 배분한다고 해서 '응보' 혹은 '천벌'이라는 뜻으로 쓰이기도 함.

의 수에즈운하다." 소비에트 연방은 이미 몽고를 집어삼켰고 아프
가니스탄과 만주도 취하려 한다. 주변국, 이를테면 핀란드 · 에스토
니아 · 라트비아 · 리투아니아 · 폴란드가, 로렌과 부르고뉴, 프랑
슈콩테(Franche Comté)가 근대 초기에 프랑스에게 당한 것과 같은 운명
을 러시아에게 겪지 않을 개연성은 매우 낮았다. 국내 정책에서 볼
셰비즘은 테러와 시베리아 유배, (정확히 예전의 안전보위부(Okhrana)
에 해당하는) 비밀경찰, 엄격한 검열, 금서목록, 극도로 편협한 국교
(마르크스주의 유물론도 이런 정교회를 대신한 것일 뿐인데), 그리
고 게으르고 부패한 수백만의 관료를 동원한 좌익 차르주의(Zarismus)
일 뿐이다. 그런데 이 모든 것이 원조 차르도 주장했듯이 "국민을
위한 최선"으로 통한다. 이런 체제 전체는 베드로 교의[39]의 일관된
연장이자 몇몇 서구인이 지켜보는 가운데 시도된 일종의 무시무시
한 실험과 같은 것이다. 그것은 재수 없는 실험용 동물에게 이상한
피를 주입하는 꼴과 비교할 수 있을 법하다. 이 같은 볼셰비즘의
독특한 사상은 러시아의 토속성에서 비롯된 것이 아니다. 오히려
이 모든 것은 혐오스러운 '부르슈'[40]의 세계상에서 취해진 것이다.
 또 한편 거대한 트러스트와 신디케이트와 카르텔을 형성하고 있
는 미국의 독점경제는 그 모양새에서 국가사회주의를 많이 빼닮았
다. 그 대립적인 모습에도 불구하고 미국과 소비에트 연방의 경제신
조 역시 서로 합치한다. 그도 그럴 것이 양쪽은 경제를 필요악에서

---

[39] Petrinism: 예수의 수제자 베드로 신학을 말함. 예루살렘 중심의 폐쇄적인
  율법주의로 통하기도 함. 다른 문화에 대해 개방적인 선교활동을 한 바울
  신학(Paulinism)과 대조가 됨.
[40] Bursui: 일종의 '변종 부르주아'. 부르주아(bourgeoisie)의 러시아식 타락 형
  태를 두고 쓸 때 사용하는 비속어.

자신의 목적과 삶의 내용으로 고양시키고 있기 때문이다. "시간이 돈이다"는 흉악무도한 표어와 같이 (러시아에도 시간을 최대한 이용하는 것을 그 구성원의 의무로 삼게 하는 '시간갱단(Zeitliga)'이라는 말이 있는데) 인간을 사회적 관계에서 떼어놓는 행태와 쉼 없는 노동의 기계화가 아메리카와 볼셰비즘 스타일이다. 두 나라는 스톱워치를 구비해 어떤 조건에서든 단시간에 활동이 이루어질 수 있도록 하는 '테일러시스템(Taylorsystem)'이 지배한다. 이 시스템은 노동자를 교환 가능한 기계의 부품으로 만들기 때문에 평시에도 그는 '인적자원'이 되어 하나도 자유롭지 않게 된다. 이런 사정은 그가 자본주의 방식으로 착취당하든 공산주의 방식으로 억압을 받든 매한가지다.

소비에트의 공식 철학은 파블로프[41] 교수가 페테르부르크에서 혁명이 터지기 직전에 정초한 '반사학(Reflexologie)'이다. 이 철학은 존 왓슨[42]을 그 창시자로 둔 미국의 행동주의(Behaviorismus) 철학과 완전히 부합한다. 행동주의 철학은 단 하나의 문장으로 요약할 수 있다. 그것은 곧 행위만 있을 뿐이라는 것이다. **"정신이 존재한다는 것은 몸이 무엇인가를 행한다는 뜻이다."** 여기서 방정식이 세워진다. 의식은 곧 기계적·화학적 반응, 사유한다는 것은 곧 언어습관(*language-habits*), 의지는 곧 행위 사슬(**행동 사이클**(*behaviour-cycle*))이다. 유수한 화학자인 자크 뢰브[43]는 진딧물의 '향일성(Heliotropismus)'(이 외래어는 아이들에게도 잘 알려져 있듯 나방이 빛에 이끌리는 것과 원칙

---

[41] I. P. Pavlov(1849~1936): 러시아의 생리학자. 조건반사를 실험하기 위해 개를 이용한 것에서 유래하는 '파블로프의 개'로 유명함.
[42] John B. Watson(1878~1958). 미국의 심리학자. 행동주의 심리학의 창시자.
[43] Jacques Loeb(1859~1924): 독일 출신 미국 생리학자.

상 동일한 방식으로 진딧물이 햇빛을 향한다는 의미로 쓰이는데)에 대해 흥미롭게 관찰하고서는 이(Läuse)가 우글대는 서식처에도 산을 투입함으로써 향일성을 갖게 할 수 있지 않을까 하는 생각을 하고 서 실험한 결과 성공을 거두기도 했다. 다만 그러한 진딧물이 산의 영향이 없었더라도 햇빛을 지향하도록 결정하지 않았을까 하는 의문은 미제상태로 남아 있다. 어쨌든 이로써 그는 우리가 '이념'이라 고 부르는 바의 그것은 내부 분비물의 작용으로 환원될 수 있다는 결론에 이른다. 파블로프는 그 역의 증명도 가능할 수 있다는 사실을 증명할 때 빈틈이 없었다. 그는 실험동물에게 시각적·청각적 신호를 보냄으로써 타액을 분비하게 했다. 지칠 줄 모르고 계속된 연구를 통해 분명하게 확신하게 된 사실은 돼지 뼈다귀를 보여주었을 때 개가 위액을 분비했고, 동일한 계기로 입안에서 군침을 흘렸다는 점이다. 이런 과학적 실험으로 이른바 '시카고 학파(Chicagoer Schule)'는 그들의 시간을 때웠다. 사람들이 주장하는 바처럼 행동주의와 반사학이 각자의 출생지에서 실제로 보편적 신앙고백이 될 수밖에 없다면 이 신앙고백에는 동양과 서양, 이 거대한 두 반구에 사는 인간이 정신병에 걸렸다는 서글픈 확증이 담기게 될 것이다.

　이제 다음과 같은 다섯 가지 가능성이 있다고 볼 수 있다. 첫째, 다섯 가지 가능성 아메리카 문화가 물질적으로 승리를 구가한다. 이는 미합중국의 세계지배를 의미하고 중앙제국의 외곽에서 과잉기술에 의한 서구의 몰락이 시작되었음을 의미한다. 둘째, 아메리카 문화가 정신적으로도 승리를 구가한다. 이는 이 문화가 출발점으로 삼고 있는 독일의 부흥을 통해 스스로를 승화시키기 때문이다. 셋째, 동방이 물질적으로 승리를 구가한다. 이는 세계 볼셰비즘과 반기독교도가 중앙제국으로 진입함을 의미한다. 넷째, 동방이 정신적으로도 승리를 구가한다. 기독교 정신이 러시아인의 영혼을 통해 부활하기 때문이다. 다섯째, 우발적으로 생길 수 있는 카오스다. 이렇듯 다섯 가지 가능성이 주어져 있을 뿐 다른 것은 없다. 정치적으로도 윤리적으로도 심리적으로도 다른 가능성은 없는 것이다. 그러나 지성적 독자라면 아마도 이 가능성 중 어느 하나도 일어날 수 없다는 점을 꿰뚫어볼 것이 틀림없다. 왜냐하면 세계사는 결코 방정식이 아니며 다양한 풀이가 가능한 단일 방정식도 아니기 때문이다. 그 유일한 현실적 가능성은 비현실적 가능성이며, 그 유일한 인과율은 비합리성이다. 그도 그럴 것이 세계사는 인간의 정신보다 훨씬 더 고차적인 정신에 의해 만들어지기 때문이다.

메타심리학　　　이 책 1권에서 후기 스콜라철학은 중세의 반이성성의 원리를 지나치게 극대화함으로써 그 수중에서 중세적 원리의 요지가 변하게 되었다는 점을 상세히 다룬 바 있다. 비슷한 방식으로 볼셰비즘이 근세 실증주의가 품었던 세계구상을 심히 극단으로 몰아감으로써 볼셰비즘이 열렬히 신봉하는 바로 그 마르크스주의적인 부정의 의미에서의 세계구상은 정반대로 뒤집어지고 만다. 만일 이런 극단적 유물론(Ultramaterialismus)이 정당하게 취급된다면 그것은 곧 현실이 바닥까지 함몰한다는 뜻이 될 것이다. 말하자면 물질만 존재한다면 이는 아무것도 없는 것과 같은 꼴이 될 터이다. 이데아의 세계, 영혼, 세계의미와 같은 것이 없다면 지금까지 인류는 실로 방황해온 것에 불과하므로 이 방황을 끝내려면 남은 일이라고는 자살밖에 없을 것이다. 그러나 사멸하는 우리의 통각형식, 이를테면 자연과학적 실험과 합리적 삼단논법의 틀에서조차도 결국 비현실적인 영혼이 진정한 실재가 된다는 사실을 논증해줄 뿐이다.

당연히 우리가 염두에 두는 것은 무식한 학자와 억지 자유사상가

(즉 어중간한 '교양' 인간)나 여전히 의심할 법한 초심리학(Para-
psychologie) 또는 메타심리학(Metapsychologie)이다. 그런데 현재 이런 심
리학은 최면 현상과 동일한 운명을 겪고 있다. 최면 현상이 처음
나타났을 때는 이 현상을 두고 뻔뻔한 속임수, 맹목적 자기 환상,
엉터리 풍조, 기망, 유치증(幼稚症: Infantilismus) 등등의 이름으로 비난
했다. 지금은 그것이 형법의 대상이 되고 있다는 점에서 분명 그것
은 극단적으로 인정을 받고 있다는 사실을 반증해준다. 이 영역에서
가장 중요한 현상으로는 어떤 정신적 상태를 우리의 감각적 표현기
관을 매개로 하지 않고 전달하는 텔레파시(Telepathie), 현상을 멀리
떨어져 있어도 인지하는 재능으로서 시간과 관련해 과거와 미래를
탐지할 수 있는 천리안(Hellsehen), 출생과 관련한 이른바 미지의 대상
에 대한 프로필을 알려주는 능력인 정신복제(Psychoskopie), 어떤 대상
을 폐쇄된 공간까지 자동적으로 이동시키고 대지로부터 공중부양
하거나 상승하는 현상으로서 원격작용을 통해 어떤 물체를 계속 움
직이는 염동력(Telekinese), 화신(化身)과 유령 현상 등을 꼽을 수 있다.
전혀 모르는 대상에 임시 명칭을 붙이는 행위도 여기에 포함된다.
이런 명칭은 물리학에서 사용하는 인력 또는 유도와 같은 표현과
거의 마찬가지로 설명이 필요하다. 이런 맥락에서는 상상력에 대한
믿음에 기초하여 정신요법과 생명요법(Biotik)의 전체 체계를 구성하
는 쿠에[44] 학파(Schule Coué)를 언급할 수도 있고, '히스테리의 사고력
(Gedankenmacht der Hysterie)'이라는 슐라이히[45]의 학설도 상기된다. 슐라
이히는 그 힘에 대해 다음과 같은 문장으로 요약한다. "세계에 대한

---

[44] E. Coué(1857~1926): 프랑스의 심리학자이자 약제사. 자기암시의 정신요법
      을 통한 치료법으로 유명함.
[45] Karl Ludwig Schleich(1859~1922): 독일의 외과 의사이자 작가.

창조적인 이데아가 그 현실적 현상에 앞설 수밖에 없다는 플라톤의 주장을 뒷받침할 수 있는 것은 경험적 사실밖에 없다. 그것은 곧 징후 콤플렉스이다. 아무튼 여기서는 이데아를 과도하게 승화시키는 병적인 환상(Phantasie)이 실체의 새로운 창조를 뜻하는 형태변환으로 구체화한다." 이와 비슷한 의미를 프렌티스 멀포드[46]는 아주 기발하게 표현한다. "우리는 우리 몽상의 성격에 따라 황금을 모으거나 우리 내부에 폭약을 쌓는다." 이는 꼭 프로이트가 하는 말인 것 같다. 그렇다면 프로이트는 형이상학자인가? 그렇다. 그런데 그는 이 사실을 모른다.

이 '창작자'와 당대 사이에서 벌어지는 이 같은 착오는 해독하기가 특히 어렵다. 그러나 아무튼 그는 실재를 혁신한 중요한 인물 중 한 사람이라고 말할 수밖에 없다.

부도덕의
노예반란 정신분석학에는 파국적인 결함이 있다. 정신분석학자들이 심혈을 기울여 다듬어낸 일은 탈무드와 독신자 문학의 혼합을 의미한다. 미국인은 정신분석학을 두고 **기독교 과학**(*Christian science*)과 상반된 '**유대교 과학**(*Jewish science*)'이라고 부른다. 사실 정신분석학에서는 고대인이 유대인의 말을 흉내 내어 했던 **인류에 대한 증오**(*odium generis humani*)를 다시 화두로 떠오르게 하는 것처럼 보인다. 그 목적은 아주 노골적으로 세계를 흉측하게 보이게 하는 세계의 탈신격화(Entgötterung der Welt)이다. 니체는 이렇게 말한다. "유대인과 더불어 도덕에서 노예반란이 시작된다." 이제는 정신분석학과 더불어 부도덕의 노예반란이 시작된다. 따라서 일단 정신분석학을 정신분석해볼 수밖에

---

[46] Prentice Mulford(1834~1891): 유머 작가. '생각이 실체다'라는 사고에 근거해 신사고운동(New Thought Movement)을 펼친 작가.

없다. 정신분석학의 착상은 인간을 동일화하면서 자신에게 굴복하게 하려는 신경증 환자의 지배욕구, 과도한 리비도 콤플렉스를 '세계'로 대상화하는 전이신경증세(Übertragungsneurose), 그리고 유대교 과학의 전문가가 모든 동료 인간에게서 지워내고 싶어 하는 종교적인 의식내용에 대한 본능적 증오감 등을 먹고 자란다. 그도 그럴 것이 그는 자신이 유대인으로서, 다시 말해 무신앙의 전형적인 인간으로서 이 분야에서 '다른 누구'와도 경쟁할 수 없다는 점을 잠재의식으로 알고 있기 때문이다. 다시 니체의 말을 빌려 압축해보면 그것은 곧 "기생(寄生)하여 먹고사는 암살기도이자 저승에서 온 창백한 흡혈귀의 흡혈행위"인 셈이다. 문제는 대규모 감염의 시도, 즉 일탈자들의 잠재적인 보복행위이다. 여기서는 세계가 신경과민을 앓고 성욕에 사로잡히며 마성(魔性)에 붙잡혀 있는 모양새를 취하기 마련이다. 정신분석학은 사탄왕국의 개시를 예고한다. 아마 진실을 알리는 것일지도 모른다. 어쩌면 악마가 사는 중간 세계가 실제로 가까이 다가오고 있는지 모를 일이다. 이 세계의 숭배자들은 이 불길한 미사 전문가가 알고 있듯이 그 남근과 엉덩이를 지고한 성소로 숭배한다. 이를 또다시 니체의 말로 해보면 그것은 곧 '가치의 유대교적 전도'를 의미한다.

사실 정신분석학은 예배와 제사의식, 불제(祓除)와 카타르시스적인 주문(呪文), 신탁과 점술, 확고한 상징학과 교리론, 신비학과 민담, 개종자와 배교자, 시험에 빠진 목사와 서로 악담하는 종교 분파 등과 같은 식의 온갖 특색을 겸비한 하나의 종파이다. 정신분석학은 포유동물임에도 물고기처럼 움직이는 고래와 마찬가지로 과학의 모습으로 등장하는 하나의 종교이다. 이 종교는 이교도의 성격을 지니고 있다. 자연숭배, 악마론, 저승에 대한 심층신앙, 디오니소스적인 성의 우상화 등이 그것이다. 치료와 위생, 꿈의 해석 등과의 관계도 고대 종교에서 이미 목격되는 일이다. 예컨대 환자가 치료 목적으로 아스클레피오스[47] 사원에 누워 잠을 자기도 했다. 여기서 점술가 가인(歌人)은 아주 미혹적인 소리를 내어 어둠의 힘, 요컨대 '지하 세계의 오르페우스'를 얻으려 한다. 이것이 복음주의에 대항하여 지구를 에워싼 새로운 폭동이다.

공평무사한 사람이면 정신분석학의 창립자가 기여한 아주 특별한 몇몇 성과를 부인하지는 않을 것이다. 우선 그는 무의식적인 것에 부여된 엄청난 역할을 들추어냄으로써 행동주의만이 아니라 모든 실증주의적 심리학도 근거가 없는 것으로 만들어놓았다. 동시에 그가 말, 즉 창조적인 로고스의 힘에 부여하는 결정적인 의미에는 물리적인 것에 대한 정신적인 것의 우위를 명확히 인정하는 그런 태도가 포함되어 있다. 어디서든 효력을 발산하는 이 새로운 경향은 유아기의 경험이 이후의 방향을 정하게 된다는 점도 밝혀주며, 억압의 은밀한 연결체계, 특히 우리의 일상을 지배하는 약속·오해·망각과 같은 실패의 은밀한 연결체계를 극도로 명쾌하게 철저히 탐구하게도 한다. 나아가 신기원적인 의미가 있는 것은, 모든 인간이 신경증 환자이며, 모든 신경증 환자는 성도착증 환자이고, 따라서 문화인일 뿐만 아니라 동시에 루소주의(Rousseauismus)에서 그렇듯 다소 고차원적인 수준에서라 할지라도 '원시인'이기도 하다는 확신이다. 분명 이 같은 인식복합이 작업가설로서 아주 유용하긴 해도 정신분석학파가 취하는 유치할뿐더러 뻔뻔하고도 병적인 과장법으로 인해 선행이 언제나 상당수 인류의 고통으로 전락하기도 한다. 여기서

---

[47] Asklepios: 그리스 신화에 등장하는 의술의 신.

는 신경증이 잠복기를 넘어서지 못하고 고작 정신활동에서 나타나는 일종의 '조정 관념(regulative idee)'에 불과할 따름이다. 그런데 무엇보다 프로이트는 '모든 신경증의 핵심 콤플렉스'인 오이디푸스 콤플렉스를 밝힘으로써 모든 시대를 관류하는 일종의 해방요법을 실현했다. 그는 이 콤플렉스를 명료하게 밝혀 거의 무해하게 함으로써 모든 세대를 정신분석의 대상으로 삼았다. 그러나 꿈의 해석을 두고 말하자면, 나는 자신의 꿈에 늘 지대한 관심이 있었지만 정신분석학을 알고 난 이후로 꿈에 어떤 가치도 더는 부여하지 않게 되었다고 언젠가 말한 적이 있는 쇼의 말에 동의하여, 아마도 프로이트의 명성에 크게 기여한 이 같은 학문체계의 한 부분에 과도한 의미를 부여하고 싶진 않다. 왜냐하면 그것은 정신적 과부하로 인해 유효한 몇몇 원리를 취약하게 해, 유용하기보다는 해가 되는 흥미 없고 난해한 스콜라철학으로 둔갑하기 십상이기 때문이다. 그래서 나는 내가 프로이트 콤플렉스(의사에게 감정을 '부정적으로 전이하는 것')의 희생자로서의 면모를 드러낸다는 사실을 완전히 의식하고서도 몇 가지 또 다른 이의를 내비칠 수밖에 없는 노릇이다.

첫 번째 제기할 이의는 프로이트 콤플렉스가 이미 기정사실화되어 있다는 사실로서, 이는 상당히 설득력이 있는 셈이다. 말하자면 모든 사람, 이른바 보통사람도 아주 빈번히 공포신경증(Angstneurose)의 상황에 처한다는 점에 대해서는 가타부타할 필요도 없이 믿을 수 있는 이야기이다. 어쩌면 생활 전체가 하나의 공포신경증일지도 모른다. 그런데 이 공포신경증은 오직 성적 리비도의 비정상적 운명을 통해서만 형성되며, 그것은 리비도의 변형 산물일 뿐이고, 프로이트가 명약관화하게 표현하듯이 공포신경증과 성적 리비도의 관계는 식초와 포도의 관계와 같다는 점 등은 아무래도 그럴 법하지

정신분석학
의 도그마

는 않다. 아무리 비유에 불과하다고 할지라도 모든 초(醋)가 포도에서 유래한다고는 말할 수 없기 때문이다. 이처럼 범성욕주의(Pan-sexualismus)는 공포신경증을 두고 논박할 수 없는 것이라고 주장할 때와 꼭 같은 식의 한갓 주장일 따름이다. 여기서 이미 정신분석학 전체를 관류하는 추론의 오류가 나타난다. 요컨대 정신분석학은 신경증 환자뿐만 아니라 이 환자의 예외적인 중증 증세까지도 인류의 전범으로 실체화하는 것이다. 근거가 더욱 취약한 것은 그 추론이 무조건 내보이는 형태로 모든 꿈은 소망의 꿈(Wunschtraum)이거나, 역시 프로이트가 아주 적절하게 공식화하고 있듯이 꿈에서 작동하는 소망의 법칙은 현재형이 된다는 식의 정신분석학적 도그마이다. 그런데 프로이트는 자신의 후기의 글에서 소망의 꿈으로 분류하기가 아주 어려울 법한 몇 가지 경우를 설명하려고 또 다른 모티브를 마련했다. 예컨대 철도사고를 겪고 나서 그 사고가 주기적으로 꿈에 나타나는 경우에 해당하는 '반복강박(Wiederholungszwang)'이 그것이다. 모든 꿈의 절반은 소망의 꿈이 아니라는 주장은 아마 들은 바가 별로 없는 얘기일 것이다. 그러나 그렇지 않다면 예컨대 대개 일반적으로 꾸는 '학교에서 시험 치는 꿈'이나 어떤 배우가 자신이 수행할 수 없는 배역과 관련해 꾸게 되는 꿈은 어떻게 설명할 수 있겠는가? 사랑하는 이가 죽는 꿈을 종종 꾸게 되는 것을 두고서 정신분석학은 아버지와 어머니의 경우 당연히 부모에 대한 증오심으로 설명한다. 그 꿈의 대상이 숙모나 사장의 경우에도 비슷한 해설을 들을 수 있다. 동물 애호가도 그 같은 유의 꿈을 꾸지만, 말과 개, 고양이의 경우에서 오이디푸스 콤플렉스는 다소 거리가 있는 것이다. 짓궂은 환상에 가까운 꿈의 형성에서 빌헬름 부슈와 경쟁이라도 벌이는 듯 꿈에라도 바라지 않는 수천의 상황에 대해서는 말할 나위가 없다(당연히 정신분석학은 이런 상황을 하나같이 성적 상징으로 해석한다). 분명 이 모든 상황은 악몽이다. 정신활동에서 공포신경증에 우세한 지위를 부여하는 프로이트가 바로 이 중요한 정신분석의 영역에서 이 같은 공포신경증을 소중히 다루지 않으려 한 것은 이해할 수 없는 노릇이다. 그러나 (여타 모든 문제에서처럼) 여기서도 정신분석학자들이 오진했다고 입증하는 것은 완전히 불가능한 일이다. 왜냐하면 그들은 '양가감정'·'전도'·'상징'·'전위'·'전이'·'승화'와 같은 개념 덫을 갖고 부려대는 능숙한 손놀림의 마술을 통해 어떠한 조롱도 피할 수 있기 때문이다. 여기서 논거를 제시해 보여주는 증명력은 얼렁뚱땅하는 그 농담조의 재담이 모든 정신활동을 조직하는 원리이자 모세의 신앙고백에서 만나는 꿈의 신이 되는 전제조건이라는 데 기반을 두고 있다.

그러나 분트의 '목적 이질성'의 법칙은 모세 정신(Mosaismus)의 창립자를 통해 이미 검증을 받았다. 그리고 이 법칙은 프로이트를 통해서도 실현되려는 모양이다. 모세는 40년 동안 약속의 땅을 찾아 자기 민족을 광야로 이끌었다. 이때 그는 바로 방랑을 통한 단련이 목적이며, 바로 그것이 약속의 땅이었다는 사실을 예감하지 못했다. 프로이트의 경우 이와 반대되는 모습이긴 하지만 사정은 비슷하다. 그는 40년 동안 대단원의 방랑길을 걸었으며 방랑이 목적이라고 믿었다. 그러나 그 방랑은 광야를 떠도는 길이었을 뿐이다. 그런데 어느 날 그는 자신의 의지와는 반대로 우연히도 약속의 땅을 만났다. 그러나 그는 모세만큼 그렇게 주인의 길을 잘 이해하지는 못했다.

근대의 문턱에는 데카르트가 서 있다. 그는 **명석 판명한 인식**(clara et distincta perceptio) 이외 아무것도 인정하지 않으면서 오로지 인간을 자동장치로만 시종일관 설명한다. 근대의 끝에는 프로이트가 서 있다. 그는 언제나 오직 데카르트적 방법에 의존하면서도 정신은 마지막 분기점에서만 3차원의 경험과 마주치는 불가해한 신비로움으로 채워져 있다는 인식에 이른다. 데카르트의 경우 정신의 활동은 명쾌한 이성이 비추는 한낮처럼 훤한 빛줄기 아래서 그대로 드러난다. 그런데 프로이트는 이렇듯 드러난 순수 사유의 태양계는 우리의 정신적 코스모스에서는 고작 보잘것없는 한 파편에 불과하다고 말한다. 여기서 '잠을 자고 있는 무의식 상태의 표상'을 발견한 라이프니츠가 무덤에서 이 같은 낮의 빛은 가상에 불과하고, 그것은 밤으로 둘러싸여 있는 우리의 의식에 비치는 진정한 존재의 반사이며, 어떤 비합리적인 실재의 단순한 현상일 뿐이라고 목소리를 돋운다. 이는 불멸의 영혼, 즉 칸트의 정신이 들려주는 목소리다.

정신분석학은 합리주의의 방법을 기초로 두고 있는 비합리주의 체계이고 극단적 실증주의자들이 정초한 선험주의(Transzendentalismus)다. 프로이트의 최종 구상의 중점에는 '그것(Es)'의 학설이 놓여 있다. 이 '그것'은 도덕 검열을 하는 '양심'을, 말하자면 오이디푸스 콤플렉스의 유산인 우리 양친관계의 대변 역할을 하는 '초자아(das Üner-Ich)'를 대표로서 의식에 파견한다. 우리가 말하는 '자책감(Schuld-gefühl)'이라는 것은 자아와 자아-이상(Ich-Ideal) 사이에서 유발되는 긴장관계에서 생겨난다. "우리는 자아보다 훨씬 더 광범위하고 훨씬 더 웅대하며 훨씬 더 모호한 다른 정신적 영역이 자아 바깥에 있음을 인식하게 된다. 이것을 두고 우리는 '그것'이라고 부르는 것이다. (…) '그것이 막 떠올랐다'고 말하는 사람들은 이렇게 얘기한다. '그것은 내 속에 있었으며, 그 순간의 그것은 나보다 훨씬 더 강했다.' (…) 자아는 현실과 그것, 즉 애초 정신적인 것 사이에 놓여 있다." 여기서 정신분석학은 이미 신비의 세계 속으로 깊이 뛰어든 셈이다.

프로이트인들 이를 모면할 수 있었을까? 당연 모면하지 못했다. 다만 그는 그것을 억눌렀을 뿐이다.

프로이트가 양심검열이라고 칭하는 바의 것은 우리의 '인식이성(erkennende Vernunft)'에 대해 필히 우선권을 갖는 것을 그 본질로 삼는 칸트의 '도덕이성(moralische Vernunft)'과 다름없다. 프로이트의 '초자아'는 우리의 경험적 자아가 의존하는 칸트의 '예지적 자아(das intelligible Ich)'를 의미한다. 우리의 예지적 성격은 비록 모든 경험의 뿌리를 이루지만 그 자체가 경험적인 것이 아니어서 경험될 수도 없으며, 내면 깊숙이 어둠 속에서 작용한다. 그것은 외부 세계의 배후에서도 군림하는 신비하기 그지없는 힘과 본질적으로 흡사하다. '그것'은 물 자체(Ding an sich)이다. 이 '그것'은 시간 속에도 공간 속에도 있지 않으며, 어떤 생리적인 인과율이나 물리적인 인과율에도 지배를 당하지 않는다. 우리의 경험적 자아는 강제를 받지만 우리의 그것, 즉 우리의 예지적 자아는 자유롭다. 그것 혹은 물 자체가 유일한 실재성을 의미한다. 왜냐하면 바로 그것은 '현실'에서 현상하지 않으며 현상할 수 없기 때문이다.

경험 심리학과 경험 물리학이 동일한 결과에 다다랐다. 즉 정신은 현실 너머(überwirklich)에 서 있고, 물질은 현실 아래(unterwirklich)에 있다는 것이 그것이다. 그러나 이와 동시에 다른 쪽에서부터 비쳐오는 흐릿한 불빛이 하나 반짝이고 있다.

다른쪽에서부터 비쳐오는 흐릿한 불빛

유럽 문화사의 다음 장은 바로 이 불빛의 역사가 될 것이다.

에곤 프리델의 삶과 『근대문화사』

울리히 바인치를[1]

수년 전부터 내 책상 머리맡에는 다음과 같이 적힌 쪽지가 하나 붙어 있다. "당신들이 나의 이 소박한 60회 생일을 잊지 않고 기억 해줘서 깊이 감동 받았습니다. 나를 그토록 과대평가해준 당신들의 고매한 글에 진심으로 감사합니다. 모든 축하 메시지 가운데서도 유독 당신들의 인사가 제일 기쁘군요. 1938년 1월 빈에서 – 에곤 프 리델." 유일하게 손으로 자연스럽게 쓴 이 글은 온전히 비인칭 주어 의 형태를 빌린 감사의 표현으로서 교묘한 냉소를 감추고 있다. 좀 더 친절하게 말하면 은근히 심술을 부리고 있는 독특한 글이다. 이 글은 프리델의 생전에 인쇄된 마지막 글이 될 운명이었다. 7주 뒤, 그러니까 1938년 3월 16일 늦은 저녁, 그는 빈의 베링(Während) 구역 겐츠가세(Gentzgasse) 7번가에 위치한 자신의 방 4층에서 창문으로 뛰 어내렸다. 길을 가던 한 행인이 창틀에 올라선 그를 보고 고래고래 소리치며 만류했지만 소용이 없었다. 나치 돌격대원들이 그의 현관 문 초인종을 눌러댔던 것이다. 그 대원이 두서너 명이었는지, 그리 고 그들이 실제로 '유대인 프리델'을 연행하려 했는지는 전혀 분명

---

[1] Ulrich Weinzierl: 1954년 빈 태생의 오스트리아 저널리스트.

하지 않지만 별로 중요한 것도 아니다. 에곤 프리델은 오스트리아가 제3제국에 '합병'되기 바로 직전, 나치를 피해 도망하라는 사람들의 제안을 거절하고 자신의 현세적 삶을 마감했다. 자살은 친구들과 나눈 그의 체념적인 대화에서 주요 모티프를 이루고 있었다. "우리의 세계가 끝장난 거야. 모든 게 끝났어, 끝났다고." 이것이 여류작가 도로테아 체에만[2]의 말을 신뢰한다면 그가 내린 최종 결론이었다.

프리델은 빈의 한 부유한 가정에서 태어났다. 그런데 직조공장 사장이었던 그의 아버지 모리츠 프리트만(Moriz Friedmann)은 1891년에 사망했고, 어머니는 이미 1887년에 남편과 아들을 남겨두고 집을 나갔다. 1916년에서야 자신의 필명 프리델을 공식적으로 쓸 수 있었던 에곤 프리트만은 프랑크푸르트 암 마인에 사는 한 아주머니 댁에서 성인이 될 때까지 지냈다. 1899년, 바트 헤르스펠트(Bad Hersfeld)에서 고등학교 졸업시험을 치렀지만 실로 독일-오스트리아 통합 학교인 오디세우스(Odyssee)를 졸업할 때는 나이가 21살이나 되어 있었다. 1894년에 그는 '행실이 불성실하고 건강하지 못하다는 이유'로, 말하자면 '반항심'이 있고 '선생님에게 고분고분하지 않아' 프랑크푸르트 시립 김나지움에서 퇴학처분을 받았다. 그 학교의 부장교사는 15살배기의 역사 작문을 두고 이렇게 논평했다. "필자는 크세노폰보다 더 많이 알고 있다." 물론 이는 칭찬이 아니라 상상으로 가득 꾸며서 채운 글의 형태를 비꼬아서 한 말이다. 하지만 원한다면 그 작문에서 우리는 에곤 프리델을 높이 평가할 수 있는 그런 풍부한 재능의 조기 징후를 발견할 수도 있다. 이후 그는

---

[2] Dorothea Zeemann(1909~1993): 오스트리아의 여성작가.

자신이 보기에 문단에서의 이력을 쌓으려는 흡사 자격증처럼 보인 자신의 연구 과제를 이수했다. 철학박사 졸업시험 수험생 에곤 프리트만은 1904년 「철학자로서의 노발리스(Novalis als Philosoph)」라는 학위논문을 빈 대학에 제출해 철학박사 학위를 받았다. 인쇄본에서 ─ 이 판본은 니체의 다음과 같은 문구, 즉 "다정한 어머니가 없다면 어머니를 구하면 된다"는 문구를 차용해 당시 보모 역할을 한 자신의 가정부에게 바쳤는데 ─ '에곤 프리델'이라는 이름이 반짝였다. 대졸자 보헤미안이자 무직자인 에곤 프리델은 그를 두고 '활달한 허풍쟁이'라고 놀리게 될 카를 크라우스[3]의 『횃불(Die Fackel)』에서 1920년에 일자리를 얻었다. 1905년 12월에 나온 그의 첫 번째 기고문은 「편견들(Vorurteile)」이라는 시사적인 제목을 달았다. 여기서 그는 이렇게 판정한다. "우리가 유년시절에 취한 가장 나쁜 편견은 인생을 진지하게 생각하는 관념이다. 이에 대한 책임은 전적으로 학교에 있다. 요컨대 아이들은 정말 올바른 본능을 지니고 있다. 그들은 인생이 진지한 것이 아니라는 사실을 알고서 그것을 놀이와 유쾌한 오락쯤으로 다룬다. (…) 진실로 가치가 풍성한 모든 것은 장난기에서 생겨난다." 에곤 프리델은 이 같은 원칙을 가능한 한 오래 고수했다. 당시 시대상황이 그의 이러한 원칙을 용인하지 않고 가장 야만스러운 방식으로 거부했을 때에 그는 자기 삶에 종지선을 그었다.

그는 막스 라인하르트가 부르는 식으로 스스로를 '천재적인 딜레탕트'로 규정하길 특히 좋아했다. 사실 이런 팔방미인과 같은 재능은 모든 활동에서 그를 노련한 아마추어라는 이름을 달게 하여 국

---

[3]   Karl Kraus(1874~1936): 오스트리아의 문필가. 잡지 『횃불』의 발행인.

외자이자 내객으로 머물게 했다. 전문업종의 모든 대표에게서 미소를 얻어내긴 하지만 그것은 억지 미소에 불과했다. 엄청난 유산 덕분에 1차 세계대전이 끝날 때까지 그가 임금소득에 의존하지 않을 수 있었던 것이 그로 하여금 직업상의 조바심에 더욱 무덤덤할 수 있게 해주었다. 이 철학 강연자는 모든 것 하나하나를 웃음거리로 삼는 듯했다. 배우로서 (요제프슈타트(Josefstadt) 극장의 상설 앙상블 단원이기도 했던) 그는 아슬아슬한 즉흥 연기자였고, 연극비평가로서는 무엇보다 연극비평의 관행을 사정없이 경멸함으로써 이목을 끌었으며, 그러는 사이 패러디 작가이자 스케치 작가로서 – 알텐베르크 서클(Altenberg-Kreis) 출신의 오랜 친구 알프레트 폴가르[4]와 공동으로 – 프로급의 진지함을 선보이기도 했다. 폴가르와 프리델이 공동으로 발행한 『악동들의 시간(Der Bösen Buben Stunde)』(1924)은 – 간혹 '폴프리트 주식회사(PolFried AG)'로 불리기도 했는데 – 부패한 압제적 언론의 황제로 통하는 임레 베케시[5]의 콘체른 중 하나인 일간신문 『시간(Die Stunde)』을 아주 대놓고 조롱하는 것이었다. 그 비꼼이 너무 신랄해서 『시간』의 편집부는 지금까지 소중히 여겨온 협력자 프리델의 광범위한 직무 역할을 중지시킬 정도였다. 이 2인조의 작업실에서 나온 가장 성공적인 작품은 『괴테: 두 모습의 그로테스크한 인물(Goethe. Eine Groteske in zwei Bildern)』(1907/08)이라는 풍자였다. 자기 자신의 생애 및 작품과 관련된 시험에서 낙방하는 문단의 총아를 표현하면서 이 공동 극작가는 무엇보다 자신의 청소년 시절에 획득한 헤센 지방 말투와의 친화성 덕분에 100% 이상의 두각을 나타냈다.

---

[4] Alfred Polgar(1873~1955): 오스트리아의 저널리스트이자 연극 비평가.
[5] Imre Békessy(1887~1951): 헝가리 수도 부다페스트 태생의 오스트리아 저널리스트이자 출판업자.

그 작품의 형성에 관해 그는 이렇게 보고한다. "창작을 착상하는 일, 그러니까 아이디어를 끌어내는 일이 내게는 습관과도 같다. (…) 이처럼 목적을 함축한 다양한 생각을 세부적으로 실행하는 다음 단계의 여러 가지 일은 폴가르의 몫이었다. 우리는 어느 한쪽만으로는 절대로 완전할 수가 없다. 왜냐하면 나는 게으른 편이고 그는 부지런하지 않기 때문이다." 폴가르 역시 다음 식으로 자명하게 진술한다. "나한테는 『괴테』의 요지가 올바르고 적절하게 보이지만 에곤 프리델에게는 모든 것이 어긋나 있었다." 그 결론의 타당함이 이들 중 누구 덕분인지 판단하기가 쉽지 않다. 학생 괴테가 아주 까다로운 문제로 인해 온통 웃음거리가 되었을 때 야심가 콘(Kohn)은 엉터리 물음에 대한 정확한 답변을 기관총 난사하듯이 뱉어냈다. 의기양양한 태도로 이 교수는 괴테를 향해 몸을 돌리고서는 말한다. "보십시오! 이게 바로 교육인 겁니다!"

1927년, 에곤 프리델의 『근대문화사』 제1권이 시장에 선을 보였을 때(이 3부작[6]은 1931년 완결되었는데), 비록 여러 신문에서 ─ 홍보용으로는 아니지만 ─ 그 출간을 이미 여러 번 예고했음에도 일반 사람들의 반응은 놀라울 정도로 대단했다. 프리델 작품의 가장 정통한 전문가인 헤리베르트 일리히[7]는 프리델의 작업방식을 두고 '모듈테크닉(Modultechnik)'이라는 전문용어를 주조해냈다. 에곤 프리델은 자기 자신을 기발하게 이용하는 인물로서 단편을 잇댄 흔적 없이 잘 연결했기 때문에 그가 자살한 뒤 10여 년간 독어독문학계의 섬세한 탐문 분석이 있기까지 그 결합이 누구의 눈에도 띄지 않은

---

[6] 『근대문화사』는 본래 3부작이었다. 번역본 1권이 1부, 2~3권이 2부, 4~5권이 3부이다.
[7] Heribert Illig(1947~): 독일의 저널리스트이자 연대기 비평가.

것이다. 자기표절이라는 폭로조차도 프리델의 막대한 업적의 의미를 조금도 깎아내리지는 못한다. 그러나 폴가르가 프리델의 인생의 동반자였던 강아지 슈니크를 기리는 애도사에서 프리델을 치켜세우지만 그것은 그 소유자를 약간 비꼬는 어투로 해석될 소지도 있는 것이다. "그는 신문잡지에 어울리는 철학자가 아니었다. 밋밋한 것이나 값싼 역설을 원하지 않았던 것이다. 그는 세상을 예의주시하면서도 입은 꼭 다물었다. (…) 슈니크는 작지만 유연했으며, 달리거나 서 있을 때면 꼭 바람에 깃을 휘날리고 서 있는 우아한 여신 같았다. 비록 슈니크가 자신의 주인과는 정반대의 태도를 보였지만 둘은 대조에서 태어난 조화의 법칙을 아주 확연하게 입증해 보이는 그런 감동적인 우정을 서로 나누면서 살았다." 인간과 동물의 연대에 대한 이처럼 감동적인 찬가는 다른 한편으로 보면 대인 관계가 아주 빈약했음을 말해주는 대목이다. 폴가르가 프리델과 나눈 우정은 20년대 말에 이르면 완곡하게 말해서 — 언제나 프리델에게 그 책임이 있었던 것이지만 — 식었다. 술을 즐기는 이 연금생활자의 내밀한 생활에 대해서 우리는 거의 알지 못한다. 그가 지어낸 다음과 같은 재미있는 두 문구는 생각의 여백을 더 넓히게 한다. "여자는 사람이 아니다. 이는 여자를 그만큼 더 매력적이게 만든다." "나는 어떻게 동성애를 할 수 있는지 알지 못한다. 그러나 평범한 것이란 몹시 불쾌한 일이기도 하다."

솔직히 말하면, 거의 1600쪽에 가까운 프리델의 『근대문화사』가 오늘날의 시선으로 보자면 곳곳에서 이데올로기상 위험스럽게 작용한다고 볼 수 있다. 많은 표현이 흡사 선동처럼 들리기도 한다. 저자가 만일 유대인 출신 나치 희생자가 아니라 제국 문서실의 일원이었다면 독일에서 나온 모든 개정판은 각종 언론의 정치부에서 대서특필했을 법하다. 이 같은 주장은 충분히 납득 가고도 남는다. 1897년 에곤 프리델은 유대교에서 개신교로 개종했지만 그 계기는 동화작용이나 기회주의적 동기의 발로에서가 아니라 열렬한 확신에서 비롯된 것이다. 실례가 되는 말일지는 몰라도 유대인 프리델은 호전적인 반유대주의자였다. 그는 자신이 '유대인의 정신'인 유대의 종교를 하나의 불운으로 취급한 사실을 – 자신의 『근대문화사』에서도 마찬가지로 – 결코 감추지 않았다. 게다가 프리델은 과격한 독일 민족당원이 되었고, 1차 세계대전에서는 난폭한 부류의 국수주의자가 되어 있었다. 1915년에 출간된 그의 단행본 『단테에서 단눈치오까지(Von Dante zu d'Annunzio)』는 문학비평과는 거의 아무런 관계가 없다. 흔히 인용되는 문구를 골라보면 그 정조의 경향을 읽어낼 수 있다. "승승장구하는 사상가들의 독일이 언젠가 승승장구하는 군대의 독일이 되리라는 점도 단연코 피할 수 없는 사실이었다." – "랭스 대성당은 이제 우리에게 '영광스러운 기념비적 건축물'이 아니라 폐쇄되어야 마땅할 적의 한 감시초소에 불과하다." – "독일 국민은 지상에서 가장 검소한 민족이다. 바로 그래서 가장 소중한 민족이다." – "독일적 본질은 다행히도 검소함을 통해서 현시된다." – "그러나 독일적인 것에는 두 가지 요소가 삼투하고 있는데, 체펠린[8]이나 철옹성을 분쇄하는 크루프[9]가 딛고 서있는 수준으로 국민적 저력이 나오는 바탕에는 칸트와 헤르더의 뿌리가 있다." 이 진실을 영예롭게 하도록 덧붙이자면, 마지막 두 가지 난센스 같은 기록은 에곤 프리델의 퇴비 더미에서 자란 것이 아니라는 사실

---

[8] F. von Zeppelin(1838~1917): 경식 비행선의 고안자인 독일의 군인.
[9] G. Krupp(1870~1950): 독일의 근대식 무기제조업자.

이다. 유감스럽게도 같은 시기에 후고 폰 호프만슈탈이 혼동을 불러 일으키기에 충분할 정도의 방식으로 독일을 구분한 것이다. 1922년, 프리델은 사적인 편지에서 이 숙명적인 책과 거리를 두었다. "여기 엔 어쩌면 보편적으로 타당한 민족심리학적 관찰 내용이 담겨 있을 지도 모릅니다. 그러나 전체 색조가 우리의 적에 대해 우리에게 귓 속말로 속삭이는 비양심적인 거짓과 전쟁 정신병의 인상을 풍기는 것도 사실입니다." 그러나 이 같은 현상은 이 선전원이 바로 프로파 간다에 속아 넘어갔다는 식으로 해명하고는 제쳐놓을 수 있는 일이 아니다. 그 까닭은 『근대문화사』에서도 민족심리학이 참기 어려울 정도로 불편한 색채와 불길한 선입견을 동반하고서 늘 반복적으로 반짝이기 때문이다. 바흐와 헨델의 모든 작품에 가득 차 있는 '게르 만족의 심오한 에토스'가 여기서도 허풍을 떨고 있다. 여기서는 후 스파 운동(Hussitenbewegung)이 "러시아 사람들이 수세기 동안 차르 전 제정치의 지배를 러시아 사람들이 수세기 동안 차르 전제정치의 지 배를 참아왔는데, 이제 또다시 아마 수세기 동안 소비에트 권력 을 참아내야 한다는 사실만을 말해줄" 뿐인 "현실성에 맹목적이고 도 막무가내인 적개심을 품은 슬라브인 기질"로 풀이된다. 모제스 멘델스존을 두고서는 우리에게 이렇게 들려준다. "그는 2×2=4와 같은 수학공식이나 연금계산법처럼 하는 광신적인 기도와 결합된 구세주에 대한 유대인의 르상티망, 관념성·신비·신에 대한 유대 인의 반감을 최신의 현대적 가면을 통해 드러낸다." 미국은 "경제의 상피병(象皮病), 과잉기술, 메가폰의 잡음, 정신분석학 따위로 뒤섞인 하나의 카오스로 이 행성을 집어삼킬 것" 같은 "흉측한 공포의 리 바이어던"이다. 그에게 정신분석학은 자명하기도 하지만 극히 수상 쩍은 것이기도 하다. 이는 그가 프로이트, 특히 알프레트 아들러의 사상과 전문적인 개념을 유용하게 전유하는 면모에서 잘 드러난다. "정신분석학에는 파국적인 결함이 있다. 정신분석학자들이 심혈을 기울여 다듬어낸 일은 탈무드와 독신자 문학의 혼합을 의미한다. 미국인은 정신분석학을 두고 **기독교 과학**과 상반된 '**유대교 과학**'이 라고 부른다." 심술이 더 짓궂어진다. "정신분석학과 더불어 부도덕 의 노예반란이 시작된다. (…) 정신분석학의 착상은 인간을 동일화 하면서 자신에게 굴복하게 하려는 신경증 환자의 지배욕구, 과도한 리비도 콤플렉스를 '세계'로 대상화하는 전이신경증세, 그리고 유 대교 과학의 전문가가 모든 동료 인간에게서 지워내고 싶어 하는 종교적인 의식내용에 대한 본능적 증오감 등을 먹고 자란다. 그도 그럴 것이 그는 자신이 유대인으로서, 다시 말해 무신앙의 전형적인 인간으로서 이 분야에서 '다른 누구'와도 경쟁할 수 없다는 점을 잠재의식으로 알고 있기 때문이다. (…) 문제는 대규모 감염의 시 도, 즉 일탈자들의 잠재적인 보복행위이다. 여기서는 세계가 신경 과민을 앓고 성욕에 사로잡히며 마성(魔性)에 붙잡혀 있는 모양새를 취하기 마련이다. 정신분석학은 사탄왕국의 개시를 예고한다." 이 런 식의 말의 탐닉에서 진단이 '헷갈리게' 되는 일을 피하려는 것은 헛수고에 그치기 마련이다.

근대의 조형예술과 입체파, 무조음악과 추상화도 그는 "일종의 자살 충동에서의 해방"과 결부시킨다. 에곤 프리델이 새로운 반유 대주의 두 주상고행자(柱上苦行者)[10] – 파울 데 라가르데[11]와 휴스 턴 스튜어트 체임벌린[12] – 를 숭배하는 것도 놀랄 일이 아니다. 그에

---

[10] Säulenheilige: 5~12세기경 기둥 꼭대기에 정좌하여 금욕적 고행을 한 사람
을 두고 한 말에서 유래함.
[11] Paul de Lagarde(1827~1891): 독일의 프로테스탄트 신학자이자 동양학자.

게 전자는 "19세기에 살았던 몇 안 되는 기독교도 가운데 한 사람"
으로, 후자는 "생각이 많은 문화철학자"로 통했다. 베크(C. H. Beck)
출판사가 프리델의 『고대문화사(Kulturgeschichte des Altertums)』 출판을
두고 망설인 1934년에 프리델이 실로 '무모한 생각'을 서슴없이 표
출한 일 역시 놀랄 일이 아니다. "그렇다면 소책자(유고 단편소설,
『타임머신 여행(Die Reise mit der Zeitmaschine)』)를 다른 출판사에 맡길 수
밖에요! 내 기질에 동조하는 부류의 사람들이 지조 없는 뻔뻔한 저
널 유대인들보다 훨씬 많이 나를 이해해준다는 사실을 나는 늘 인
지하고 있었습니다. 그런데 저널 유대인들은 나를 항상 광대로만
취급해온 것이죠. 나 역시 인생에서 비기독교도와 실제로 친하게
지내본 적 없고, 내가 사귀어 알게 된 그 미지의 사람들과 나눈 수
많은 편지 중 기독교도 출신과 교환한 편지만이 이해심으로 가득
채워져 있죠." 그리고 에곤 프리델이 나치 정권에 대한 자신의 근본
적 오해를 곧 확실히 깨달은 것도 놀랄 일은 아니다. 1935년, 그는
자신의 평생 지기였던 리나 로스(Lina Loos)에게 편지를 썼다. "매일
나는 글을 통해, 그리고 이쪽으로 넘어오는 몇 안 되는 사람들을
통해 독일에서 벌어지는 말할 길 없는 참담한 소식을 듣고 있어.
(⋯) 거기서는 반기독교도의 왕국이 개시된 셈이지. 고상함·경건
함·교양·이성의 발동 일체가 타락한 머슴 무리에 의해 꼴사납기
그지없는 가장 일상적인 방식으로 억압되고 있는 마당이다." 헤리
베르트 일리히는 프리델이 자신의 생의 마지막 국면에서 국가사회
주의의 부상에 대한 일말의 형이상학적인 책임이 있다는 자책감에

---

[12] Houston Stewart Chamberlain(1855~1927): 영국 태생의 독일 작가. 인종주의
에 입각하여 히틀러 국가사회주의 운동에 중대한 영향을 끼침.

시달린 것 같다고까지 추측한다. 완전히 빗나간 소리라고는 들리지 않는다. 일리히는 프리델 선집에 붙인 후기 「책임과 속죄(Schuld und Sühne)」에서 이렇게 추단한다. "프리델은 히틀러의 등장을 두고 공범 의식을 가진 것이 틀림없다! 그의 작품은 니체의 작품이 그랬듯이 이 '위대한 독재자'에게 수많은 변명거리를 제공했다. 그는 이 사실을 알고 있었다. 그는 자신의 '근대'를 두고 '대단히 반근대적 · 반자본주의적 · 반기술적 · 반합리주의적인 작품, 한마디로 앵글로색슨계에 반하는 작품'으로 판정한다." 사실 이 같이 규정한 자기 성격 규정의 이 모든 속성은 의표를 찌른 셈이다.

여기서 또 한 번 형성사의 맥락을 들여다보는 것이 얼마나 필요한 일인지 깨닫게 된다. 천박한 반유대주의가 아니라 '이론적' 반유대주의와 반민주적인 격정이 1933년 이전에는 이른바 품격 있는 살롱문화로 통했을 뿐만 아니라 지성적 환경에서 어느 정도 담론으로 다룰만한 논쟁거리로 비치기까지 했기 때문이다. 『근대문화사』를 탐독하고서 추천한 사람 가운데 누구도 위에서 인용한 문구를 두고 분개하지는 않았다. 알프레트 되블린[13]도 그러지 않았고 저널리스트 레오폴트 슈바르츠쉴트[14]도 그러지 않았다. ─ 이들 두 사람은 나중에 망명을 하며, 그 외에도 반유대주의 이데올로기와 관련해서 지진계로 통하기도 한다. 그렇다면 매수라는 말조차 모르는 공평무사하기 이를 데 없는 시대의 증인 아르투어 슈니츨러[15]는 어땠는가? 그의 일기장에는 『근대문화사』이야기가 자주 등장한다. 예컨대

[13] Alfred Döblin(1878~1957): 독일 표현주의 운동에서 탁월한 면모를 발휘한 소설가이자 수필가.

[14] Leopold Schwarzschild(1891~1950): 독일의 저널리스트 작가.

[15] Arthur Schnitzler(1862~1931): 오스트리아의 극작가이자 소설가.

1927년 6월 2일 자 일기에는 이렇게 적혀 있다. "즐겁게 대화했다. 특히 프리델과 나 사이에. 그의 문화사를 두고 진지하게 대화했음." 1927년 7월 4일, "프리델의 문화사 1권이 완성됨. 의욕이 넘치고 재기발랄함. 모순과 세계관적 스노비즘이 없지 않음." 1928년 12월 17일, "프리델의 문화사 2권이 완성됨(탁월함)." 그리고 1929년 1월 22일에는 친구들을 포함해 지인들과 나눈 대화를 이렇게 기록했다. "프리델의 (아주 멋진) 문화사는 온갖 종교적인 속임수와 기독교 문화의 속임수, 그리고 그 비슷한 것에 관해 다룬다." 슈니츨러의 일기장에 마지막으로 기록된 – 그가 사망하기 이틀 전의 날짜에 해당하는 1931년 10월 19일 자의 – 내용은 "프리델의 문화사 3권을 읽기 시작함"으로 되어 있다. 이른바 '세계관적 스노비즘'과 '종교적인 속임수와 기독교 문화의 속임수' 때문에 아르투어 슈니츨러의 읽는 재미와 프리델의 **대작**(opus magnum)에 대한 그의 경탄이 결정적으로 줄어들지 않는 것은 분명하다.

우리가 시인할 수밖에 없는 사실은 온갖 의구심이 있음에도 그의 장점 앞에서 우리가 굴복하게 된다는 점이다. 단순히 취향의 법정 앞에서 이 작가를 복권시키려면 이 책의 몇 쪽만 읽으면 충분하다. 이 책은 보기 드물 정도로 엄밀함을 갖추고 있어서 〈흑사병에서 1차 세계대전에 이르기까지 유럽 영혼이 직면한 위기〉라는 부제는 타당하게도 막스 라인하르트[16]에게 증정한 이 연구서의 본질과 구상을 압축해서 보여주는 셈이다. 프리델은 〈정신적 의상(衣裳)의 역사(Eine seelische Kostümgeschichte)〉에 대해 쓰고 싶어 했으며, 그 자신의 목적을 성취한 것이 틀림없다. 이런 식의 정신사적 **세계극장**(theatrum mundi)이

---

[16] Max Reinhardt(1873~1943): 오스트리아의 연극 연출가.

이 이상으로 입체적이고 재미있게, 우아하고도 매력적으로 연출될 수는 없을 터이다. 이 탐식가와 요술쟁이의 이면에는 한층 고차원적이면서 세련된 난센스를 무기로 삼아 자기 이상의 속물적 편취에 맞서 싸우고, − 백과사전적 지식으로 곡예를 부리면서 − 잿빛의 사실 자료 더미의 도그마를 뒤흔들어 놓는 고전적 교양시민과 민간학자가 숨어있다. 여기서 그는 자신이 잡문작가의 기질이 있음을 부인하지 않는다. 오히려 정반대로 적극 활용한다. 경쾌함과 고고함, 멋지게 결합된 문장과 핵심에 대한 애정 등이 그의 스타일을 관장하는 확실한 주권자 노릇을 하고 있다. 생업으로 삼은 유일한 직업인 고상한 저널리스트로서 그는 문예란에서 질적인 특색을 손상시키지 않고 기념비적인 것으로 끌어올리는 데 성공했다. 그는 문제에 접근할 때 철학의 뒷계단을 하나하나 넘어서면서 대가들의 천국과 모든 분야에서 권위를 행사하는 원로교사들의 성스러운 구역에서도 마음껏 청소를 한다. 때로는 약간의 먼지를 떨어내고, 또 때로는 조심성 없어 보이게도 석고 흉상을 바닥에 떨어뜨리기도 한다. 항상 눈치 보지 않는 무한자유를 자랑삼아 내놓는다. 청소를 끝낸 끝자락에서는 결국 19세기의 꿈을 꾸게 된다. 그것은 낭만적 · 반어적 · 보수적 관념론의 꿈이었다. 에곤 프리델은 개성과 천재의 힘을 − "시대는 바로 위대한 인간이 만들어낸 창조물"이며, 이 위대한 인간은 시대의 창조물이자 그것의 완전한 표현이라는 것을 − 믿으며, 일화 (逸話)의 진술 효과와 상징적 문서의 혁명적 영향에 대해 무조건 믿는다. 그에겐 사회학적인 것 일체가 잔혹한 것으로 비치며, 경제학은 그가 깡그리 무시할 만큼 별 의미 없는 것으로 받아들인다. 그의 경우 역사는 다소 정신병리학적인 인류의 가족사로 나타난다. 이는 작가 프리델이 부리는 마술이다. 그러나 우리는 속고 있다는 것을 느끼지 못할 만큼 그의 마술에 속아 넘어가고 싶은 것이다. 그는 그의 시대의 희비극적인 아이였다. 그의 시대는 정신이 깃들지 않은 밤의 측면이 지배했다.

1950년에 알프레트 폴가르는 자신의 가장 중요한 에세이, 『위대한 딜레탕트(Der große Dilettant)』에서 『근대문화사』를 모순의 불꽃으로 파악하려 했으며, 지금도 이 총평은 유효하다. "확신에 찬 부조리함과 백발백중의 잘못된 추론이 넘치고, 가장 즐거운 방식으로 독자를 분개시키는 아마추어적인 전문가의 빛나면서도 실패한 책이다. 그러나 그의 오판은 그가 이로부터 담금질해서 주조할 수 있는 정신적 자산만큼이나 중요한 것이다."

이외 사용 설명서로서 곁들이면 에곤 프리델이 사석에서 한 주목할만한 다음과 같은 말이 있다. "어떤 바보가 별 볼 일 없는 책을 읽게 되면 그 자체로 이미 아주 유감스러운 일이지만, 어떤 바보가 좋은 책을 손에 거머쥐게 되면 그 결과는 가공할만하다."

1348년	흑사병
1350년 경	『완전한 삶에 관한 소책자』 출간
1351년	콘라트 폰 메겐베르크『자연의 책』 출간
1354년	리엔초 살해
1356년	황금문서
1358년	프랑스 내전
1361년	타울러 사망. 아드리아노플 점령
1365년	주조 사망
1370년 경	『농부 피어스의 꿈』 출간
1372년	장인 빌헬름 사망
1374년	페트라르카 사망
1375년	보카치오 사망
1377년	바빌론 유수의 종결
1378년	카를 4세 사망: 벤첼 즉위. 거대한 분열의 시작
1381년	로이스브루크 사망
1384년	위클리프 사망
1386년	젬파흐 전투
1389년	암젤펠트 전투
1396년	니코폴리스 전투
1397년	칼마르 동맹
1399년	영국 랭커스터 가문의 집권
1400년	벤첼 폐위: 팔츠의 루프레히트 등극. 메디치가 피렌체를 다스림. 초서 사망
1405년	프루아사르 사망
1409년	피사 공의회: 세 명의 교황 출현
1410년	루프레히트 사망: 지기스문트 등극. 탄넨베르크 전투
1414년	콘스탄츠 공의회 시작
1415년	후스 화형. 호엔촐레른가가 브란덴부르크를 다스림. 아쟁쿠르 전투
1417년	거대한 분열의 종결
1420년	후스파 전쟁의 시작
1426년	후베르트 반에이크 사망

1428년	마사치오 사망
1429년	잔 다르크 활약
1440년	신성로마제국 황제 프리드리히 3세 등극. 니콜라우스 쿠자누스 『아는 무지』 출간. 얀 반에이크 사망. 피렌체 플라톤 아카데미 개소
1441년	『그리스도를 모방하여』 완간
1445년	케이프 곶 발견
1446년	브루넬레스키 사망
1450년	밀라노 대공 프란체스코 스포르차 등장
1450년 경	구텐베르크: 종이인쇄술 발명
1452년	레오나르도 다빈치 출생
1453년	콘스탄티노플 정복. 존 던스터블 사망
1455년	프라 안젤리코 사망. 기베르티 사망
1458년	에네아 실비오 교황 선출
1459년	장미전쟁 개시
1461년	프랑스 루이 11세 즉위. 영국의 요크가의 집권.
1464년	코시모 메디치 사망. 니콜라우스 쿠자누스 사망. 로제르 반 데르 베이든 사망
1466년	서프로이센이 폴란드를 양위하다. 동프로이센이 폴란드를 봉토로 받다. 도나텔로 사망
1471년	최초의 천문대 설치. 뒤러 출생
1472년	알베르티 사망
1475년	미켈란젤로 출생
1477년	부르고뉴 공작 용담공(勇膽公) 샤를 전사. 혼인을 통해 네덜란드를 합스부르크 왕가의 통치 아래 둠. 티치아노 출생
1478년	종교재판소 설치
1479년	카스티야와 아라곤 합병
1480년	러시아를 지배하던 몽골이 몰락
1483년	루이 11세 사망: 카를 8세 등극. 라블레 출생. 라파엘로 출생. 루터 출생
1485년	영국 튜더 왕가 집권, 장미전쟁 종결
1487년	희망봉 발견
1488년	베로키오 사망
1489년	『마녀의 방』 출간
1490년	마르틴 베하임, 지구본 제작

1492년	아메리카 발견. 그라나다 정복. 로드리고 보르지아 교황 즉위. 로렌초 메디치 사망
1494년	제바스티안 브란트『바보들의 배』출간. 피코 델라 미란돌라 사망
1495년	한스 멤링 사망
1498년	동인도 항로 개척. 사보나롤라 화형. 풍자시집『라인케 데 포스』출간
1499년	스위스 독립
1500년 경	악기 '스피넷' 등장
1500년	브라질 발견
1505년	최초의 우체국 설립
1506년	로이힐린: 히브리어 문법책 발간. 만테냐 사망
1509년	영국 헨리 8세 즉위. 에라스무스『우신예찬』출간
1510년	회중시계 발명. 보티첼리 사망
1513년	레오 10세 교황 즉위
1514년	브라만테 사망. 마키아벨리『군주론』출간
1515년	프랑스의 프랑수아 1세 즉위. 마리냐노 전투. 『이름 없는 사람들의 편지』출간
1516년	스페인 합스부르크 가문 집권. 아리오스토『성난 오를란도』, 모어『유토피아』출간
1517년	비텐베르크 반박문. 터키가 이집트를 점령하다.
1519년	막시밀리안 1세 사망: 카를 5세 등극. 레오나르도 다빈치 사망
1520년	라파엘로 사망. 스톡홀름 대학살
1521년	멕시코 정복. 보름스 제국의회. 베오그라드 합병
1522년	최초 세계 선박일주여행 완료. 루터의 성경 번역
1523년	스웨덴 바사 가문 집권. 지킹겐 몰락. 후텐 사망
1524년	페루지노 사망
1525년	독일 농민전쟁 발발. 파비아 전투
1526년	모하치 전투
1527년	마키아벨리 사망. 로마 약탈
1528년	뒤러 사망
1529년	그뤼네발트 사망. 터키군이 빈을 목전에 두다
1530년	아우크스부르크 제국의회: 아우크스부르크 신앙고백
1531년	츠빙글리 몰락. 영국 성공회 형성
1532년	페루 정복. 뉘른베르크 종교회의
1533년	아리오스토 사망

1534년	코레조 사망
1535년	뮌스터 재세례파 형성
1537년	위르겐 불렌베버 참수
1540년	예수회 건립. 세르베투스: 모세혈관의 혈액순환 원리 발견
1541년	파라켈수스 사망. 칼뱅이 제네바 장악.
	스코틀랜드에서 녹스의 세력 확대
1543년	한스 홀바인 사망. 코페르니쿠스『천구의 회전에 관하여』,
	베살리우스『인체의 구조』출간
1545년	제바스티안 프랑크 사망. 트리엔트 공의회 개최
1546년	루터 사망
1547년	뮐베르크 전투. 프랑수아 1세 사망. 헨리 8세 사망
1553년	라블레 사망. 세르베투스 화형
1555년	아우크스부르크 종교회의
1556년	카를 5세 퇴위: 페르디난트 1세 신성로마제국 황제로 즉위.
	스페인 국왕 펠리페 2세 등극. 로욜라 사망
1557년	생캉탱 전투
1558년	영국의 엘리자베스 즉위. 그라블린 전투
1560년	멜란히톤 사망. 니코: 담배 소개
1561년	베이컨 출생
1564년	페르디난트 1세 사망. 막시밀리안 2세 즉위. 칼뱅 사망.
	미켈란젤로 사망. 셰익스피어 출생
1568년	에그몬트 사형
1569년	메르카토르가 세계지도 제작
1571년	레판토 전투. 런던 증권거래소 개소
1572년	성 바르톨로메오의 밤. 존 녹스 사망
1576년	막시밀리안 2세 사망: 루돌프 2세 즉위. 한스 작스 사망.
	티치아노 사망
1577년	루벤스 출생
1579년	위트레흐트 조약
1580년	팔라디오 사망. 스페인이 포르투갈을 지배. 몽테뉴『수상록』출간
1581년	타소『해방된 예루살렘』출간
1582년	교황 그레고리우스 13세가 그레고리우스력 채택
1584년	네덜란드 총독 빌렘 반 오라녜 암살
1586년	스테빈: 경사면 이론의 정립. 유체정역학의 모순 발견. 연통관 발명
1587년	메리 스튜어트 참수

1588년	무적함대 아르마다 침몰
1589년	앙리 4세 등극: 프랑스에서 앙리 부르봉 왕가 집권
1591년	피샤르트 사망
1592년	몽테뉴 사망
1593년	말로우 사망
1594년	오를란도 디 라소 사망. 팔레스트리나 사망. 틴토레토 사망. 오페라 탄생
1595년	타소 사망
1596년	데카르트 출생
1597년	갈릴레이: 온도계 발명
1598년	낭트 칙령. 베르니니 출생
1600년	조르다노 브루노 화형. 길버트: 지자기 발견. 영국 동인도회사 설립
1601년	티코 데 브라헤 사망
1602년	네덜란드의 동인도회사 설립
1603년	영국의 엘리자베스 사망: 스튜어트가의 집권, 영국-스코틀랜드 사이의 인적 결합. 셰익스피어『햄릿』출간
1606년	렘브란트 출생
1608년	리페르세이: 망원경 발명. 프로테스탄트 연맹 성립.
1609년	세르반테스『돈키호테』출간. 가톨릭 동맹 맺음
1610년	앙리 4세 피살
1611년	케플러: 천체 망원경 발명. 구스타프 아돌프 등극
1612년	루돌프 2세 사망: 마티아스 즉위
1613년	러시아, 로마노프 가문이 집권
1614년	네이피어: 로그 법칙의 정립
1616년	세르반테스 사망. 셰익스피어 사망
1618년	프라하 창문투척 사건. 30년 전쟁 발발
1619년	신성로마제국 황제 페르디난트 2세 즉위
1620년	바이센베르크 전투. 메이플라워호 상륙
1624년	리슐리외가 재상이 됨. 야콥 뵈메 사망. 오피츠『독일 시학서』출간
1625년	제임스 1세 사망: 카를 1세 즉위. 엘 그레코 사망
1626년	베이컨 사망
1628년	권리 청원. 라 로셸 합병. 길버트: 전기 발견. 하비: 이중혈액순환 발견
1629년	복원칙령
1630년	구스타프 아돌프가 포메른에 상륙. 케플러 사망

1631년	마그데부르크 습격. 브라이텐펠트 전투
1632년	뤼첸 전투. 구스타프 아돌프 전사
1634년	발렌슈타인 피살. 뇌르틀링겐 전투
1635년	프라하 평화협정. 로페 데 베가 사망
1636년	코르네유『르 시드』출간
1637년	페르디난트 2세 사망: 페르디난트 3세 즉위
1640년	프로이센에서 대선제후 프리드리히 빌헬름 1세 등극. 포르투갈, 브라간자 가문이 집권. 루벤스 사망
1641년	반다이크 사망
1642년	영국 혁명 발발. 리슐리외 사망. 갈릴레이 사망. 타스만이 오스트리아로 회항
1643년	루이 14세 즉위. 뉴턴 출생. 토리첼리: 기압계 발명
1645년	그로티우스 사망
1646년	라이프니츠 출생
1648년	베스트팔렌 평화조약. 프랑스에서 왕립 회화조각아카데미 창설
1649년	찰스 1세 처형: 공화국 성립
1650년	데카르트 사망
1651년	항해 조례 발동. 홉스『리바이어던』출간
1652년	게리케: 공기펌프 발명
1653년	호민관 크롬웰이 집정
1657년	앙겔루스 질레지우스『케루빔의 방랑자』, 파스칼『시골 친구에게 부치는 편지』출간
1658년	크롬웰 사망. 페르디난트 3세 사망: 레오폴트 즉위. 제1차 라인 동맹
1659년	피레네 평화조약
1660년	스튜어트가 복권: 찰스 3세 등극. 벨라스케스 사망
1661년	마자랭 사망. 루이 14세 친정체제. 보일『회의적인 화학자』출간
1662년	파스칼 사망.『사고의 기술』출간. 프랑스 왕립학회 창립
1663년	게리케: 기전기 발명
1664년	몰리에르『타르튀프』출간. 트라피스트 수도회 창립
1665년	푸생 사망. 라로슈푸코『잠언』출간
1667년	스페인 왕위계승전쟁. 밀턴『실낙원』출간
1668년	그리멜스하우젠『짐플리치시무스』출간
1669년	렘브란트 사망. 파리 오페라하우스 창설
1670년	스피노자『신학정치론』출간
1673년	몰리에르 사망. 영국에서 선서 조례 선포

1674년	밀턴 사망. 부알로『시법』출간
1675년	페르벨린 전투. 말브랑슈『진리탐구』출간. 레벤후크: 적충류 발견. 튀렌의 패배. 그리니치 천문대 설립
1676년	파울루스 게르하르트 사망
1677년	스피노자 사망『에티카』출간. 라신『페드르』출간. 보로미니 사망
1678년	호이겐스: 파동설 제시. 시몽『구약성서 비평사』출간
1679년	네이메헨 평화조약. 인신보호령 공포. 아브라함 아 산타클라라『메르크의 빈』출간
1680년	베르니니 사망
1681년	칼데론 사망. 스트라스부르 점령
1682년	클로드 로랭 사망. 무리요 사망. 로이스달 사망
1683년	터키군이 빈 외곽까지 진출. 필라델피아 건설. 콜베르 사망
1684년	코르네유 사망. 라이프니츠: 미분학 정립. 뉴턴: 중력법칙 발견
1685년	낭트 칙령 철폐. 찰스 2세 사망: 제임스 2세 즉위
1687년	헝가리를 합스부르크 왕가에서 다스리다. 뉴턴『자연철학의 수학적 원리』출간. 륄리 사망
1688년	명예혁명. 프로이센 대선제후 사망. 라브뤼예르『성격과 풍속』출간
1689년	빌렘 반 오라녜가 영국 윌리엄 3세로 즉위. 표트르 대제 등극. 팔츠 정벌
1690년	로크『인간오성론』출간. 파팽: 증기실린더 발명
1694년	볼테르 출생. 영국은행 창립
1695년	베일『역사비평사전』출간. 라퐁타이네 사망. 호이겐스 사망
1696년	톨런드『기독교는 신비주의가 아니다』출간
1697년	라이스바이크 평화조약. 폴란드를 작센 왕인 '강성왕' 아우구스트가 지배. 첸타 전투
1699년	카를로비츠 평화조약. 라신 사망
1700년	드라이든 사망. 베를린 과학아카데미 창립
1701년	프로이센 왕국
1702년	윌리엄 3세 사망: 앤 여왕 즉위. 슈탈: 연소이론 제시
1703년	상트페테르부르크 건설
1704년	회흐슈테트 전투. 영국의 지브롤터 점령
1705년	레오폴트 1세 사망: 요제프 1세 즉위
1706년	라미이 전투
1708년	오데나르드 전투
1709년	말플라크 전투. 풀타바 전투. 영국 주간지 간행. 뵈트거: 도기 제작

1710년	라이프니츠『변신론』출간
1711년	부알로 사망. 요제프 1세 사망: 카를 6세 즉위
1712년	프리드리히 대왕 출생. 루소 출생
1713년	위트레흐트 조약. 프리드리히 빌헬름 1세 등극
1714년	라슈타트/바덴 조약. 앤 여왕 사망: 하노버가가 영국 지배
1715년	루이 14세 사망: 섭정 정치 시작. 페늘롱 사망. 말브랑슈 사망
1716년	라이프니츠 사망
1717년	빙켈만 출생. 프리메이슨 비밀결사 조직
1718년	카를 12세 피살
1719년	디포『로빈슨 크루소』출간
1720년	로의 국립은행 파산
1721년	니슈타트 조약. 와토 사망. 몽테스키외『페르시아인의 편지』출간
1722년	헤른후트파 형제단 발족
1723년	오를레앙 공 필립 사망: 루이 15세 친정 체제. 국본조칙 시행
1724년	칸트 출생. 클롭슈토크 출생
1725년	표트르 대제 사망
1726년	스위프트『걸리버 여행기』출간
1727년	뉴턴 사망
1728년	볼테르『앙리아드』출간
1729년	바흐「마태수난곡」작곡. 레싱 출생
1730년	고트셰트『비평시론』출간
1734년	볼테르『철학서간』출간
1735년	린네『자연의 체계』출간
1736년	프린츠 오이겐 사망
1740년	프리드리히 빌헬름 1세 사망: 프리드리히 대왕 즉위. 카를 6세 사망: 마리아 테레지아 즉위
1741년	헨델「메시아」작곡
1742년	에드워드 영: 시「밤의 고민들」발표
1743년	플뢰리 추기경 사망
1744년	포프 사망. 헤르더 출생
1745년	스위프트 사망
1746년	겔레르트『우화와 서사』출간
1748년	몽테스키외『법의 정신』, 라메트리『인간기계론』, 클롭슈토크『메시아』출간. 폼페이 유적 발굴 개시
1749년	괴테 출생

1750년	요한 제바스티안 바흐 사망. 프랭클린: 피뢰침 발명
1751년	백과전서 출판 개시
1753년	버클리 사망
1754년	크리스티안 볼프 사망. 홀베르 사망
1755년	몽테스키외 사망. 칸트 『일반 자연사와 천체 이론』 출간. 리스본 대지진 발생
1756년	모차르트 출생. 7년 전쟁 발발
1757년	쾰른·로스바흐·로이텐 전투
1758년	초른도르프·호흐키르흐 전투. 엘베시우스 『정신론』 출간
1759년	쿠너스도르프 전투. 헨델 사망. 실러 출생
1760년	리그니츠·토르가우 전투. 맥퍼슨 『오시안』 출간
1761년	루소 『신 엘로이즈』 출간
1762년	홀슈타인-고토르프 가문이 러시아 통치: 표토르 3세와 예카테리나 2세 즉위. 글루크 『오르페우스』 발표. 루소 『사회계약론』, 『에밀』 출간
1763년	후베르투스부르크 조약. 파리 평화조약
1764년	호가스 사망. 라모 사망. 빙켈만 『고대예술사』 출간
1766년	고트셰트 사망. 레싱 『라오콘』, 골드스미스 『웨이크필드의 목사』 출간. 캐번디시: 수소 발견
1767년	레싱 『미나 폰 바른헬름』, 『함부르크 연극론』 출간
1768년	빙켈만 피살. 스턴 『센티멘털 저니』, 게르스텐베르크 『우골리노』 출간
1769년	나폴레옹 출생. 『주니어스의 편지들』 출간. 아크라이트: 방적기 발명
1770년	부셰 사망. 티에폴로 사망. 베토벤 출생. 돌바흐 『자연의 체계』 출간
1771년	프리스틀리: 산소 발견
1772년	제1차 폴란드 분할. 괴팅거 하인(Gottinger Hain) 동맹. 레싱 『에밀리아 갈로티』 출간. 스베덴보리 사망
1773년	예수회 폐지. 『독일적 양식과 예술 잡지』 발행. 괴테 『괴츠』, 뷔르거 『레오노레』 출간
1774년	루이 15세 사망: 루이 16세 즉위. 괴테 『청년 베르테르의 고뇌』 출간. 볼펜뷔틀러 단편. 렌츠 『가정교사』 출간
1775년	보마르셰 『세비야의 이발사』, 라바터 『관상학론』 출간

1776년	미합중국 독립선언. 흄 사망. 애덤 스미스『국부의 성격과 원인에 관한 연구』, 렌츠『병사들』, 클링거『질풍노도』, 바그너(H. Leopold Wagner)『영아 살해자』출간
1778년	볼테르 사망. 루소 사망
1779년	데이비드 개릭 사망. 라파엘 멩스 사망. 레싱『현자 나탄』출간
1780년	마리아 테레지아 사망: 요제프 2세 즉위. 레싱『인류의 교육』출간
1781년	레싱 사망. 칸트『순수이성비판』출간. 포스: 호메로스 번역. 실러『군도』출간. 허셜: 천왕성 발견
1782년	몽골피에: 풍선기구 발명
1783년	베르사유 조약. 실러『피에스코』출간
1784년	존슨 사망. 디드로 사망. 헤르더『인류교양을 위한 역사철학 이념』, 보마르셰『피가로의 결혼』, 실러『간계와 사랑』출간
1785년	독일 군주동맹. 베르너: 수성론 정립
1786년	프리드리히 대왕 사망: 프리드리히 빌헬름 2세 즉위. 모차르트「피가로」작곡
1787년	글루크 사망. 괴테『이피게니에』, 실러『돈 카를로스』, 모차르트『돈 후안』출간
1788년	뵐너 종교칙령. 하만 사망. 칸트『실천이성비판』, 괴테『에그몬트』출간. 허턴: 화성론 제기
1789년	바스티유 감옥 습격. 괴테『타소』출간. 갈바니: 접촉전기 발견
1790년	요제프 2세 사망: 레오폴트 2세 즉위. 칸트『판단력비판』출간. 괴테『식물의 형태변화』, 파우스트 단편,『타소』출간
1791년	미라보 사망. 바렌 체포 사건. 모차르트『마술피리』출간 후 사망
1792년	레오폴트 2세 사망: 프란츠 2세 즉위. 9월 학살. 발미 전투. 루제 드 리슬러: 마르세예즈 작곡
1793년	루이 16세 처형. 공포정치. 제2차 폴란드 분할
1794년	테르미도르. 피히테『지식학』출간
1795년	집정내각. 제3차 폴란드 분할. 프리드리히 아우구스트 볼프『호메로스 입문』, 괴테『빌헬름 마이스터의 수업시대』출간
1796년	바뵈프의 모반. 예카테리나 2세 사망. 이탈리아 보나파르트. 제너: 천연두 예방법 제시
1797년	캄포 포르미오 조약. 프리드리히 빌헬름 2세 사망: 프리드리히 빌헬름 3세 즉위
1798년	라플라스『세계 체계에 대한 해설』, 맬서스『인구론』출간. 나폴레옹 보나파르트가 이집트 원정. 아부키르만 해전

1799년	브뤼메르. 실러『발렌슈타인』, 슐라이어마허『종교론』출간
1800년	마렝고·호엔린덴 전투. 실러『마리아 스투아르트』출간. 볼타 전지 개발
1801년	실러『오를레앙의 처녀』, 가우스『산술연구』출간
1803년	헤르더 사망. 클롭슈토크 사망. 제국사절회의 주요결의안 채택. 나폴레옹 법전 공포
1804년	칸트 사망. 나폴레옹 황제 등극
1805년	실러 사망. 트라팔가르 해전. 아우스터리츠 전투. 베토벤『피델리오』작곡
1806년	라인 동맹. 신성로마제국의 종말. 예나 전투. 대륙봉쇄령 발동. 헤겔『정신현상학』,『소년의 마술피리』출간
1807년	틸지트 조약. 돌턴: 복합비율의 법칙 발견. 풀턴: 증기선 발명
1808년	피히테「독일 국민에게 고함」발표.『여기 정말 인간다운 인간이 있다』출간.『파우스트』1부 출간
1809년	아스페른·바그람 전투. 하이든 사망. 죔머링: 전신기 발명
1810년	베를린 대학 창립. 괴테『색채론』, 클라이스트『하일브론의 케트헨』출간
1811년	클라이스트 사망
1812년	나폴레옹이 러시아 원정. 그림 형제『아이를 위한 가정 동화』출간. 퀴비에: 격변설 제시
1813년	라이프치히 전투
1814년	피히테 사망. 스티븐슨: 기관차 개발. 부르봉 왕가 복귀. 제1차 파리강화조약: 빈 회의 개막
1815년	빈 회의 폐회. 백일천하. 워털루 전투. 신성동맹. 비스마르크 출생
1817년	바르트부르크 축제. 바이런『만프레드』출간
1818년	최초 대양횡단 증기선 출항
1819년	코체부 암살: 카를스바트 결의. 쇼펜하우어『의지와 표상으로서의 세계』, 괴테『서동시집』출간. 제리코「메두사의 뗏목」전시
1820년	외르스테드: 전자기현상 발견
1821년	나폴레옹 사망. 도스토옙스키 출생. 베버『마탄의 사수』, 생시몽『산업의 체계』출간. 제베크: 열전기 발견
1822년	브라질 제국. 베토벤「장엄미사」작곡. 들라크루아「단테의 조각배」전시
1823년	먼로 독트린

1824년	루이 18세 사망: 샤를 10세 즉위. 바이런 사망. 베토벤 「9번 교향곡」 발표. 들라크루아 「키오스 섬의 학살」 전시
1825년	알렉산드르 1세 사망: 니콜라이 1세 즉위. 최초 철도건설
1826년	C. M. v. 베버 사망. 아이헨도르프 『어느 무위도식자의 생활』, 만초니 『약혼자』 출간. 요한네스 뮐러: 특수 감각동력학 제시
1827년	나바리노 전투. 베토벤 사망. 하이네 『노래의 책』, 빅토르 위고 『크롬웰』 출간. 옴의 법칙 제기. 베어: 포유동물학 주창
1828년	슈베르트 사망. 톨스토이 출생. 입센 출생. 오베르 「포르티치의 벙어리 아가씨」 작곡. 뵐러: 요소종합의 체계화
1829년	아드리아노플 조약. 로시니 「빌헬름 텔」 작곡
1830년	7월 혁명. 루이 필립 등극. 벨기에가 네덜란드에서 분리. 그리스 독립. 폴란드 봉기. 콩트 『실증철학 강의』, 푸슈킨 『예프게니 오네긴』 출간
1831년	오스트로웽카 전투. 헤겔 사망. 마이어베어 「악마 로베르트」 작곡. 위고 『노트르담 꼽추』 출간. 패러데이: 자기전기 발견
1832년	함바하 축제. 영국의 의회개혁. 스코트 사망. 괴테 사망. 『파우스트』 2부 출간
1833년	프랑크푸르트 폭동. 독일 관세동맹 체결. 보프 『산스크리트어 비교문법』, 라이문트 『낭비가』, 네스트로이 『룸파치바가분두스』 출간. 가우스/베버: 전신기 발명
1835년	프란츠 2세 사망. 최초 독일 철도 건설. D. F. 슈트라우스 『예수의 생애』, G. 뷔허너 『당통의 죽음』 출간
1836년	모스: 전신기 발명. 고골 『감찰관』 출간
1837년	빅토리아 여왕 등극. 하노버 영지가 영국에서 분리됨. 레오파르디 사망
1839년	슈반: 세포이론 정립. 다게르: 사진 발명. 스탕달 『파르마의 수도원』 출간
1840년	프리드리히 빌헬름 3세 사망: 프리드리히 빌헬름 4세 즉위. 아편전쟁. 슈만 가곡의 해. 칼라일 『영웅숭배론』 출간. 1페니 우편제도 도입
1841년	해협운항 조약. 포이어바흐 『기독교의 본질』, 헤벨 『유디트』 출간
1842년	로베르트 마이어: 에너지법칙 발견
1843년	바그너 『방랑하는 네덜란드인』 출간
1844년	니체 출생. 리비히 『화학 통신』 출간. 뮌헨 『비행잡지』 간행
1845년	바그너 『탄호이저』, 슈티르너 『유일자와 그의 소유』 출간

1846년	영국의 곡물관세 철폐. 오스트리아가 크라쿠프를 지배. 최초 해저 전신기 사용. 해왕성 발견
1847년	스위스 분리파 전쟁. 에머슨『위인전』출간
1848년	파리 2월 혁명. 독일 3월 혁명. 프란츠 요제프 1세 등극. 라파엘로전파 형제단 발족. 잡지『와장창(Kladderadatsch)』간행.『공산당선언』 출간
1849년	노바라 · 빌라고스 전투
1850년	올뮈츠 협약. 발자크 사망
1851년	루이 나폴레옹의 쿠데타. 제1차 만국박람회
1852년	나폴레옹 3세 등극. 런던 의정서 체결. 뒤마 피스『라 트라비아타』 출간
1853년	크림전쟁 발발. 켈러『초록의 하인리히』, 루트비히『세습 산림지기』 출간
1854년	몸젠『로마사』출간
1855년	니콜라이 1세 사망: 알렉산드르 2세 즉위. 프라이타크『차변과 대변』, L. 뷔히너『힘과 물질』출간
1856년	파리 평화조약. 쇼 출생
1857년	보들레르『악의 꽃』, 플로베르『보바리 부인』출간
1858년	곤차로프『오블로모프』, 오펜바흐『지옥의 오르페우스』출간
1859년	마젠타 · 솔페리노 전투. 다윈『종의 기원』출간. 스펙트럼 분석의 도입. 구노가 오페라「파우스트」작곡
1860년	쇼펜하우어 사망. 페히너『정신물리학의 기초』출간
1861년	북아메리카 남북전쟁 발발. 이탈리아 왕국 건립. 파리에서 『탄호이저』공연
1862년	프리드리히 빌헬름 4세 사망: 빌헬름 1세 즉위: 비스마르크 수상 선출. 헤벨『니벨룽겐』, 플로베르『살람보』출간
1863년	르낭『예수의 삶』, 텐『영국문학사』출간
1864년	독일-덴마크 전쟁. 오펜바흐『아름다운 엘렌』출간
1865년	남북전쟁 종결: 링컨 피살. 바그너『트리스탄』, 뒤링『생명의 가치』 출간. 부슈「막스와 모리츠」전시
1866년	쿠스토차 · 쾨니히그레츠 · 리사 전투. 입센『브란』출간
1867년	북독일 연방 창립. 막시밀리안 황제 피격 마르크스『자본』, 도스토옙스키『라스콜리니코프』출간
1868년	바그너『명가수』, 헤켈『자연 창조의 역사』출간
1869년	수에즈운하 개통. 하르트만『무의식의 철학』출간

1870년	교황의 무오류성 교리 선언. 엠스 급보. 스당 전투. 프랑스 제3공화정. 디킨스 사망. 트로이 유적 발굴 개시
1871년	독일의 '황제 선언'. 파리 코뮌. 프랑크푸르트 평화조약. 다윈『인간의 유래』, 졸라『루공 마카르 총서』 출간. 부슈「경건한 헬레네」 전시
1872년	D. F. 슈트라우스『옛 신앙과 새 신앙』, 도데『타타르 여인』 출간
1873년	경제 대공황. 맥스웰: 전자기 빛 이론 제기
1874년	반트 호프: 입체화학 개발
1875년	문화투쟁의 절정. 비제『카르멘』, 텐『앙시앵 레짐』 발표
1876년	베이루트 조약. 인도 제국 성립, 영국 빅토리아 여왕이 인도 제국 황제가 됨
1877년	러시아-터키 전쟁. 고비노『르네상스』 출간
1878년	산스테파노 평화조약. 베를린 회의. 사회주의자 보호법 발령. 바그너『파르치팔』 출간
1879년	2국 동맹. 입센『인형의 집』 출간. 아인슈타인 출생
1880년	플로베르 사망
1881년	프랑스인들 튀니지 입성. 알렉산드르 2세 피살: 알렉산드르 3세 즉위. 도스토옙스키 사망. 입센『유령』 출간
1882년	영국인들 이집트 진출. 에머슨 사망. 빌덴브루흐『카롤링거 왕조시대』 출간. 코흐: 결핵균 발견
1883년	3국 동맹. 리하르트 바그너 사망. 마르크스 사망. 니체『차라투스트라』 출간
1884년	입센『들오리』 출간. 페이비언 협회 발족
1885년	세르비아-불가리아 전쟁. 빅토르 위고 사망
1886년	니체『선악의 저편』 출간
1887년	재보장조약. 앙투안: 자유극장 설립. 스트린드베리『아버지』 출간
1888년	빌헬름 1세 사망: 프리드리히 3세 사망: 빌헬름 2세 즉위. 폰타네『뒤죽박죽』 출간
1889년	극단 '자유무대' 창립. 홀츠/슐라프『아버지 햄릿』, R. 슈트라우스『돈 후안』, 하우프트만『해 지기 전』, 릴리엔크론『시』 출간
1890년	비스마르크 해임. 잔지바르 조약.『교육자로서 렘브란트』 출간. 와일드『도리언 그레이의 초상』, 함순『굶주림』, 마테를링크『말렌 공주』, 마스카니『카발레리아 루스티카나』, 주더만『명예』 출간
1891년	프랑스-러시아 동맹. 베데킨트『봄의 깨어남』 출간

1892년	하우프트만『직조공들』, 마테를링크『펠리아스와 멜리장드』출간.
	베링: 디프테리아 항독소 발명
1893년	하우프트만『한넬레의 승천』, 슈니츨러『아나톨』출간
1894년	알렉산드르 3세 사망: 니콜라이 2세 즉위
1895년	시모노세키 조약. 폰타네『에피 브리스트』, 쇼『캔디다』출간.
	뢴트겐: X-선 발견
1896년	알텐베르크『내가 보는 대로』, 베르그송『물질과 기억』출간.
	마르코니: 무선전신기 발명
1897년	그리스-터키 전쟁
1898년	비스마르크 사망:『사유와 기억』출판. 파쇼다 위기.
	스페인-아메리카 전쟁. 퀴리 부부: 라듐 발견
1899년	쇼『시저와 클레오파트라』, 입센『우리 죽은 자들이 깨어날 때』
	출간
1900년	니체 사망. 프로이트『꿈의 해석』출간
1901년	토마스 만『부덴브로크가 사람들』출간. 빅토리아 여왕 사망:
	에드워드 7세 즉위
1902년	졸라 사망
1903년	바이닝거『성과 성격』출간
1904년	영국-프랑스 화친협정. 베데킨트『판도라 상자』출간
1905년	노르웨이가 스웨덴에서 분리됨. 만주 전투. 쓰시마 해전. 포츠머스
	조약. 아인슈타인: 상대성이론 정립. 하인리히 만『운라트 교수』
	출간
1906년	알헤시라스 회의. 입센 사망. R. 슈트라우스『살로메』출간
1907년	상트페테르부르크 조약
1908년	합병 위기. 빌헬름 부슈 사망
1909년	블레리오: 운하 비행
1910년	에드워드 7세 사망: 조지 5세 즉위. 톨스토이 사망
1911년	모로코 갈등. 트리폴리 전쟁
1912년	제1차 발칸 전쟁. 중국 공화정 선포. 스트린드베리 사망
1913년	제2차 발칸 전쟁
1914년	제1차 세계대전 발발

▌인명 찾아보기 ▌

ㄹ

ㅈ

지은이 **에곤 프리델(Egon Friedell)**

1878년 1월 21일 오스트리아 빈에서 출생. 자유주의 분위기가 지배적인
하이델베르크 대학에서 수학하면서 헤겔을 공부함. 『철학자로서의
노발리스』로 박사학위를 취득하고, 진보적인 잡지 『햇불』에 글을 실으
면서 저널리스트로 활동하기 시작함. 극작가·연극평론가·문예비평가·
문화학자로 활약함. 1920~1930년대, 오스트리아 빈 문화계에서 중요
한 인사로 활동함. 막스 라인하르트(Max Reinhardt)가 이끄는 베를린
과 빈 극단에서 1922년부터 1927년까지 연극배우로 이름을 날리기도
했음. 히틀러 군대가 오스트리아로 침공한 직후인 1938년 3월 16일,
나치 돌격대의 가택 체포 작전을 눈치 채고 자신이 거주하던 아파트
4층 창문으로 뛰어내려 향년 60세로 생을 마감함. 주요 저작으로는
『단테에서 단눈치오까지』(1915), 『유다의 비극』(1922), 『이집트와
고대 동양의 문화사』(1936) 등이 있고, 유고집으로 나온 작품으로는
『그리스 문화사』(1940), 『타임머신 여행』(1946), 『고대 문화사』
(1949), 『고대는 고대가 아니었다』(1950) 등 다수가 있음.

옮긴이 **변상출**

서강대 독어독문학과에서 게오르크 루카치(Georg Lukács) 연구(2000)
로 박사학위 취득. 현재 대구대학교 기초교육대학 창조융합학부 교수로
재직 중. 저서로는 『예술과 실천』, 『비판과 해방의 철학』(공저), 『계몽
의 신화학을 넘어』 등이 있고, 번역서로는 G. 루카치의 『이성의 파괴』
(전2권), 『발자크와 프랑스 리얼리즘』, H. M. 엔첸스베르거의 『어느
무정부주의자의 죽음』, A. 브라이히, U. 렌츠의 『일 덜 하는 기술』,
L. 코와코프스키의 『마르크스주의의 주요 흐름』(전3권), E. P. 톰슨의
『이론의 빈곤』 등이 있음. 주요 논문으로는 「무정부주의와 유토피아」,
「탈현대논리와 비판이론의 한계 극복을 위한 ‘고전적 전략’」, 「전통
유물론적 문예이론에 대한 반성과 전망」, 「지젝: 청산과 화해의 정치
학」, 「에드워드 톰슨의 알튀세르 비판의 실제」 등 다수가 있음.